KB064596

마이
버자이너

마이
버자이너

세상의 기원, 내 몸 안의 우주

옐토 드렌스 지음

김명남 옮김

동아시아

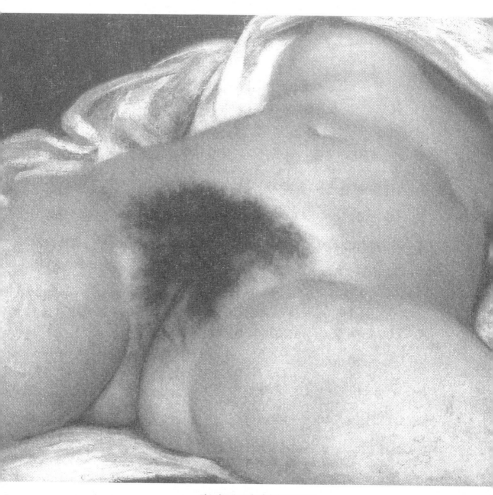

귀스타브 쿠르베, 세상의 기원, 1866

옮긴이의 말

성에 대해 툭 터놓고 이야기하는 게 낯부끄럽지 않은 오늘날도 절대로 전면에 등장하지 않는 배우가 있으니, 바로 여성의 성기이다. 성을 반드시 성기 중심으로 파악할 필요는 없지만 그렇다고 주인공을 빼고 논할 수도 없는 노릇이거늘, 여성의 성기가 여전히 신비와 혐오를 절반씩 섞어 짠 베일에 감춰져 있는 건 안타까운 일이다.

잠깐, 이렇게 생각하는 것이 도리어 편견일까? 사람들은 여성의 성기에 대해 알아야 할 건 다 알면서 그저 대화 소재로 삼지 않는 것뿐일까? 하기야 페미니스트 운동의 역사가 어느덧 수십 년을 헤아리는 마당이다. 교육되지 않았다면 그게 이상한 일이다. 그런데도 아직 모르는 게 많고 말하지 못하는 게 많다는 생각이 드는 건, 그렇다면, 오로지 내 문제인가?

아니다. 나만 그런 건 아니었다. 나는 〈섹스 앤 더 시티〉라는 미국 드라마를 보다가 그 사실을 깨달았다. 너무나 유명해서 굳이 설명할 필요도 없겠지만, 대도시에 사는 네 여성의 연애와 성생활을 적나라하게 묘사하여 전 세계적으로 선풍적인 인기를 끈 드라마였다.

〈섹스 앤 더 시티〉의 한 에피소드에서 샬럿은 '외음통vulvo-dynia'에 걸려 약을 복용한다. 친구들이 그것을 계기로 성기에 대해 대화를 나누는 도중 샬럿이 살며시 고백을 한다. 자신의 성기를 한 번도 본 적이 없다고 말이다. 어떻게 그럴 수 있느냐고 다그치는 친구들에게 샬럿이 한 대답은 '추할 것 같아서'. 샬럿은 새침데기 캐릭터니까 그렇다고 하자. 다음다음 에피소드에서, 이번엔 사만다가 성기를 다시 화제로 만든다. 여성과 사랑에 빠진 사만다는 비로소 여성의 성기가 얼마나 아름답고 부드러운 것인지 깨달았다며 친구들에게 말한다. '너희들, 우리 아랫도리에는 구멍이 세 개 있는 거 아니?' 맙소사! 섹스광에 가까운 플레이걸 사만다도 제대로 몰랐던 거야?

섹스에 대해 (또한 남성의 성기에 대해) 그토록 많은 수다를 떨었던 드라마가 자그마치 쉰 번째 에피소드가 되어서야 여성의 성기를 보게 했던 것이다. 성에 대한 생각과 여성 성기에 대한 지식이 평행하게 발전하지 못한 것은 비단 나만의 문제는 아닌 듯하다. 대부분의 여성이 자신의 성기에 대해 어렴풋이밖에 알지 못한다. 남성은, 말할 것도 없다.

여성의 성기가 잘 알려지지 않은 까닭은 숨겨져 있기 때문이다. 여성은 손거울의 도움을 받아야만 자신의 성기를 볼 수 있다. 그나마 외음부만 볼 수 있다. 질과 자궁은 불가능하다. 그러므로 성기이자 생식기인 이 기관, 섬세한 사랑의 도구이자 지구상의 모든 사람을 낳는 '세상의 기원'인 이 기관에 대해 잘 아는 선생님이 있다면, 그에게 배우는 것도 현명한 일이다. 이 책을 쓴 옐토 드렌스가 그런 선생님이다.

저자는 다양한 각도에서 여성 성기를 설명하였다. 인체의 한 장기로 보아 해부학적 구조와 생리학적 작동을 묘사하고, 성적 기관으로 보아 오르가슴과 불감증과 G스팟에 대한 진실을 파헤치고, 생식 기관으로 보아 월경과 임신과 출산과 폐경에 따른 경이로운 변화들을 알려준다.

책의 후반부는 주로 역사적, 문화적 관점에서 보는 이야기들이다. 종교에 의해 억압받다가 성 해방 운동의 도래로 돌연 숭배되기 시작한 역사, 의학과 심리학에 의해 멋대로 유린되었던 역사를 소개한다. 특히 여성의 신경증을 성기 마사지를 통해 치료하려 했던 의학적 일화에 눈길이 간다. 놀랍게도 여성 자위 기구인 바이브레이터가 그 전통에서 탄생한 것이기 때문이다. 그 밖에도 가령 팬티라이너의 효용성 등을 다루며 성기 위생에 대해 정확한 시각을 취할 것을 종용하는 부분을 새겨들을 만하다.

저자는 '내가 이런 책을 써도 될까' 고민했다고 한다. 결과적으로 보아 나무랄 데 없는 작업이 완성된 데는 저자가 전문 성과학자인 덕이 크다. 의학 교육을 받았지만 주로 심리 및 행동 치료를 통해 환자들을 다루는 처지라서인지 의학과 심리학 중 한쪽에 치우치지 않는다. 의학과 심리학은 한결같이 여성 성기를 존중하지는 않으면서 주도권을 놓고 다투기까지 한 터라, 이런 중용이 바람직해 보인다. 저자는 툭하면 클리토리스나 난소나 자궁을 잘라내고자 한 의사들에 대해서도, 매사를 여성성의 열등함 때문이라 분석했던 정신분석학자들에 대해서도 똑같이 비판한다. 한편 여성 성기의 문제를 풀 때는 반드시 의학과 심리학의 건전한 공조가 필요하다는 사실을 지적한다.

물론 저자가 품은 고민의 핵심은 '남성이 써도 괜찮은가' 하는 점이었을 것이다. 그 점에 대해서도 좋은 평가를 주고 싶다. 여성인 내가 읽기에 마음에 걸린 부분이 없었다. 여담이지만, 여성 성기의 과학과 문화를 알 수 있다는 면에서 이 책에 비길 만하되 여성 작가가 쓴 책으로 나탈리 앤지어의 『여자, 내밀한 몸의 정체』가 있다(우리 책에서도 한 차례 언급되었다). 비교하여 읽어보면 재미있다. 앤지어는 여성으로서 자신의 경험을 결합하여 좀 더 친밀하게 이야기를 풀어가는 한편, 여성 각각의 체험을 독특하고 신화적인 것으로 격상시키고자 다소 많은 수식과 비유를 동원하는 경향이 있다. 그에 비하면 옐토 드렌스의 서술은 건조하다. 하지만 건조함으로 말미암아 오히려 공정한 서술이 가능했을 것이다. 드렌스는 몸속에 숨겨진 성기를 갖고 있는 기분, 오르가슴의 느낌, 월경 및 출산의 경이와 불편, '지옥의 문'인 양 늘 오므려 간수할 대상으로 취급당하는 억울함에 대해 여성들과 직접 공감할 순 없지만 그 빈틈을 성실한 취재와 임상과학자로서의 연륜으로 메웠다.

여성인 내게 이 책의 번역은 일 이전에 둘도 없는 공부 기회였다.

지나치게 호들갑 떨거나 감상에 흐르지 않으면서도(사실 여성 성기는 엄청나게 격렬한 온갖 감상들을 일으키는 제재가 아닌가), 피하는 것 없이 요목조목 알려주는 덕분에 많은 궁금증을 풀었다. 남녀를 불문하고 어느 독자에게나 그러기를 바란다.

마지막으로, 네덜란드 저자의 책을 영국 번역서를 통해 재차 옮겼음을 밝혀둔다. 중역에는 당연히 경계할 일들이 많이 따른다. 다행스럽게도 영어로 옮긴 상태가 훌륭하여 문제되는 점은 보지 못했다. 영어로 옮긴이는 아르놀트 J. 포메란스와 에리카 포메란스 부부이다. 독일 태생의 아르놀트 포메란스는 지그문트 프로이트, 베르너 하이젠베르크, 장 피아제 등 여러 유럽 작가들의 글을 영어로 옮긴 유명 번역자로, 특히 네덜란드어 번역에 가장 능통하고 애착을 갖고 있었다고 한다.

김명남

이 책은 2007년 출간된 『버자이너 문화사: 교양과 문화로 읽는 여성 성기의 모든 것』의 개정판입니다.

여성성에 대하여

여성 성기에 관한 책을 쓸 의향이 있느냐는 제안을 출판사에서 받으면, 어떻게 해야 할까? 물론 제일 먼저 떠오르는 문제는 이것이다. 내가 그 주제에 대해서 할 말이 많이 있을까? 다음에는 곧장 과연 남성 저자가 써도 되는가 하는 의구심으로 이어진다. 거의 신성모독적인 상황이 아닐까?

　대체 어떤 동기에서 남자가 '여성 성기의 모든 것을 하나도 빠짐없이 알고자' 할 수 있단 말인가? 이 질문도 빼놓을 수 없다. 다른 사람들은 그 남자의 의도가 무엇이라고 생각할까? 자칫 일이 어떻게 굴러가는지도 모르는 채 있다 정신 차려보니 외설스런 남자라는 평을 짊어지게 될지도 모르는 것이다. 내가 14살인가 15살이던 무렵, 조숙한 한 친구가 크리스마스 선물로 책을 한 권 주었다. 상황에 정말 잘 어울리게도 윌리라는 이름의 친구였다(Willy는 남성 성기를 일컫는 속어이기도 하다_옮긴이).『밤을 보내는 법』이라는 제목의 그 문고판 책은 오래전에 수중에서 사라졌지만, 내용 중 몇 가지는 아직 생생하게 마음에 새겨져 있다. 지적인 양 하는 대화들이 가득했는데, 이를테면 이런 식이었다. '물론, 엘로이즈(프랑스 책을 옮긴 것이었다), 여성의 성적 황홀경이 훨씬 깊다고 단언해도 좋아요. 육체의 구조상 여성은 남성보다 훨씬 많이 몸을 열어야 하는데, 그 말은 훨씬 큰 공포를 극복해야 하지만 바로 그렇기 때문에 얻는 것도 많다는 거죠. 반면 남성은 몸 밖으로 나온 성기 말고는 해를 입을 일이 없으니, 정욕이란 것도 다소 먼 곳의 얘기가 되고, 어쩌면 심지어 적개심의 기미를 품고 있는지도 모르죠….' 저자는 이런 말을 늘어놓으며, 그 같은 심리학적 용어들을 읊어대는 아마추어 정신분석가 독자의 품으로 잘 고른 상대가 무르익은 사과처럼 녹아내릴 것은 분명하다고 보장했다.

서양 문화에는 여성이 성적으로 남성의 재주에 의지해야만 한다는 착각을 조장하는 요소들이 수없이 널려 있다. 일세를 풍미했다는 바람둥이들, 이를테면 카사노바나 프랭크 해리스Frank Harris(1856~1931. 아일랜드 출신 미국 소설가로 대담하게 성을 묘사한 자서전『My Life and Loves』으로 유명하다_옮긴이) 같은 이들의 글을 읽어보면 그들의 자만심에 조금 메스꺼워진다. 그들은 거의 당연한 듯 가정하기를, 유혹에 넘어온 숙녀들은 자신을 만나는 행운을 누리지 못했다면 평생 한 번도 무아지경에 빠지지 못했을 것이라는데, 그 확신도 찜찜하다. 잠자는 숲 속의 공주는 계속 누워 있을 뿐, 혼자 일어나지 못한다는 생각이다. 단연코 왕자가 필요하다는 것이다.

왕자는 굳건하게 교육의 임무를 수행해간다. 여성이 평생에 걸쳐 자신에게 감사하고 언제라도 성적 접근을 허락하는 것은 자신의 응당한 권리 중 일부라고 믿는다. 네덜란드 입법자들이 달라진 성 윤리를 반영하여 결혼 관계에서도 강간이 일어날 수 있다고 (그리고 그것이

처벌 대상 폭력이라고) 규정한 것은 극히 최근의 일이다. 이전의 법은 결혼한 여성이 남편에게 성적 만족을 제공하지 않기로 하는 일은 있을 수 없다는 전제를 깔고 있었다. 입법자들이 명시적으로 그런 말을 하던 시절이었다. 그 또한 서양 문화에 깊게 뿌리박힌 착각이다. 어떤 나라에는 아이들이 부르는 동요 중에 '조루'에 대한 내용이 은밀하게 감춰진 곳이 있다. 조루는 남자들이 가장 흔히 고민하는 성 문제인데, 과연 그럴 만도 하다. 사정을 통제하지 못하는 남자는 여성에 대한 의무를 수행하지 못할 테고, 부부 관계에서 권리를 상실할 테니 말이다. 이 권리가 중요할 수밖에 없는 게, 이성과의 만남에서 남자가 호기롭게 욕심을 부리는 태도는 중요한 역할을 수행한다. 그 아래에 더 연약한 감정들이 숨겨지기 때문이다. 실상 마음 깊은 곳에서 남자들은 여성의 성이 남성의 성보다 훨씬 숭고하고 초월적이라고 믿고 있다. 여성의 성을 통해 남자는 천국으로 입장하니, 그 혼자서는 결코 발을 들여놓지 못하는 세계인 것이다.

이런 견해는 최근에 생긴 것이 아니다. 오비디우스의 『변신 이야기』에는 여신 헤라의 이야기가 나온다. 남편 제우스가 자꾸만 간통을 저질러 헤라가 바가지를 긁자, 제우스는 헤라에게 분수를 지키라고 하며 덧붙이기를 어쨌거나 여성이 사랑의 행위를 통해 남성보다 훨씬 큰 쾌락을 얻는 것 아니냐고 한다. 헤라는 이 말에 이의를 제기하고, 둘은 테이레시아스를 찾아가 조언을 구하기로 한다. 원래 남성인 테이레시아스는 뱀 두 마리가 교미하는 장면을 우연히 목격한 탓에 저주를 받아 7년간 여성의 몸으로 살다가 겨우 본연의 성으로 돌아온 사람이다. 테이레시아스는 제우스의 견해를 확증해준다. 성적 쾌락의 총량을 10점 만점으로 매길 때 여성은 9점이고 남성은 1점쯤 차지한다는 것이다. 승복을 모르는 헤라는 테이레시아스를 장님으로 만들어버리고, 이를 안타까워한 제우스는 그에게 영험한 예언 능력을 준다. 테이레시아스의 신화적 유명세가 바로 이 능력 덕분이다. 오이디푸스에게 아버지의 살해와 어머니와의 동침 사실을 알려준 것도 바로 그였다.

중세에 살로의 제라르Gerard of Salo는 왜 여성이 이토록 큰 성적 즐거움을 얻는지 과학적으로 설명하고자 했다. 그는 네 가지 이유를 들었다. 첫째, 여성은 남성의 씨앗을 받는다. 둘째, 스스로 여성 씨앗을 배출한다. 셋째, 성교 중에 자궁의 움직임을 느낄 수 있다. 넷째, 남성 성기의 마찰 때문에 가렵고 간지러운 기분을 느낀다. 끝없이 반복되는 성적 쾌락을 느끼는 여성들이 있는 것도 놀랄 일이 아니지 않겠는가?

이 때문에 여성들은 성관계를 많이 가질수록 더욱 갈망하게 되는데, 담즙 같은 염분 기포들이 자궁경부 주위에 모이므로, 성관계를 많이 갖는 여성일수록 더욱 정욕을 느끼게 된다.[1]

책을 쓰기 시작하면서, 나는 인간 성 행동의 다양성에 초점을 맞추어 살펴볼 좋은 기회라는 사실을 깨달았다. 성과학자들 중에는 성이라는 분야의 다채로움에 흥미를 느껴 전공으로 택한 자들이 꽤 있다. 우리에게 문제를 상담하는 사람들의 이야기를 들어보면 늘 이 영역에 대한 지식이 또 한 뼘 넓어지는구나 하고 느끼게 된다. 한편 의

뢰인들 대부분이 성적 체험의 놀라운 다양성을 쉽게 받아들이지 못한다는 점은 특기할 만하다. 이른바 평균적 형태의 성적 활동으로는 기대만큼 만족을 느끼지 못한다는 사실이야말로 그들이 겪는 문제의 핵심일 때가 많은데 말이다. 대부분의 성 상담실 방문자들이 가장 먼저, 가장 중요하게 바라는 것은 평균이 되는 것이다.

책을 쓰는 동안에 나는 두 번째 주제를 떠올리게 되었다. 세상에 두 가지 성이 있다는 사실 때문에 얼마나 많은 혼란이 빚어지고 있는가 하는 점이다. 특히 역사학이나 인류학을 살펴보면 사람들이 늘 두 성의 차이에 대해 의미를 부여하고자 애써왔으며 또 그 사이에 다리를 놓고자 노력해왔음을 알 수 있다. 이 점에서도 성기는 여러 감정을 불러일으키는 강력한 대상이다. 그러니 이 책이 기괴하다고까지 할 온갖 사실들을 풍성하게 모아둔 창고가 된 것은 어쩔 수 없는 일이었다.

알맞은 용어를 찾아서

월경을 할 때마다(아직 세 번밖에 하지 않았지만), 고통과 불편, 혼란에도 불구하고 뭔가 달콤한 비밀을 지니고 있다는 기분이 든다. 그래서 정말 귀찮은 일인데도 한편으로는 그 비밀을 내 안에서 다시 느끼게 될 시간을 늘 바라는 것 같다.[1]

여성의 성기나 성에 대해 이야기하고 글 쓰는 사람들은 바야흐로 미지의 세계, 비밀의 베일로 덮인 세계에 들어가는 것이라고 말한다. 부끄럽거나 두려운 감정도 멀리 있지 않다. '음부pudenda'라는 단어가 '부끄러운 (부분)'을 뜻하는 라틴어에서 왔다는 것을 보면 성기를 입에 올리는 사람들의 기분을 알 수 있다. 중세에는 '여성의 비밀'이라는 용어가 일반명사처럼 쓰였다. 여성 건강을 다루는 책은 모두 '여성의 비밀'이라 불렸는데, '베데커'라는 단어가 여행 가이드북을 가리키는 말이 된 것과 비슷하다('Baedeker'는 독일의 여행 가이드북 전문 출판사이자 창업주의 이름_옮긴이). 『여성의 비밀』에는 건강에 관한 여러 지침들이 수록되어 있었고, 대개 미용 관련 내용들도 함께 있

었다.[2]

　지그문트 프로이트는 여성의 성이 자신에게 무력감을 불러일으
킨다는 사실을 알고 있었다. 자신의 일반 이론으로 쉽게 소화할 수
없는 영역이었기에 그는 여성의 성을 '어두운 대륙'이라 불렀다. 고
전을 읽어본 독자라면 판도라의 상자에서 세상 모든 악과 질병이 나
왔다는 얘기를 알 것이다. '상자'라는 단어가 질을 가리키는 속어이
기도 하다는 사실이 그저 우연일까? 네덜란드어, 독일어, 프랑스어
모두 그런 중의적 의미를 띠고 있다(doos, Büchse, boîte).

　레오나르도 다빈치는 인간 몸의 해부학에 큰 관심을 쏟은 최초의
학자들 중 한 사람이다. 그는 남녀의 성기가 너무나 역겹다고 생각했
고, 인체의 나머지 부분들이 이토록 아름답지 않다면, 또한 성적 충
동이 이토록 불가항력적이지 않다면 인류는 오래전에 멸종했으리라
믿었다.[3] 다빈치의 혐오감은 주로 시체를 대상으로 연구한 탓도 있
을 것이다. 하지만 성의 차별을 두지 않은 점은 높이 살 만하다. 다른
예술가들은 남성 성기는 상세히 표현할 가치가 있는 반면 여성 성기
는 그렇지 않다고 생각했던 것이 분명하다. 사실 성인 여성이나 소녀
들조차 자기 성기에 대해 아는 바가 거의 없기는 마찬가지이다. 창조
주의 실수라고도 할 수 있는 것이, 여성은 거울 없이는 그 부분을 제
대로 파악하기 어렵기 때문이다(거울이 있어도 눈썰미가 좋아야 한다). 20
여 년 전, 뉴욕의 심리치료사 루실 블룸은 가정의를 방문한 여성들
중 68명을 골라 자기 성기를(안팎 모두) 그려보게 했다.[4] 절반은 클리
토리스를 '빼먹었고', 젊은 사람들이 나이든 사람들보다 더 무지한
것으로 드러났다.

여담: 클리토리스

소음순 위에는 둥글고 살짝 늘어진 모양의 클리토리스가 놓여 있다. (…) 두 개의 속이 빈 덩어리가 들어 있고, 작은 앞치마 끈 같은 조직이 하나, 다양한 혈관, 두 개의 발기성 근육, 포피와 작은 클리토리스 귀두가 있으므로 '여성의 막대기'라고도 불린다. 감촉에 민감한 이 부분은 여성이 사랑을 나눌 때 가장 큰 쾌락을 느끼는 부위라서 에스트룸 베네리스oestrum Veneris, 즉 '비너스의 등에'라고도 불린다. 클리토리스는 일반적으로 매우 작다. 과년이 차가는 딸들에게 나타나기 시작하여 나이들수록 커지고, 다소 요염한 성질을 지니게 된다. 조금만 도발을 해도 금세 부풀어 오르는데, 속 빈 덩어리들 때문이다. 이성과 결합할 때에는 남자의 그것에 가까울 정도로 딱딱해진다.[5]

클리토리스는 특별한 관심을 받을 만하다. 중세 문헌에는 클리토리스가 거의 등장하지 않는데, 오로지 여성의 육욕을 충족시키기 위해 존재하는 장기라는 것은 언급할 가치가 없다 여겼기 때문이다. 욕정은 금기였다. 당시는 사물을 기능과 목적에 따라 묘사하였으므로, 14세기 초의 앙리 드 몽데뷰Henri de Mondeville는 클리토리스에 뭔가 납득할 만한 기능을 부여하고자 했다.[6] 그는 클리토리스를 요도의 말단이라 묘사하고 목젖에 비유했다. 목젖의 역할은 무엇인가? 당시 사람들은 목젖이 들숨의 공기를 변화시킨다고 믿었다. 중세 생리학자들은 질에도 기류가 흐른다고 생각해서 공기로 수태했다는 사례들이 끊이지 않았다.[7] 클리토리스가 생식에 모종의 역할을 맡고 있다면 더 이상 금기시되는 장기가 아닌 셈이다.

클리토리스를 목젖에 비유한 것은 꽤 흥미로운 일이다. 뒤에 어린 아이들을 대상으로 한 클리토리스 절제 의식을 자세히 살펴보겠지만, 놀랍게도 어떤 아프리카 나라들에는 목젖을 제거하는 의식도 있다. 목젖이 있으면 목구멍 감염 시에 질식 우려가 높다고 믿기 때문에 실시하는, 예방 차원의 시술이다. 에티오피아에서는 전통 치료사가 거의 모든 아기들의 목젖을 생후 한 달 내에 제거하는데, 당연히 수많은 합병증의 원인이 된다.[8]

1997년, 아르헨티나 작가 페데리코 안데아시Federico Andehazi는 『해부학자』라는 소설을 발표했다. 베네치아 해부학자 마테오 콜룸보라는 실존 인물의 일생을 다룬 소설로서, 특히 그가 자신의 '아메리카', 즉 클리토리스를 발견한 과정을 그렸다. 콜룸보는 1559년에 클리토리스에 대한 과학적 묘사를 남긴 사람이다. 앞선 학자들의 묘사보다 훨씬 사실적이고 믿을 만한 연구였으며, 무엇보다도 기록으로 남았다. 콜룸보는 이 발견에 대해 장황하게 자랑을 늘어놓았으므로, 젊은 학자들의 신랄한 비판을 불러일으켰다. 소설의 중심 주제는 종교재판소가 신앙심에 도전하는 이 발견에 대해 어떻게 반응했는가 하는 점이다. 재미있는 사실은, 현실에서도 비슷한 사건이 벌어졌다는 것이다. 안데아시는 이 책으로 아르헨티나 최고의 문학상을 받았는데, 그 상 이름의 주인공인 여성은 그를 만나길 거부했다. 결국 안데아시는 지로를 통해 상금을 받아야 했다. 오늘날에도 어떤 비밀들은 철통같이 지켜지는 법이다.

콜룸보의 동시대인들은 대부분 그의 발견을 반기지 않았다. 16세기는 광신적 열정으로 마녀사냥이 행해지던 때였다. 『마녀의 망치』라는 유명한 책을 쓴 작가들에 따르면 마녀를 알아볼 수 있는 증표 중 하나는 '마녀의 젖꼭지'였다.[9] 사람들은 악마에게 젖을 물린다는 그 젖꼭지가 여성의 은밀한 부위에 있다고 생각했다. 클리토리스가 바로 그것으로 여겨졌다고 봐도 좋을 증거는 많다. 1593년에 벌어진 처형에 대한 목격담이 톰슨의 책에 인용되어 있다.

> **처형이 끝나 (…) 세 마녀의 숨이 완전히 멎자 집행인은 그들의 옷을 벗겼고 앨리스 새뮤얼이라는 여성의 발가벗겨진 몸에서 작은 살덩어리를 발견했는데, 마치 젖꼭지인 양 반 인치 정도 길이로 튀어나온 것이었다. 집행인뿐 아니라 그의 아내도 보고 있었으므로, 처음에는 그렇게 은밀한, 볼 것이 못 되는 부위를 노출하는 게 바람직하지 않다고 여겼지만, 결국에는 그토록 이상한 물체를 감추는 것도 꺼림칙해 보였다. 그래서 그들은 그 아래 비밀스런 부분은 점잖게 가려둔 채 그것만 활짝 드러나게 했다.**

사형집행인을 그토록 심란하게 한 기관이 모든 여성들의 평범한 자산임을 아는 사람이 관중들 중에 정말 한 명도 없었단 말인가?

좋은 말과 나쁜 말

여성의 성이 미스터리에 둘러싸여 있다는 사실은 적절한 용어들이 부족하다는 것만 봐도 알 수 있다. 이 책에서는 '보지' 또는 '씹

cunt'이라는 말은 대체할 표현이 없을 때 빼고는 되도록 쓰지 않겠다. '질vagina'이라는 말은 의사와 환자 사이에 쓰기에 편리한 단어이지만 (연인들끼리는 아닐 것이다) 보통 제유법적으로 쓰인다. 성기의 바깥 부분은 의학 용어로 '외음부vulva'라 한다. 하지만 이 부분에 문제가 있는 여성들은 이 단어를 잘 쓰지 않는데, 그나마 영국에서는 네덜란드 같은 다른 나라들에서보다 자주 쓰이는 편이다. 또 다른 표현으로 '음순labia'이 있다. 그런데 이번엔 많은 여성들이 대음순과 소음순을 구별하지 못하고 그저 '은밀한 부분들'이라고 뭉뚱그려 지칭한다는 혼란이 있다. 게다가 소음순을 대음순으로 착각하는 여성들도 있다. 소음순 쪽이 확실히 커 보이기 때문이다. 이 때문에 차라리 내음순과 외음순으로 이름을 바꾸자는 제안도 있다. '음부pudenda'라는 용어를 사용하지 말자고 주장하는 성 혁명가들도 있는데, 이 용어가 기존의 금기를 강화시킬 뿐 아니라 여성의 성을 영원한 조롱의 대상으로 묶어두는 데 한몫한다고 믿기 때문이다. '즐거운 입술'처럼 오히려 찬사에 가까운 용어가 대신 제안되기도 했으나 실제 쓰이진 않았다. 특별히 아쉬워하는 사람은 많지 않으리라 본다.

전통적으로 보면 완곡어법이 대세였다. 이를테면 딸들에게 꼭 필요한 위생 지침을 가르치는 부모들이 그렇다. '아랫도리'란 표현은 교육에 별 도움이 안 된다. 차라리 '아랫도리 앞쪽'과 '아랫도리 안쪽'으로 나눠서 말하면 최소한의 구별은 가능하다. '클리토리스'를 교육 프로그램에 포함시키는 부모는 거의 없어서, 딸들은 아들들보다 상대적으로 준비가 덜된 채 성의 세계에 입문한다. 물론 아이들은 저희들끼리 단편적인 정보를 주고받는다. 네덜란드 작가 리디아 로

드는 부모로서 겪은 경험을 말한 적 있다. 옆집 소녀가 로드의 딸에게 '정확히 어디를 만져야 좋은 기분을 느낄 수 있는지' 알려주는 것을 얇은 벽 너머로 한 단어 한 단어 다 들었다는 것이다. 로드는 이렇게 말했다. '저는 생각했어요, 잘됐네, 내가 직접 설명해주지 않아도 되잖아.'[10] 그러나 보통 집들의 음향 상태가 다 이렇진 않은 법이고, 이 임무를 스스로 해내지 않는 데 대해 면피할 수 있는 부모도 흔치 않다.

나는 여성들이 특정 부위를 스스로 일컫거나 연인에게 말할 때 어떤 특별한 단어들을 사용하는지 확실히 알지 못한다. 머리가 가려우면 '머리가 가려워'라고 말하면 그만이지만 음모가 가려울 때는 어떻게 말하고 생각할까? 대부분의 여성들은 직접 표현하는 것을 금기로 여기지 않을까? 금기를 뛰어넘으려면 긴장되는 법이지만 긴장이 긍정적인 효과를 낳을지도 모른다. 소년들은 벽이나 화장실 문에 야한 낙서를 갈기는 것을 일종의 성적 행동이라 생각한다. 조악하지만 효과적인 행위인 것이다. 성인 남성들도 가끔 흥분을 유도하거나 증가시키기 위해 내밀한 순간에 음탕한 말들을 입에 올리곤 한다. 여성들은 어떨까? 내가 살짝 조사해본 바에 따르면 대부분의 여성들은 매우 친밀한 관계에서도 완곡한 표현만 사용한다고 했다.

D. H. 로렌스D. H. Lawrence의 『채털리 부인의 연인』을 보면 사냥터지기 멜러즈가 채털리 부인에게 '씹'라는 단어를 알려주고 그것이 자신의 세계에서 뜻하는 바를 가르쳐주는 대목이 있다. 채털리 부인은 새로운 감정들을 알게 되는 것에 더해 그것을 표현할 단어들도 얻는다. 로렌스는 이 책이 파격적인 메시지를 세상에 널리 전하는 매

개가 되길 바랐고, 실제로 책은 초소형 개인 소장본 형태 외에도 무수한 해적판으로 미국과 유럽에 전해졌다. 하지만 영국 출판사들은 고집스럽게 삭제판만 냈기 때문에 저자는 1930년에 파리에서 별도의 저자 완전판을 출간했다. 영국에서는 1960년이 되어야 펭귄 출판사에서 첫 완전판이 나온다.

'당신은 참 좋은 씹이야, 그렇지 않아? 세상에서 가장 좋은 씹이야. 당신이 좋아할 때! 당신이 원할 때 말이지!'

'씹이 뭔데요?' 그녀가 물었다.

'아니, 그걸 모른다고? 씹 말이오! 당신의 거기 아래에 있는 그것 있잖소. 내가 당신 안에 들어갈 때 느끼는 것, 내가 당신 안에 있을 때 당신이 느끼는 것, 다 거기에서 일어나는 일이잖소, 거기서 전부 말이오.'

'거기서 전부 말이오.' 그녀는 놀리듯 따라했다. '씹이라니! 그럼 성교와 같은 거군요.'

'아니, 아냐! 성교는 그저 행동일 뿐이지. 동물들도 그 짓은 한다오. 하지만 씹은 그보다 훨씬 수준 높은 것이라오. 그건 바로 당신 자신이라오. 모르겠소? 당신은 동물보다 훨씬 나은 존재이잖소. 그렇지 않소? 성교를 한다고 해도 말이오? 씹! 그건 바로 당신의 아름다움을 말하는 것이라오, 아가씨!'

생생한 용어들이 금기로 취급당하는 한 가지 이유는 욕설로 쓰이기 때문일 것이다. 여성 성기는 남성 성기나 마찬가지로 속어로 자주 쓰인다. 내가 듣기에 여성 성기를 동원한 욕은 남성 성기를 동원한 욕보다 좀 더 거칠다. '좆같은 놈'이라는 말은 '씹 새끼 아냐'라는 말보다는 덜 거슬린다. 클리토리스 절제가 전통인 나라에서는 클리토리스를 뜻하는 단어가 최고로 추잡한 욕설이다. 이집트의 이슬람 근본주의자들은 백인 관광객을 욕할 때 '클리토리스의 어미'라는 말을 쓰고, 그들이 남자에게 던지는 최악의 모욕은 '할례받지 않은 어미의 자식'이라는 말이다.

일본은 예외이다. 일본 부모들은 딸들에게 '최고로 소중한 곳(오다이지노도코로お大事のところ)'의 존재를 확실히 가르쳐준다. 아들들에게는 '최고로 소중한 것(오다이지노모노お大事のもの)'을 알려준다. 그런데 소년들의 성기에 대해서는 예부터 쓰이는 귀한 표현이 하나 더 있다. '귀한 딸랑이'라는 뜻의 오친친おちんちん이다. 1980년대에 일본 페미니스트들은 불평등한 취급에 항의하며 '어여쁜 작은 틈'이란 뜻의 와레메창割れ目ちゃん이란 말을 쓰자고 주장했지만, 많은 혁신적 해방 언어들이 그렇듯 대중에 뿌리내리지는 못했다.[11]

이 밖에도 여성 성기를 지칭하는 표현들은 헤아릴 수 없이 많다. 몇몇은 극히 개인적인 용어들이다. 내 환자들은 자기들끼리 잠자리에서 쓰는 용어를 내게 알려주기도 하는데 가끔 사람 이름도 있다(조셉과 조세핀처럼 쌍으로 된 이름이 기억난다). 파울 로덴코Paul Rodenko가 각색한 『천일야화』에서 한 여류시인은 연인에게 '시를 읊어야 할 것 같은 기사도적 열정을 불러일으키는, 무방비 상태로 열린 이곳을, 분별과 맵시 있는 우아함을 갖추어 표현해보라'라고 주문한다(네덜란드어에서 동사 dichten은 '시를 쓰다'는 뜻과 '채우다'는 뜻을 동시에 갖고 있으므로, 일종의 말장난인 셈이다). 연인은 '쾌락의 정원', '행복으로 가는 문', '숨겨진 휴식처' 같은 진부한 표현들을 들먹이고, 비판적인 여류시인은 조롱을 아끼지 않는다. 그녀가 좋아하는 은유들을 몇 가지 들면 '아기의 요람', '깃털 없는 새', '수염 없는 고양이', '귀 없는 토끼', '매혹적인 슬리퍼', '창살 없는 새장', '말 없는 혀' 등이다.

로덴코가 여성의 피부 위로 미끄러지며 미사여구를 늘어놓았다면, 에리카 종Erica Jong은 남자의 입을 통해 막 대죄의 온갖 형태에 입문한 여주인공 패니에게 그녀의 이름과 동음이의어인 각종 단어들을 들려준다(Fanny는 여성 성기를 뜻하는 속어이기도 하다_옮긴이).[12] 후에 불운한 패니보다 소년이나 양에 올라타는 것을 더 즐기게 되는 산적 두목 랜슬롯은 고전에 정통할 뿐 아니라 흔히 쓰이는 속어들도 잘 알았다. 여기서는 몇 개만 골라 인용하겠다. 소설에서는 한 페이지 몽땅 차지할 정도로 길게 나열되기 때문이다. '거룩한 단음절', '최고·최악의 부분'(존 던의 표현), '고해소', '제삼의 눈'(초서의 표현), '대리석 작품', '상자', '백파이프', '요새', '사랑의 분수', '덮개', '멋쟁이 새의 둥지', '언덕 아래의 집', '크림 단지', '구멍들 중의 여왕', '이 없는 입', '이름 없는 둥지'. 식물 세계에서 온 말로는 '복숭아', '장미', '누에콩', '무화과', '시계꽃' 등이 있다. 패니는 감탄을 금치 못하고 듣는다. '내 안의 시인이 찬미받고 있구나, 내 안의 여성은 모욕당하고 있지만.'

16세기 초, 이른바 블라종Blason이라고 하여 여성의 신체 구석구석을 찬양하는 시가 궁정에서 잠시 유행한 적이 있다.[13] 시인들은 여인의 머리에서 발끝까지, 대체적인 윤곽에서 상세한 세부까지 빠짐

없이 칭송했으며 육체뿐 아니라 목소리, 마음, 미덕과 우아함까지 노래했다. 노래가 정말 마음에 두고 있는 바로 그 기관은 『여성의 몸에 대한 블라종들의 책』에서 줄곧 '…'이라고만 지칭된다. 오로지이 기관만을 칭송하는 블라종도 세 개나 있다. 왕실 사서 클로드 샤퓌Claude Chappuys가 쓴 블라종은 소녀의 '…'에 관한 내용인데, 아래와같은 시구이다.

아직 …이 아닌 …, 여전히 어린아이 같은 홈이여,

나의 기쁨 …, 나의 상냥한 정원이여,

아무도 나무나 풀을 심지 않은

예쁘장한 …, 주홍빛 입을 지닌 …,

나의 사랑 …, 나의 작은 골짜기여

부드럽고 맵시 있는 언덕을 지닌

전성기의 아름다움으로 돋보이는 …

풍성한 양털 같은 금빛 털을 지닌

(…)

우리가 하는 모든 것, 탄식하고 갈망하는 것

우리가 원하는 모든 것, 약속하고 증언하는 것

그것은 그대의 …에 영예로운 왕관을 씌우는 것

그리하여 모두가 무릎 꿇고 우러르게 하는 것.

그리고 나는 여기서 기다리기에 만족하나니,

그대의 곁에, …여, 그대를 모시어

내게 최고의 만족을 가져다주는 이를 기다리기에.[14]

사람들은 시대를 불문하고 이런 찬가를 불렀다. 페데리코 펠리니 Federico Fellini는 자코모 카사노바의 생에 대한 영화를 찍을 당시 토니 노 게라라는 시인에게 영화에 들어갈 시 한 편을 부탁했다. 영화 〈아 마르코드〉의 각본을 썼던 시인이다. 안타깝게도 시는 영화에 등장하 지 못하게 되었지만, 게라가 원래 계획한 것은 아래의 찬가를 '무화 과'에 적어 카사노바의 입에 넣는 것이었다. 이탈리아 사람들은 무 화과가 굉장히 즙 많은 과일이라고 생각한다. 자두보다 훨씬 촉촉하 다고 생각한다. 반면 북유럽에서는 무화과가 말린 형태로 처음 소개 되었기 때문에 늘어진 모양의 테두리 안에 과육이 담긴 모양을 보는 사람들은 에로틱한 여성 성기가 아니라 늙은 남성의 음낭을 떠올리 는 경향이 있다.

무화과는 거미가 짠 거미줄
실크로 된 깔때기
모든 꽃들의 심장
무화과는 어딘지 알 수 없는 곳으로 당신을 데려가는 열린 문
당신이 들어서면 무너져 내릴 요새.

세상에는 즐거운 무화과들이 있지
완전히 미친 무화과들
넓고 좁은 무화과들,
몇 푼이면 살 수 있는 무화과들
유창하거나 더듬거리는 무화과들

알맞은 용어를 찾아서

하품하는 무화과들

혹은 아무 말도 하지 않는다네

당신이 먹어치우는 그 순간에도.

무화과는 하얀 설탕의 산

늑대들이 어슬렁거리는 숲,

멋진 말들이 끄는 마차;

무화과는 반딧불이로 수놓인 캄캄한 공기가 들어찬 풍선;

모든 것을 태우는 오븐.

때가 되면 무화과는

신의 얼굴이 되지,

그의 입이 되지.

바로 그 무화과에서 이 세상이

솟아난 거지, 나무도, 구름도, 바다도

그리고 사람들도, 한 사람 한 사람,

그리고 모든 인종들도.

무화과에서, 무화과 역시 생겨난 거지.

영원하라 무화과여!

더 서정적이고, 더 여성적 관점에서 씌어진 글로는 모니크 위티그Monique Wittig의 『여전사들』에 등장하는 대목이 있다.[15] 원시적 생활을 하는 여성 약탈 종족이 남성들의 위협에 용감히 맞서는 영웅적

투쟁 과정을 너무나 인상적인 시적 문장으로 그렸다.

여성의 성기에 대해 언급하면서, 이를테면, 그들은 사회화된 여러 농담들 중 한 가지의 의미를 도통 기억해내지 못하겠다고 말한다. 그들이 말하는 문장은, '해 질 녘이 다가오면, 그 새 비너스는 날개를 펴네'이다. 음부의 음순이 새의 날개에 비유되곤 하므로, 새의 이름이 비너스일 것이다. 음부는 온갖 새들에 비교되어 왔으니, 예를 들면 비둘기, 찌르레기, 산까치, 지빠귀, 되새, 제비 등이다. 그들은 오래된 문헌을 뒤져보았더니 한 작가가 음부를 제비에 비유하면서 제비만큼 잘 날고 그렇게 재빠른 날개를 지닌 새는 달리 본 적 없다고 덧붙여놓았더라고 말한다. 하지만, 해 질 녘이 다가오면 그 새 비너스는 날개를 편다는데, 그들은 더 이상 그 말뜻을 알지 못하겠다고 한다.

나는 레즈비언들이 어떤 용어를 쓰는지 궁금해서 한 레즈비언 사전을 뒤져보았다.[16] 상당히 도발적인 언어 사용이 돋보였는데, 몇 가지 소개하면 이렇다. '작은 즐거움', '작은 상자', '턱받이', '생명의 기원', '두 다리 사이', '여성 자신의 것', '고양이', '어둑한 밑', '즙이 나는 겨드랑이', '흡착기', '기쁨의 입술', '즐거운 입술', '비너스의 입술', '늘어진 진흙', '홍수막', '꽃', '데이지', '자그만 장소', '단단한 머리', '사랑의 단추', '간지러운 단추', '진주', '작은 언덕', '셰익스피어', '타임스 스퀘어', '클릿clit', '클리시clissy', '기쁨의 홈', '사랑의 홈', '로제타', '작은 뒷문'.

목록을 보노라면 1960년대로 돌아간 기분이 든다. 열정적인 페미니스트들이 여성성에 대한 용어들을 새롭게 조탁해내자고 설득하던 시대였다(남성이 독점한 성 해방 이데올로기에 의해 여성이 언제든 이용 가능한 대상으로 취급되는 상황으로부터 거리를 두자는 의미가 있었다). '보지의 힘 cunt power'이란 용어가 등장한 것도 이때였다. 전위적 네덜란드 잡지 《서크》에서 '보지의 힘 복권'을 열성적으로 주장했던 저메인 그리어 Germaine Greer(1939~. 오스트레일리아 출신으로 20세기 가장 유명한 페미니스트 작가이자 운동가_옮긴이)의 문장이 기억에 생생하다.[17]

〈보지는 아름답다〉

빨고 물고 보아라. 자기 성기를 빨 수 있을 정도로 몸이 나긋하지 않다면, 손가락을 부드럽게 밀어 넣었다가 뺀 뒤 냄새 맡고, 빨아보라. 자. 최고로 값비싼 일급 요리들이 보지 같은 냄새를 풍긴다는 사실은 얼마나 신기한가. 혹은 그게 그리 신기할 일인가?

거울 위에 쭈그려 앉거나 등을 기대고 누워 다리를 벌려서 햇살이 비쳐 들게 하고, 거울로 보라. 그것을 배워라. 그것의 표현을 연구하라. 그것을 부드럽고, 따뜻하고, 깨끗하게 간수하라. 그것에 비누를 문대지 마라. 그것에 파우더를 뿌리지 마라. 꼭 세척을 해야겠거든 차가운 물로만 하라. 그것에 자신만의 애칭을 지어주라. 해부학 교과서에 나온 표현이 아닌 이름, 푸시pussy, 트왓twat, 박스box 또는 증오가 포함된 형용사인 개시gash, 슬릿slit, 크랙crack처럼 남자들이 사용하는 모멸적 용어 말고 말이다. 우리에게 필요한 것은 보지를 있는 그대로 묘사하는 순수한 용어이다.

당신의 보지를 사진으로 찍어 이름과 함께 보내시라! 현상을 할 수 없다면 그냥 필름 위에 이름만 표기해서 보내면 우리가 알아서 처리하겠다. 결과물은 잡지에 발표될 것이다.

사진을 보낼 방법이 전혀 없다면 그냥 우리를 찾아오라. 우리가 당신의 그것에 키스를 해드리겠다.

결국 《서크》에 자신의 보지 확대 사진을 실은 사람은 저메인 그리어 자신뿐이었다. 그리고 얼마 지나지 않아 그녀는 편집진에서 물러난다. 암스테르담의 히피들은 그것에 대해 골몰하지 않아도 되는 한에서만 그녀의 메시지에 동조했기 때문이다.

여성이 자신의 성을 이해하기 위해서는 별개의 노선을, 오래된 전형들로 얼룩지지 않은 새로운 길을 걸을 수밖에 없었다. 토론장에서는 자신의 성기와 친해지는 방법에 대한 얘기가 중요한 주제로 떠올랐고, 가끔은 집단 활동 형태가 되기도 했다. 그런 '의식화 집단'들 중 하나가 제작한 '보지 영화'가 있다. 다 함께 부끄러움을 정복하는 경험이 너무나 해방적이었기에 기록으로 남기기까지 한 것이다. 미국의 성 치료 전문가 베티 도슨Betty Dodson은 한발 더 나아갔다. 그녀는 오르가슴을 연구하는 단체의 회원들을 설득하여 집단 자위를 함으로써 여성성에 대한 금기를 깨뜨리고자 했다. 이 단체가 제작한 〈자기사랑〉이라는 비디오 외에도 여러 지침용 비디오들이 시장에 나와 있다. G스팟 찾는 법을 알려주는 것도 있다.[18] 한 네덜란드 매춘부가 '내 속의 창녀를 찾아서'라는 제목으로 여러 차례 워크숍을 갖기도 했다. 미국에서는 애니 스프링클Annie Sprinkle(1954~. 최초로 박사학위를 받은 포르노 스타로 이름을 날린 미국의 배우이자 작가_옮긴이)이 쇼에서 한바탕 돌풍을 불러일으킨 적이 있다. 청중들더러 그 자리에서 거울과 손전등을 이용해 자신의 여성성을 더 깊이 통찰하도록 했던 것이다.

오래된 금기들을 깨뜨리려는 노력은 대단했지만 일반 대중이 메시지를 모두 수용했는지 수용하지 못했는지 확실히 평가하기는 어렵다. 가끔은 있는 그대로 부르지 못하게 한 제약 때문에 오히려 매우 특별한 감상이 조장되기도 했다. 네덜란드 시인이자 선박에 탑승해 일하는 외과의사였던 J. 슬라우에르호프가 쓴 아래 시처럼 말이다.

나비 세 마리가 펄럭인다, 날개를 나란히,

바다 한가운데서, 육지에서 영원히 추방당한 채,

세 마리 아름다운 생명체들이 거친 바다 위에 있다.

한 마리라면 눈에 띄지 않을지 모른다; 두 마리라도 이해할 수 있다:

사랑의 도피를 한 연인?

하지만 세 마리! 그들 앞에는 어떤 운명이 기다릴 것인가?

허나, 나 역시 종종 매혹되어버린다

서로 엉킨 세 마리의 부드러운 기쁨에,

보통은 하나 이상은

우리의 칙칙한 존재를 관통하지 못하는데도?

그때, 내가 늘상 사는 육지에서 멀리 떨어진 곳에서,

그녀의 자그만 입과 너무나 부드러운 두 눈동자가

그토록 가득한 약속들을 담은 미소와 함께 왔으니,

나는 그 안에 빠져 바다만큼 드넓게 팽창한다,

처음엔 그토록 작았으나, 나중엔 무한하게 부풀어 오른다

그녀의 사랑이 내 위에 감도니 결국 나는 뛰어올라

또 다른 삼위일체를 소유하게 되고, 그리하여

그녀의 가슴을 울렁이게 하고, 그녀의 몸을 떨리게 한다

바로 그 장소의 이름을 나는 말하지 않을 것이다,

너무나 깊은 데 놓인 곳이므로, 나만이 알고 있는 곳이므로

나는 바다가 그 비밀을 수호하듯 맹렬히 그곳을 수호할 것이다.[19]

사실 : 여성 성기의 구조

내부 장기들은 (…) 복잡한 체계를 이루고 있으며 여러 서로 다른 형태의 저장 및 운반 기관들로 구성되어 있다. 요소들의 크기는 다양한데 정자처럼 작은 것부터(머리의 지름이 3μm) 만월에 가까운 태아처럼 큰 것까지(3,500cm³) 있다. 크기만 아니라 요소들의 이동 방향과 속도, 체재 시간 등도 서로 꽤 다르다. 정자는 매우 빠른 속도로 이동하는데, 스스로 운동력이 있기 때문이다. 하지만 사정에서 수정까지 걸리는 시간(약 70분)을 염두에 두면 여성 육체의 이동 메커니즘 또한 영향을 미친다고 볼 수 있다. 반면 난모세포(난자)는 이동 속도가 매우 느려서 나팔관에 며칠씩 머무른 후에야 자궁으로 옮겨진다. 자궁강에 피와 조직이 너무 오래 축적되어 있는 것은 바람직하지 못하다. 하지만 발달 중인 태아는 그곳에 9개월간 머물러야 하며 약 3,500cm³까지 부피가 자란다.[1]

위 글은 부인과 질병 및 출산에 관한 한 권위 있는 교과서의 첫 문단을 옮긴 것이다. 어쩌면 여성의 비밀스런 부분처럼 여러 감정이

마이 버자이너

걸린 주제에 대해 '너무 많이 알게 됨'으로써 도리어 열정과 사랑에 관한 신비감을 잃는 게 아닌가 걱정하는 독자도 있을 것이다. 해부학자 B. 힐런이 쓴 위의 글을 인용한 것은 그런 독자들을 위해서이다. 힐런은 '여성의 비밀'을 아무리 깊게 파고들어도 동경의 마음은 조금도 줄어들지 않더라 했다. 오히려 많이 알수록 경외감이 커진다.

이제 여성 외부 성기의 여러 영역을 살펴보자. 독보적일 만큼 훌륭한 삽화들을 포함한 해부학 교과서의 고전, 1949년에 출간된 R. L. 디킨슨R. L. Dickinson의 『인간 성 해부학』의 그림들에서 도움을 얻겠다. 우선 치구와 대음순 부위를 특징짓는 것은 질기고 색이 짙은 털들이 나 있다는 사실이다. 또 다른 특징은 다소 두터운 피하지방층 덕분에 둥근 언덕처럼 살짝 솟아 있다는 점이다. 소음순의 모양과 크기는 사람마다 다르다. 일반적으로 가장자리가 다른 곳보다 조금 색이 짙다. 대음순과 소음순 사이의 피부에는 주름이 잡혀 있는데, 그 깊이도 사람마다 꽤 다르다. 내음순의 안쪽 면은 일종의 과도적 부분이다. 바깥쪽 피부(각질화되어 있어서 표면이 건조하다)가 점차 사라지며 더 부드럽고, 촉촉하고, 얇고, 따라서 연약한 점막으로 변하는 부분이다. 입에 비교해보면 쉬울 것이다. 입 바깥에서 안쪽으로 들어간다고 생각해보자. 바깥쪽의 피부와, 붉은 피부로 덮인 입술과, 볼 안쪽 피부가 다 다르다. 의학 문헌에서는 소음순의 안쪽 면을 '질 입구introitus'라고 부른다. 옛날 책들에는 가끔 '전실'이니 '앞마당'이니 하는 표현도 쓰인다.

소음순들의 끄트머리는 성기 앞쪽에서 모여 클리토리스의 포피에서 만난다. 클리토리스 포피와 음경 포피의 차이는 음경 귀두는 완

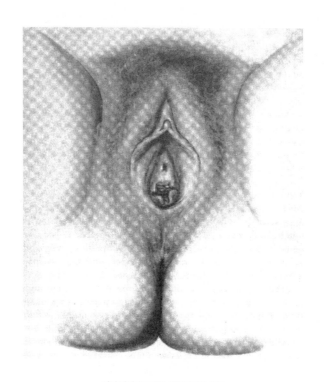

열린 형태로 묘사한 여성의 외부 성기

벽하게 포피로 둘러싸인 반면 클리토리스 귀두는 아래쪽이 덮이지 않은 채 있다는 점이다. 이 아래쪽은 곡선을 그리며 뒤로 물러나 질 입구와 음순 사이 공간으로 이어신다. 클리토리스 귀두는 원래는 항상 숨겨져 있다(그림은 질 입구를 보여주려고 부러 열어젖힌 것뿐이다). 클리토리스 귀두와 포피 사이도 남성과 마찬가지로 피지(하얀 분비물)가 생기기 때문에 성인 여성들은 몸을 씻을 때 클리토리스를 들춰 잘 닦아야 한다. 대부분의 여성은 클리토리스의 양옆 아래쪽으로 얇은 점막 주름을 느낄 수 있는데, 이것은 뒤쪽으로 이어져서 소음순과 맞닿는다(이 주름은 남성 음경에서 소대라 불리는 부분과 닮았다. 귀두 아래 부분과 포피가 만나는 지점이다). 여러 부분들끼리의 관계도 사람마다 달라서, 어떤 여성은 음순이 움직이면 클리토리스도 따라 움직이는 반면 그렇지 않은 여성도 있다.

소음순을 펼쳐보면 클리토리스 아래로 작은 삼각형 영역이 보인다. 그곳에 요도구가 노출되어 있다. 요도구 양옆으로 작은 구멍이 하나씩 보일 때도 있다. 최초로 이 분비 기관을 발견한 의사의 이름을 따서 스케네선※이라 불린다. 조금 더 뒤로 가면(그림에서는 아래로) 질 입구가 있다. 주변에는 불규칙한 모양의 조직이 둘러싸고 있는데, 이것이 이른바 처녀막이라 불리는 조직이 남긴 자취이다. 사실 이 이름은 폐기되어야 옳다(처녀라는 단어가 직접 들어가는 maidenhead와 hymen 중 maidenhead를 쓰지 말라는 얘기지만, 우리말로는 둘 다 처녀막으로 옮긴다_옮긴이). 처녀와 처녀 아닌 여성을 구분하게 한다는 암시를 주지만, 사실이 아니기 때문이다. 이 무지하기 그지없는 확신 때문에 아직도 극도로 성차별적인 여러 의식들이 이어지고 있다. 그 내용은 뒤에 상세히 소개하겠다.

질 입구의 모양은 사람마다 차이가 크다(처녀막 모양만 차이가 있는 게 아니다). 나이, 호르몬에 의한 성숙도, 성생활, 분만 여부 등이 영향을 미친다. 일례로 그림의 여성은 아마 아이를 낳은 적이 있을 것이다. 처녀막 고리가 뒷부분 양옆으로 심하게 해져 있는데 아이를 낳은 여성에게서 자주 발견되는 특징이다.

다음 그림에는 내부 장기들이 그려져 있다. 질은 처녀막 바로 뒤

사실 : 여성 성기의 구조

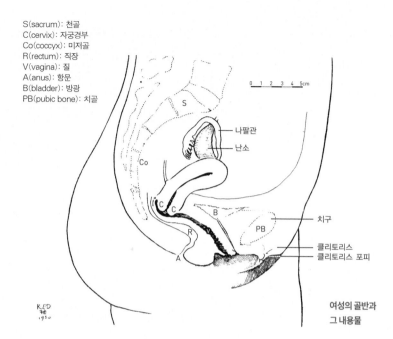

S(sacrum): 천골
C(cervix): 자궁경부
Co(coccyx): 미저골
R(rectum): 직장
V(vagina): 질
A(anus): 항문
B(bladder): 방광
PB(pubic bone): 치골

0 1 2 3 4 5cm

나팔관
난소

치구

클리토리스
클리토리스 포피

여성의 골반과
그 내용물

에 있다. 질 앞부분은 탄탄한 골반저 근육층으로 둘러싸여 있어서, 여성은 이를 통해 어느 정도 질을 조일 수 있다. 몇 센티미터 더 들어가면 또 다른 골반 내장기관들이 질을 둘러싸고 있는데, 대부분이 복부에 느슨하게 고정된 상태라서 공간 구성이 꽤 여유로운 편이다.

덕분에 가만히 있을 때는 폭삭 접힌 구멍이었던 질이 성행위 중에는 재빨리 팽창할 수 있고(공기가 들어가면 그렇다) 자궁 역시 위, 앞, 아래, 그리고 왼쪽, 오른쪽으로 약간씩은 움직일 수 있다.

질의 벽은 주름 또는 고랑이 수없이 잡힌 점막으로 되어 있다(질 주름). 아주 깊은 안쪽에는 자궁이 질 앞쪽 벽과 이어지며 열려 있다. 하지만 일반적으로 질 가장 끝 부분에 연결된 것은 아니다. 자궁은 납작하게 눌린 배처럼 생긴, 속이 빈 근육이다. 자궁벽의 근섬유들은 특수한 방식으로 정렬되어 있어서 수축이 일어나면(월경이나 출산 때) 자궁의 내용물이 쏟아져 나온다. 자궁의 안쪽 면은 굉장히 특별한 성질을 지닌 점막으로 덮여 있다. 자궁이 하는 일 중 가장 의미 깊은 작업은 바로 그 이름이 암시하는 대로다(자궁, 즉 'Uterus'는 라틴어에서 파생한 말로, 최초의 생명체가 탄생했다 일컬어지는 땅의 구멍을 가리킨다). 이 점막에 수정란이 착상하여 아기로 자라고, 모체 밖에서 독립적으로 살 수 있을 때까지 보호받는 것이다. 월경은 혈중 호르몬의 농도 변화에 점막이 반응한 결과이다. 호르몬들은 난소에서 만들어지고, 그 변화 주기를 통제하는 것은 뇌에 있는 생물학적 시계, 그리고 뇌 아래쪽에 위치한 내분비기관인 뇌하수체이다.

자궁의 바깥은 복막에서 나온 복막액으로 감싸여 있다. 다른 내장 기관들과 마찬가지이다. 복막은 부드럽고 촉촉해서 그 안에 든 내장 기관들은 서로의 움직임에 따라 조금씩 이동할 수 있다. 성이나 생식을 위해서만 아니라 소화를 위해서도 필요한 조건이다. 만약 내장 수술이나 충수염 때문에 복막 유착이 일어나면 극심한 통증과 기능 손상이 일어날 수 있다.

두 개의 나팔관들은 자궁 위에서 자궁 쪽을 향해 열려 있다. 오른쪽에 하나, 왼쪽에 하나가 있다. 모양이 트럼펫 같아서 라틴어로는 '튜바'라고 불린다. 나팔관이 열리는 부분에는 역시 양쪽에 하나씩 난소가 있다. 작은 타원형 기관인 난소는 가는 줄기를 통해 복강벽에 느슨하게 매달려 있다. 가임기 여성의 경우 여기서 매달 하나씩 난자가 나온다(피임약을 복용하지 않는다면 말이다). 난자는 배란 순간에 난소에서 떨어져 나와 나팔관으로 들어간다. 수정되든 되지 않든 마찬가지이다. 난소는 여성의 성호르몬 생산에도 관여한다.

발생학

잠시 곁가지로 나가 발생학을 살펴볼 필요가 있다. 발생학은 자궁 내 태아의 발달 과정을 연구하는 과학으로, 특히 어떻게 각종 장기들의 형성이 조직되고 통제되는지 살펴본다. 여기서도 특별히 매력적인 이야기를 담고 있는 부분이 생식기이다. 남성 성기와 여성 성기는 시작이 동일하기 때문이다. 성인 남녀의 성기에는 차이가 확연하지만, 그래도 미처 생각지 못했던 유사점들이 존재한다. 의사들은 이 사실을 치료에 활용하기도 한다. 한쪽 성의 어떤 세부 사항에 대해 정보가 부족할 때는 다른 쪽 성에 관해 알고 있는 점들을 적용하기도 하는 것이다. 성과학자들은 여자에 대해서보다 남자에 대해서 훨씬 많이 안다. 예를 들어 질병이나 약품이 발기에 어떤 부정적인 영향을 미치는가에 대해서는 많은 연구가 되어 있다. 주의가 필요한 것은 사실이지만, 여성 성기가 특정 요소에 대해 어떻게 반응할지 예측할 때 남성 성 영역에서 발견한 사실들을 거의 그대로 적용할 수 있다.

처음에는 남녀 배아 사이에 성적 차이가 발견되지 않는다. 두 성이 각자의 길을 가기 시작하는 것은 발달 6주째부터이다. 그때까지 성기 부분은 다 자란 여성의 성기와 비슷한 모양이다. 성기 쪽에 구멍이 하나 나 있고 그 위는 둥글게 부풀어 있다. 대충 나중에 클리토리스가 생기는 부분이라 할 수 있다. 호르몬 자극이 없다면 모든 태아는 여성 생식기를 지닌 육체로 발달할 것이다. 하지만 테스토스테론(남성의 성호르몬)이 활약하기 시작하면 상황이 달라진다. 남성적인 성기 발달이 개시되는 것이다. 그러니 이브가 아담의 갈비뼈에서 솟아난 게 아니라, 모든 아담이 한때는 이브였던 것이다. 이 사실을 중요한 신조로 여기는 여성 신학자들도 적지 않다. 여성 배아에서 테스토스테론 종류의 호르몬을 생산하게 만드는 질병들도 있는데, 이 병에 걸린 여아는 소년들에게만 일어나는 남성적 성기 발달 과정을 겪게 된다.

테스토스테론이 적절한 시기에 작업을 시작하면 봉긋 부풀어 올랐던 부위는 더욱 급격히 자라서 길쭉한 모양이 되고, 구멍을 둘러쌌던 조직은 관 모양의 구조가 되어 길쭉한 기관의 끄트머리까지 늘어난다. 이것이 요도이다. 귀두 부근까지는 해면체가 요도를 둘러싸고 있다. 성기 양옆으로 조금 부어올랐던 곳은 더욱 묵직해져서 음낭을 형성한다. 음낭의 중심선을 따라 항상 옅은 봉선seam이 보인다. 남녀 모두 처음에는 생식선이 신장 근처 복강에서 생기는데, 남성 배아의 경우는 고환이 사타구니 쪽으로 점점 내려와서 음낭 안에 자리 잡는다. 이 하강 경로는 성장 후에도 어느 정도 열려 있다. 소년들이 소녀들보다 자주 탈장을 겪는 이유이기도 하다.

일반적으로 소년들의 고환은 꽤 먼 길을 따라 하강하는 셈이다. 어쩌면 친척 중에 누군가 고환 정체증으로 치료 받았다는 얘기를 들어본 적 있을지도 모르겠다. 그런데 난소 역시 배아 시기에 비슷한 하강을 겪는다는 점, 그래서 여성도 생식선 정체로 문제를 겪을 수 있다는 점은 비교적 덜 알려져 있다.[2] 그 경우 난소는 자궁에서 너무 먼 곳에 위치하게 된다. 나팔관이 불완전한 경우도 잦고, 좌우간 제대로 이용하기 어려운 상태가 된다. 두 개의 난소가 모두 내려오지 않으면 불임이 된다.

요컨대, 아래에 쌍을 지은 남녀 기관들은 동일한 계통에서 비롯했다고 볼 수 있다.

난소 - 정소(고환)
대음순 - 음낭
클리토리스 - 귀두
소음순 - 음경의 안쪽, 요도와 요도를 둘러싼 근육층

이쯤에서 한 가지 지적해둘 것이 있다. 지난 10년간, 위의 비교를 놓고 격렬한 토론이 있었다. 미국 심리학자 조세핀 론즈 시블리가 촉발한 논쟁이었다.[3] 시블리는 이런 단순한 비교에 반대했으며 무엇보다도 클리토리스가 '작은 음경'이라는 가정을 거부했다. 그녀가 보기에 클리토리스는 두 개의 다리, 즉 '뿌리'를 통해 골반에 붙어 있으므로, 음경 맨 위쪽에 있는 두 개의 원주 모양 발기성 조직(해면체)과 비슷하다. 달리 말해 클리토리스의 끝머리는 귀두를 뺀 음경 부분과 오히려 유사하다는 것이다. 시블리는 질문을 다른 식으로 던져보았다. 그렇다면, 남성의 클리토리스는 무엇일까? 론즈 시블리의 결론은 남성의 클리토리스는 귀두 바로 아래 가장자리, 소대(포피의 주름)가 있는 부분이라는 것이다. 남자들은 이 부분이 성적으로 특별히 민감하다는 것을 잘 알고 있다. 론즈 시블리는 남성과 여성 성기의 이 부위를 '론즈 왕관'이라 부르자고 제안했다. 또 주석을 통해 덧붙이기를 여성 과학자의 이름에서 따온 최초의 해부 용어가 될 것이라 했다. 그 말은 사실이다. 성기 쪽 용어들을 살펴보면 바톨린선이나 스케네선이 있고, 난관은 팔로피오관이라 불리며, 성숙한 난포는 그라프 난포라 불린다. 모두 남성 과학자들의 이름을 딴 것이다. 론즈 시블리의 열망은 이해하고도 남음이 있지만, 현재까지는 그 꿈이 이뤄진 것 같지 않다. '론즈 왕관'이라는 용어는 그녀의 책 바깥에서는 쓰인 적이 없다.

자, 클리토리스는 도토리 모양의 귀두를 갖고 있지 않다. 그러면 남성의 귀두와 비슷한 부분은 여성의 어느 부분일까? 클리토리스 귀두와 요도 해면체는 클리토리스 아래에 있던 작은 영역이 성장한 결과이다. 요도구와 조그만 분비선 두 개가 뚫려 있는, 작은 삼각형 영역이다. 론즈 시블리는 이 부분이야말로 여성의 귀두라고 주장하고, 따라서 성적으로 엄청나게 민감한 자리라고 추정했다.

점박이하이에나

자연은 발생학적 관점에서 볼 때 놀랍기 그지없는 한 가지 사례를 한 동물의 몸에 부여해두었다. 점박이하이에나(울 때는 길게 끌면서 사람이 비웃는 듯한 소리를 내어 '웃는 하이에나'라고도 불린다)이다. 이 종의 암컷들은 출생 전에 굉장히 많은 양의 웅성발생 호르몬(안드로젠)에 노출되기 때문에 육안으로는 수컷의 성기와 구별하기 어려울 정도로 큰 외부 생식기를 달고 태어난다. 암컷 점박이하이에나의 성기는 수컷의 것만큼 크고, 요도구가 나 있는 끄트머리에는 완벽히 발달한 귀두도 보인다. 대음순은 서로 들러붙어 꼭 음낭처럼 보이는데, 물론 고환은 들어 있지 않다. (동물학 교과서에서는 종종 이것을 암컷 점박이하이에나의 클리토리스라고 표현하는데, 론즈 시블리의 기준에 따라 정확히 말하면 음경이라고 부르는 편이 옳다. 위쪽에 두 개의 발기성 조직이 있고 잘 발달한 요도 해면체와 귀두까지 이어진 요도가 있는 기관은, 과연 클리토리스처럼 보이진 않는다. 그러므로 이 책에서도 클리토리스라 부르지 않겠다.)

암컷 하이에나의 음경은 발기가 가능하고, 여기에는 사회적 기능이 있다.[4] 하이에나들은 서로 인사를 할 때 수컷이든 암컷이든 음경을 내보이고 냄새를 맡으므로, 이 의식에 참여하려면 발기를 하지 않을 수 없다. 이것은 공격성을 누그러뜨리는 행위로 보인다. 이 '쓰레기 청소' 동물들의 턱은 워낙 강해서 모종의 주의분산 전술이 없다면 마주치자마자 서로 죽이려들 수 있기 때문이다. 하지만 교미 시에는 암컷의 음경이 축 늘어진다. 음경을 아래쪽으로 잡아당기는 작은 근육들이 매우 잘 발달되어 있어서 교미 중에도 요도 입구의 위치가 흔들림 없이 비교적 잘 고정된다. 임신에 실패하는 경우가 거의 없는 걸 보면 꽤 효과적인 방법인 것 같다. 하지만 최초의 분만에 커다란 문제들이 도사리고 있다는 사실 또한 분명히. 출산 시에 요도가 받는 압박은 정말 어마어마하다.[5] 그림을 보면 암컷의 산도는 수컷화되지 않은 다른 동물들의 것보다 거의 두 배 가까이 긴 데다가 그도 모자라 날카롭게 꺾여 있기까지 하다. 태아는 어떻게든 그 경로를 거쳐 나와야 한다.[6] 암컷의 태반에서는 릴랙신이라는 특별한 호르몬이

**임신 중인 점박이하이에나.
성기 모양이 그려져 있다**

분비되어 결합 조직을 탄력 있게 만들어주는데, 특히 분만 시에는 릴
랙신의 농도가 아주 높다.[7] (릴랙신은 인체에서도 모종의 역할을 하는 것으로
보인다. 평소에 뻣뻣했던 골반 이음매들이 출산 시에는 한결 유연해지는데, 가장 잘
알려진 것이 두 치골 사이에 있는 연골성 관절인 '결합' 부분이다. 최근 학계는 출산
후 결합의 상태에 대해 많은 관심을 쏟고 있다. 이 부분에 통증이 사라지지 않는다고
호소하는 여성들이 늘고 있기 때문인데, 자칫 불안정한 상태가 오래 지속될지 모르는
일이라 중요한 문제이다.)

　　점박이하이에나가 새끼를 낳을 때, 릴랙신 덕분에 태아가 빠져나
올 정도로 요도가 넓어지긴 하지만 어쨌든 큰 상처들이 생기게 마련
이다. 놀랍게도 이 격렬한 과정의 고통은 못 견딜 만한 수준은 아닌
듯하다. 어미는 비교적 차분한 상태를 유지하기 때문이다. 이것은 릴

랙신이 중추 신경계에 진통 효과를 발휘하기 때문이라고 한다. 허나 객관적으로 말해서 첫 분만은 거의 불가능에 가까운 묘기인 것이 틀림없다. 결과가 증명한다. 첫 출산에서 난 새끼들 중 절반가량이 사산이거나 출산 후 바로 죽는다. 두 번째 임신에서부터나 새끼들이 제대로 살아남으리라 기대할 수 있다.

또 다른 고통스런 사실은, 점박이하이에나는 테스토스테론 수치가 유독 높기 때문에 출산 당시 새끼의 무게가 다른 포유류들보다 무겁다는 점이다. 어미가 정말 불쌍하지 않은가. 새끼는 송곳니를 포함한 이빨 전체를 갖춘 채 태어나며, 처음부터 또렷하게 수컷의 성향을 보인다. 평균적으로 한 배에 두 마리가 태어나는데, 두 번째 새끼가 태어나자마자 먼저 나온 형제가 무섭게 달려든다.[8] 두 번째 새끼들 중 상당수가 첫째 때문에 죽고, 그렇지 않더라도 힘센 놈이 어미의 젖꼭지를 효과적으로 독차지하는 바람에 결국엔 굶어 죽는다. 그 이유는 어미가 보통 버려진 땅돼지 굴을 '산실' 삼아 새끼를 낳기 때문이다. 통로가 너무 좁아서 어미 스스로 굴에 들어가지는 못하므로 새끼들이 젖을 빨기 위해서는 안전한 장소에서 직접 기어 나와 어미에게로 가야 한다. 힘센 새끼가 통로를 막아서 약한 새끼를 가두기에 안성맞춤인 것이다.

가끔 쌍둥이가 둘 다 장성하는 예외적 경우도 없지 않은데, 그때는 보통 둘의 성별이 다르다. 확률적으로 볼 때 암컷:암컷, 암컷:수컷, 수컷:수컷 쌍둥이의 비율은 1:2:1여야 한다. 일란성 쌍둥이까지 고려하면 동일성 쌍둥이의 비중이 훨씬 높을 것이다. 그런데도 성별 다른 새끼들만 살아남는 것이니, 결론은 명백하다. 자매거나 형제일 때는 둘 중 하나가 거의 반드시 살해되는 것이다. 남매일 경우는 서로 봐줄 가능성이 조금 높다. 하지만 그럴 때에도 상처까지 없는 경우는 드물다.

우리가 알기로 이렇게까지 수컷화된 동물은 점박이하이에나가 유일하다. (환경오염 때문에 이상 호르몬 현상을 겪을 수는 있다. 1998년, 생물학자들은 노르웨이 스피츠베르겐 섬 근처의 암컷 북극곰들 몸에 갑자기 작은 음경이 생겨났음을 발견했다. 문제는 외부에 있었다. 스피츠베르겐 부근 바닷물에 PCB, 즉 폴리염화비페닐 농도가 높아졌던 것이다. 러시아 공장들이 방출한 것이 강을 따라 그곳까지 흘러든 것이었다.) 점박이하이에나만 왜 그렇게 정상적인 생물학적 패턴에서 벗어난 특성을 지녔는지는 적절히 설명할 길이 없다. 형제살해 및 자매살해는 몇몇 맹금류에서도 발견되는 현상이지만 맹금류는 식량 공급의 한계가 분명해서 개체수를 적게 유지하는 게 기능적으로 꼭 필요한 종이다. 점박이하이에나는 그렇지 않다. '적자생존'이 진화의 황금률이긴 하지만, 왜 유독 이 종에서만 이토록 극심한 형태로 드러나는 걸까? 암컷 하이에나는 사과보다 더 금기시되는 어떤 과일을 수컷에게 먹이기라도 한 것일까?[9]

몸에서 가장 약한 부분

복부는 우리 몸에서도 유별난 구조이다. 이 둥글게 감싸인 영역 안에 많은 연약한 장기들이 들어앉아 안전하게 제 임무를 수행한다. 또한 운동 체계의 일종이기도 해서, 근육이 힘을 쓰는 부위이다. 복부의 벽이 제공하는 안정성은 엄청나게 중요하다. 근육으로 된 축구

공이랄 수 있겠는데(아래쪽은 골반 뼈로 잘린 모양이다), 내부 압력 편차가 크다는 점도 특이하다. 역도 선수를 보면 왜 복부 근육을 가죽 벨트로 묶어줘야 하는지 금세 이해가 된다. 일상적인 사소한 행위들에서도 복부 압력이 급작스레 늘어나는 때가 있다. 기침을 하거나, 재채기를 하거나, 장을 비울 때 등이다. 이런 활동은 여성보다 남성에게 더 위험하다. 남자의 경우 생식선이 사타구니로 하강한 길이 있어서 사타구니 탈장에 취약하기 때문이다.

여성 또한 성기는 취약한 부위이다. 복강이 질, 자궁, 나팔관을 통해 바깥 세상에 열려 있기 때문이다. 여성은 남성보다 복강 감염을 겪을 확률이 높다. 월경 중에 자궁은 보통 자궁경부 쪽으로 수축하지만, 피나 떨어져 나온 조직 일부가 나팔관을 통해 복강으로 들어갈 때가 가끔 있다.[10] 이것을 역류성 월경이라 한다. 소량의 생리혈 정도라면 복강의 백혈구들이 처리할 수 있다. 하지만 조직들이 뭉쳐서 복막에 자그만 덩어리를 형성하는 경우도 있다. 의학 용어로 자궁내막증이라 하는 상태이다. 백혈구가 처치하지 못할 정도로 물질이 많이 모일 때 발생하는 현상이며, 증식한 조직 주변으로 자연스레 모세혈관들이 형성되므로 복부에 붉은 점이 가득하게 된다. 그 결과 여성은 월경주기에 따라 심각한 복통을 겪는다. 자궁내막증이 있는 여성은 불임이 될 가능성도 아주 높다.

복강에 공기가 들어가는 것도 바람직하지 않은 현상이다. 의사들은 복부에 이상이 있는 듯한 여성을 X선 촬영할 때는 선 채로 조영제 없이 한다. 그래야 복강의 공기가 잘 보이기 때문이다. 공기는 늘 위로 올라가므로 복강에 들어가면 간 위, 횡경막 아래에 가는 초승달 모양으로 모인다. 여기에 공기가 차면 보통 어깨 쪽으로 통증이 번진다. 여성에게 복강경 검사(광학 기기를 복강으로 집어넣어 하는 검사)를 할 때는 일부러 복강에 공기를 집어넣어 검사하기 쉽게 열기도 한다. 검사의 맨 마지막 단계는 물론 공기를 다시 빼내는 것이다. 이 과정이 항상 깔끔하게 끝나는 건 아니라서 복강경 검사나 불임수술을 받은 여성들 중 며칠 동안 어깨 통증을 겪는 이들이 있다.

복강의 공기는 장내의 공기와는 쉽게 구별된다(장에는 늘 공기가 있는 게 정상이다). 그리고 대개 주의가 필요하다는 신호이기도 하다. 장의 공기가 새어 나온 것이라면 그것은 장에 구멍이 났다는 뜻이다. 기체를 뿜어내는 박테리아도 있는데, 모두 해로운 침입자들이다. 그런데 입을 사용한 성행위 때문에 공기가 들어가는 경우도 있다. 의사들이 혼란스러워하는 것도 당연하다.[11] 믿기 힘들지만, 흥분하면 상대의 질 속으로 세게 입김을 불어넣음으로써 온갖 장벽을 넘어 복강까지 공기를 집어넣는 남자들이 진짜 있다. 눈썰미 있는 의사들이 발견해낸 특이한 성적 취향의 예는 비단 이것 말고도 수없이 많다.

몸과 나이

여성의 생식기 구조를 살펴볼 때 나이에 따른 변화를 빼놓으면 불완전한 수준에 지나지 않는다. 갓 태어난 아기에게서 자궁 속 모체의 호르몬들이 강력한 영향을 미친 사실을 알아볼 수 있을 때가 있다. 남자나 여자 가릴 것 없이 젖꼭지가 부푼 채로 태어나는 아기들이 있고, 심지어 이른바 '마녀의 우유'라 불리는 젖이 몇 방울 떨어질 때도 있다. 여자 아기의 성기가 생각 이상으로 크고 단단할 때도 있다. 하지만 이런 모체 호르몬의 영향은 오래가지 않는다. 이후 10년 정도는 성기 부분에 아무 변화가 없다. 사실 있어야 할 것들은 다 있어서(음모만 예외이다) 초등학교 아이들도 이 기관을 통해 대단한 성적 쾌락을 얻을 수 있지만, 생식 기능만은 호르몬에 의한 동면 상태로 잠자고 있는 것이다. 사춘기가 되어야 생체 시계의 지시에 따른 각종 변화들이 일어나며 모든 기관들이 영향을 받는다.

우선 온몸을 덮고 있던 부드러운 옅은 색의 털(최소한 백인에게서는)이 아닌 다른 종류의 털이 겨드랑이와 성기에 갑자기 등장한다. 이 털들의 모낭에는 독특한 피지선이 있다. 게다가 성기의 항문 쪽 부분에는 독특한 땀선이 있는데, 유선과 조금 비슷한 구조이다.[12] 그래서 음모에서 나는 땀은 색다른 냄새를 풍긴다. 치구와 대음순 주위로는 피하지방층이 발달하여 전체적으로 더욱 굴곡이 두드러지고 탄력이 생긴다. 소음순에는 피하지방이 거의 없지만 피부 자체가 자라면서 크기가 조금 커진다. 가장자리는 색이 살짝 짙어지고, 사람에 따라 꽤 어두운 색조를 띠는 경우도 있다. 클리토리스와 클리토리스 포피의 변화는 제한적인 편이나, 간혹 눈에 띄게 성장하는 경우도 있다. 음순 사이에는 점막 입구의 점액선이 다소 발달하여 주변에 얇고 촉촉한 막이 덮인다. 이후 영구히 존재하게 되는 이 막의 기능은 성적인 것도 있지만, 사춘기 이후 질에서 나오는 산성 분비물로부터 이 부분이 손상을 입을 수 있기 때문에 그것을 방지하는 측면도 있다.

질 벽도 상당한 변화를 겪는다. 매끄러웠던 질 내벽은 점차 주름 지기 시작하고 활발히 질액을 생산하기 시작한다. 길이가 늘어난다.

질 안의 산성도도 차차 높아진다. 이상적인 pH는 4.0으로서 박테리아 감염을 막기에 충분한 정도이다. 그런데 질 벽은 높은 산성도를 잘 견디지만, 처녀막 바깥 부분은 그렇지 못해서 때때로 염증이 난다. 정자 역시 산에 약하다. pH 4.0이면 단숨에 죽어버린다. 다행히 정액 자체가 염기성이라 산성을 일시적으로 중화시킬 수 있으므로, 이 때문에 생식이 불가능한 일은 없다. 여기서 남녀 간의 이해가 엇갈리는 점이 발견되는데, 질 속에서 사정이 이루어지고 난 뒤 몇 시간 동안 여성은 질 감염에 가장 취약한 상태가 되기 때문이다.

자궁도 자란다. 근육층이 두터워지는 것도 놀랍지만 가장 큰 변화는 내벽에서 벌어진다. 생식을 위한 기관이라는 자궁 본연의 속성이 두드러지기 시작한다. 한 달에 한 번꼴로 자궁 내벽 점막이 뚜렷하게 두터워진다. 이때 수정란이 도착하면 내벽이 잡아서 착상시킨다.

그러지 않으면 생체 시계가 원점으로 되돌아가서 호르몬 자극이 멈추고, 점막 전체가 밖으로 배출된다. 자궁은 경련을 일으켜서 이제 필요 없는 세포 물질들을 내보내는 일을 돕는다. 자궁경부에는 특별한 형태의 점액선이 발달한다. 배란기에 가장 생산적으로 활동하는 점액선으로서, 두터운 점액을 만들어 정자가 잘 움직일 수 있게 도와준다. 이 주기가 디킨슨의 그래프(58, 59쪽 그림)에 보기 쉽게 그려져 있다.

난소는 드디어 가장 활동적인 시기로 접어든다. 난소는 두 가지 기능을 담당한다. 우선 뇌하수체의 신호를 호르몬의 형태로 자궁에 전달하는 역할, 다음으로 매달 하나씩 수정을 위한 난자를 준비하는 역할이다. 난자는 여성이 모태의 자궁에 있을 때부터 존재하는 것이

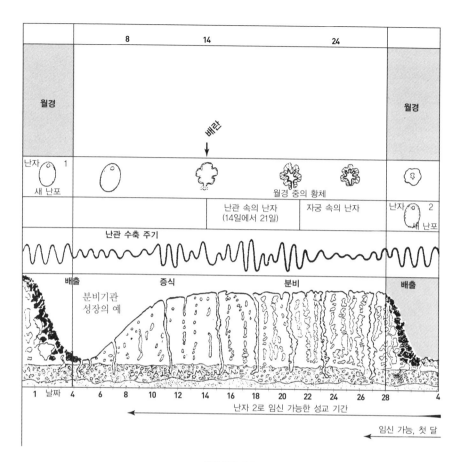

배란, 월경, 착상

고, 이후 적지 않은 수가 이미 죽어버린 상태이다. 어쨌든 가임기 동안에는 이론적으로 매달 하나씩, 호르몬 주기에 맞춰 난자가 자라서 난포(난자가 배출되는 주머니)를 형성할 것이다. 시간이 지나면 난포 벽이 난소에서 떨어져 나온다. 난소 벽이 늘어나는 이때 이른바 배란통

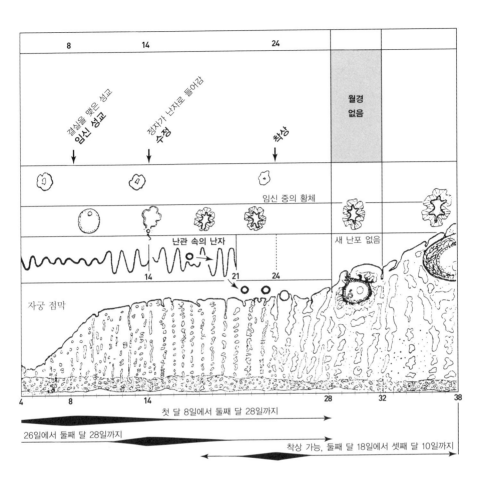

| 8 | 14 | 24 | 월경 없음 | |

결실을 맺은 성교
임신 성교

정자가 난자로 들어감
수정

착상

임신 중의 황체

새 난포 없음

난관 속의 난자

14   21   24

자궁 점막

4   8   14   28   32   38

첫 달 8일에서 둘째 달 28일까지

26일에서 둘째 달 28일까지

착상 가능, 둘째 달 18일에서 셋째 달 10일까지

을 느끼는 여성도 있다. 배란하고 남은 난포는 프로게스테론이라는 호르몬을 생성한다. 난자가 살아남지 않으면(즉 수정 또는 착상되지 않으면) 난소는 프로게스테론 생산을 곧 멈추고, 난포 찌꺼기도 자그마한 상처로만 남는다.

육체적 성숙이 시작되는 시기는 사람에 따라 몇 년의 차이가 있다. 20세기 들어서는 초경을 시작하는 나이가 갈수록 앞당겨지고 있다. 너무 이른 것도, 너무 늦는 것도 어린 소녀에게는 똑같이 괴롭고 혼란스런 사건이다. 8살에 음모가 나기 시작한 소녀는 상처를 받기 쉽다. 가령 아직 학교에서 남녀가 함께 샤워를 할지도 모르는 나이이니까 말이다. 16살인데 가슴이 발달하지 않은 소녀도 상처받긴 마찬가지이다. 좌우간, 이 시기는 이를테면 12살 된 소녀의 삶에서 가장 기억할 만한 때이다. 안네 프랑크의 일기를 보면 쉽게 공감할 수 있다. 아이를 낳을 수 있는 몸이 되었음을 깨닫는 건 결코 사소한 일이 아니다.

폐경에 따른 변화도 누구에게나 있다. 폐경의 효과는 대개 여성의 성호르몬 생산이 멎은 탓이니, 그 말인즉 사춘기에 일어났던 발달 과정이 거꾸로 돌려진다는 것이다. 다만 음모가 줄어들지는 않는다. 음모가 끊임없이 자라는 것은 남성호르몬(여성은 남성보다 양이 적지만 효과는 똑같다) 탓이기 때문이다. 사실 이 시기에 반갑지 않은 털들이 자라는 여성도 꽤 있는데(가령 윗입술 같은 곳에) 그 또한 테스토스테론의 영향을 막아줄 에스트로겐이 없기 때문이다. 치구와 대음순 아래 지방 세포들의 부피가 줄고, 피부가 조금 늘어진다. 소음순과 질 입구는 크게 변하는 점이 없지만 질 점막은 사춘기 이전 상황으로 돌아간다. 질은 조금 짧아지고 내막의 주름도 없어진다. 의사에게 이 시기의 변화 중 가장 생생한 것을 골라보라고 한다면 아마 질 내벽을 꼽을 텐데, 가임기 동안에는 벨벳 같았던 것이 이후에는 실크 같아진다고 표현할 것이다. 질의 촉촉함이 덜해지고, 성적으로 흥분하면 여전히 적지 않은 양의 윤활액이 나오지만 예전처럼 빠른 반응은 기대하기 힘들어서 점막이 연약해졌음을 깨닫게 된다. 산성도가 낮아져서 감염을 방지하는 기능도 떨어진다. 자궁이 작아지고 자궁 내벽 점막이 사춘기 이전 수준으로 줄어든다. 가장 중요한 것을 마지막으로 말하면, 난소에 더 이상 남은 난자가 없어서 난소의 호르몬 생산이 무의미해진다. 뇌하수체는 한동안 난소의 활동을 자극하려고 애쓰기 때문에 그 결과, 뇌하수체가 분비하는 통제 호르몬들의 농도가 놀랄 만큼 높아진다.

다시 해부학으로: 개인적 체험

사람들은 생물학자나 해부학자들이 연구 대상을 되도록 객관적으로 바라보길 바란다. 즉 감정을 싣지 않길 바란다. 하지만 환자들은 자신이 대상으로만 취급되는 것도 원치 않으며, 의사들은 그 점을 잘 안다. 연구하는 사람으로서 의사는 인체와 인체를 위협하는 질병에 대해 우선 잘 알아야겠지만, 진료하는 사람으로서 의사는 자신의 지식을 환자와 나누어 환자가 더 현명해지고 건강을 잘 돌볼 수 있게 만들어야 한다. 요즘은 의학 종사자들에게도 뛰어난 의사소통 능력이 요구되는 실정이며, 다행스럽게도 의학 교육 중 여러 단계에서 이 점을 노력하고 있다. 하지만 과거에는 그렇지 못했다.

내가 의학 교육을 받던 당시(1963년에서 1972년까지였다) 나는 의사에게 의사소통 임무가 있다는 사실을 거의 깨닫지 못하고 있었다. 특히 금기시되는 주제가 관련될 때 의사소통이 더욱 힘든 것은 말할 나위도 없었는데, 대부분의 젊은 실습생들은 부인과 검사를 할 때 가장 당황했다. 우리는 어떤 태도를 취해야 할지 몰랐고, 환자들도 똑같이 불편해한다는 것을 깨달았다. 게다가 환자에게서 안 좋은 징후라도 발견될라치면 환자가 알아들을 만한 용어로 설명할 수가 없어서 애를 먹었다. 여성들이 자신의 생식기 현상에 대해 아는 바가 거의 없다는 점도 문제였다. 그때는 지금보다 더 의사들이 환자를 일깨워줄 필요가 있었다. 성에 관한 문제라면 특히 그랬다. 그런데 학생들은 그런 내용을 배우지 못한 것이다.

상황은 오래지 않아 바뀌었다. 여기에는 페미니스트 운동이 중요한 역할을 했다. 사람들은 부인과 검사에 따른 감정적 문제들에 대해 솔직하게 얘기하기 시작했다. 실제 많은 여성들이 의사와의 접촉을 당혹스럽고, 수치스러우며, 생경한 것으로 여기고 있었다. 낙태에 관한 의학계의 시각도 비판의 대상이 되었다. 여성들이 '자기 몸의 주인'이 되어야 한다는 주장이 거세졌다. 그간 쌓였던 분노가 터져 나오며 문제가 있는 병원들을 폭로한, 이른바 '블랙리스트'의 공개 등 여러 형태의 항의로 이어졌다. 몇몇 부인과 병동들은 변화의 요구를 받아들여 생산적인 방향으로 변모했다. 교육 감독관은 인턴들이 능숙한 부인과 검사 실력을 갖추는 것을 넘어서 물리적 접촉에 따른 감정적 영향에 대해서도 인지하도록 가르쳤다. 한 병원에서는 검사 대상을 자처한 여성 자원자들이 그 과정에서 인턴들에 대한 선생님 노릇도 했다. '정보'가 핵심적 개념이 되었다. 환자가 실험 대상에 지나지 않던 상황, 검사 결과에 따라 취할 조치에 대해서 본인에게 미리 알려주지 않던 상황은 옛말이 되었다. 대신 의사소통 능력에 높은 가치를 두는 직업윤리가 들어섰다. 이론적으로는 검사 중에도 그 래야 한다. 진찰석 뒤에 놓인 손거울이야말로 이런 변화의 상징이었 다. 원한다면 환자는 검사 과정을 직접 볼 수 있었다. 자신의 자궁경 부를 목격한다는 것은 여성들에게 무척 독특한 체험이었을 것이다.

그때 이후로 의학 수련생들은 자기 몸을 통해 해부학 지식을 점 검해보라는 조언을 듣는다. 초기에는 자가 조사를 돕는 상세한 지침 이 인쇄물로 제공되기도 했다. 성과학 현장에서도 마찬가지이다. 자 기 몸을 발견하는 과정은 비할 데 없이 강렬한 인상을 남긴다. 그래 서 여성 성기를 알아보는 이 책에도, 여성 독자들이 스스로 그런 체 험을 해볼 수 있도록 지침을 소개하겠다. '해부학'이라는 장 제목은 자가 탐구를 위한 매뉴얼을 뜻하는 셈이다. 친애하는 독자께서 여성 이시라면, 그리고 이 제안을 받아들일 마음이 드셨다면, 아래에 적힌 대로 따라하시면 된다.

거울 앞에 서서 배를 내려다보면 음모가 보일 것이다. 음모가 난 모양새는 여성의 경우 보통 삼각형이다. 어떤 여성들은 조금 위로 뻗쳐서 배꼽 쪽으로 나 있기도 하다. 임신 중에는 배꼽과 음모 사이 부분이 짙어진다. 음모가 다이아몬드처럼 나는 건 혈중 남성 성호르 몬 농도가 너무 높다는 뜻일 수 있다. 어쩌면 클리토리스가 보일 수 도 있고, 소음순이 대음순 사이를 비집고 나와 있을 수도 있다. 손을 치구 위에 놓으면 팽팽한 지방층 아래로 치골을 느낄 수 있다.

이제 누워보자. 침대에 눕거나 편한 의자에 기대어보자. 손거울 로 보면 어디까지 음모로 덮였는지 알 수 있다. 물론 사람마다 편차 가 굉장히 크다. 음순을 살펴보면 소음순 가장자리가 주변보다 색이

어둡고, 특정한 방식으로 주름져 있다는 걸 알게 될 것이다. 더 뒤에는 항문이 있다. 질과 항문을 잇는 중심선에 옅은 봉선이 있는 걸 보게 될 것이다. (출산을 한 적 있다면 이 부분에 흉터가 있을 것이다. 뒤쪽으로 항상 절개 내지는 파열이 일어나기 때문이다.) 어쩌면 클리토리스가 이미 거울에 비칠지 모른다. 하지만 보통은 소음순을 벌려야만 보인다.

대음순을 손으로 잡고 열면 소음순과 클리토리스를 더 쉽게 관찰할 수 있다. 대음순과 소음순 사이로 작은 홈 같은 게 양쪽에 흐르는 것이 보일 것이다(음순 간 고랑). 피지가 조금 보일 수도 있다(지방 분비물). 고랑이 끝나는 아래쪽 점막은 생생하게 짙은 붉은색일지 모른다. 피부가 너무 얇아서 아래의 혈관이 비쳐 보이는 것이다. 이제 두 손가락을 사용해서 소음순을 옆으로 펴면서 동시에 위로도 살짝 들어 올려보자. 클리토리스의 포피와 그 아래 점막 주름이 한눈에 들어올 것이다. 그 점막 주름 부분이 조세핀 론즈 시블리가 왕관이라 불렀던 곳이다. 거울을 살짝 아래로 내린 뒤 소음순을 더 넓게 벌리면 (사실 제대로 하려면 손이 세 개 필요하다) 작은 삼각형 영역, 남성의 음경 귀두에 해당하는 영역이 제대로 보인다. 요도 구멍은 눈에 잘 띄는 편이다. 반면 요도 양옆에 하나씩 있는 스케네선 구멍들은 바늘구멍만 하게 작아서 안 보이기 쉽다. 소음순을 펼쳤다면 그 사이는 착색이 되지 않은 것을 눈치챘을 것이다. 즉 분홍색이다. 백인 여성이라면 차이가 대단치 않게 보일지 모르겠지만 피부색이 짙을수록 색깔 차가 극명하다. 이제 또 몇 센티미터 뒤를 보면 질 입구가 드러난다. 성경험이 없다면 둥근 주름(처녀막)이 보일 수도 있다. 성경험이 있다면 이 부분이 좀 흐트러진 듯 보일 텐데, 질 입구 주변으로 늘어진 조직들이 여러 개 보일 것이다. 아이를 낳은 적 있다면 뒤쪽으로는 처녀막 조직이 하나도 남아 있지 않을 가능성이 높다(절개 자국이나 파열 흔적이 있을 것이다). 질 입구가 처녀막 조직에 가려 있을 수도 있지만 조금만 압력을 주면(배변할 때처럼) 구멍이 눈에 들어온다.

이제까지는 눈에 보이는 성기를 묘사해보았다. 앞으로는 촉감으로 탐험을 계속하자. 손가락 끝으로 피부와 점막 구조를 느낄 수 있고, 주의 깊게 건드려보면 각 영역의 민감성이 서로 어떻게 다른지도 알 수 있다. 손가락 끝에 어떤 감촉이 전해지는지 신경을 쓰는 동시에, 손가락 때문에 그 부분들이 어떤 느낌을 받는지도 살펴보자.

민감도가 다르다는 것은 그냥 하는 말이 아니다. 사실이 그렇다. 피부의 촉각 소체는 서로 다른 여러 종류가 있다. 질 주위에는 다양한 종류가 고르지 않게 분포되어 있다.[13] 첫 번째로 음모의 뿌리에 있는 촉각 소체를 보자. 고양이가 수염을 통해 감각을 느낀다는 얘기를 들어보았을 것이다. 음모로 덮인 부분도 마찬가지이다. 피부에 손을 대기 전에도 뭔가 느낄 수 있는 것이다. 치구와 대음순 근처에는 또 다른 두 가지 종류의 소체들이 밀집해 있는데(마이스너 소체와 메켈 소체) 소음순과 클리토리스에는 비교적 적은 수가 자리한다. 클리토리스 자체는 접촉을 감지하지 못하지만, 대신 파시니 소체라는 것이 있어 압력을 감지한다. 소음순에는 소체들의 수가 적은 편이지만 모든 종류가 조금씩은 존재한다. 처녀막 근처는 가장 원시적인 형태의 촉각 기관들이 제일 많이 모인 부분이다. 통증을 감지하는 신경들의 끝이 노출된 채이기 때문이다. 이 부분이 감지할 수 있는 촉각은 통증이 전부라 해도 과언이 아니다! 이외에도 두 가지 종류의 소체가 더 있는데(루피니 소체와 도지엘-크라우스 소체) 온도 변화를 감지하는 것으로 보이며, 민감성에 기여하여 특별한 성적 감촉을 일으킨다고 여겨지는 것들이다. 이들은 외음부 전반에 고루 퍼져 있다. 질 안쪽으로 들어가면, 이제는 촉각 수용체가 거의 없다. 그렇다고 질 안쪽을 건드릴 때 아무것도 느낄 수 없다는 말은 아니다. 질을 둘러싼 근육들이 느낄 수 있기 때문이다. 근육들은 나름의 감각 인지 능력을 갖고 있다. 근육은 닿는 물체가 얼마나 긴지, 얼마나 짧은 지 느낄 수 있다. 우리가 평형감각을 가질 수 있는 것도 사지의 근육들이 이런 기능을 갖췄기 때문이다.

자, 치구와 대음순에서 촉각 탐험을 시작한다면, 제일 먼저 감각이 느껴지는 곳은 음모이다. 손으로 압력과 마찰을 다양하게 가해보라. 피부 밑 작은 지방층의 탄성이 느껴질 테고, 그 아래 치골도 느껴질 것이다. 더운 날이면 땀이 날 테니 손을 코에 대어보면 특유의 냄새를 맡을 수 있다. 겨드랑이와 가랑이에 있는 땀선은 종류가 같지만, 냄새는 서로 다르다.

손가락 끝을 클리토리스에 대고 이 작은 부분이 얼마나 민감한지 느껴보자. 드러난 클리토리스 귀두를 만져보려면 다른 손을 이용해야 할 것이다. 드러난 귀두를 만진 기분이 좋은가, 나쁜가? 포피를 만지면 어떤가? 성적으로 흥분한 상태에서 기분은 또 어떤지도 알아볼 필요가 있을 것이다. 민감성이 달라지는가? 클리토리스의 크기나 위치에 변화가 생기는가? 포피 아래로 클리토리스의 생긴 모양을 느껴볼 수 있다. 다음으로, 손가락 끝으로 소음순 가장자리를 훑었다가 다시 가운데로 돌아오자. 손가락을 요도구 근처로 가져왔을 때, 느낌이 있는가? 처녀막(의 남은 조직) 가장자리는 어떻게 느껴지는가? 질 안으로 들어가지 않고 조금 더 뒤쪽을 만져보면 소음순들이 만나는 자리가 있는데, 대부분의 여성들은 이곳이 움푹하게 살짝 들어가 있다. 이 부분의 점막은 특히 부드러워서 질로 인한 피해도 자주 발생하는 편이다. 더 뒤로 가면 횡행 근육을 느낄 수 있다. 질과 항문 사이의 골반저가 단단하도록 보장해주는 근육이다. 의학 교과서에서는 '주상와오목주름'이라 불린다. 배처럼 생긴 오목한 곳이란 뜻이다. 이때 손가락 끝의 냄새를 다시 맡아보면, 앞서와 다름을 알 수 있을 것이다. 이 부분에는 땀샘이 없는 대신 윤활을 위한 작은 점액선들이 있기 때문이다.

이제 질 안으로 들어가보자. 처녀막 부근을 지나면 골반저를 지탱하는 여러 근육층을 만나게 된다. 여기에 손을 넣는 게 조금 무섭다고 느끼는 여성이라면 손가락 끝에 이미 단단한 저항을 느꼈을 가능성이 높다. 처음 만나는 구형 근육(괄약근)은 사실 그리 단단치 않은 편인데도 말이다. 더 안쪽으로 들어가면 오른쪽과 왼쪽에 탄탄한 근육 두 개가 앞에서 뒤로 가로지르는 것을 느낄 수 있다. 이것이 구해면체 근육으로 성교 시에 활동적으로 움직이는 것들이다. 성 해방을 추구하던 시대에는 바로 이 근육층의 성적 능력을 증강시키는 각종 훈련 프로그램들에 사람들의 관심이 쏠렸다.

손가락이 탐험을 계속하여 더 깊이 더 멀리 들어가면, 골반저에서 가장 강한 근육을 만난다. 항문올림근이라는 것으로 말 그대로 항문을 추켜주는 근육이다. 이곳이 심하게 긴장하는 상황, 가령 배설 욕구를 참고 있는 때에는 질이 뒤쪽에서 앞쪽으로 조금 조이는 것을 느낄 수 있다. 손가락을 한껏 집어넣어 모든 근육을 지나면, 갑자기 복부 안쪽이 너무나 부드럽고 유연하다는 멋진 기분을 느낄 것이다. 손가락 끝을 왼쪽에서 오른쪽으로, 앞쪽에서 뒤쪽으로 약 5센티미터가량 쉽게 움직일 수 있다. 흐로닝언의 루트거스 재단이 조직한 여성 치료 모임에서, 한 여성은 이전에 한 번도 느껴보지 못했던 이 감각을 마치 '무도장에 들어선' 느낌 같다고 표현했다.

괄약근을 잘 통제한 상태이길 바라며, 계속해서 해부학적 사항들을 더욱 자유롭게 탐험해보자. 우선, 질 벽을 점검해보자. 가임기 여성이라면 표면이 벨벳처럼 두툼할 것이고 주름져 있을 것이다. 폐경 뒤라면 한결 부드럽고 얇을 것이다. 보통은 손가락이 질 앞쪽 벽에 닿아 있을 테지만 손가락을 돌려 주변을 만져봐도 어디나 비슷한 느낌이다. 질 앞 벽에 대고 조금 세게 눌러보면 안쪽에서 치골을 느낄 수 있다. 엄지와 검지를 활용해서 치골의 넓이를 재어볼 수도 있는데, 사람마다 차이가 상당하다. 중앙에는 두툼한 소시지 같은 것이 가로지르고 있는데 그것이 요도이다. 이 부분을 너무 세게 누르면 불쾌한 기분이 든다. 어떤 여성들은 성교 중에 이 부위가 마찰되면 불쾌감을 느낀다. 성교가 끝난 뒤에도 불편한 기운이 남을 때가 있는데, 방광이 감염됐을 때와 기분이 비슷하다. 요도를 따라 가능한 한 멀리 손가락을 뻗은 뒤 구부려보면 방광을 누를 수 있다. 방광이 꽉 찬 상태라면 누른 즉시 배뇨하고 싶은 기분이 들 것이다. 손가락을 살짝 빼고 다시 치골 뒷부분을 눌러보자. 여기가 이른바 G스팟이 있다고들 하는 곳이다.

여성이라면 누구나 자궁 질부(질로 통해 있는 자궁경부 입구)가 질 깊숙한 곳에 있다는 사실을 알지만 처음으로 자궁경부를 직접 만져보려 하면 만만찮은 일임을 알게 된다. 의사들은 자궁 내 장치를 설치하는 여성에게 첫 몇 달 동안은 월경 직후 자궁경부에서 작은 끈들이 제대로 나와 있는지 꼭 확인하라고 지시한다. 때로 별도의 지침이 없으면 이 일을 하지 못하는 여성들이 있는데, 사람들이 흔히 생각하는 것보다 자궁경부가 훨씬 안쪽에 있기 때문이다. 질은 근육층으로 감싸인 부분을 지난 뒤 보통 S자 모양으로 굽어 있다. 따라서 자궁경부는 질 입구보다는 오히려 항문에 가까운 높이에 있다. 자궁을 만지고 있다는 사실은 어떻게 알 수 있을까? 자궁경부 표면의 느낌은 질벽과는 너무나 달라서 차이를 놓칠 리는 거의 없다. 주름이 없이 매끈하지만 부드럽지 않고 단단하다. 더 생생하게 표현해보자. 질 깊숙이 들어가다가 코끝 같은 감촉의 무언가를 마주치면, 그것이 바로 자궁경부이다. 손가락이 자궁에 닿을 때 내부에서 뭔가 느낌이 올 것이라 예상했던 사람이라면 실망할 것이다. 자궁경부는 촉감을 거의 느끼지 못한다. 하지만 자궁의 움직임은 감지할 수 있다. 자궁경부에 대고 조금만 눌러주면 자궁이 떨리게 할 수 있다(두 손가락을 사용해 경부를 확실히 쥐어주면 쉽다). 자궁이 복강 내부에서 상당히 자유롭게 움직일 수 있다는 사실을 깨닫게 된다. 경부를 잡을 수 있으면 오른쪽 왼쪽 양옆으로 몇 센티미터 정도 쉽게 움직일 수도 있다.

기울어진 자궁 얘기를 들어본 사람도 있을 것이다(의학 용어로는 자궁 후굴이다). 그것만 봐도 자궁이 한 장소에 고정된 것은 아니라는 점을 알 수 있다. 옛날에는 이런 위치는 옳고 저런 위치는 옳지 않다는 식의 생각이 팽배했지만 요즘은 시대에 뒤진 견해로 여겨진다. 유럽 여성들 사이에는 전굴(살짝 앞쪽으로 굽은 것)이 가장 흔한 위치지만 아시아 여성들에게는 후굴이 더 흔하다. 옛날 의학 책들을 보면 자궁 후굴 때문에 생긴다는 각종 증상들이 길게 나열되어 있는데, 그중 오늘날까지 인정되는 것은 몇 가지 사소한 것들 외에는 없다. 의사는 검진 중에 자궁 후굴을 발견하면 자궁을 손으로 잡아서 일반적인 위치로 쉽게 돌려놓을 수 있다. 때로 성공적인 시술이 되기도 하지만 단기적일 때도 많다. 앞서 말했듯, 별 의미 있는 상황이 아니므로 요즘은 시술 자체를 하지 않는다.

어쨌든 자가 탐험으로 되돌아가자. 자궁경부의 움직임은 복막 신경을 통해 느낄 수 있다. 매우 깊은 종류의 느낌일 것이다. 말하자면 장에 느껴지는 것이니 말이다. 이 감각을 질색하는 여성이 있는 반면, 성적으로 흥분되는 즐거운 기분이라 느끼는 이도 있다. 난소는 복부 깊은 곳에 있으며 보통 약간 뒤쪽에 치우쳐 있어서 직접 만질 수는 없다. 하지만 의사가 내부 검진을 할 때는 간혹 그곳까지 닿는 수가 있는데, 그때 여성은 살짝 메스꺼운 듯한 통증을 느낀다. 아마 남성이 고환을 부드럽게 쥐어짤 때의 느낌하고 비슷할 것이다.

이제 질의 뒤쪽 벽만 남았다. 손가락을 아무리 구부려도 닿기 힘들 때가 많다. 그래도 꼭 느낌을 알아보고 싶다면 엄지손가락을 사용하시길 추천한다. 질 벽을 통해서 직장 주변을 느낄 수 있다. 안에 변이 있다면 너무나 확연히 그 형체가 느껴지는 것에 조금 놀랄지 모르겠다. 방광, 질, 직장은 솔기 하나 없이 매끄럽게 서로 이어져 있다. 계속 탐험을 해나가면 엄지와 검지로 미저골을 잡을 수 있을지도 모른다. 이때 다시 손가락 냄새를 맡아보면 질액의 냄새는 질 입구의 냄새와 또 다르다는 것을 알 수 있다.

항문 역시 성기의 일부라고 여기는 분들을 위해서 이른바 직장-질 감촉에 대한 의학적 탐사를 덧붙여보자. 의사들은 가능한 한 깊숙이 검사하고 싶을 때, 특히 자궁경부 뒤를 검사하고 싶을 때 이 방법을 쓴다. 이 부분이 중요한 까닭은 복강에서 가장 낮은 부분이라서 복부에 감염이 있을 때 일종의 기름받이처럼 기능할 가능성이 높기 때문이다. 그러므로 직장-질 검사 중에 통증이 느껴진다는 건 복부에 뭔가 이상이 있다는 중요한 신호이다. 검지손가락을 질에, 가운뎃손가락을 항문에 동시에 넣으면 손가락들 사이로 탄탄한 횡행 근육층이 질러가는 것을 느낄 수 있다. 그리고 질의 점막과 장벽의 점막을 동시에 느끼는 데도 얼마나 얇은지 깨닫고 꽤 놀랄 것이다. 이 부분에 자궁내막증이 종종 발생한다.

몸에 대한 탐험은 이 정도로 마무리하자. 이 장이 너무 사타구니에만 집중했다고 생각하실지도 모르겠다. 성적인 느낌은 성기에 느껴지는 감각 이상의 것인데 말이다. 하지만 나는 성기 부위의 다양한 감각에 대해 상세히 살펴본 것이 독자에게 얼마간 유용하기를 바란다. 어떤 사람들은 성은 고민 없이 대처해야 좋은 삶의 부분이며, 전적으로 신뢰하는 상대에게 복잡한 생각 없이 몸을 맡길 때 가장 좋은 것이라 굳게 믿는다. 그러나 자신의 성을 발전시키고, 알아가고, 연습할 기회가 있다면 결코 흘려보내서는 안 될 것이고, 그런 점에서 절대적으로 정보가 필요하다.

성과학자들은 성적 발달이 자연스럽게 진행되지 못한 사람들을 많이 만난다. 그들을 도울 때 연습을 부과하는 것이 바람직한 경우가 있다. 그리고 치료를 원하는 사람들이라면 그야말로 전적으로 배울 준비가 되어 있다. 이 과정에서 환자들은 몸이 지닌 다양한 감각들과 한결 친숙해지지만, 한편으로 과하게 의식하게 되는 수도 있다. 예를 들어보자. 처녀막 주변에서는 모든 인지 감각이 통증의 형태로 전달된다는 점을 앞서 말했는데, 이는 참 혼란스런 일이다. 삽입을 두려워하는 여성이 도리어 공포를 강화하게 될 수 있기 때문이다. 불안을 극복하려 아무리 노력해도 시도할 때마다 고통이 더 크게만 느껴질지 모르는 노릇이다. 그러나 이런 지나친 민감함을 쉽게 극복할 수 있다는 걸 어렵지 않게 깨닫는 여성들이 수도 없이 많다.

가령 더운 여름날, 꼭 탐폰을 쓰겠다고 마음을 먹은 경우 같은 때이다. 즐거운 느낌이 따르리라고 굳게 기대하는 한, 처음의 내키지 않는 기분을 극복하고 실제 즐거운 느낌을 얻기는 그리 어렵지 않다. 몸의 느낌은 경험에서 얻는 의식에 의해 '갈고 닦아지기' 때문이다. 최상의 경우, 육체적 흥분을 경험함으로써 또 다른 층의 감각에도 눈을 뜰 때가 있다. 바로 감정이다. 사랑의 행위를 나누면 흥분된 기분뿐 아니라 사랑에 감싸인 기분, 감정적으로 황홀한 기분도 느낄 수 있다. 이런 '고차원적' 감정들을 느끼기 위해 꼭 육체적 감각을 동원해야 할 필요는 없는지도 모른다. 하지만 육체가 강력한 도구인 것만은 분명하다. 그래서 생식기의 잠재력을 개발하는 일에 좀 더 노력을 기울일 가치가 있는 것이다.

생리학 : 성기의 (성적) 기능

1966년, 부인과 의사 윌리엄 매스터스와 심리학자 버지니아 존슨은 인간의 성적 반응에 대한 공동 연구를 출간하여 미국인들에게 일대 충격을 안겨줬다.[1] 그들의 방법론이 충격적이었던 까닭은 자원자들이 실제 온갖 종류의 성적 활동을 하는 것을 연구실에서 직접 관찰했기 때문이다. 흰 가운을 입은 학자들이 땀을 뻘뻘 흘리는 남녀의 몸에 각종 기기를 갖다 대며 측정하는 광경이란 당시 일반인들로서는 받아들이기 힘든 일이었다. 재미있게도, 그 몇 년 후, 낸시 프라이데이가 여성들의 성적 환상에 대해 조사했을 때 응답자들 중 몇몇은 바로 그 광경을 떠올리며 자위할 때가 있다고 했다.[2] 매스터스와 존슨은 첫 연구서를 발표하여 확고부동한 명성을 얻는데, 몇 년 뒤에는 교육과 행동 조언을 주로 활용한 간단한 지료 프로그램으로 많은 환자들의 성적 문제를 해결할 수 있었다는 내용의 연구서를 추가로 선보임으로써 더욱 명망을 누렸다. 그들의 연구가 성과학이라는 전문 분야에 미친 영향은 그야말로 엄청났다. 그때까지만 해도 성과학은 의학 분야의 한 갈래로 여겨졌는데, 그 시점 이후로 심리학자와 사회 활동가들이 성 문제 치료 영역에서 주도권을 잡게 된 것이다. 하지만 1990년이 되면 다시금 의학 전문가들이 득세한다. 비뇨기학자들이 남성의 발기 불능에 대한 다양한 치료법을 개발해냈고, 부인과 의사들도 성행위 시 통증을 느끼는 여성들의 문제에 대해 활발한 관심을 보이기 시작했던 것이다.

매스터스와 존슨은 첫 책 『인간의 성적 반응』(1966)에서 그간의 관찰 결과를 하나의 그래프로 정리하고 '성적 반응 곡선'이라 이름 붙였다. 실험 대상자들이 성적 자극에 어떻게 반응하는지, 그 과정을 묘사한 그래프이다. 저자들은 곡선을 네 시기로 구획했다. 흥분기(남성의 경우 발기, 여성의 경우 질 입구가 윤활되고 부풀어 오르는 현상), 고조기(쾌락을 늘리기 위해 성적 흥분을 최대한 자제하려 하는 시기), 절정기, 그리고 해소기(육체적, 정신적 긴장의 감소)이다. 후에 헬렌 캐플런Helen Singer Kaplan은 맨 앞에 하나의 시기가 더 들어가야 한다고 주장했다. 욕구 단계이다.[3] 캐플런은 육체적 흥분 이전에 즐거운 희망 또는 몰입이라는 정신적 기대 과정이 존재할 수 있음을 지적했다. 76쪽 그래프는 한 성과학 교과서에서 가져온 것이다.[4]

매스터스와 존슨의 고전적 곡선 그래프는 유용한 도구이다. 성문제를 지닌 사람들은 이 그래프를 보고 나서 자신에게 무슨 문제가 있다고 생각하는지 더 잘 설명하기도 한다. 학생들이 가득 찬 교실 칠판에 이 그래프를 그린 뒤 이런 단계들을 인지하느냐고 물어보면 대부분 진지하게 고개를 끄덕인다. 하지만 그들에게 자신의 성적 느낌을 직접 그려보라고 하면 굉장히 다른 패턴들이 나타난다. 매스터스와 존슨도 이 사실을 잘 알고 있었다. 특히 여성의 경우 그렇다

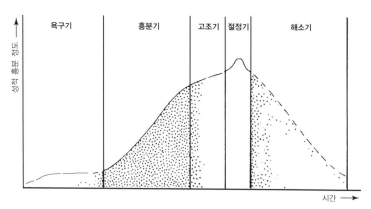

성적 활동의 다양한 시기들에 따른 성적 흥분 상태를 보여주는 그래프.
점이 많이 찍힌 것은 상호작용에 초점을 맞추는 '정도'가 높다는 것이고, 점이 적게 찍힌 것은
개별적으로 정신적, 육체적 감각에 초점을 맞추는 정도가 높다는 것이다

는 것을 알았다. 매스터스와 존슨은 남성들에 대해서는 한 번 오르락
내리락하는 곡선을 그렸다. 남성들의 경우 개인 간의 편차는 주로 시
간 배분에 있기 때문이다. 반면 여성들에 대해서는 세 번 오르락내리
락하는 곡선을 그렸는데, 이는 천차만별의 다양성을 표현해보려는
시도에 불과하다고 덧붙였다. 어쨌든 이후에 발표한 책들에서는 늘
남성의 곡선만 보여주었기 때문에, 어떤 사람들은 이것을 두고 매스
터스와 존슨의 작업이 여성의 성을 남성 모형에 끼워 맞추는 것이라
비난하기도 했다.

　이른바 성적 반응 주기 그래프에 대해 제기할 수 있는 또 한 가지
문제는, 본질적으로 전혀 다른 과정들을 하나의 표에 집어넣었다는
것이다. 욕구, 흥분, 절정(오르가슴) 각각에 다른 색깔을 주고 사람들
에게 그려보라고 한다면 대부분의 사람들은 아예 세 개의 선으로 이

루어진 그래프를 그릴 것이다. 여기서는 세 측면을 각각 별개로 다루
겠다.

성적 욕구

욕구의 시기가 곡선의 맨 앞에 있다는 것에서부터 이 용어가 뜻
하는 바가 무엇인지 알 수 있다. 우리는 성적 행위에 선행하는 정신
적 과정이 욕구라고 생각하며, 흥분하기 전부터 존재하는 무언가라
고 생각한다(즉 육체적으로 발기하기 전에도 느끼는 것이다). 욕구는 대상을
향한 것이다. 우리는 무언가를 욕망한다. 욕구가 기분에 관한 다른
정신적 과정들과 엮여 있다는 점은 분명하다. 가령 우울증에 시달리
는 사람은 여타 복잡한 증후들과 더불어 성적 흥미 저하를 겪는다.
향정신성 약품(정서 장애를 치료하기 위한 약제들)은 일반적으로 성욕에
영향을 미치는데, 보통은 억제하는 효과를 낸다. 대개의 경우 일종의
부작용이라 할 수 있다. 만약 욕구를 자극하는 약품이 있다면(즉 최음
제) 시장성이 어마어마하겠지만, 안타깝게도 이 분야에서는 효과가
입증된 것보다 사기에 가까운 것이 더 많다(그리고 그런 종류의 사기를 정
말 원한다면 약국보다는 섹스숍에 가는 편이 낫다).

욕구가 없다 해서 이후의 성적 반응을 수행할 수 없는 건 아님을
명심해야 한다. 상대방이 주도적으로 접근해오는데 그 사람이 멋진
데다 성적으로도 뛰어나다면, 스스로는 그다지 욕구를 느끼지 않았
음에도 온갖 성적 감각들을 경험할 수 있다. 성과학 문헌에 등장하
는 사례 중 이 점을 생생하게 보여주는 경우가 있다.[5] 굉장히 만족스

런 성생활을 누려온 스코틀랜드인 부부가 있었다. 그들의 관계는 전형적이라 할 만한 것이었다. 남편이 언제나 먼저 사랑을 나누자고 제안했고, 아내는 그에 응했다. 그러다 남편이 점차 주도적으로 제안하지 않게 되었다. 처음에는 이유를 찾을 수 없었다. 그들을 치료한 성과학자는 고정된 성 역할을 깨뜨려보면 상황이 나아질 수 있으리라 생각했다. 곧 의사의 제안대로 되었다. 알고 보니 아내도 성적 주도권을 꽤 잘 다룰 줄 알았고, 남편도 이에 잘 반응했다. 다시 조화로운 관계가 형성되었다. 그런데 시간이 더 흐른 뒤에 남편에게 뇌하수체 이상이 있다는 사실이 밝혀졌다. 프로락틴 배출 통제가 제대로 되지 않아 혈중 호르몬 농도가 지나치게 높았던 탓에 자발적 성 충동이 잦아들었던 것이다. 약물을 통해(수유를 원치 않는 여성들이 먹는 것과 같은 약이다) 정상적인 호르몬 균형을 되찾은 뒤에는 남편의 성 충동도 예전으로 회복되었다.

하지만 현실은 늘 더 복잡하다. 어떤 사람들은 욕구가 성행위의 일부이지 선행 과정이 아니라고 생각한다. 전체 성경험 과정 중 어디에 욕구가 놓이는지 사람들에게 물어보면 위에서 말했던 선형 모델이 모두에게 들어맞는 건 아니라는 사실을 알 수 있다. 어떤 사람들은 차라리 원에 가까운 패턴을 취한다. 또 페미니스트들은 성과학은 오르가슴이 최고로 좋은 것이라는 가정을 깔고 있다고 지적한다. 달리 말해 성 체험에 자연스런 하나의 방향성이 존재한다는 가정을 깔고 있다는 비판이다. 사실 오르가슴 외에도 긍정적인 체험들이 많이 있다. 그것들을 일단 '황홀한 상태들'이라고 분류해보자. 그런 극치의 감정을 정의할 때 '흥분'이란 단어는 적합하지 않다. 어떤 여성들 중에는(남성들 중에서도) 욕구가 점차 커진다고 설명하는 이들도 있다. 방향성이 없는 욕구인 셈이다. 욕구를 위한 욕구이다.[6] 프로이트는 쾌락을 매우 단순한 모델로 개념화했다. 그에 따르면 성적 긴장은 본질적으로 즐겁지 않다(불쾌). 즐거움은 긴장의 방출에 있다(쾌). 루 안드레아스 살로메는 한 편지에서 이에 대해 반박함으로써 프로이트를 일깨운 적이 있다. '그렇다면 성이 갈망을 끄는 데만 전력하지 않고 갈망 그 자체를 목말라하는 점도 있다는 사실은, 커다란 문제 아닌가요? 긴장을, 포만감을 물리적으로 해소해버린다는 것은 동시에 실망스러운 일이니까요, 긴장, 그리고 갈망이 감소하기 때문에…'[7]

성욕에 대해 말할 때 성호르몬의 역할을 논하지 않을 수 없다. 호르몬은 뇌의 활동에 영향을 미친다. 많은 여성들이 매달 몸소 겪고 있다. 월경주기의 전반부(즉 월경에서 배란까지)에는 에스트로겐이 넘치므로 여성들은 활력 있고 쾌활하고 외향적인 상태가 된다. 배란에서 다음 월경까지는 피 속에 에스트로겐 외에도 프로게스테론 농도가 높은데, 프로게스테론은 뇌에 전혀 다른 영향을 미친다. 이 호르몬은 여성을 더 무뚝뚝하고, 우울하고, 불안하게 만들고, 가끔은 강박감도 일으킨다. 타인과의 접촉도 꺼리게 한다. 이처럼 또렷한 정신적 변화들이 있으니 성적 기분 또한 변동을 겪는 게 당연하다. 이미 이 점에 대해서는 상당한 연구가 진행되어 왔다. 사회 성과학의 설립자라 할 수 있는 앨프레드 킨지Alfred Charles Kinsey(1894~1956, 인간의 성행위에 대해 연구한 미국의 동물학자. 연구소를 세우고 『남성의 성행위』와 『여성의 성행위』를 출판했는데, 1만 8,500명과의 개인적인 인터뷰를 바탕으로 한 이들 보고서는 성행위의 다양한 형태를 제시했다. 하지만 불규칙적인 표본 추출과 보편적인 신뢰성 문제로 비판을 받았다_옮긴이)는 월경 중에 가장 큰 자발적 성 충동을 느끼는 여성들이 적지 않다고 말했다.[8] 이후의 연구자들 중에서는 여성의 욕망이 배란기에 고조된다고 주장한 이들도 있는데, 이는 생식에 초점을 맞추는 생물학적 신념에 부합하는 이론일 것이다. 성에 대한 관심이 배란기 부근에 고조된다는 것을 연구로 증명해 보인 학자들도 여럿 있지만 아무 증거가 없다고 밝힌 학자들도 있는 형편이다.[9]

남성의 경우에는 상황이 한결 단순하다. 남성에게는 여성호르몬이 거의 없는 것이나 마찬가지이다. 그리고 남성호르몬인 테스토스테론은 주기에 따라 움직이지 않는다(있다 해도 겨우 하루 단위 주기뿐이다. 아침에 가장 농도가 높다). 테스토스테론이 성적 기분에 영향을 미친다는 것은 명백한 사실이지만, 그 영향을 과대평가해서는 안 된다. 모종의 선천적 이상 때문에 테스토스테론 분비가 거의 없는 소년이 있다면 그는 성숙해서도 성에 대해 아무 관심을 보이지 않는다(덩치도 일반적으로 작고 음모나 수염도 자라지 않는다). 성인 남성의 테스토스테론 수치가 갑자기 떨어지면 성적 충동이 사라진다. 하지만 평균값의 범위가 꽤 넓기 때문에 혈중 농도가 예외적인 수준까지 떨어져야만 그런 상황이 빚어진다.

여성의 몸에도 테스토스테론이 있다. 남성에 비하면 한참 적은 양이지만 역시 성적 욕구를 일으키는 기능을 수행한다. 하지만 여성의 테스토스테론 민감도는 남성에 비해 개인차가 큰 편이다.[10] 어떤 여성들은 실제 극히 낮은 혈중 테스토스테론 농도 때문에 자발적 성 욕구가 사라지는 불편을 겪기도 한다. 앞서 말한 스코틀랜드 남편과 같은 경우이다. 난소를 절제한 여성이나 호르몬 연관 암(가령 유방암)

치료 중에 세포증식억제제를 사용한 여성의 경우 극심한 테스토스테론 농도 하락을 겪을 수 있다. 물론 그런 상황에서는 성을 우선순위 뒷줄에 놓아야 할 이유들이 많을 것이다.

흥분기

'흥분'이란 단어로 이 시기를 묘사하는 건 조금 오해의 소지가 있는지도 모르겠다. 보통 사람들이 흥분했다고 말하는 상황은 꼭 성기에 집중한 들뜬 상태를 가리키는 것은 아니기 때문이다(스파이스걸스 같은 아이돌 그룹에 환호하는 소녀들, 치펜데일 쇼Chippendale(라스베이거스 및 전세계에서 투어 공연을 하는 남성 스트립쇼 팀_옮긴이)에 열광하는 여성들, 축구 시합을 응원하는 사람들을 떠올려보라). '발기'라는 용어는 그 점을 어느 정도 보완한다. 사람들은 정신적으로 차분하고 침착한 상태에도 발기할 수 있다. 과거에는 이런 식의 침착한 발기가 고차원적 성행위로 여겨지기도 했다. 인도에서는 이것을 카레짜carezza라고 불렀다. 카레짜를 나누는 연인은 최고의 성적 발기 상태와 결합 상태를 유지하면서 사정은 최대한 미루려고 애썼다. 음경과 질이 결합한 상태에서도 남녀는 발기를 유지하기 위한 최소의 움직임만 가질 뿐, 이외에는 가령 눈맞춤처럼 서로간의 친밀함을 나누는 데 더 주의를 쏟았다.

이 시기의 정신적 과정, 이 시기에 느껴지는 기분들이 '욕구기'라 부른 단계의 기분과 크게 다른 것이라고 할 수는 없다. 하지만 이 시기에 수반되는 육체적 감각들은 확실히 독특하며, 성기에만 국한된 것도 아니다. 일단 맥박과 혈압이 올라가고, 보통은 호흡도 가빠진다. 여성의 경우 반드시 가슴에 변화가 생긴다. 젖꼭지가 수축하여 솟아오르고, 젖꼭지를 둘러싼 검은 부분인 유륜이 조금 커지기도 한다. 체액이 쏠려서 가슴의 부피가 20퍼센트까지 불어나기도 한다. 매스터스와 존슨이 '성 홍조'라 불렀던 독특한 피부 반응이 배에서부터 차차 올라와 가슴과 목에 이른다. 발기를 하면 여러 근육들이 거의 자동적으로 긴장한다. 복부와 흉부, 다리와 사타구니 근육들뿐 아니라 얼굴과 발의 근육들도 긴장한다. 어떤 사람들은 흥분을 배가하기 위해 성기 주변 근육을 일부러 긴장시키기도 한다.

　성기가 흥분한다는 것은 피가 쏠린다는 것이다. 질과 자궁 주변에는 혈관들이 광범하게 분포되어 있다. 한편 클리토리스는 발기성 조직(음경의 발기성 조직과 비슷한 것이다)을 갖춘 구조인데, 질과 치골 사이에 있는 그 조직이 외관에서 예상되는 것보다 훨씬 크다는 사실은 생각의 여지를 남긴다. 클리토리스의 유일한 기능은 성적 흥분 시에 부풀어 오르는 것이다. 오르가슴에 도달하기 직전에는 그 현상이 수그러드는데, 클리토리스가 치골 쪽으로 끌어당겨지기 때문이다(이 시점에 포피가 상당히 부풀어 오르기 때문인지도 모른다). 음순들 사이도 부풀어 오르며 분홍 빛깔이 짙어진다. 소음순은 약간 바깥쪽으로 벌어져서 질 입구(처녀막 부근)가 약간 좁혀진다. 매스터스와 존슨은 성적으로 흥분했을 때 변화를 겪는 이 부분을 오르가슴대라 불렀다. 질 안쪽을 들여다보면 충혈이 확연하다. 침대에 누워 사랑을 나누는 사람이야 의식하지 못하겠지만, 여러 실험실에서는 여성의 성적 발기 척도로서 질 벽의 색깔을 검사한다. 또 성적으로 매우 흥분하면 항상 질이 팽창하므로, 공기가 상당량 빨려 들어간다. 자궁은 위치가 조금

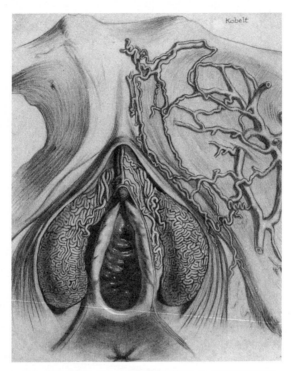

소음순 안쪽을 보여주는 그림. 독일 해부학자 코벨트가 1844년에 관찰한 것이다

높아진다. 매스터스와 존슨은 이것을 '천막치기 현상'이라 불렀지만 왜 이런 현상이 일어나는지는 설명하지 못했고, 이후 몇 년간 이 문제는 여러 연구자들 사이에서 논쟁거리가 되었다. 장기의 위치가 변한다는 것은 운동이 있다는 것이고, 운동이 있다는 것은 일반적으로 근육 활동이 있다는 것이다.

이집트 부인과 의사 아흐메드 샤픽은 골반저의 근육들 중 가장 크고 강력한 한 층이 원인이라고 믿는다. 그는 어떤 자극을 주어야 항문올림근이 반사 반응을 일으키는지 연구했다. 질에 넣은 풍선을 갑자기 부풀렸더니 항문올림근이 눈에 띄게 수축했지만, 그 효과는 순간에 지나지 않았다.[11] 여성 성기의 활동 양태에 대해 면밀히 연구해온 영국 과학자 로이 레빈은 일반적인 골격근 때문에 지속적이고도 안정적인 천막치기 현상이 일어나기는 어렵다고 생각한다. 레빈은 그간 널리 읽히지 않은 한 옛날 네덜란드 해부학자의 논문을 거론해 설명하는데, 그 해부학자에 따르면 골반저와 성기를 잇는 인대 및 결합 조직에는 민무늬근 세포들이 많다고 한다.[12] 민무늬근은 주로 내장 기관에 존재하는 근육들이다. 골격근은 몸의 의도적인 움직임을 통제하므로 뇌가 자발적으로 조절할 수 있는 근육들인 반면 민무늬근은 뇌의 조절을 받지 않는다. 민무늬근은 또 특정한 수축 상태를 상당 시간 지속할 수 있다. 우리가 무의식적으로 배설을 억제할 수 있는 것도 괄약근의 민무늬근들 덕택이다. 우리는 설사가 나거나 방광이 꽉 차서 의식적으로 배설을 참아야 할 때에만 골반저 괄약근의 골격근들을 긴장시킨다. 하지만 이들은 그리 오랫동안 충분한 압력을 유지하지 못한다. 레빈은 천막치기 현상에도 민무늬근들이 크게 기여한다고 생각한다. 반면 샤픽은 그러기에는 근육 세포들의 수가 너무 적다고 반박한다.

질 윤활은 피가 쏠리면서 생겨나는 간접적인 결과이다. 인체의 모든 조직은 피를 통해 영양과 산소를 얻는데, 그러기 위해서는 림프액(거의 무색이고 세포가 없는 조직액)이 모세혈관망, 즉 얇은 혈관들이 복잡하게 서로 얽힌 망으로부터 흘러나와야 한다. 출혈이 멈춘 상처 부위를 촉촉하게 만들어주는 게 바로 이 림프액이다. 흥분 상태에서 질은 림프액이 빠져나오도록 만든다. 따라서 질의 혈액 흐름이 증가할수록 질 분비물은 림프액으로 점차 묽어지고, 질은 윤활되어 미끄러워진다. 외음부에서도 작은 점액선들이 분비물을 낸다. 이 부분의 분비량은 무시할 만한 수준이지만 점도가 꽤 높기 때문에 삽입이 부드럽게 이뤄지게 돕는다. 이제까지 묘사한 성적 흥분 상태의 육체적 과정들은 배워야 알아지는 게 아니다. 몸은 이미 방법을 안다. 사춘기도 안 된 소년들이 발기 때문에 잠에서 깨는 일이 있듯, 소녀들의 육체도 자발적인 성적 반응을 가끔 일으킨다. 물론, 여성들이 이 반응들을 의식적으로 이해하고 적절히 해석하는 법을 배워야 하는 건 사실이다. 1970년대 말에 루트거스 재단에서 연구를 시작할 무렵, 나는 질에서 분비물이 나온다는 문제로 상담하는 여성들이 적지 않다는 것을 알게 됐다. 어딘가 비정상적인 게 아닐까, 균에 감염되었다거나 하는 이상이 있는 게 아닐까 걱정하는 여성들이었다. 하지만 막상 검사해보면 아무 문제없는 경우가 많았다. 성 진료소에서 일하는 의사들은 성기에 이상 증후가 나타날 경우 성적 불만족이 원인이 아닌가 의심하는 경향이 있다. 나 역시 한 소녀에게 혹시 사랑하는 사람이 있느냐고 물어봤던 기억이 난다. 소녀는 '아, 맞아요, 네, 정말 좋아하는 사람이 있어요'라고 대답했다. 그녀는 자신의 감정과 육체적 반응 사이의 관계를 스스로는 전혀 깨닫지 못하고 있었던 것이다.

절정기

오르가슴은 저절로 얻어지는 게 아니다. 남자든 여자든 만족스런 성 생활을 원한다면 성적 반응 주기 중 한 단계인 이 현상을 스스로 장악할 방법을 찾아야 한다. 어떻게 해야 성기에 좋은 느낌이 오는지 알아내야 한다. 심지어 엄마의 자궁에 있을 때부터 탐색을 시작하는 아기도 있다. 이탈리아 부인과 의사인 조르조 조르지와 마르코 시카르디는 임신 32주째인 여성의 배를 20분간 초음파로 관찰했는데, 태아가 오른손으로 자기 클리토리스를 계속 건드리면서 때때로 골반과 다리를 움찔움찔하는 것을 보았다. 온몸을 강하게 수축하고 나서야 아기는 긴장을 풀었다.[13] (조르지와 시카르디는 임신부도 흥미롭게 광경을 구경했다고 말했는데, 이해할 만한 일이다. 아기가 크고 나면 어머니가 딸의 자위행위를 구경할 기회는 없을 테니까 말이다.)

소년들에게는 오르가슴의 발견이 시간문제나 마찬가지이다. 머리가 굵은 소년이지만 자위를 하지 않는다면, 대신 수면 중의 사정, 즉 '몽정'을 경험하게 될 것이다. 간혹 잠이 깬 소년은 잠옷에 척척한 게 묻었다는 것 말고도 뭔가 다른 감각이 있었다는 걸 떠올리며 한참 생각해볼 것이다. 하지만 소년들도 오르가슴을 통제하려면 방법을 배워야 한다. 소녀들도 가끔 자는 중에 오르가슴을 경험하는데, 일반적으로 누구나 그런 것은 아니다. 게다가 밤중에 오르가슴을 경험한 여성들 중에는 의식조차 못하는 사람들도 있다. 한 번도 오르가슴을 겪지 못했다며 성과학적 도움을 구하는 여성들에게 찬찬히 이것저것 자발적 반응들의 사례를 캐보면, 그제서야 그들은 자다가 깼던 경험을 떠올리며 그게 오르가슴이었을지도 모르겠다고 말한다. 사실 여성도 몽정을 하면 눈에 띄는 흔적을 남긴다. 그런데도 밤중의 오르가슴을 인식하지 못하는 것은 차라리 문화적 편견에 얽매어 있

마이 버자이너

기 때문일 것이다. 누구나 소년들의 몽정에 대해서 알지만 소녀들의 문제에 대해서는 신경 쓰지 않는다.

욕구, 흥분, 오르가슴이 제각기 다른 역동성을 갖는다는 사실은 앞서도 말했다. 사람에 따라 욕구와 흥분은 구분되지 않는 느낌일 수 있다. 하지만 오르가슴에 익숙한 사람이라면, 이것만은 전혀 다른 느낌이라고 단언할 것이다. 사람들은 '풀어진다'라는 말로 오르가슴의 기분을 표현하곤 한다. '내맡기다'라거나 '놓아버리다'라는 표현도 종종 등장한다. 흥분기와 마찬가지로 절정기도 정신적 요소와 육체적 요소 양면을 갖고 있다. 남자라면 모호할 것 없는 육체적 요소(정액의 사정)가 있지만 여자는 생리학적 면이 덜 부각되는 편이고 사람마다 편차도 큰 편이다. 어떤 여성들은 오르가슴의 정신적 측면에 너무 몰두한 나머지 육체적 신호들을 하나도 눈치채지 못할 때가 있다. 여성 중에는 가끔 오르가슴에 도달하지 못해도 별로 괘념치 않는다고 말하는 사람이 남성에 비해 훨씬 많다. 그래도 꼭 미진한 기분이 드는 건 아니라는 것이다. 남자들은 음경에 수축이 몇 차례 느껴졌나 하는 점으로 오르가슴이 얼마나 좋았는지 평가하곤 한다. 정확히 똑같은 오르가슴이란 없는 법이어서, 많은 남성들이 자위 중에 오르가슴 반응을 증폭하기 위해 저만의 특별한 방법을 사용하곤 한다. 남자가 이번 사정이 정말로 '끝내줬다'라고 말할 때는 보통 강력한 수축을 여러 차례 느꼈다는 뜻이다.

여성의 경우에는 내가 접할 수 있었던 이런 식의 자기 관찰은 레즈비언 가학·피학S/M 성애 문학에서밖에 없었다(달리 말하면 여성의 성경험 중에서도 특히 이 영역은 과시적인 면이 크다는 점에서 남성의 성경험과 흡사하

다). 팻 칼리피아Pat Califia(1954~. 미국 작가. 여성으로 태어났으나 남성으로 성전
환하였다. 현재는 패트릭 칼리피아로 불린다_옮긴이)가 쓴 이야기 『제니』에서
캘리포니아 레즈비언 S/M 집단의 우두머리인 피학 성향의 여성 리
즈는 한 디스코 클럽에 갔다가 무척 마음에 드는 여성과 어울린다.
'비치'라는 록 밴드의 스타인 제시인데, 리즈는 그녀의 차에 오른다.
차에서 말을 주고받다 보니 두 사람 사이에 성적 기대감이 팽팽하게
고조된다. 하지만 제시는 운전을 해야 했기에, 리즈에게 내키는 대로
뭐든 해도 좋지만 다만 상세하게 말로 설명해달라고 한다. 결국 리즈
는 오르가슴에 이른다.

> 나는 그 이상을 원했다. 너무 오래 참고 있었기 때문에, 오르가슴은
> 믿을 수 없을 만큼 강렬했다. 내 질은 꽉 움켜준 주먹처럼 다물어졌
> 다가, 수축하며 고동쳤다. 나는 음부를 단단히 잡고 누르면서 몇 번이나
> 수축하는지 세어보았다.

반사 생리학

역동적인 수축은 오르가슴의 핵심적 특징이다. 일단 오르가슴이
'터지면' 절대 멈출 도리가 없다. 육체가 자극에 직접 반응하는 것을
반사라 한다. 뇌의 개입을 필요로 하지 않는다는 뜻이다. 대표적 사
례가 무릎 반사이다. 고무망치로 무릎을 가볍게 두드리면 발이 저절
로 튀어 오르며 반응한다. 이 반응은 비자발적인 것이라 긴장을 푼
상태라면 의식적으로 반응을 억누르기가 거의 불가능하다. 슬개골

아래의 힘줄(슬개 인대)을 쳐주면 허벅지 앞쪽의 신근에 있는 신장 수용체들이 자극을 느끼고, 그 전기 신호가 신경을 거쳐 척수로 전달된다. 여기서 신호는 한 단계만(한 시냅스) 건너뛰어 다른 세포체로 이동하면 되는데, 그러면 예의 그 신근으로 이어지는 신경 세포가 신호를 받아서 곧장 수축을 지시한다. 또 다른 사례로 눈깜박 반사가 있다. 눈을 향해 뭔가가 빠르게 움직여 오면 바로 눈꺼풀이 반응하는 현상이다. 시각 자극이 운동 반응을 촉발하는 것이다. 전체 반응 주기가 고작 몇 밀리 초 안에 이뤄진다. 신경이 아니라 호르몬에 의해 전달되는 반사 작용도 있다. 젖 분비가 좋은 예시이다. 아기가 젖을 빨아 엄마의 젖꼭지에 자극이 오면 뇌간이 자극을 전달받아 옥시토신을 분비한다. 옥시토신은 젖 분비 과정에서 '흘리는' 반사를 일으키는 호르몬이다. 이 과정은 눈깜박 반사보다는 좀 시간이 걸린다.

반사 반응은 우리가 태어날 때부터 갖고 있는 것이다(말하자면 우리 몸이라는 하드웨어의 일부이다). 기능 심리학자들은 무조건 반사라고도 부른다. 따로 학습할 필요 없는 반응이기 때문이다. 하지만 우리에게 유리하게 사용하려면 어느 정도 활용법을 배워야 할지도 모른다. 참을성 없는 부모들은 어린애가 소변을 보는 데 시간이 너무 오래 걸리면 쉬쉬 하는 물소리를 들려주기도 한다. 거식증에 걸린 소녀들은 손가락을 목구멍에 집어넣어 구토함으로써 정상적인 반사 반응을 비정상적으로 활용한다. 재채기가 날락말락 괴로울 때 환한 빛을 정면으로 바라보면 금방 재채기해버릴 수 있다. 오르가슴도 이들과 비슷한 현상이라 할 수 있다. 반사 반응들을 의식적으로 조작하는 것이기 때문이다. 다만 오르가슴의 경우 무릎 반사 같은 것보다는 훨썬 복잡하다. 두 사람이 성교를 할 때는 무엇보다도 서로의 반사 반응을 조작하느라 바쁘다고 볼 수도 있다. 아이를 간지럼 태우며 노는 부모도 마찬가지이다.

기능 심리학은 타고난 (무조건) 반사뿐 아니라 조건화된 반사도 연구한다. 파블로프의 개가 전형적인 사례이다. 개가 음식 냄새를 맡으면 위에서 위산이 분비된다. 파블로프는 개의 배를 찔러 위벽까지 작은 관을 삽입함으로써 현상을 관찰할 수 있는 환경을 만들었다. 먹이를 주기 전에 항상 붉은빛을 비추면 나중에는 빛을 보여주기만 해도 위산이 분비되었다. 이 실험은 가장 단순한 형태의 반사를 보여주며, 그 밖에도 비슷한 사례는 수없이 많다. 수유하는 엄마들 중에는 아기 우는 소리만 들어도 젖이 샌다고 하는 사람이 있는데, 이 또한 말할 것도 없이 조건화된 반응이다. 훨씬 복잡한 학습 행위에도 조건화 반응 요소가 개입하는 경우가 있다. 운전이나 피아노 연주를 생각해보라. 조금만 연습을 하면 다음에는 의식적 통제 없이도 손이나 발에 조작을 맡길 수 있다. 피아니스트들은 이것을 '근육 기억력'이라 부른다.

약간 기술적인 얘기를 늘어놓았는데, 오르가슴 반응에는 엄청난 다양성이 있다는 점을 설명하고 싶었다. 자극 측면에서나 반응 측면에서 모두 다양성이 존재한다. 자극 측면을 보면, 클리토리스가 선도석인 역할을 맡는다. 오르가슴 시에 클리토리스 자극에 반응하는 능력은 아마 무조건 반사로 봐도 좋을 것이다. 여성을 대상으로 한 킨지 보고서에 따르면, 유아기부터 자위를 시작하는 소녀들 역시 의심할 여지없이 순수한 오르가슴을 맛본다고 한다. 소녀의 엄마들이 관찰한 바도 주장을 보충한다. 아이들은 손으로 클리토리스를 건드리거나 베개나 곰 인형으로 문지름으로써 자극을 준다. 척수에 이른바 오르가슴 점이란 것이 있다면, 그것에 결정적인 신호를 주는 게 바로 클리토리스인 셈이다. 물론 유일한 오르가슴 유발제인 것은 아니지만 말이다. 1976년, 셰어 하이트Shere Hite는 미국 여성들의 전형적인 성행위에 대해 광범한 조사를 수행했다. 자위의 경우에는 질 삽입 자극보다 클리토리스 마사지(손이나 바이브레이터 또는 샤워기의 따뜻한 물줄기로)가 훨씬 흔한 것으로 드러났는데, 심지어 전혀 손을 대지 않는다는 응답자들도 있었다. 그들은 골반저와 허벅지의 근육들을 리듬감 있게 수축하는 것만으로도('꼬기') 절정에 오를 수 있다고 했다.

18세기 소설가들은 이 사실을 잘 알고 있었다. 당시에는 소설이 위험한 것으로 간주되었는데, 억누를 수 없는 성 충동을 일으킨다고 여겨졌기 때문이다. 버나드 만데빌Bernard Mandeville이라는 작가는 『가면을 벗은 처녀: 나이 든 노처녀와 그 조카딸이 나눈 여자들끼리의 대화』에서 이런 상황을 통렬하게 비꼬았다. 소설의 해악을 경고하는 짐짓 위선적인 이야기들로 소설 전체를 채운 것이다.[14] 조카딸 안토니아는 희곡과 연애 소설들을 읽으면서 상상력을 맘껏 발휘한다. 완고하기 이를 데 없는 아주머니는 끝도 없이 그녀를 나무라는데, 안토니아가 아래와 같이 행동하는 걸 목격했기 때문이다.

다리를 번갈아가며 꼬고, 허벅지를 있는 힘껏 죄는 일을 15분 동안이나 줄곧 반복하다니.

생리학 : 성기의 (성적) 기능

크리스틴 헴메레흐츠Kristien Hemmerechts가 쓴 「농담 아냐」라는 단편에서도 등장인물 중 한 명이 비슷한 방법을 쓴다. 부인과 의사와 혼란스런 면담을 마치고 돌아오는 중의 일이다.

그녀는 사람 많은 기차에서 눈을 감고 앉아 면담 내용을 떠올려보았다. 그러고는 음부의 근육들을 긴장시켰다가 풀고, 다시 긴장시켰다. 상담 내용을 빠짐없이 떠올리는 데 집중하면서, 의사의 목소리가 귓전에 잠시 되살아나게 하면서, 긴장했다가 풀고, 그러자 그 초록색 인조 가죽 검진 의자에서는 한 번도 일어난 적 없던 일이 벌어졌다. 절정을 느낀 것이 다. 깜짝 놀라, 그녀는 눈을 뜨고 옆 승객들을 쳐다보았다. 그녀에게 신경 쓰는 사람은 아무도 없었다 (…) 그녀는 가방에서 손거울을 꺼내 번진 마스카라를 조금 닦아냈다. 볼 어디에도 그녀의 마음을 드러내는 홍조 같은 것은 떠오르지 않았다. 짧은 순간 느꼈던 떨림은 그녀의 몸 안에만 간직되었던 것이다. 그녀의 몸 안에는 작은 경련들을 위한 공간이 충분해서 바깥 몸체는 개입할 필요도 없는 것 같았다. 한 번 더 할까? 절정을 느끼는 건 건강한 일이잖아, 아니 최소한 책을 보면 다들 그렇다고 얘기하잖아. 게다가 젊음을 유지하게 해준다고 하잖아.[15]

몸을 긴장시키는 이 방법은 소변을 참는 것과 비슷하다. 실제로 어린 소녀들은 소변을 참다가 오르가슴을 느끼기도 한다. 한 여성은 자신이 8살 때쯤, 물을 잔뜩 마시고 일찍 잠자리에 드는 걸 좋아했다고 떠올렸다. 침대에 누워 있으면 서서히 방광이 차오는 게 느껴졌고, 가능한 한 최대한 소변을 참는 일이 그녀에게는 흥미로운 게임이 되었다. 더 이상 억제할 수 없을 지경이 되면 소녀는 침대 옆에 잠시 쭈그리고 앉아 아주 전략적인 높이에 붙여둔 폴 매카트니의 사진을 쳐다보았다. 그에게 달콤한 잡담을 속삭이다 보면 방광과 근육의 긴장이 너무나 커져서 오르가슴에 이르렀다. 그러고서야 그녀는 잽싸게 화장실로 달려갔다.

몸을 쥐어짜듯이 하여 자위하는 일은 드문 경우가 아닌 것 같다. 어린 딸들에게 공공연히 그런 행동을 하지 말라고 충고해야 했던 부모들이 적지 않다. 한 소녀는 아기 때 놀이울 위에 앉아 몸을 비비 꼬았던 일을 기억하는데, 그때 얻은 오르가슴이 성인의 것과 본질적으로 조금도 다르지 않음을 믿어 의심치 않는다. 그녀의 어머니는 딸에게 그 행동이 잘못된 건 아니지만 남들이 보고 있을 때는 하지 말아야 한다고 부드럽게 타일렀다. 그야 어려울 게 없었다. 이후 보육원에 다니게 된 소녀는 같은 반의 한 소녀가 공공연히 그런 행동을 하는 것을 목격했다. 하지만 다른 사람들은 그게 무슨 행동인지 모르는 것 같았다. 소녀는 충격을 받았다. 그리고 이렇게 생각했다. 저 아이는 정말 나쁘구나, 저런 건 혼자 있을 때만 하는 일이란 것도 모르잖아.

'자연스럽게' 허벅지를 압착하게 되는 활동의 예를 더 들자면 자전거 타기와 승마가 있다. 19세기 사람들이 이들을 젊은 아가씨에게 부적합한 운동이라 여긴 것도 그 탓이다. 페달식 재봉틀, 특히 두 다리를 따로 움직여 페달을 밟는 형태의 재봉틀이 발명되자 이 또한 근심의 대상이 되었다. 그런 움직임은 심대한 공공 보건 문제를 야기하는 것으로 간주되었다. 순수하고 젊은 미혼 여성들이 성욕을 가지면 다양한 의학적 합병증이 뒤따른다 믿었기 때문이다. 다른 부위의 피부를 자극해 절정에 오를 수 있는 여성도 있다. 여성 잡지 《비바》가 조사한 바에 따르면 응답자 여섯 명 중 한 명꼴로 가슴이나 젖꼭지 자극만으로 오르가슴에 오를 수 있다고 답했다.[16] 나는 16살 소녀에게 직접 이야기를 들은 적이 있다. 그녀는 남자친구와 깊이 사랑에 빠졌지만 그녀의 부모가 워낙 엄격해서 둘만 있게 해주지 않았다. 소녀는 부모와 남자친구와 함께 텔레비전을 보곤 했다. 가끔 남자친구가 그녀의 헐렁한 스웨터 아래로 몰래 가슴을 애무하기도 했는데, 그럴 때면 그녀는 완벽하게 비밀스런 절정을 느꼈다.

배우 셜리 매클레인의 자서전 『산에서 떨어지지 마』를 보면 파리의 한 창녀와 나눈 대화가 등장한다. 매클레인이 영화 〈당신에게 오늘 밤을〉의 창녀 역을 연기하기 위해 조언을 구할 요량으로 만난 것이었다.[17]

나는 그녀에게 애인과 육체적 사랑을 나눌 때 즐겁느냐고 물어보았다. '오, 그럼요.' 그녀는 답했다. '하지만 일상적으로 쓰는 방식은 아닌 셈이죠.'
'무슨 뜻이에요?' 내가 물었다.
그녀는 설명해주게 되어 기쁘다는 표정을 지었다. 마치 누구라도 흥미를 갖지 않을 수 없는 질문에 답하고 있다는 분위기였다. '당신의 개인적 장소가 어디냐는 말이에요.' 그녀의 답이었다. '내 개인적 장소는 이제 이곳이 아니거든요.' 그녀는 아랫도리를 두드려 보이더니 어깨를 으쓱했다. 그러고는 손을 등 뒤로 넘겨 양 어깨뼈 사이를 만졌다. '내 자기가 여길 애무해주면, 그걸로 충분해요. 하지만 어쩌다가 손님이 여길 건드리면, 난 곧바로 일을 멈추고 돈을 돌려줘버리죠.'

마지막으로, 보통 사람들보다 훨씬 쉽게 오르가슴에 도달하는 여성 오십 명을 대상으로 한 지나 오그덴의 흥미로운 연구가 있다. 그들 중 서른두 명은 육체적 자극 없이 정신을 집중하고 상상력을 발휘하는 것만으로 절정에 오를 수 있었다.[18] 매스터스와 존슨도 이런 현상을 언급한 적이 있다. 그들의 실험 대상은 주로 성에 대해 긍정적인 태도를 지니고 지속적인 관계를 유지하는 연인들이었다. 여성들에게 남성을 손으로 만족시켜줄 것을 요청했을 때, 그중 몇몇은 자신에게는 아무런 육체적 자극이 없었는데도 파트너와 함께 절정에 올랐다고 보고했다.

이제까지는 오르가슴 반사의 자극 측면만 살펴보았는데, 반응 측면에도 역시 수많은 다양성이 존재한다. 매스터스와 존슨에 따르면 가장 또렷한 육체적 현상은 골반저 괄약근이 역동적으로 한동안 수축하는 것인데, 남성과 여성이 동일한 리듬을 따른다. 남자들은 절정에 다다르면 어떤 일이 벌어지는지 스스로 똑똑히 깨닫는다. 정액이 분출하는 것을 자동적으로 의식하기 때문이다. 여성은 사람마다 수축 현상을 인식하는 정도의 편차가 크다. 수축의 강도 자체도 매우 다르다. 수축 횟수가 많거나 적은 차이도 있거니와 반응이 퍼지는 영역의 넓이도 차이가 있다. 그래서 어떤 여성들은 가끔 자궁이 수축하는 것을 느낄 때도 있는데, 그 느낌이 일단 떠오르면 다른 모든 게 덮일 만큼 엄청나다고 한다. 자궁이 아무런 성적 반응을 일으키지 않는 여성들이 있는 반면 성적으로 비할 데 없이 중요하게 쓰이는 여성들도 있는 것이다. 과거 부인과 의사들은 자궁 제거가 꼭 필요한, 혹은 최소한 권할 만한 질병 또는 증상을 치료할 때 이 사실을 간과하곤 했다. 여성은 자궁 적출을 권고받으면 상실감을 느끼는데, 여성성을 잃는 것처럼 느껴지기 때문이다. 극히 최근까지 대부분의 부인과 의사들은 자궁적출로 인해 성적 쾌락이 일부 손상될지 모른다는 걱정에 대해 별로 신경 쓰지 않았다. 몇몇 여성들의 경우에는 문제없을 수도 있지만 다른 몇몇 여성들의 경우에는 절대 쉽게 보아선 안 되는 일이다.

매스터스와 존슨은 여성의 성적 반응을 묘사할 때 한 번 오르락 내리락 하는 곡선만으로는 부족하다는 사실을 잘 알았지만, 좌우간 생리적 과정은 사람에 관계없이 동일하다고 가정하고 연구했다. 이 견해는 1980년 이후 상당한 논쟁의 대상이 된다. 특히 G스팟, 여성 전립선, 여성의 사정에 관심이 쏠리면서 논쟁이 격화되었다.

또 다른 오르가슴:
'여성이 할 수 있는 또 한 가지 즐겁고, 촉촉하고, 아름다운 일'[19]

스스로 매스터스외 존슨 모델에 맞지 않는다고 생각하는 여성들 (그리고 그들의 파트너들)은 예나 지금이나 할 것 없이 많다. 가령 두 저자는 클리토리스가 가장 중요하다고 강조했는데, 그 바람에 삽입을 더 즐기고 삽입을 통해 쉽게 절정에 오르는 여성들은 자신들이 무시되고 있다 느꼈다. 사정을 하는 여성들도 있다. 그들은 오르가슴 중에 질에서 다량의 액체가 흘러나오는 것을 보고 깜짝 놀란다. 몇 년 전에 나는 매우 당황한 한 젊은 여성의 편지를 받고 답장한 일이 있는데, 그녀는 수건 다섯 개를 깔아둬도 매트리스를 적신다며 깜짝 놀라했다. 이런 경험을 하는 여성들이 흔히 그렇듯 그녀도 처음에는 소변이 샌 것이라 생각했지만 냄새가 달랐다. 오래된 성애 문학들을 보면 가끔 오르가슴 중의 '분출'이라는 표현이 등장한다. 그런데 도리어 20세기에는 이것을 남성 작가들이 맘대로 그린 희망에 불과하다고 여기는 사람들이 많았다. 1970년대가 되어서야 일군의 미국 성과학자들이 나서서 여러 모순적인 현상들을 현재의 생리학 이론 틀 속에 조화시키려 노력하기 시작했다.[20]

우선, 질 감각이 특히 강렬한 여성들이 입을 열었다. 그들은 질 어느 부분을 자극하면 기분이 좋은지 구체적으로 알려주었다. 질 입구에서 몇 센티미터 들어간 앞쪽 벽 부분으로, 그뢰펜베르크라는 의사가 오래된 부인과 서적에서 묘사한 적 있는 곳이다. 1982년, 칸, 휘플, 페리는 공저한 책을 통해 그뢰펜베르크를 기리는 의미에서 이 부분을 G스팟이라 부르기로 했다. 정확히 말해 방광이 요도로 이어지는 부분이다. 남자의 경우 이 부분이 전립선으로 발달하기 때문에 간혹 G스팟을 '여성 전립선'이라 부르는 사람도 있다. 성교 중에는 G스팟을 효과적으로 자극하기가 어렵다. 하지만 손가락을 쓰면 적절한 압력과 강도를 줄 수 있다(후에 바이브레이터 생산자들은 여성이 스스로 G스팟을 자극할 수 있도록 구부러진 기기를 선보인다). G스팟이 부풀어 오르면 여성은 배출의 충동을 느낀다(배뇨하고픈 기분과 비슷하다).

오르가슴에 이르면 G스팟은 적잖은 양의 물기를 내보낸다. 그 조성은 아닌 게 아니라 남성의 전립선 분비물의 조성과 다소 비슷하다. (어떤 남성들, 특히 동성애자들은 두 종류의 절정을 안다고 한다. 음경 자극을 통한 일반적인 것 외에 항문을 통해 전립선을 마사지해서 오르가슴에 이를 수 있다는 것이다. 음경 자극과는 아주 다른 감각이라고 한다.)

처음에는 복잡할 것 없는 얘기로 들렸다. 1980년대 초에는 세련된 젊은 여성(그리고 그녀의 파트너)이라면 누구나 반드시 G스팟을 탐색해야 한다고까지 여겨졌다. 골반저 근육 훈련도 필수가 되었고, 사정을 하는 여성들은 상대적으로 강한 근육 통제력을 지닌 것이라 생각되었다. 조세핀 론즈 시블리는 흥분이 최고조에 달했을 때 복부 근육으로 빨아들이려 할 게 아니라 밀어내도록 노력해야 한다고 지적하기도 했다.

하지만 의학자들은 G스팟이나 여성 사정 현상을 아직 적절히 설명하지 못하고 있다.[21] 어디서 체액이 생산되는지 알아내는 게 쉬운 일이 아닌데, 특히 엄청난 양이 배출된다는 극적인 경우라면 더욱 혼란스럽다. 그런데 1948년, 병리학자 존 허프만이 요도를 둘러싼 조직 구조에 대해 면밀히 조사한 적이 있다.[22] 요도 주위에는 요도로 이어지는 자그만 관들이 많이 존재하는데, 그 수는 사람마다 다르다. 게다가 어떤 여성들은 대부분의 전립선 관들이 방광 근처에 있는 반면 외음부 쪽으로 나 있는 여성들도 있다. 그렇다면 남성의 경우 전립선이 깔끔하게 구획된 둥근 구조로 낭 속에 감싸여 있는 반면, 여성의 경우 비슷한 조직들이 더 넓게, 더 다양한 형태로 분산되어 있다고 볼 수 있을 것이다.

G스팟에 대한 가장 생생하고 믿을 만한 정보는 미국 서해안 지역에서 나왔다. 1970년대, 특히 페미니스트 여성 건강 센터에서 시작된 이야기였다. 레베카 초커는 이곳 많은 여성들의 경험을 모아서 『클리토리스의 진실』이란 책으로 묶었다.[23] 한 여성은 성교 후 이불이 축축하고 차갑게 되는 것은 남성에게서 뭔가 나왔기 때문이라고 오랫동안 생각해왔다. 그녀는 여성과 처음으로 성관계를 갖고 나서야 비로소 남성의 역할을 너무 과대평가해왔음을 깨달았다. 정말 어마어마한 양의 액체가 흘러나와 분수처럼 보였다는 이야기도 있긴 하지만, 초커는 그런 예들은 일반적이라기보다 예외적이라고 강조한다. 사실 질 윤활액의 양이 더 많기 때문에 이 특수한 액체의 존재를 제대로 인식하지 못하는 여성들도 꽤 있다. 비유적으로 설명해보면, 우리가 하품할 때 가끔 혀밑샘에서 소량의 침이 분출되어 나오는 것과 비슷하다. 나는 아침에 신문을 읽으면서 이런 경험을 자주 하는데, 신문에 떨어진 작은 침방울들을 보고서야 알 수 있을 뿐이다. 실제 침이 튀는 것을 눈으로 볼 수는 없다.

초커는 여성들이 다중 오르가슴을 배울 수 있는 것처럼 사정하는 법도 배울 수 있다고 믿는다. 그런 성적 배출을 배우고 싶은 사람은 비디오로 된 지침을 따르는 게 제일 좋다.

1년 정도 질 근육 운동을 꾸준히 해왔을 무렵, 나는 여성들이 사정 경험을 토론하는 비디오를 보게 되었다. 내가 처음으로 사정한 것은 나와 애인이 함께 여성의 사정에 대한 비디오를 보고 나서였다. 우리는 서로 몇십 센티미터 정도 떨어져 마주 보고 의자에 앉아 각자 자위를 하고 있었는데, 갑자기 내가 사정하기 시작해서 족히 30~40초 동안 그를 향해 분출했다. 나는 항상 사정하는 건 아니지만 꽤 자주 한다. 양은 그때마다 다르다. 가끔은 오르가슴에 오르지 않았는데 할 때도 있다.

초커는 좋은 비디오 목록을 소개해 주고 있다. 여담이지만, 여성 체액의 '용솟음'은 포르노 시장에서 새로운 유행이 되었다. 하지만 나는 영화에 나오는 폭포 같은 물줄기는 특수 효과의 세계라고 믿는다.

오르가슴을 잘 드러내는 또 한 가지 육체적 특징이 있다. 바로 동공이 확장되는 것이다. 이것은 오르가슴 시에만 나타나는 특유한 현상이다. 오르가슴 때가 아니면 아무리 흥분한 때라도 이 현상이 보이지 않는다. 특수한 징표라서 오그덴은 동공 크기 측정기를 연구에 활용하기도 했다(육체적 접촉 없이 절정에 이르는 여성들을 연구할 때 사용했다).

만족

갈레노스Galenos(고대 그리스의 의학자. 해부학·생리학을 발전시켜 그리스 의학의 체계를 세웠다_옮긴이)가 말하기를 모든 동물들은 성교 후에 슬프나, 여성과 수평아리만은 예외라 했다.[24] 전형적인 곡선을 보면(여성보다는 남성의 반응을 대변하는 그래프이다) 오르가슴 후에는 모든 긴장이 급격히 사라진다. 혈압이 떨어지고, 맥박과 호흡수도 낮아지고, 피부의 울혈과 음순의 짙은 색조가 사라지고, 부풀었던 음순과 가슴과 자궁이 가라앉는다. 이 시기만의 특유한 현상이라면 몸 전체에 작은 땀방울들이 맺힌다는 점이다. 육체적으로 얼마나 격심하게 활동했는가 하고는 아무 상관없는 일이다. 비교적 느긋한 상태에서 오르가슴에 다다랐다 해도 반드시 자연스럽게 땀이 솟아난다.

오르가슴은 정상 상태로 빨리 돌아가도록 도와준다. 여성이 한껏 흥분했지만 오르가슴을 느끼지 못했다면 성교 후에 복부가 부풀어 가끔은 통증까지 느낄 수 있다. 이해하기 힘든 복통으로 부인과를 찾는 여성들 중에는 성교 횟수가 잦은데(주로 남편들이 요구하는 경우라서 여성은 성적 접촉을 할 때까지도 거의 흥분하지 않은 때가 많다) 무오르가슴증인 여성들이 간혹 있다. 하지만 긴장이 고조되었다가 해소되고, 뒤이어 만족이 찾아오는 모델이 모든 여성들에게 적용되는 건 결코 아니다. 오르가슴이 지난 후에 더욱 열정적인 기분을 느끼는 여성들이 있으며, 심지어 잇달아 여러 차례 오르가슴을 느낄뿐더러 뒤에 오는 오르가슴이 먼젓번 것보다 더욱 강렬하다고 하는 여성들도 있다. 테이레시아스의 평가가 정확했던 셈이다.

처녀성

세상은 위험으로 가득 차 있고, 주변 모든 것들이 위협이라는 걸 모르는 젊은이들의 경우는 두 배로 위험하다 할 수 있으며, 그들은 그 순진함으로 말미암아 위험의 존재를 의심하지도 못한다. 경험이라는 교훈의 책은 아직 그들에게 열려 있지 않다. 그들은 행운이 자신을 버릴 리 만무하다고 믿으며, 무수한 젊은 형제자매들이 스스로의 어리석은 충동에 못 이겨 삶의 초봄과 같은 때에 불행한 희생양이 되었다는 사실을 알지 못한다. 그래서 스스로 깨닫지도 못한 채, 이들은 자신이 지닌 가장 훌륭한 것, 타고난 순수와 순결을 잃을 위기에 끊임없이 처하며, 그것과 더불어 지상의 행복을 누릴 모든 권리도 잃을 위기에 처한다.[1]

소녀에서 여인으로 변모하는 과정은 우선 가슴이 자라고 초경을 맞으며 시작된다. 어떤 소녀들은 이 변화를 반긴다. 하지만 또 어떤 소녀들은 육체의 변화가 어른 세계로의 초청을 의미하는 것이라 여기면서, 아직은 들어설 준비가 되지 않았다고 느낀다. 너무 어릴 때

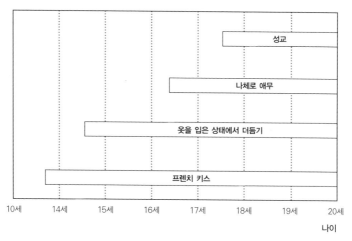

성교

나체로 애무

옷을 입은 상태에서 더듬기

프렌치 키스

| 10세 | 14세 | 15세 | 16세 | 17세 | 18세 | 19세 | 20세 |

나이

10대 소년·소녀들의 경험이 성장하는 과정

브래지어를 해야 하면 기뻐하기 힘들다. 남자애들이나 어른 남자들이 전과 다른 시선으로 자기 몸을 훑는 것도 받아들이기 어렵다. 소녀는 씁쓸한 사실들에 직면한다. 자기 앞에는 다양한 낭만적 기회들이 기다리고 있고, 그들을 어떻게 다뤄야 좋을지 안다면 도움이 되리라는 것이 현실이다. 소녀는 이후 몇 년 동안 줄곧 새로운 경험들을 해 나갈 것이다. 스스로의 욕망에 따른 것도, 남들에게 부추김받은 것도 있을 것이다. 삶은 최초의 경험들로 채워진다. 사회 성과학에서는 이것을 단계적 성적 상호작용 경력이라고 부른다. 위의 표는 소년·소녀들이 일련의 이정표적인 사건들을 겪는 평균 연령을 표시한 것이다.[2]

최초의 성교, 순결을 잃는 행위는 삶의 중요 사건들 위계에서도 높은 자리를 차지할 만하지만, 누구에게나 똑같이 특별한 일은 아니다. 가끔은 최초의 프렌치 키스가 훨씬 기억할 만한 경험일 때도 있다. 작가이자 배우인 안네마리 오스테르Annemarie Oster는 악명 높은 배우이자 음악가, 작곡가인 람서스 샤피Ramses Shaffy와 가졌던 첫 프렌치 키스를 이렇게 묘사했다. 신년 음악회가 끝난 뒤 텅 빈 암스테르담 극장에서 일어난 일이었다.[3]

> 나는 13살이었고 한 번도 입 맞춰본 적이 없었다. 키스란 게 뭔가 부드럽고 축축한 게 입안에서 꿈틀거리는 일이라는 생각을 이전에는 한 번도 해보지 못했다. 당시는 여성 잡지에서 그런 얘기들을 읽을 수 있는 시대도 아니었다.

안네마리 오스테르에게는 그 기억이 너무도 소중했다. 그래서 족히 40년은 지난 뒤, 그녀는 용기를 내서 샤피에게 그때 일을 기억하느냐고 물어보았다. '너무나 익숙한 그 배우의 억양으로' 돌아온 답변은 이랬다. '물론… 참 오래전이었지, 그렇지?'

한 여성의 첫 경험은 이와 대조적이다. 그녀는 그냥 담담한 사건이었다고 회상한다. '준비가 되어 있었냐고? 그런 편이었다. 흥분되었냐고? 조금. 아팠냐고? 별로 그렇진 않았다. 당시 이미 탐폰을 쓰고 있었기 때문이다. 끝난 뒤엔 어땠냐고? 사실 정확히 기억이 안 난다.' 그에 비하면 그녀의 프렌치 키스 경험은 생동감 있는 기억으로 생생하게 남아 있다. 그녀는 자기 방에서 여자친구와 놀고 있었는데, 두 소년이 합류해서 함께 놀게 되었다. 얼마 뒤에 소년들이 프렌치 키스를 제안했고, 그녀는 지금껏 기억하기를 그때 매우 건방진 말투로 '친구랑 먼저 의논해봐야겠는데' 하고 대답했다. 소녀들은 계단 꼭대기에 앉아 한동안 이럴까 저럴까 재어보며 의논한 끝에, 방으로 돌아가 그러겠다고 말했다. 프렌치 키스 자체의 기억은 또렷하지 않다. '조금 역겨웠던 것 같아요.' 그런가 하면 자기보다 경험이 많은 소녀와 사랑에 빠진 소년이 있었다. 소년은 애무를 하던 중에 갑자기, 소녀가 프렌치 키스를 제안하면 거절할 도리가 없겠다는 데 생각이 미쳤다. 소년은 생각만으로 돌연 기분이 나빴고, 뭔가 구실을 만들어 집으로 돌아와서는 입을 헹구고 이를 닦았다 한다.

프렌치 키스는 간혹 커다란 두려움을 일으키기도 한다. 내가 아는 한 여자친구는 처음 키스한 후 하도 불쾌한 기분이 들어서 광장에서 집으로 오는 내내 침을 삼킬 생각도 못했다고 한다. 임신할지도 모른다는 생각에 두려웠다는 것이다.

기독교의 금욕적 이상

첫 번째 성교가 갖는 특별한 영향은 첫 번째 프렌치 키스가 미치는 영향과는 수준이 다르다. 소위 순결을 잃는다는 건 순수, 정결, 선함, 흠 없음 같은 고귀한 특성들에 영향을 미친다. 기독교 신앙은 처녀성에 종교적 후광까지 더했다. 성모 마리아의 처녀성은 그녀가 가진 제일 중요한 특징이고, 그녀의 특별하고 성스러운 임무를 알렸던 수태고지는 종교화에서 가장 중요하게 여겨지는 소재 중 하나이다. 마리아의 처녀성은 사람들에게 너무 깊은 인상을 주었기 때문에, 중세에는 마리아 자신도 무염시태되었다는 믿음까지 새로이 생겨났다. 마리아의 부모에 대한 언급은 신약에는 없지만 성서 외전 복음서에는 있다.[4] 부모의 이름은 요아킴과 안나로서, 그들은 20년간이나 아이 없이 결혼 생활을 해왔다. 당시에는 아이가 없는 게 수치이자 모종의 은밀한 죄에 따른 벌로 여겨졌기 때문에, 요아킴이 신전에 공물을 바치겠다고 했는데 사제가 막을 정도였다. 안나는 다른 사람들보다 좀 머리가 모자라는 하녀 유디스에게 애정을 쏟으며 지냈다. 다음에는 기도에서 위안을 구하며 살았는데, 어느 날 월계수 아래 앉아 있다가 새 둥지를 보게 되었다. 그 광경에 마음이 움직였고 갑자기 그녀는 모든 슬픔을 자유롭게 놓아버리게 되었다. 바로 그때 천사 가브리엘이 나타나서 말하기를, 곧 아이를 잉태하리라 했다. 요아킴 역시 비슷한 메시지를 받는다. 13세기에는 이야기가 한층 부풀려져서 두 사람이 예루살렘의 황금문 앞에서 재회했다는 일화까지 덧붙여진다. 이로써 안나의 임신은 육체적 사건에서 영적 사건으로 비화된 것이다. 그 결과가 바로 '무염시태'라는 교리이다. 마리아는 자신이 태어날 때나 자신이 예수를 낳을 때 모두 원죄에서 자유로웠다는 것이다.

중세에는 수많은 기적과 수많은 성상이 필요했다. 16세기에 안나의 유해는 비잔티움으로 옮겨졌고, 그 종교적 구심지에서 안나에 대한 숭배가 힘을 얻어갔다. 그녀의 인기는 15세기에서 17세기까지 절정에 달했다. 부르주아 문화의 융성이 안나의 인기에 한몫했다고 전해지는데, 안나는 마리아보다도 더 이상적인 가정주부로 보였고 덕망 있는 할머니로 여겨졌기 때문이다. 그녀의 삶은 당연히 출산의 수호자에 걸맞은 사례로 칭송되었다.

기독교인에게 금욕과 처녀성은 뛰어남의 동의어이다. 일부일처제가 칭송되고 혼전 성교의 부도덕성이 강조되는 것은 거의 언제나 종교적 이유에서라고 봐도 좋다. 1994년 여름, 2만 5,000명의 미국 10대들이 워싱턴의 의회 건물 앞마당에 모여 결혼할 때까지 순결을 지키겠다는 서약을 대중 앞에서 했다. '진정한 사랑은 기다린다'라는 것이 이 반(反)문화의 표어였다. 그들은 순결하게 2만 5,000개의 하얀색 작은 종잇조각들을 초록색 잔디 위에 세웠는데, 그 위에는 이렇게 적혀 있었다. '나는 진정한 사랑은 기다리는 것이라고 믿습니다. 그러므로 하느님, 나 자신, 내 가족, 내가 만나는 모든 연인들, 내 미래의 배우자와 내 미래의 아이들 앞에서, 경건한 결혼의 서약을 맺기 전에는 성적으로 순수함을 지키겠노라고 맹세합니다.' 그 뒤 처녀성 의식은 온 미국을 휩쓸었다. 대부분은 대규모 모임이었으며 부모들은 자녀들의 손가락에 경건하게 처녀성 반지를 끼워주곤 했다. 운동을 장려하는 차원에서 콘돔 사용에 대한 정보는 가급적 억제되었다. 콘돔이 찢어질 수도 있다는 사실만 과장되게 선전되었다. 미국은 AIDS 교육가들의 지뢰밭이나 다름없다.

1997년, 미 의회는 복지개혁법을 통과시켰는데, 더불어 '성적 활동을 자제함으로써 얻을 수 있는 사회적, 심리적, 육체적 건강을 홍보하기 위한 목적으로만' 쓰도록 5,000만 달러를 배정했다.[5] 피임법의 신뢰도를 평가할 때는 방법적 실패율(정확하게 적용해도 실패할 수 있는 가능성)과 사용자 실패율(방법을 적절히 사용하지 못해 일어나는 실패의 가능성)을 구별해야 한다. 미국의 금욕 운동가들은 준비 없이 충동에 굴복할 가능성에 대해서는 아예 언급조차 하지 않기 때문에 10대의 임신율이 높은 데 대해 아무런 책임도 느끼지 않는다. 마치 콘돔을 써도 피임에 실패하는 건 전부 소비자가 멍청해서라고 주장하는 일부 몰지각한 콘돔 제작자들과 다를 바 없어 보인다.

미국에서는 주로 공화당이 가정의 가치에 대해 목소리를 높이지만 1994년에는 빌 클린턴 대통령도 고등학교에서 '오로지 금욕' 성교육을 시키는 데 40만 달러 예산을 편성했다. 클린턴에게는 좋은 국제적 동지가 있었다. 스와질란드의 음스와티 3세 국왕은 온 나라의 미혼 여성들에게 5년만 성생활을 참고 성적 일탈에 반대하는 생활양식을 채택하라고 직접 호소했다. 자신을 평온하게 내버려두라는 뜻을 남성들에게 전하기 위해 모직으로 된 술 장식을 달고 다닐 것을 권했다. 그러나 30대인 음스와티 3세 국왕이 세계에 마지막으로 남은 전제 군주들 중 하나임에도 불구하고, 그 신민들은 더 이상 국왕의 변덕에 보조를 맞출 생각이 없었다. 음스와티 자신도 모범을 보이는 데 실패했다. 그는 열한 번째 부인의 아버지에게 벌금을 치러야 했는데, 그 아버지가 국왕을 상대로 딸 납치에 관한 소송을 제기했기 때문이다. 물론 클린턴 역시 정숙함의 표본은 되지 못했다. 모니카 르윈스키 사건이 미국 공무원들의 윤리에 관해 많은 사실을 알려준 바대로 말이다. 대통령이 개입된 법정 논쟁의 핵심은 그가 '르윈스키 양과 성적 관계를 갖지 않았다'라고 한 주장이 위증이냐 아니냐는 점에 있었다. 이를 두고 낄낄거린 사람들이 많을 것이다. 수차례 구강성교를 통한 만족을 얻었으면서 성관계를 갖지 않았다는 말을 진심으로 할 수 있나? 하지만 1991년에 킨지 연구소가 수행한 설문 결과를 보면 생각이 달라진다. 학생 600명을 대상으로 한 설문이었는데,[6] 질문은 이런 식이었다. '누군가와 가진 가장 친밀한 행위가 …일 경우에 "성관계를 가졌다"라고 말하겠는가?' 빈 칸에 들어가는 말은 프렌치 키스, 가슴 애무, 가슴에 키스하기, 성기 만지기, 입과 성기의 접촉, 항문 성교, 질 성교 등이었다. 놀랍게도 결과는 클린턴의 주장을 뒷받침했다. 미국의 희망인 젊은이들 중 60퍼센트는 음경이나 질을 입으로만 애무했을 때는 성관계를 가진 게 아니라고 믿었다. 항문 성교를 했더라도 엄격한 의미에서는 처녀성을 버린 게 아니라고 믿는 학생이 20퍼센트나 되었다.

연구자들은 이 결과를 1999년 1월이 되어서야 미국의사협회지에 발표했다. 이후 잡지의 수석 편집자가 해고되었는데, 보고서를 하필이면 그토록 민감한 순간에 실은 것은 부적절하다는 이유였다. 정치적 함의를 담은 편집은 과학 잡지에 어울리지 않는다고 여긴 것이다. 논문은 2001년에 영국에서 다시 한 번 발표되었다.[7]

처녀성은 적잖은 수의 청소년들이 고민하는 윤리적 주제이다. 청소년을 위한 전화 상담 서비스를 하다 보면 주기적으로 이런 질문을 받는다. '어느 정도 사귄 남자친구라야 같이 자도 좋을까요?' 상담자들은 모든 청소년이 건전한 정보 기반 위에서 자신의 마음을 스스로 결정하는 게 가장 이상적이라고 생각한다. 개개인이 스스로의 윤리 기준에 맞추어 살 때 교육적 메시지들도 가장 이상적인 결실을 맺는 법이다. 18살 생일이 되기 전에는 남자친구와 자지 않겠다고 결심한 소녀가 있다면, 그리고 그녀가 남자친구와 몇 주 내지는 몇 달 정도 진지한 관계를 맺어왔다면, 소녀가 자신의 결심대로 행동하는 것은 충분히 가치 있는 일이다.

뉴욕의 사회 성과학자 이즈레이얼 슈워츠는 미국과 스웨덴 학생들의 첫 성교 시기를 조사한 뒤 그들의 성생활, 감정, 윤리 등을 비교해보았다.[8] 두 나라 모두 소녀들이 첫 경험을 하는 평균 연령은 17살 아래였고, 상대는 2살 정도 연상이었다. 스웨덴 소녀들은 이 사실이 자신의 성적 행동 기준과 잘 맞는다고 생각했다. 스웨덴에서는 16살이면 이 단계를 겪을 만하다는 사회적 합의가 있기 때문이다. 반면 미국 소녀들은 이 나이에 첫 경험을 하는 것에 대해 도덕적 저항을 느낀다. 이상적으로는 18살보다 19살에 가까운 나이가 좋다고 생각하므로, 자신은 거의 2년이나 일찍 굴복한 셈이 되기 때문이다. 그러므로 그들은 스웨덴 소녀들보다 후회나 죄책감, 불안을 훨씬 많이 느낀다. 당연한 일이다. 미국 소녀들은 피임에 대해서도 훨씬 부주의했다. 게다가 미국인들의 기준은 이중적이다. 소년들은 16살도 괜찮다고 생각하는 것이다. 반면 스웨덴 소녀들은 여성의 권리와 남성의 권리가 다르지 않다고 생각했다. 조사 결과는 문화적 전형성이라는 게 존재한다는 사실을 극명하게 보여주었다. 미국인들의 도덕은 더 엄격하지만 사실 행동에는 별 영향을 못 미친다. 그 결과는 위선, 그리고 심각한 불안뿐이다.

스스로의 도덕 기준을 구축해가는 것, 물론 성적인 면을 포함하여 하나의 일관된 의식을 갖춰간다는 것은 개인의 발달에서 중요한 단계이다. 부모나 사회 환경이 부여하는 기준이 엄격하든 관용적이든 마찬가지이다. 약혼을 한 남녀들 중에는 당연히 결혼식 날까지 신부가 처녀여야 한다고 생각하는 사람들도 있다. 하지만 첫날밤 전에 해도 좋은 사랑의 행위가 어느 정도이냐에 대해서는 사람들마다 생각이 엄청나게 다르다. 성과학자들이 만나는 보수적 여성들 중에는 결혼보다 약혼이 훨씬 흥분되는 사건이었다 말하는 이들이 있다. 결혼식까지 처녀성을 지켜야 한다는 기본 규칙에 집착하는 그들은 이제 약혼을 했으니 조금은 자유롭게 대담한 일들을 해도 좋겠다는 생각에 들뜨는 것이다. 물론 약혼으로는 아무런 열정도 일지 않더라는데 놀란 남녀들도 많이 있다.

조시엔 로리에Josien Laurier의 소설 『천상의 소녀』(1993)에는 엄격한 정통 개신교 집안에서 자라 늘 신을 두려워하는 '소녀'가 등장한다. 그녀가 다른 삶을 맛보는 유일한 희망은 에코라는 가스펠 모임에 참여하는 것이다. 노래에서 그녀는 예상치도 못했던 귀중한 재능을 발견한다. 소녀는 크리스마스이브에 첫 단독 연주를 할 기회를 얻는다. 그리고 비슷한 시기에 에디라는 기타리스트와 사랑에 빠진다. 부모의 명령을 조롱하기라도 하듯, 하지만 거의 신성할 정도의 확신에 가득 차서, 그녀는 에디에게 처녀성을 내주기로 결심한다.

순결을 버리는 거야, 그녀는 갑자기 생각했다. 모레는 그녀가 초경을 시작한 지 정확히 4년째 되는 날이다. 그날도 크리스마스였다. 작은 크리스마스 선물이구나, 그때 그렇게 생각했다. 정말, 지금이야말로 순결을 잃기에 적합한 시점이다. 반드시 그래야 한다. 얼마나 이상한 생각인가. 하지만 옳은 일이다. 절대적으로 옳은 일이다. (…) 그녀는 느끼는 그대로, 솔직하게 그에게 말할 것이다. '에디, 딱 4년 전 크리스마스였어, 그때 처음으로 월경을 했어.' 여인이 되었지, 그녀는 생각했다. '그리고 지금 네가 나를 가졌으면 좋겠어.' 이런 식으로 말하면 그도 두말없이 응할 것이다. (…) 이런 식으로 그녀는 그에게 신뢰를 선물할 것이다. 더러운 면들은 생각하지 말고 놓아두자. 더욱 고귀하고, 더욱 아름다운 일로 여겨지도록. 어쩌면 하느님도 승낙해주실 것이다.

그녀는 임신할지 모른다는 데 생각이 미치지만 그것까지 받아들이기로 한다. 일이 잘못되어도 금세 알 수 있겠지. 식탁에 앉아 기도를 드리는 중에도 황홀한 상상은 그치질 않는다. '교회에서야. 차가운 교회 바닥에서야. 다른 사람들이 다 가고 나서, 에디는 열쇠가 있을 거야, 아버지가 목사시니까.'

그녀는 부모의 편협한 태도를 경멸하는 마음에서 이런 식으로 반작용을 일으킨다. 하지만 의도적인 반항의 요소는 전혀 없다. 그녀의 결정은 그녀 스스로 경건하게 판단한 결과일 뿐이다. 부모는 딸의 머릿속에 무슨 생각이 들어 있는지 조금도 모른다. 그런데도 갑자기 가스펠 모임의 공연에 가지 말라고 명령한다. 소녀는 감히 맞서지 않는다. 책은 숨 막힐 듯 음울한 분위기로 끝을 맺는다.

처녀성의 증거

처녀성에 가장 집착하는 종교가 기독교는 아니다. 2001년, 터키의 보건부 장관은 건강관리 분야 경력을 쌓을 여성들은 먼저 처녀성 검사를 통과해야 한다고 발표해서 페미니스트들의 원성을 샀다.[9] 그 전임자도 1992년에 논란을 일으킨 적이 있는데, 이전에 원장으로 일했던 정신병원에서 모든 여직원들에게 매달 처녀성 검사를 받게 했기 때문이다. 혹시 있을지 모를 성폭행에서 보호하기 위해서라는 변명이었다. 역설적인 정책이 추구되고 있는 것이 분명하다. 비종교적 전통이 오래된 터키에서도 페미니스트들과 전통 수호주의자들은 극단적으로 상이한 시각을 견지하고 있으며, 가끔은 타협점을 찾아낼 때도 있다.

이스탄불과 카사블랑카의 10대 소녀들은 유행에 휩쓸려 무모한 성생활을 즐기면서도 가장 마지막 단계만은 피함으로써 처녀성을 지킨다. 특히 항문 성교가 중요한 대체 역할을 한다. 1980년대 초에 소우마야 나아마네게수스는 카사블랑카의 젊은 여성 80명을 취재했는데, 그들에게 들은 이야기를 종합해보면 활기차지만 너무나 양면적인 성생활의 풍경이 떠오른다.[10] '그 안에' 있기 위해서는 거의 뭐든지 할 준비가 되어 있어야 하는데, 남성 구애자들의 압박이 가차 없기 때문이다. 그런데 도리어 처녀성을 지키는 소녀들은 성적 탈선 행위에서 그다지 만족을 느끼지 못할 때가 많다. 남자들이 클리토리스에는 거의 신경을 쓰지 않기 때문이다. 게다가 질을 고이 보전하지 못할 정도로 '나약'해질까 봐 흥분해도 맘껏 마음을 풀어버리지 못하는 여성들이 많았다.

현대 기독교는 이슬람교와 달리 처녀성을 증명하는 데는 별로 관심이 없다. 엄격한 네덜란드 개혁 교회를 다니는 신부에게 벌어질 수 있는 가장 가혹한 시련은 임신한 채로 결혼식 제단 앞에 서는 일이다. 그런 상황에 신부는 흰 드레스를 입을 수 없다. 어떤 교회는 신랑과 신부에게 회중 앞에서 잘못을 해명하라고까지 한다.

엄격한 교회 집단이 아무리 처녀성을 중시 여긴다 해도, 결혼식 날 밤에 벌어지는 일은 보통 가족도 상관하지 못하는 일로 여겨진다. 하지만 늘 그랬던 것은 아니다. 중세에는 부부라도 육욕에 사로잡혀 성관계를 가질까 봐 주변 사람들이 의혹의 눈길을 거두지 않았다.[11] 신앙심 깊은 자들은 토비아스와 사라의 이야기에 주목하지 않을 수 없었는데, 쾌락은 위험으로 수놓인 길이라는 교훈을 강조하는 이야기이다. 항상 대죄인 것은 아니지만 최소한 문제 삼을 만한 죄이기는 하다는 것이다. 사라는 일곱 남자와 결혼을 했는데 남편들은 하나같이 결혼식 날 밤에 악마에게 죽임을 당했다. 육욕은 악마 아스모데우스(중세기와 종교개혁 시대에 다양한 악령의 계급이 생겨났다. 7가지 큰 죄와 관련된 악령의 명칭은 각각 루시퍼(교만)·맘몬(탐욕)·아스모데우스(정욕)·사탄(분노)·베엘제불(과식)·레비아단(질투)·벨페고르(게으름)이다_옮긴이)의 영역이라고 한다. 사라는 부족의 요구에 따라 같은 일족 남자인 토비아스를 여덟 번째 남편으로 맞는다. 토비아스의 아버지는 결혼이 잘될 가능성을 도저히 믿지 못했기에 결혼식 날 밤 아들의 무덤을 파두기까지 했다. 그런데 대천사 라파엘이 토비아스에게 나타나 이런 충고를 준다.

악마는 신을 무시하고 마치 말과 노새처럼 육욕에 굴복하는 부부에게만 힘을 휘두를 수 있다. 그러하니 3일 동안 여자를 만지지 말고 함께 기도하도록 하라, (…) 세 번째 밤이 지나고 나면 그때는 주님의 평화 속에 처녀를 품어도 좋다. 육욕에서가 아니라 아이를 원하는 마음에서 품어야 한다.

토비아스는 천사의 말을 따랐다. 토비아스는 사라와 첫날밤을 보내고도 살아남았으며, 그때부터 사람들은 3일 밤 금욕하는 것을 '토비아스의 밤'이라 불렀다. 금욕의 이상을 전파하는 데 열심이었던 교부 성 히에로니무스는 「토비트서」에 나오는 원래 이야기를 살짝 각색해 퍼뜨렸다. 덕분에 프랑스 주교들과 사제들에게 뜻하지 않은 가외 수입이 생기게 됐다. 신혼부부는 토비아스의 밤을 따르는 게 정석이지만, 특별히 면제를 원할 때는 교회를 통해 승인받을 수도 있었던 것이다. 물론 가격은 싸지 않았다.

처녀성이 그렇게 훌륭한 것이라지만, 스스로 처녀라고 주장하는 여성들의 말을 다 믿을 수 있는 걸까? 1999년, 콘월 출신의 니하이 극단은 〈욕망〉이라는 연극을 순회 공연했다. 토머스 미들턴과 윌리엄 롤리가 1653년에 쓴 『체인지링』이란 극본을 각색한 것이다.[12] 주인공 베아트리스 조안나는 좋은 집안에서 애지중지 키워져 제멋대로인 변덕스런 소녀이다. 베아트리스는 남들을 이용하는 데 능하다. 아버지가 그녀에게 약혼자를 주선해주었는데, 그녀가 마음에 둔 사람은 따로 있었다. 그녀가 고른 구혼자는 할 일이 분명하다고 생각했다. 공식적인 약혼자에게 결투를 신청한 것이다. 하지만 베아트리스 조안나는 그런 위험을 감수할 수 없었다. 아버지의 시종 드 플로레스가 자신에게 불타는 애정을 품고 있다는 사실을 알았던 그녀는 상당한 대가를 지불하는 조건으로 드 플로레스에게 약혼자를 처치해줄 것을 부탁한다. 그 뒤에 그의 탈출을 돕겠다는 조건이었다. 드 플로레스는 나름대로 생각이 있었다. 그는 피비린내 나는 일을 해주는 대가로 돈이 아니라 그녀의 처녀성을 원했고, 도망을 치더라도 함께

가기를 바랐다. 그는 시체를 숨기고 일이 돌아가는 모양을 관망한다. 그런데 드 플로레스가 알고 보니 입담이 좋은 청년이어서, 베아트리스 조안나는 그의 설득에 넘어가고 만다. 이제 두 사람은 공범자가 된 것이다. 게다가 드 플로레스의 열정적인 사랑이 곁들여지니 그녀로서는 저항할 수가 없었다.

한편, 약혼자가 사라져버렸기 때문에 부모는 그녀가 고른 구혼자와의 결혼을 승낙한다. 베아트리스 조안나는 이제는 처녀가 아닌 것이 탄로 날까 두려워진다. 그녀는 남편될 사람의 옷장을 샅샅이 뒤진 끝에 많은 약물들을 발견한다. 다행스럽게도 작은 약병들 곁에는 일일이 용도가 적혀 있다. 임신 검사 약물도 있었는데, 그녀는 설령 임신했더라도 한 몇 달 간은 고백하지 않아도 된다고 생각한다. 그 옆에는 처녀성 검사 약물이 있는데, 이것이야말로 급한 문제였다. 또다시 다행스럽게도, 방법은 매우 간단하다.

의심스러운 상대에게는 이 유리병 M에 든 약물을 한 숟가락 먹여라. 상대가 처녀라면 세 가지 효과가 이어서 발생한다. 칠칠치 못하게 하품을 하고, 갑자기 재채기를 하며, 마지막으로 시끄럽게 웃음을 터뜨릴 것이다. 처녀가 아니라면 둔감하고 무겁고 느릿한 반응이 있을 것이다.

베아트리스는 하녀에게 약물의 신빙성을 시험해보는데(처녀인지 아닌지 꼼꼼하게 따져 물은 뒤에) 과연 예상한 대로 세 가지 현상이 일어났다. 이제 약혼자가 그 약물을 마시라고 하면 어떻게 행동해야 할지 알게 되었다. 하지만 확실히 해둬서 나쁠 건 없었으므로, 베아트리스는 첫날밤에 하녀와 잠자리를 바꾸기로 한다. 순결한 하녀는 막대한 대가를 받고 희생을 받아들이기로 한다. 그날 밤, 드 플로레스와 베아트리스 조안나는 다시 한 번 잠자리를 같이하며 비뚤어진 즐거움을 느낀다. 그러나 새벽이 다가오도록 아무 소식이 없자 그들은 기만 행위가 발각될까 하는 두려움에 사로잡힌다. 다행히 그때 하녀가 등장해서, 육욕에 빠져 있다 보니 그만 돌아올 시간을 잊었다고 고백한다. 하지만 하녀는 계속 위협이 될 것이 뻔했으므로, 드 플로레스는 집에 불을 질러 하녀를 죽인다. 그런데 살해된 약혼자의 동생이 새 신랑의 마음에 의심을 불어넣는 바람에, 신랑은 신부에게 엄지손가락 고문 기구를 끼워 심문을 하고, 그녀는 간통은 끝내 부정하지만 살인은 시인한다. 드 플로레스는 만족할 수 없었다. 그는 연인을 칼로 찔러 죽이고, 자신도 목을 긋기 전에 신랑에게 알려준다. 지금 죽어가는 베아트리스 조안나를 자신이 결혼식 날 밤에 품었다고 말이다. 막이 내린다. 환호가 터진다. 17세기의 관객들은 그런 유혈 낭자한 장면들에 물리는 법이 없었다.

처녀막

연극 〈욕망〉의 처녀성 검사는 믿음직하지 못한 것 같다. 하지만 더 좋은 방법이 있을까? 이슬람교 신자들, 그리고 일부 힌두교 신자들 중에는 아직도 결혼 연회 중 신부의 처녀성을 증명해 보이는 일을 대단한 감정적 사건으로 받아들이는 사람들이 있다. 그 증거란 처녀막에서 나온 피에 의존하는 것이다. 그런데 안타깝게도 처음 성교를 할 때 피를 보이지 않는 여성들이 있다. 이것은 과학적 사실이지만, 이 의식을 고집하는 이들은 철저히 무시하는 사실이다. 마치 됐다 안 됐다 하는 보안 알림장치를 사들인 집주인의 처지라고나 할까, 집에 돌아왔을 때 도둑이 있는지 없는지 확실히 분간할 도리가 없다. 처녀막도 마찬가지이다. 하기로 되어 있는 일을(물론 몇몇 사람들의 시각에서만 그렇다) 늘 정해진 대로 수행하지 않는다.

초기의 의학 문헌들을 보면 처녀막의 존재 여부를 두고 장구한 토론이 있었다. 부인과 의사 M. M. J. 레이너르스는 소녀들의 할례를 다룬 책에서 이 주제를 꼼꼼히 점검하였다.[13] 아래의 후렴구는 로마 시대로 거슬러 올라가는 것이라 한다.

Est magnum crimen perrumpere virginis hymen.
〔처녀의 처녀막을 망가뜨리는 것은 대단한 죄이다.〕

반면 2세기에 살았던 에페수스의 소라누스Soranus of Ephesus는 처녀막의 존재를 부정했다. 알베르투스 마그누스Albertus Magnus는 14세기에 이렇게 썼다.

자궁경부, 처녀의 자궁 입구 쪽에 정맥들과 느슨하게 이어진 인대들로 된 조직의 막이 존재한다. 그것이 보이면 처녀라는 증거이며, 그것은 성행위 또는 손가락을 넣기만 해도 파괴된다. 그럴 때 피가 조금 흘러나온다.

상당히 현대적이고 정확한 표현이다. 다만 14세기에는 처녀막이란 용어가 쓰이지 않았고 그로부터 100년쯤 뒤에 비로소 의학 문헌에 등장하기 시작한다. 베살리우스Vesalius(벨기에의 의사이자 현대 해부학의 아버지_옮긴이)는 손대지 않은 채 남아 있는 처녀막의 의미가 뭔지 처음으로 고민한 사람들 중 하나였다.[14] 1537년, 그는 한 귀족 소녀의 시신을 해부했는데 폐 감염으로 죽었지만 '히스테리'도 앓았던 소녀라 했다. 그녀의 처녀막은 찢어져 있었다. 베살리우스는 소녀가 자기 손가락으로 '순결은 잃은 것'이라 간주했는데, 천박한 이유에서가 아니었다면 질을 자극함으로써 히스테리를 고칠 수 있다는 걸 알았기 때문일 것이다. 베살리우스 역시 그런 치료법이 있다는 걸 잘 알았다. 그는 라제스라는 의사가 쓴 책에 대해 박사 논문을 썼는데, 그 책에 보면 산파들이 그런 시술을 한다고 적혀 있었다.

17세기에는 처녀막의 존재를 둘러싸고 다시 한 번 시끄러운 논쟁이 벌어졌다. 당시 가장 명망 있는 네덜란드 의사였던 델프트의 레이니어르 데 흐라프Reinier de Graaf는 다소 익살스런 어조로 이렇게 썼다.[15]

자연의 비밀을 알아내는 중에, 처녀막에 대한 탐색은 적지 않은 불편과 어려움을 일으켰다. 더없이 당당하게 그것에 대해 말다툼하고 싸웠던, 최고로 재치 있는 해부학자들에게도 쉬운 문제가 아니다. 몇몇은 단호하게 주장하기를 처녀막은 자연의 법칙과 자연스런 과정에 위배되는 것이라 하고, 다른 몇몇은 거칠게 소리를 내지르며 단언하기를 처녀들을 해부하면 반드시 그것을 찾을 수 있으며 찾지 못한다면

처녀막 검사, 프랑스 동판화, 1700년경

부주의하거나 무지한 탓이라 한다. 그러나 존재를 인정하는 사람들끼리도 처녀막의 독립적 존재, 위치, 형태에 대해서는 합의하지 못하고 있다.

데 흐라프는 이런 식으로 결론을 열어두었지만 또 한 세기가 지나면 비로소 문제가 해소된다. 'De hymenis existential nemo dubitat.' 법 해부학자 브렌델리우스Brendelius가 한 말로 '처녀막의 존재에는 의심의 여지가 없다'라는 뜻이다. 모든 여성이 처녀막을 갖고 태어나지만, 그 형태와 두께는 사람마다 다르다. 숙련된 의사라도 처녀막이 온전한지 아닌지 판별하기 쉽지 않다. 좀 더 인상적인 예를 들면, 유아를 담당하는 법의학자들에 따르면, 강간을 당해 찢어진 어린 소녀의 처녀막이 몇 주 뒤에 원래 상태로 회복되는 일도 있다. 그러니 처녀막이 온전한가 아닌가 권위 있게 판별하기는 사실상 어려운 일이다. 처녀막이 그대로라 해도 첫 경험 중에 확실히 피가 나오는 것은 아니다.

부담스런 처녀성 의식을 지속하고 있는 이슬람 국가 사람들도 과학적 사실을 모르진 않을 것이다. 다만 그들 문화의 정수를 포기하지 않고는 쉽게 그런 의식을 폐지할 수 없는 것인지 모른다. 순결을 잃는다는 건 그저 성적인 행위가 아니다. 몇몇 이집트 시골 마을에서는 '다야daya'라는 여성이 결혼식 날 피비린내 나는 의식을 수행한다. 소녀들의 할례를 담당하는 여성이기도 하다.[16] 유대인들의 할례를 담당하는 '모헬mohel'과 같이, 다야도 손톱 하나를 길고 날카롭게 길러둔다. 최고의 다야는 처녀막뿐 아니라 질 벽까지 할퀴어서 많은 피를 흘리게 하는 다야이다. 흰 이불에 그 피가 묻으면 처녀의 아버지는 그것을 들고 뽐내며 과시한다. 물론 이 의식은 감염을 일으킬 소지가 높다. 의사 나왈 엘 사아다위Nawal el Saadawi(1931~. 이집트의 페미니스트 작가이자 의사_옮긴이)가 최소한 한 차례 이상 그런 예를 확인했다.

피 묻은 이불은 신부의 처녀성에 대한 증거일뿐더러 신랑의 사내다움에 대한 증명이다. 신랑의 부모들에게는 신부가 제값을 한다는 증거이기도 하다. 튀니지에서 병원을 운영했던 M. M. J. 레이너르스는 어머니와 장래의 시어머니와 함께 진료실을 찾는 신부들을 많이 보았다. '엘 서티피카 스비야el certifikka sbiyya' 즉 처녀성 확인서를 결혼 합의 전에 받으러 온 여성들이다. 짐작할 수 있다시피, 어떤 경우에는 신붓감이 이미 임신한 때도 있다. 가족들도 어느 정도 의심하고 있는 경우이다. 그때는 소녀가 진찰실에서 살해당할 수도 있었다. 남자 친척들이 집안의 영예가 더럽혀진 경우 칼로 회복할 차비를 하고 대기실에서 기다리고 있기 때문이다.

결혼식 날 밤, 신랑은 신부의 순결을 꺾을 것이고, 하객들은 모두 피 묻은 이불을 보고 싶어 한다. 피의 색깔도 대단한 관심거리이다. 밝은 분홍빛, 연한 분홍빛, 주홍빛이라면 신부는 이불을 조심스럽게 챙겨서 일생의 자랑 거리로 삼는다. '내 피는 몹시 아름다운 분홍빛이었지, 너는 그런 색조를 본 적도 없을걸…'. 주술적 힘이 있다고도 한다.

내 이불의 색은 굉장히 아름다웠고, 사람들 사이에는 한동안 그 얘기가 자자했다. 나이 든 여자들은 그걸 눈앞에 갖다 대겠다고 아귀다툼을 했다. 시력을 보호해주기 때문이다.

여러 문화에서 여성의 순결을 꺾는 것은 남성의 성경험 중에서도 특히나 흥분되고 만족스러운 것으로 여겨진다. 셰익스피어의 『페리클레스』에서, 페리클레스의 딸 마리나를 납치한 해적들은 그녀가 처녀임을 알고 기뻐한다. 그들에게 마리나를 넘겨받은 포주는 그녀를 내다 팔 하인에게 다음과 같이 충고한다.

그녀의 특징들을 설명해. 머리색, 안색, 키, 나이, 그리고 처녀란 것도 보장해. 그리고 외치는 거야, '가장 높이 부르는 분은 여자의 첫 남자가 될 것이오.' 남자들이란 다 그렇고 그러니까 이런 처녀는 비싸게 팔리게 마련이라고.

빅토리아시대의 외설적인 소설들, 가령 『패니 힐』을 보면 처녀의 몸값이 굉장히 높았음을 알 수 있다. 매독에 대한 두려움이 가격을 올린 것이다. 레이 태나힐에 따르면, 19세기 초 런던에서 처녀와 하룻밤을 보내는 데 드는 비용은 최소 100파운드까지 치솟았다.[17] 그랬던 것이 1880년쯤에는 5파운드로 떨어지는데, 수요가 적어져서가 아니라 공급이 넘쳤기 때문이다. 처녀성을 쉽게 복원하는 방법이 알려졌던 것이다.

아서 골든의 『게이샤의 추억』은 1997년에 출간된 소설이다. 1930년대와 1940년대를 배경으로 사유리라는 일본인 여성의 삶을 다룬 이야기이다. 골든은 처음에 전기라고 발표했지만 알고 보니 소설이었다. 다만 이전에 게이샤였던 여성을 오래 취재한 내용을 바탕으로 한 것이었다. 골든은 중국학자이자 일본학자로 극동에서 몇 년인가 일한 적이 있다. 사유리는 어린 소녀 시절부터 게이샤 수업을 받는다. 여러 중요한 일들이 있지만 무엇보다 여러 후견인들에게 구혼을 받는 게 중요하다. 15살이 되는 해에 훈련이 마무리되는데, 이 때 미즈아게みずあげ라 하여 그녀에 대한 권리를 산 남성이 그녀의 순결을 꺾는 의식이 있다. 사유리는 후보자 각각에게 작은 떡 상자를 돌린다. 청을 넣어도 좋다는 승낙이다. 다른 게이샤들과 마찬가지로 그녀

도 내방한 의사에게 처녀성을 확인받는데, 마담은 첫 경험 중에 피가 많이 흐르겠는지 의사에게 물어본다. 의사도 물론 확실히 말하지는 못한다. 그런데 우연찮게도 사유리를 차지하게 되는 남자도 의사이고, 게다가 피에 집착하는 사람이다. 그는 작은 면봉이 달린 유리 약병들을 소중히 간직하고 있는데, 그 안에 자기가 보기에 훌륭한 여성 환자들의 피를 붕대나 솜에 적셔 담아둔다. 사유리의 피도 그의 소장품 중 하나가 된다. 사유리 자신은 육체의 현상에 대해 완전히 무지하다. 다만 마담이 워낙 냉혹한 사업가라 여러 후보자들 사이에 경쟁을 붙였고, 마침내 그 의사가 사유리에 대해 지불한 금액은 미즈아게 사상 최고 액수로서 당시 손님들이 한 시간 동안 게이샤와 놀 때 내는 돈의 3,000배나 되었다. 그러나 미즈아게 이후 의사는 사유리에게 관심을 잃고, 그녀는 다시 경매에 부쳐진다. 여기서 그녀의 후견인이 되는 남자는 게이샤와 성적으로 교제할 온전한 권리를 얻는다. 그녀의 뒤를 보아줄 여력이 되는 한 후견인은 그녀를 배타적으로 소유하는 것이다. 남자 손님들의 동행으로 찻집에 가준다거나 하는 게이샤들의 일상 업무는 순결한 것들이다. (골든의 책이 베스트셀러가 되자 자료원은 골든이 자신을 그릇되게 묘사했다고 폭로했다.[18] 특히 돈 때문에 순결을 잃은 부분이 사실과 다르다 했다. 골든은 내화를 전부 녹음한 게 있다고 맞섰다.)

　일본은 환상적인 성 문화를 가진 나라라, 좀체 이해하기 어려울 정도이다. 니콜라스 보르노프Nicholas Bornoff는『분홍 사무라이』라는 책에서 일본의 밤거리에 얼마나 다채로운 향락들이 넘치는지 상세히 소개했다. 도쿄에는 루데스라는 유명한 술집이 있는데, 노빤킷샤 ノパン喫茶, 즉 팬티를 입지 않는 나이트클럽이다. 제일 은밀한 방은 지

하에 있고, 그 천장은 한쪽에서만 보이는 유리라서 환히 밝혀진 위층에서 팬티를 입지 않은 소녀들이 편히 수다 떠는 광경을 올려볼 수 있다. 관광객들은 게이샤 대신 더 싸고 더 현대적인 경험을 하는 곳, 학생들은 편하게 가욋돈을 버는 곳인 셈이다. 요즘은 여성들이 젊은 남성을 불러 즐기는 이른바 호스트바도 있다. 성적인 행위는 없지만 여성들은 그 대가로 큰돈을 기꺼이 지불한다. 부인이 가계의 지출을 전적으로 통제하는 것도 같은 맥락에서라는 말이 있다. 유부남들 중 절반가량은 아내가 주는 용돈이 너무 적다고 불평한다. 일본은 성애 문화에 대해서 매우 독특한 태도를 취한다. '망가'라 불리는 연재만화나 애니메이션들 중 포르노적인 것이 상당히 많은데, 일부는 심지어 10대만을 위한 것이다. 또 한 가지 흥미로운 사실은 일본의 『세계 성 대백과』를 보면 근친상간 대목에 모자 근친상간만 언급되어 있다는 점이다. 서양의 성과학 책들에서는 이 형태의 근친상간은 가장 마지막에 등장한다. 친족에 의한 성 학대 중 가장 드문 형태로 여겨지기 때문이다. 그런데 일본에서는 1980년대 중반에 많은 드라마에서 이 주제를 다뤘다. 아들의 학업 성취에 신경을 곤두세우는 억압적인 엄마의 전형적 사례로 그려진 것이다. 학업에 대한 지나친 관심은 일본에서는 이상할 것 없는 일인 게, 좋은 직장은 죄다 일류 대학 졸업생들의 몫이고 일류 대학의 학생 선발 기준이 무척 까다롭기 때문이다. 그 때문에 아들의 성욕 해소를 도와주기로 했다고 고백한 엄마들이 있었다. 아들이 밖에 나가 여자애들을 만나느라 공부를 등한시하지 않을까 걱정한 것이다.[19]

사유리의 첫 남자처럼 여성의 피에 집착하는 사람이 우리 생각보다 많을지 모른다. 골든이 묘사한 게이샤 찻집의 풍경은 중국의 사창가를 떠올리게 한다. 중국학자이자 외교관이었던 로베르트 판 훌릭 Robert van Gulik은 신비로운 중국풍을 가미한 탐정소설들로 잘 알려져 있지만, 중국의 성 문화에 대한 학문적 연구서를 쓰기도 했다.[20] 그는 중국에서는 처녀의 피를 적신 '육대六帶'란 것이 특별한 바구니에 담겨 보관된다고 적었다. 또 결혼식 날 밤 신부가 처녀가 아님을 알게 된 남자에게 바쳐진 아래 시를 자기 책에서 인용했다.

오늘 밤 화려한 결혼 피로연이 벌어졌고,

나는 향기로운 꽃을 만끽할 준비를 갖추었으나,

봄이 이미 지나버린 것을 발견했다.

많은 붉은빛이든 적은 붉은빛이든 찾아 헤매보아야 무슨 소용이랴?

아무것도 보이지 않는 것을, 아무것도 보이지 않는 것을!

그러니 당신에게 이 흰 비단 조각을 돌려주노라.

월경혈 역시 매우 강렬한 감상을 불러일으킬 수 있다. 16세기의 중국 학자였던 이모원이 한번은 낙양 근처 온천을 방문했다. 전해오기로 그 유명한 양귀비가 몇백 년 전에 목욕한 곳이라 했는데, 그의 눈이 마침 바위 위의 한 작은 붉은 점에 가 닿았다. 설명을 들어보니 양귀비가 흘린 월경혈의 흔적이라 했다. 얘기를 듣고 그는 가슴이 벅차올랐다. 그가 가마를 타고 온천을 나설 때, 잠시 커튼 뒤로 여자의 손이 보였다. 그날 밤 그의 숙소에 한 여성이 찾아들었는데 스스로 양귀비의 혼이라 했다. 그 혼은 그가 죽을 때까지 곁에 머물렀다.

물론 서양 문화에서도 처녀성을 향한 동경을 찾아볼 수 있다. 1974년 두샹 마카베예프Dušan Makavejev가 감독한 〈달콤한 영화〉의 주인공은 1984년에 미스 월드로 뽑히는 여성이다. 그녀는 세상에서 가장 부유한 남자, 캐피털 씨의 청혼을 받는다. 거금의 가치를 확인하고 싶었던 그는 신부를 부인과 의사에게 데려간다. 거의 신성할 정도의 분위기 속에 그녀는 진료 의자에 눕고, 그녀의 어깨 너머로 카메라는 의사의 얼굴을 잡는다. 의사는 여자의 벌린 무릎 사이에 앉아 있다. 의사의 얼굴은 황금빛으로 물든다. 그의 표정은 의사에게만, 그리고 신랑에게만 허락된 어떤 기쁨이 있다는 암시이다. 의사는 영화에서 이후 아무 역할도 하지 않지만, 관객들은 그의 삶이 완전히 바뀌었을 것임을 안다. 관객은 미스 월드의 불행한 삶을 따라간다. 남편의 성기는 놀랍도록 당당했고(진부한 설정이다) 그들의 첫날밤은 개들에게서나 흔한, 남녀 사이에서는 흔치 않은 결과로 마무리된다. 몸이 붙어 떨어지지 않았던 것이다. 그녀는 어찌어찌 결혼 생활에서 도망치고 독일 표현주의 화가 오토 뮐이 이끄는 성 해방 공동체에 들어간다(이 시점부터 영화는 일종의 다큐멘터리로 변한다). 그리고 초콜릿이 담긴 커다란 통 속에 빠져 익사함으로써 삶을 마친다. 마카베예프의 미래주의적 판타지는 다양한 문화에서 가져온 처녀성에 대한 상징들로 잡다하게 채워져 있다.

　다시 이슬람 문화로 돌아가보자. 남녀가 처녀성이라는 이상에 대해 서로 얼마나 다른 입장을 취하는지 보여주기 위해, 레이너르스는 15세기 후반에 쓰인 셰이크 잘랄 앗 딘 알 사유티의 글을 인용한다. 천국에 선택받은 자들이 누리게 될 천상의 쾌락에 관한 내용이다.

선택받은 자 모두는 지상에서 가졌던 적법한 부인들 외에도 각기 70명의 천상의 미녀들과 결혼할 것이다. 미녀와 사랑을 나눌 때면 늘 그녀가 처녀임을 알게 될 것이다. 게다가 선택받은 자의 물건은 결코 쇠하지 않는다. 발기가 영원히 이어질 것이다. 성교할 때마다 특별한 쾌락이 밀려올 것이고, 지상에서는 누구도 들어보지 못한 달콤한 감각들이 느껴질 것이다. 여기서 그것을 경험하는 자는 단번에 정신을 놓아버릴 정도일 것이다.

이슬람 근본주의자들이 그토록 순교를 갈망하는 것은 영적 지도자들이 이토록 특별한 육체적 보상을 약속하기 때문은 아닐까? 하지만 어떻게 미녀들은 몇 번이고 성교를 즐기면서도 매번 순수하고 정결할 수 있단 말인가?

처녀성의 챔피언은 단연 마리아라는 것을 잊어서는 안 된다. 예수를 임신한 뒤에도 그녀의 처녀막은 그대로였다고 한다. 최소한 성서 외전 복음서들은 그렇게 말한다.[21] 출산이 임박하자 요셉은 산파를 찾아 나섰다. 그는 두 여인을 찾아내어 함께 마구간으로 돌아왔는데, 이미 예수는 강보에 싸인 채 구유에 누워 있었다. 마리아는 요셉을 보고 미소를 지었지만 요셉은 '웃지 마시오, 그들이 떠나기 전에 괜찮은지 확인하고 약이 필요한지 보시오'라고 말한다. 첫 번째 산파가 마리아를 진찰했다. 그녀의 이름은 젤로미였다. 놀랍게도, 아기는 처녀에게서 태어난 것이 분명했으며, 마리아는 여전히 처녀인 상태였다. 젤로미는 동료 살로메에게 이 말을 전했으나 살로메는 훨씬 현실적인 여성이었다. 그녀는 직접 마리아의 처녀막을 검사해보

로베르 캉팽, 예수 탄생, 나무판, 1420~1425

겠다고 나선다. "그리고 살로메는 손가락을 허벅지에 부비며 소리
를 질렀다, '나는 살아 있는 신을 시험하려 하였기에, 보라! 손이 불

타고 있다.'"그러자 천사가 나타나서 다친 손으로 갓 태어난 아기를 만지라 했고, 그러자 정말 아픔은 씻은 듯 나았다. 유명한 두 산파의 이야기는 이후 잊혔다가 중세가 되어 되살아났다. 중세 사람들은 구유에 그림을 그리거나 목판을 새길 때 가장자리에 두 산파를 그리곤 했는데 한쪽이 제 팔을 다른 쪽 어깨에 과시하듯 얹은 형태였다. 로베르 캉팽Robert Campin의 그림 〈예수 탄생〉을 보면 젤로미는 '보라 처녀가 아이를 낳았도다'라고 적힌 띠를 쥐고 있고, 살로메의 띠에는 '나는 스스로 보기까지 믿지 않았도다'라고 적혀 있다.

처녀성 위장

서양에서도 가끔 무슬림 여성들이 딸을 대동하고 의사를 찾아와 전통적인 처녀성 확인서를 발급해달라 할 때가 있다. 하지만 딸들이 혼자 찾아오는 경우가 더 많다. 처녀성을 잃은 여성들로, 복원 작업을 원하는 것이다. 혹은 이슬람 국가의 소녀들보다 정보가 많은 덕에, 처녀라도 피를 흘리지 않을 수 있다는 걸 알고 확실히 하고자 온 것이다. 모로코에서는 피의 양을 늘리는 검증된 방법들이 여러 가지 있다고 한다. 소우마야 나아마네게수스는 15세기 작가 수유티가 일러준 아홉 가지 방혈 방법을 인용했다. 둥글게 뭉친 면에 수소의 담즙을 적시면 꼭 피처럼 보인다. 하지만 더 확실한 방법은 장구채라는 식물로 만든 질 좌약을 사용하는 것이다. 질을 확실히 자극하기 때문에 조금만 쓸려도 곧 피가 난다. 물론 남자들도 이런 속임수를 모를 정도로 바보는 아니다. 수유티는 남자가 의심을 확인하는 방법들도 소개했다. 마늘 한쪽을 핀에 꽂아 질에 넣었을 때 마늘 냄새가 전혀 나지 않는다면 곧 처녀라 했다.

이탈리아 수도사 빌라노바의 아르날도는 여성들에 관한 이야기를 무척 즐겼던 것 같다.[22] 당시(약 1500년경)에는 약혼 상태가 끝도 없이 지속되는 경우가 있었고, 남편이 무역에 종사한다면 오랜 기간 떨어져 지내는 일도 잦았다. 아르날도는 외로운 여성들이 어떤 기계적 도구들을 사용해 성욕을 달래는지 세세하게 설명했다. 그는 간통은 찬성하지 않았기 때문에, 임신에 대한 두려움이 대다수 여성들을 자제시킨다는 사실을 매우 환영했다. 어쨌든 모조 음경으로 순결을 잃은 신부라도 신랑 앞에서는 처녀인 척해야 했다. 중세 유럽에서 가장 영향력 있던 여성 의학 개론서『트로툴라』에 따르면 나폴리 여성들은 거머리를 사용했다. 이 책은 11세기에 살레르노에서 처음 선보인 것인데, 여러 여성 의사들이 집필에 관여한 것으로 보이는 일련의 문서들을 묶어놓은 것이다. 작가들 중에는 아마 신화적 인물로 보이는 트로툴라도 끼여 있다. 좌우간 그 트로툴라는「여성의 치료에 관하여」라는 글에서 이렇게 썼다.

가장 좋기로는 결혼하기 전날 밤에 아래 조치를 취하는 것이다. 질 속에 거머리를 두어(하지만 너무 깊이 들여보내지 않도록 주의한다) 피를 흘린 뒤 피가 작은 응혈로 굳게 한다. 그 피가 스며 나오면 남자는 감쪽같이 속을 것이다.[23]

19세기 런던 사창가에 대한 태나힐의 기록에도 이 방법이 등장한다.[24] 사창가 중에는 의사를 고용하여 처녀성 확인서를 발급받는 곳도 있었다. 창녀들은 성교 전에 질 속에 피를 살짝 집어넣기도 했다. 아니면 질 벽을 따끔하게 자극하는 물질들을 뿌렸다. 수술로 처리하는 경우도 있었다. 태나힐은 1920년대 도쿄에서 '처녀막 재생' 수술이 꽤 인기였음을 지적한다. 일본 남성 중 80퍼센트는 신부가 처녀이길 바랐기 때문이다. 성형외과 의사들은 결혼을 앞둔 신부의 질에 양의 창자 조각을 꿰매어주었다.

네덜란드 의사들 사이에서 훌륭한 임상의의 태도는 처녀막 회복 수술을 원하는 소녀에게 여러 가능성을 충분히 설명해주는 것이다.[25] 그녀는 자신이 하려는 일에 대해 충분히 숙고해보았는가? 약혼자는 이 속임수에 동참할 준비가 되었는가? 그 약혼자야말로 소녀의 처녀막을 손상시킨 원인 제공자일 가능성이 높다. 닭의 피나 손가락에 낸 상처의 피로 속임수를 추진하는 소녀들도 있다. 피임약을 복용하던 여성이라면 때맞춰 복용을 중단함으로써 결혼식 날 피를 흘리게 만들 수 있다. 그런데도 어떤 신부들은 꼭 재생 수술을 고집한다. 상대방 역시 그럴 때도 있다. 그녀가 처녀가 아니라는 사실을 뻔히 알면서 말이다.

부인과 의사 W. M. 하위스만이 설명을 빌리면 처녀막 재생에는 두 가지 방법이 있다. 결혼식 전날 병원에 올 수 있다면 처녀막 안쪽의 질 벽을 왼쪽에서 오른쪽으로 꿰매면 된다. 음경이 들어가려면 양쪽 질 벽 중 한쪽의 점막이 터져야 하는 것이다. 더 과감한 수술법은 처녀막 부근 점막을 이중으로 접어서 살짝 튀어나온 조직처럼 늘어뜨리는 것이다. 하지만 어떤 방법을 쓰더라도 피가 난다는 확실한 보장은 없다. 서양 의사들은 어느 정도 초연하지 않고는 이런 시술을 할 수 없다. 여성만 늘 피해를 입는 문화, 딸들의 처녀성(그리고 부인들의 정숙함)이 집안 최고의 영예로 인식되는 문화를 보전하는 데 일조하는 셈이기 때문이다. 그런 속성들이 찬양되는 곳에서는 그렇지 않은 이에 대한 험담이 퍼질 수밖에 없고, 의혹의 대상이 되는 여성은 명예를 지키기 위해 너무나 수치스런 경험을 감내해야 한다.

> 시골에 사는 내 가족은 내가 도시에서 지냈으니 처녀가 아닐 거라고 했다. 도시 아가씨들은 전부 바람둥이라는 것이다. 그래서 엄마가 아리파테스 두 명을 불렀고, 그들은 불을 환하게 켠 뒤 내 다리를 벌려 검사했다. 할머니도 옆에 계셨다. 그들은 처녀막이 그대로 있는지 점검했다. (…) 나는 예전에 피상적 접촉을 했던 것을 들킬까 봐 겁에 질렸지만, 그들은 그렇게 자세히는 알지 못했다. 그들의 관심은 온통 처녀막뿐이었다.[26]

이 소녀가 말하는 피상적 접촉이란 아마 '문지르기', 즉 음경을 질에 집어넣지 않고 스치기만 하는 방법일 것이다. 소녀는 전문가라면 '문지르기'를 허락한 것까지 알아낼 것이라 믿었던 것이다. 그 때문에 소녀의 이야기가 더욱 인상 깊다. 아리파테스*ârifates*란 내무부에 고용된 여성들인데 처녀성 확인서를 발급하는 특별한 권한을 지닌 자들이다. 그들은 점막의 색깔을 통해 진단할 수 있다고도 했는데, 남성 성기로 쓸리거나 정액에 닿은 점막은 색이 짙어진다고 생각했기 때문이다.

콰줄루 나탈(남아프리카 공화국의 한 주_옮긴이) 사람들은 다른 기준을 적용한다. 이곳에는 수백 년 된 처녀성 의식이 있는데, 최근에는 AIDS의 확산을 막기 위한 방편으로도 지지받는 전통이다.[27] 매달 의식일이 되면 수천 명의 소녀들이 전통 처녀 치마를 입는다. '아마퀴키자amaquikiza'들이 등장해 소녀들의 옷을 벗기고 검사하는데, 이들은 좀 더 나이가 많은 소녀들로 남자친구는 있지만 아직 성교는 하지 않은 여성들이다. 이 '처녀성 검사자'들은 정부 훈련을 받아야 하고 매우 그럴싸하게 생긴 수료증을 받는다. 의식은 일종의 동료에 의한 교육이라 할 수 있다. 전통이 갖는 의미는 분명하다. 남녀가 접촉을 할 때 몇 가지 쾌락의 방법들을 추구하는 건 괜찮지만 삽입만은 결혼 전까지 엄격히 금해야 한다는 것이다.

서양 의사들은 보통 여성 성기를 그리 자세히 들여다보지 않는다. 강간 환자를 진단한 경우 소송 과정에서 상처 형태를 진술해달라는 청을 받을 때가 있기는 하다. 질 입구를 꼼꼼히 검사하는 경우는 성교 중 통증을 느끼는 환자가 있을 때이고, 그때도 의사는 눈에 보이는 강압적 삽입의 흔적만 믿는 게 아니라 환자의 이야기를 함께 듣는다. 정말 눈에 보이는 것에만 의존해야 하는 때는 매우 어린 아이들의 경우이다. 소아과 의사들은 극도로 신중하게 의견을 말해야 한다는 사실을 잘 알고 있다.

'성기의 상세한 모습들'에 대해 몇 마디 해줄 수 있는 사람을 만나보자. 미국 부인과 의사인 R. L. 디킨슨이다. 그는 대단한 열정과 무한한 인내로 환자들을 검사하고 시체를 해부했는데, 그의 걸작이라 할 수 있는 『인간 성 해부학』의 2판은 그가 90살이던 1949년에 출간되었다. 그는 해부학자가 할 수 있는 가장 큰 기여는 상세한 그림을 보여주는 것이라 믿었고, 그 점에서 이 책은 정말 훌륭한 참고 문헌이다. 그는 성기의 형태가 엄청나게 다양하다는 증거 자료를 수도 없이 제공해주었다. 하지만 다양성의 이유를 설명하는 면에서는 성공적이지 못했다.

그런데 사실 디킨슨의 목표는 정확히 그 지점이었다. 처음 연구를 시작할 때 그는 평생 성실히 관찰하다 보면 마침내는 성기 모양만 봐도 그 사람의 성적 이력을 말할 수 있게 되리라 기대했다. 셜록 홈스처럼 말이다. 하지만 인생의 후반에 다다라서 그는 그간 몽상을 쫓고 있었음을 인정하고, 해부학 그림을 해석할 때는 대상 여성이 스스로 밝힌 경험을 함께 고려해야 한다고 강조했다. 그의 그림을 보면 이런 설명이 반드시 포함되어 있다. 디킨슨은 처녀막이 온전하지만 부드러울 경우 자위를 많이 했거나, 파트너의 손이 자주 접근한 결과라고 보았다. 그는 성교에는 상당한 완력이 개입된다고 믿었기 때문에 성교가 있었던 경우에는 반드시 처녀막이 찢어진다고 생각했다. 그 밖에도 자위의 증거인 현상들이 뭐가 있는지 찾아보았는데, 그 결과 몇몇 관찰 내용은 자위 때문이라 설명할 수밖에 없다는 확신을 얻었다. 그가 확인한 두 가지 틀림없는 결과는 소음순이 커지는 것과 소음순의 주름이 늘어나는 것이다. 그는 성적으로 활발한(자위를 하든 파트너와 성교를 하든) 여성의 소음순을 닭볏이라 불렀다. 처녀의 경우에는 자위를 하며 마찰을 강하게 준 탓이다. 당시 사람들은 자위를 하면 클리토리스가 팽창한다고 믿었는데, 디킨슨은 그 점은 확인할 수 없다고 적었다.

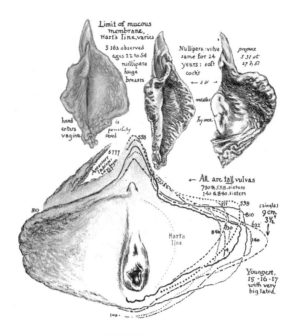

완전히 발달한 음순의 주름들

하지만 20세기가 되면 다른 주장을 하는 의사들이 등장한다. 소녀의 음순이 성인의 음순으로 변하는 것은 물리적 이유에서라기보다 성호르몬 때문이라는 것이다. 의사들은 점차 성호르몬의 역할을 더 크게, 독립적으로 평가하게 되었다. 그러나 성호르몬은 발견된 지 얼마 되지 않은 것이라 정확한 기능에 대한 연구가 더 필요하다. 문제를 간단히 표현하면 이렇다. 어리고 성에 관심이 없는데도(자위도, 성교도 하지 않는데도) 사춘기를 지나 완전히 성숙한 어른의 성기 형태를 보이는 사람이 있을까? 거꾸로, 성적으로 경험이 많은데도 성기 발달은 어린아이 같은 수준에 머무른 사람이 있을까? 이것이야말로

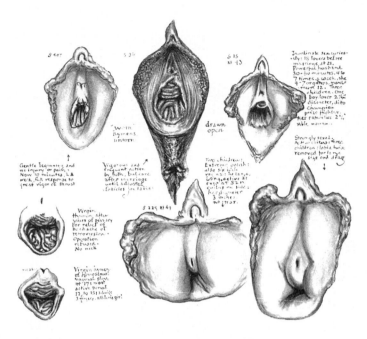

늘어나고, 상처 입고, 닳고, 사라진 처녀막들

진짜 수수께끼이다. 하지만 아직 답은 나온 바 없고, 앞으로도 아마
나오기 힘들 것이다. 그런 일을 조사하라고 연구비를 대줄 기관은 없
기 때문이다.

　디킨슨은 열정적인 관찰자로서 매우 실제적인 사람이었다. 하지
만 체계적인 연구자는 못 되었다. 자신부터가 무수한 관찰 결과들을
딱히 어떻게 써야 할지 몰랐던 것이 분명하다. 그의 책이 주는 즐거
움도 거의 전적으로 시각적인 것이다. 예를 들어 140쪽 그림을 보라.
남성과 여성이 성적으로 민감한 부분에 동일한 형태의 주름을 갖고
있음을 잘 보여 준다. 정말 재미있는 관찰이지만, 그뿐이다.

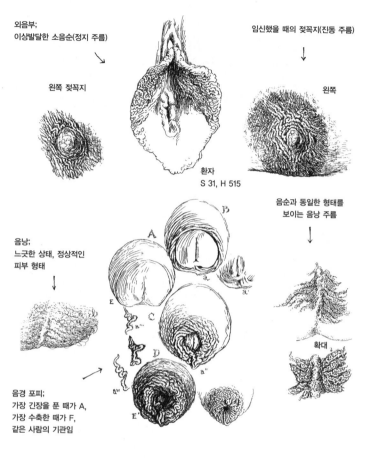

외음부;
이상발달한 소음순(정지 주름)

임신했을 때의 젖꼭지(진동 주름)

왼쪽 젖꼭지

왼쪽

환자
S 31, H 515

음낭;
느긋한 상태, 정상적인
피부 형태

음순과 동일한 형태를
보이는 음낭 주름

음경 포피;
가장 긴장을 푼 때가 A,
가장 수축한 때가 F,
같은 사람의 기관임

확대

다양한 주름들. 하지만 구겨진 형태가 똑같다

다시, 공포에 질려 떨며 결혼식을 기다리는 이슬람 소녀들 얘기로 돌아가자. 혼란스러워진 여성들은 온갖 걱정에 시달린다. 한 번도 성교를 안 했는데 첫날밤 피를 보이지 않는다면, 그 여성은 어떻게 될까? 완전히 무지한 여성들의 경우 자신이 처녀가 아니라는 결론을 내리는 이들도 있다. 그들은 스스로 부끄러움에 휩싸이고, 자신의 잘못도 아닌데 사회에서 추방될 운명에 처한다. 부모들은 딸이 어릴 때부터 열심히 지켜보고, 처녀막에 해를 입지 않도록 별 소용도 없는 훈계를 늘어놓는다. 운동을 할 때는 다리를 너무 넓게 벌리면 안 되고, 장대를 기어오르거나 난간을 타고 미끄러지는 건 절대 엄금이라는 식이다. 질릴 정도로 집요하게 딸을 관찰하는 엄마들도 있다. 월경주기가 조금만 흐트러져도 끔찍하게 수선을 피운다. 목욕할 때는 딸의 벗은 몸에 불길한 변화가 없는지 샅샅이 살핀다. 심지어 딸이 소변보는 소리를 몰래 듣는 엄마도 있다. '처녀가 오줌을 눌 때는 날카로운 소리(쉬이)가 들리지만 처녀가 아니면 묵직한 소리가 난다(프쉬프쉬)'라고 나아마네게수스가 인터뷰한 한 소녀가 말해주었다.

터키나 모로코 소녀들은 부모가 골라준 상대와 결혼하는 것을 어쩔 수 없는 일로 받아들인다. 하지만 납치라는 더 무서운 일도 벌어질 수 있다. 1999년 7월, 네덜란드 방송사 VARA는 〈터키 신부〉라는 프로그램을 방영했다. 납치를 당한 16살짜리 소녀의 이야기인데, 그녀 부모의 반대를 무릅쓰고 그녀와 결혼하고 싶어 한 어떤 소년과 그 가족이 벌인 일이었다. 경찰이 개입해 소녀를 풀어주었고, 납치범들(신랑이 되고자 한 소년과 그 삼촌)은 감옥에 보내졌다. 하지만 3년 뒤, 소녀는 바로 그 납치범과 결혼을 한다. 카메라 앞에 선 소녀는 사랑해서 결혼한 것이라 주장하지만(경찰 덕분에 풀려났을 때 느낀 기쁨은 완전히 지워진 듯했다) 프로그램은 씁쓸한 뒷맛을 남겼다. 그 일을 겪은 소녀는 명예를 지키기 위해서 그렇게 할 수밖에 없었던 듯하다.

터키에서는 의사도 부러워할 만한 자리가 못 된다. 의사들은 온갖 상황을 들먹이며('다리를 벌린 채 난간에 주저앉았어요') 재생 수술을 요청하는 여성들을 만나기 때문이다. 수술은 불법이기도 하지만 도덕적으로도 용납하기 힘든 일이다. 여성이 한 남성을 극도로 기만하는 것을 의사가(보통 남성이다) 돕는 것이기 때문이다. 이 일이 알려지면 의사의 생명조차 위태로울 수 있다. 수술이 엄청나게 비싼 것도 무리가 아니다. 낙태 비용의 다섯 배에서 스무 배 가까이 든다고 한다.[28]

　W. M. 하위스만은 13살에 삼촌에게 강간당한 한 모로코 소녀의 괴로운 사정을 들려준다.[29] 그녀는 언니의 결혼식에 참석하려고 모로코로 돌아갔다가 우연히 언니에게 고백을 하게 되었다. 그런데 언니는 엄마에게는 절대 말하지 말라고 충고했다. 알고 보니 언니 역시 그 삼촌에게 강간을 당했는데, 엄마에게 말을 했더니 되려 자신만 나무라더라는 것이다. 그래서 언니의 신랑감으로는 꽤나 나이 먹은 상대밖에 구하지 못했다는 것이다. 하위스만의 환자는 내년에 결혼시키고 말겠다는 부모의 결심에 응해야 할 형편이었기에, 더럭 겁에 질렸다. 처녀가 아니니 가족의 명예를 실추시킬 것이다(그리고 아마 평생 그 대가를 치러야 할 것이다). 수술을 받기로 결심한 그녀는 두려움을 달래기 위해 먼저 남몰래 하위스만 박사와 서신을 교환했다. 사실 약속을 잡는 것 자체가 쉽지 않았다. 부모가 그녀의 오가는 행동을 하나하나 감시했기 때문이다. 겨우 병원을 방문했을 무렵에는 이미 결혼 일정이 잡힌 터였다. 어느 금요일 오후, 박사는 그녀에게 '손쉬운 방법'(꿰매기)을 시술했다. 그 다음 주 토요일에 그녀는 모로코로 날아갔고 몇 개월 뒤 친구를 통해서 편지를 보내왔다. '삽입이 아플지 모른다고 하셨지요. 정말 그랬어요. 하지만 제가 아니라 제 남편

이요. 또 피가 날지 확실하진 않다고 하셨지요. 하지만 확실히 피가
났답니다.'

프로이트 이론의 힘

〈잠자는 숲 속의 공주〉

그녀는 실이나 잣기엔 매우 젊었다네,
그래서 그녀는 바늘에 찔렸다네. 그녀는 죽은 듯이 누웠다네,
아주 오래전에 예고된 대로
그녀가 엄마의 젖을 빨던 시절에 예고된 대로.

하지만 동화니까 동화답게,
윌리 왕자가 등장한다네, 수려하고 사악한.
그는 덤불숲을 지나 탑에 도착해서,
그녀의 볼에 키스했다네, 너무나 새하얗고 창백한.

잠을 자고 있던 그녀의 부모들은
침대 스프링이 삐걱거리는 걸 듣고 깬 게지.
그들이 목격한 광경은 차마 말로 표현할 수 없는 것이었다네.

마이 버자이너

그들은 깊고 깊은 고통에 휩싸여 왕자에게 애걸했다네.

'순진한 어린 생명을 자극하지 마시오, 왕자여.
성교는 그만하고, 그녀를 일으키기나 하시오!'[1]

시인 드릭 판 비센Driek van Wissen의 말장난이 아니더라도(번역 중에 중의적 의미들의 일부가 어쩔 수 없이 훼손되었다) 잠자는 숲 속의 공주 이야기가 성장하는 소녀의 운명에 관한 시적 암시임은 분명한 사실이다. 공주가 기다려야 하는 백마 탄 왕자는 전형적인 은유가 되었다. 왕자는 화성에서 오는데, 공주는 금성에서 한없이 기다려야 하는 운명이다.

동화나 신화는 인류의 집단 무의식을 엿보게 한다. 하지만 그 내용은 해부학적 사실이나 생리학적 사실들과 첨예하게 대립할 때가 많다. 바로 앞장의 결론을 한마디로 축약하면 다음과 같을 것이다. 에덴동산에서 나온 이래 남자와 여자는 서로 다른 성 취향을 갖게 됐다. 특히 여성이 자신의 오르가슴을 우선순위에 두고자 할 때는 의견 차이가 커진다. '오르가슴에 이르는 가장 쉬운 길은 무엇입니까?'라는 설문을 던진다면, 남성 응답자들의 대답은 예상하기 쉽다. 선호도의 순위가 꽤 일정할 것이고, 성교는 단연 일등을 차지할 것이다. 하지만 여성 응답자들의 대답은 그리 확실하지 않다. 어떤 형태의 자극이든 30퍼센트 이상 득표하긴 어려울 것이다. 게다가 질을 통한 성교는 구강성교나 손을 활용한 자극(파트너가 해 주든 자신이 하든)보다 분명 낮은 선호도를 기록할 테고, 어쩌면 바이브레이터보다 밀릴지 모른다. 결론은 이것이다. 사회가 이성 간 성행위를 인식할 때 질과 음경을 동원한 성교를 대표로 여기게 된 것은 남성들의 입김이 작용했기 때문이다. 그러므로 1960년대의 여성 해방 운동이 우선 성이란 게 정확히 무엇인지부터 새로 정의하려 나선 것은 참으로 합당하고 적절한 전술이었다.

그러나 페미니즘은 정말 강한 상대와 씨름하겠다고 나선 것이다. 정상적인 성은 반드시 일반적인 성교로 이어지고, 본질적으로 생식과 관계있는 것이라는 메시지는 과거 사람들이 수백 년 동안 강조해 온 것이었다. 이를테면 기독교에서 말이다. 교황 요한 바오로 2세는 회칙을 통해 성교의 정당한 목적은 생식밖에 없다고 강조했다. 쾌락만을 위한 성행위는 죄악이자 일탈이며, 따라서 죽음에 이르는 처벌을 받을 수 있다는 것이다. 물론 아주 옛날에도 이와 반대되는 시각이 없었던 것은 아니다. 12세기에 출간된 『연인들 사이의 친밀한 관계와 성이라는 과학 영역에 대한 친구들의 대화』라는 제목의 책이 있다. 유대인이지만 기독교로 개종한 아스사마우알 이븐 야히아란 의사가 쓴 것이다.[2] 저자는 삽입 성교보다 클리토리스 자극에서 훨씬 큰 만족을 얻는 여성들이 있다는 사실을 인정하고, 그들은 사포적 (고대 그리스 여류 시인 사포의 이름을 따서 여성 동성애를 지칭함_옮긴이) 성향을 지닌 게 틀림없다고 설명했다. 그는 이 여성들에 대해 마치 아첨하는 듯 호의적 묘사를 늘어놓았다. 이들은 보통 여성들보다 지적이고 세련되었다. 성적으로 활발하고 자기주장이 강하며, 행동거지가 고상하고, 문화를 사랑하는 동아리들이었다.

오래지 않아 심리학도 나름대로 성을 해석하려 나섰다. 이 새로운 과학은 기존의 과학과 마찬가지로 삽입과 생식에 초점을 두지 않은 여타의 성행위는 모두 병적이거나 나쁜 것이라고 분류했다. 그런 일탈을 묘사하기 위해 '도착'이라는 용어가 도입되었다. 19세기 말, 극도로 새침했던 빅토리아시대가 끝나고 나서야 성에 관한 긍정적인 관심이 되살아났고, 여성의 오르가슴이 중요한 문제로 떠올랐다. 정신분석학의 아버지 프로이트도 많은 여성들이 성교 중에 오르가슴에 이르지 못한다는 사실을 알고 있었다. 그가 이 현상을 해석한 태도는 오늘날까지 여성들에게 심대한 영향을 미치고 있다. 프로이트는 단지 음경-질 접촉에서 오르가슴을 느끼는 여성과 느끼지 못하는 여성이 있다고 구분하는 데 그치지 않고 전자가 바람직하다는 가치 판단까지 덧붙였다. 정말 수많은 사람들이 그의 견해를 공유했다. 그래서 이 책에서도 클리토리스 오르가슴과 질 오르가슴에 대해 상세히 살펴보고, 프로이트의 접근법에 대해 몇 가지 비판을 하고자 한다.[3]

클리토리스-질 딜레마는 서로 다른 성 간의 차이를 심리적으로 이해하는 문제와 얽혀 있다. 프로이트 심리학에서는 이 문제가 유아의 성장 과정에서도 중요한 역할을 하는 것으로 상정되어 있다. 프로이트는 성 차이를 깨닫는 것이 소녀에게나 소년에게나 혼란스런 일이라 한다. 남자애들은 모두 잠지를 하나씩 갖고 있는데, 왜 여자애에게는 없는 걸까? 그래서 소녀는 음경에 대한 선망을 키우게 된다. 그녀는 서서 오줌을 누면서 손으로 잡을 수 있는 그 부분을 원한다. 아빠도 갖고 있고, 남동생도 갖고 있다. 엄마한테는 없지만 대신 엄마는 가슴이 있고, 배 속에 아기가 들어 있을 때도 있다. 이건 중요한 문제이다. 딸은 어느 모로 보나 불리한 것 같다. 그러니 질투심에 젖는 것도 당연하다. 음경 선망은 이런 식으로 생겨난다.

다음에는 어떻게 될까? 어린 소녀는 엄마에게 반감을 느낀다. 딸에게는 이제까지 엄마야말로 가장 강력한 존재였으니, 이 엄청난 불공평함도 엄마 탓인 게 분명하다. 소녀는 대신 이제까지는 다소 먼 존재였던 아빠에게로 애정의 방향을 돌려 집중한다. 아빠한테는 음경이 있다. 소녀가 그토록 가까이 있고 싶어 하는 음경이 있다. 소녀는 절대 잠지를 가질 수 없을지 모르겠지만, 아기를 갖는 것도 비슷하게 멋진 일 아닐까? 아빠라면 그렇게 만들어줄 수 있을 것이다.

전체 그림을 이해하기 위해서, 같은 시기 소년의 심리도 알아보자. 세상에 음경이 없는 사람도 있다는 걸 알게 되면 소년은 대단히 겁을 먹는다. 소년의 논리에 따르면(아직 합리적 사고를 하지 못한다) 그것은 자기도 어쩌면 잠지를 잃게 될지 모른다는 뜻이다. 왜, 그리고 어떻게? 뭔가 끔찍한 잘못을 저지른 대가인 게 틀림없다. 소년도 그런 잘못을 저지른 게 있을까? 어쩌면 엄마한테 너무 집착했던 게 문제가 될지 모른다. 아빠가 그걸 두고 소년에게 심술을 부릴지도 모른다. 어쨌거나 엄마는 아빠에게 속한 사람이니까 말이다. 아빠가 화가 나서 아들의 잠지를 잘라버리는 건 아닐까? 아빠는 잠지가 있는데 엄마는 없는 걸 보면, 잠지를 자르는 사람은 이빠인 게 분명하다. 그렇다면 이제부터 아빠의 비위를 잘 맞추고, 엄마한테는 거리를 두자. 쉬운 일은 아니다. 이제까지 모든 좋은 것들은 전부 엄마한테서 나왔기 때문이다. 소년은 억지로라도 엄마한테서 떨어져야 하고, 그 점에서 성 차이는 큰 도움이 된다. 소년은 잠지가 있으니 엄마랑은 확실히 다르고, 사실 더 낫다고 할 수 있다. 그 점은 소년의 마음에 든다.

소년은 점차 개인이 된다. 자신의 에고 주변에 단단한 경계를 쌓는다. 앞으로 소년은 누이에 비해 다른 사람에게 덜 공감하게 될 것이다. 이건 아빠와 좀 비슷한 점이고, 그걸 볼 때 소년은 앞으로 아빠와 자신을 동일시하게 된다.

하지만 다시, 성 문제와 씨름하는 소녀에게로 돌아오자. 프로이트는 단언하기를, 모종의 원초적 지식 덕분에 소년이든 소녀든 오로지 하나의 성기, 즉 음경에 대해서만 알게 된다고 했다. 여성의 몸에 대한 정보가 소녀의 머리에 들어온다면 그건 클리토리스에 대해서가 아니라 질에 대해서일 것이다. 그 작은 기관, 소녀가 이미 지니고 있고, 어쩌면 간혹 그걸 가지고 장난을 쳐서 사랑스런 기분을 느꼈을 지도 모르는 그것은 한 번도 언급되는 적이 없다. 그녀에게 전달되는 한 줌의 지식이란 전부 질에 관한 것이다. 이후 한 남자와 그의 음경의 도움을 받아 뭔가 특별한 일을 벌이게 될 '질Vagina' 말이다. 그게 정말 고대할 만한 일이기를 바라보자. 만약 소녀가 이미 클리토리스를 통한 쾌락을 맛보았다면 그녀는 질에 대한 기대를 억누를 가능성이 높다. 만약 (클리토리스를 통한) 자위를 계속한다면 그녀는 처벌을 감수해야 한다. 어쩌면 그래서 아기를 갖지 못하게 될 지도 모른다! 양성을 띠는 여성은 분명한 선택을 할 필요가 있다(정신분석 문헌에 쓰이는 '양성'이란 용어는 오해의 소지가 다분하다. 여성이 여성 또는 남성 양쪽과 사랑을 나눌 수 있다는 뜻이 아니라, 클리토리스적 성이냐 질적 성이냐, 곧 남성적 성이냐 여성적 성이냐 사이에서 고민한다는 뜻이기 때문이다).

프로이트는 여성이 클리토리스적 성을 억누르는 게 옳고도 적절하다고 보았다. 클리토리스적 욕망은 유치한 형태의 성이다. 어린 소녀가 그것에 익숙해지면 고착에 빠질 우려가 크고, 따라서 그녀가 나아가야 할 바와 충돌을 빚게 된다. 소녀는 소년들에 대한 혐오를 극복해야 하고, 소년들과 경쟁하는 것을 그만두어야 하고, 자신의 쾌락은 한 남자와 그의 음경에 굴복함으로써 온다는 걸 인정해야 한다. 클리토리스적 만족을 포기하는 여성은 자동적으로 질적 욕구를 키워가게 되고, 마침내 그녀의 삶에 백마 탄 왕자가 등장하면 알게 된다. 남자와 여자 모두를 지극한 쾌락으로 인도하는 데는 단 하나의 음경이면 충분하다는 것을. 나아가 성교를 통해 오르가슴을 느낄 수 있으면, 자신이 완벽히 성숙했다는 것을 깨달을 것이다. 그때, 클리토리스는 영원히 필요 없게 되는 것이다. 그녀는, 1900년경 빈 사람들의 표현으로 말하면, 온갖 예의 바른 요구들을 충족시킬 줄 아는 그런 여성으로 성장한 것이다. 슈니츨러Arthur Schnitzler의 희곡 『회전목마』(〈윤무La Ronde〉라는 프랑스 영화로 각색되어 더 잘 알려져 있다)에 등장하는 여주인공, 그녀를 원하는 남자라면 누구에게든 여섯 가지 형태로 유혹당할 줄 아는 그런 여성 말이다.

빈의 학자들은 유아적 성애에 대한 프로이트의 이론에 엄청난 비난을 퍼부었다. 존 포드가 감독한 프로이트 전기 영화를 보면, 프로이트가 대학 청중들 앞에서 이런 생각을 발표하자 청중들이 거센 야유를 보내고 시위하듯 바닥에 침을 뱉기까지 한다. 하지만 오래지 않아 그들은 프로이트를 수용한다. '거세 불안', '음경 선망', '불감증' 같은 용어들은 심리학 용어 사전에서 중요한 자리를 차지하게 된다. 오늘날 사람들이 외향적 사람이 어떻고 내향적 사람이 어떻고 말하듯, 교양 있는 사람들끼리 태평하게 '클리토리스적 여성'이 어떻고

'질적 여성'이 어떻고 말하던 시절이 있었다.

　정통 프로이트주의자들은 아직도 '불감증'이라는 말을 성교 자극을 통해 오르가즘을 얻지 못하는 여성에 대해 쓴다. 반면 일상생활에서는 성적 욕구가 부진하거나 육체적 접촉을 철저히 꺼리는 상황에도 '불감증'이란 표현이 넓게 쓰인다. '불감'하다는 단어는 여성을 학대하는 표현이 되었고, 남자들은 자신들이 좋아하지 않는 여성적 속성에 대해서는 죄다 이 말을 갖다 붙인다. 모두가 프로이트의 책임일까? 어쨌든 그는 남자가 여성에 대해서 자신 있게 경멸의 언사들을 내뱉어도 무방했던 시대에 성장했다. 프로이트의 작업을 보면 어쩔 수 없이 니체의 경구가 떠오른다. '여성에 관한 모든 것은 수수께끼이고, 여성에 관한 모든 것에는 하나의 해답이 있다. 임신이다.'[4]

　삽입 성교를 통해서 오르가즘을 얻지 못하지만 클리토리스 자극에 대해서는 열정적으로 반응하는 여성을 어떻게 봐야 할까? 프로이트의 대답은 분명했다. 그녀는 자신의 여성성을 받아들이지 못한 채 스스로 활동적인 성 역할을 고수하며, 남성성의 우월에 대한 질투를 극복하지 못한 것이다. 한 마디로 그녀는 남성성 콤플렉스에 시달리고 있다. 마리 보나파르트Marie Bonaparte는 이 주제에 대해 1933년에 아래와 같이 썼다.

　　여성은 세 종류로 나뉘는 것으로 보인다. 모든 소녀들이 성 차이를 처음 깨닫고 느낀 트라우마적 충격에 대해 각기 다른 방식으로 반응한 결과이다. 첫 번째 부류는 음경에 대한 선망을 아이에 대한 욕구로 대체하는 데 성공하여 진정한 여성이 된다. 정상적이고, 질적이고, 모

성적이다. 두 번째 부류는 자신이 너무 열등하다고 여겨 남성과의 모든 경쟁을 그만두고, 외부에서 사랑의 대상을 구하는 것조차 포기한다. 그리고 사회적으로나 정신적으로, 마치 개미굴의 일개미나 벌집의 일벌과 같은 역할을 사람들 사이에서 떠맡는다. 마지막으로 현실을 부정하고 결코 인정하지 않는 부류가 있다. 이들은 모든 여성에게 태생적으로 존재하는 심리적이고도 육체적인 남성적 요소들에 절망적으로 매달린다. 즉 남성성 콤플렉스와 클리토리스에 집착한다.[5]

물론 정신분석학자들이 가장 흥미를 느낀 건 마지막 부류의 여성들이다. 카를 아브라함Karl Abraham은 그들을 집념에 가득 찬 히스테리 환자들이라 불렀다. 문학에서 예를 찾자면 게르만 신화의 브룬힐트 (게르만 신화의 공주로 자신을 능가하는 남자하고만 결혼하겠다고 한 여장부 같은 여성_옮긴이)가 제격이다. 보탄(게르만 신화의 주신_옮긴이)이 가장 총애했던, 그리고 가장 호전적인 딸이었다.

그럼에도, 증세가 오래된 클리토리스적 여성의 경우, 성공적인 분석 치료 결과를 얻기가 여전히 힘들다. (…) 그런 부분적 불감증은, 질적 무감각증에 국한되어 있다 해도, 총체적 불감증보다 오히려 예후가 나쁜 편이다. (…) 그들의 억압에는 본질적으로 히스테리 속성이 있기 때문인 것이 틀림없다.
내가 보기에 이런 부분적 불감증은 가장 치료하기 어려운 증상은 아닐지라도 최소한 가장 흔한 증상이다. 그런 문제로 고통받는 여성의 수는 남성들이 생각하는 것보다 많다. 여성들은 성생활에서 자신의 결핍을 교묘히 가리는 데 익숙하기 때문이다. 또한, 이런 불감증을 견디는 방법도 여성에 따라 천차만별이다. 어떤 여성들은 그냥 운명이라 체념한다. 그리고 모든 여성들을 자기 시각에 맞추어 재단함으로써 위안을 느낀다. 그런 클리토리스적 여성들이 보기에 남성과의 경험에서 쾌락을 느낀다고 자랑하는 여성들은 허풍선이거나 거짓말쟁이, 그도 아니면 최소한 예외적인 경우들이다.

또 어떤 클리토리스적 여성들은 성행위에서 자신의 열등함이 뚜렷한데도 불구하고 그 상태를 도리어 자랑스러워함으로써 보상받고자 한다. 그들은 상대와 열정을 주고받지 않고, 늘 남자에게서 '독립적'으로 초연하게 떨어져 있다. 그들은 필요할 때면 스스로 충족할 수 있는데, 특히 자위를 통한다. 그런 여성들은 언제나 자위를 할 줄 안다. 하지만 또 어떤 클리토리스적 여성들은 스스로에 대해 좀 더 솔직하기 때문에 자신의 고통이 얼마나 큰지 똑똑히 인식하고 있다.

어떻게 보면 솔직함까지 느껴지는 글이 아닐 수 없다. 그리고 뒤에서 살펴보겠지만, 마리 보나파르트가 이렇게 섬세한 글을 쓸 수 있었던 건 사실 대체로 자기 얘기를 쓴 것이기 때문이다. 정신분석학의 창시자를 따른 수많은 여성 사도들이 프로이트의 이론을 그토록 일관되게 발전시켰다는 것은 참 놀라운 일이다. 스스로에 대해서조차 저렇게 퉁명스럽고 불쾌한 용어들을 적용했던 것이다. 헬레네 도이치Helene Deutsch는 여성의 피학 성향을 중요시하기도 했는데, 활동적인 성 목표를 포기함으로써 반드시 생겨나는 성향이라고 간주했다.[6] 도이치는 출산이야말로 여성이 겪을 수 있는 최고의 성적 쾌락이라

보았다. 프로이트의 주변에는 늘 한 무리의 여성들이 있었다. 그녀들은 음경이 없는 성은 남성에 비해 열등하다는 프로이트의 의견에 절대적 지지를 보냈다. 그녀들에게 제일 중요한 것은 음경이었다. '해부학은 운명이다', 프로이트가 선언한 대로 말이다.

수년간 드러내놓고 이 견해에 반박한 여성 연구자는 카렌 호르나이(Karen Horney)밖에 없었다. 호르나이는 남성과 여성을 둘러싼 사회의 영향에 대해 열린 마음을 갖고 있었다. 당시 여성들은 일반적으로 얌전하고 순종적이었다. 그것은 음경의 부재와는 하등 관계가 없고, 사회적 지위가 낮기 때문이었다. 호르나이 역시 여성에게 음경 선망 현상이 있다는 것은 인정했지만 그것은 차라리 병리적 현상이지, 모든 여성의 삶에 불가결하게 존재하는 요소는 아니라고 보았다. 그리고 남성 성기를 부러워하는 여성이 있다면, 아이를 낳는 여성의 능력을 부러워하는 남성은 왜 없겠는가? 호르나이와 그 추종자들은 소녀들이 클리토리스에 등을 돌리고 나서야 질을 발견한다는 게 사실인지 알아보려 애썼다. 매우 어린 소녀들도 질 흥분을 경험한다는 증거는 아주 많다. 질을 자극함으로써 자위를 할 수 있다. 두 기관 모두 쾌락을 줄 수 있다면, 왜 꼭 둘을 별개로 생각해야 할까? '클리토리스도 여성 성 기구의 핵심적 일부로 당당히 속한다는 사실을 왜 용인하면 안 되는지 나는 알 수가 없다.' 호르나이는 오르가슴을 원할 때 클리토리스 자극에 의지하는 여성들을 놓고 그리 수선 피울 이유가 없다고 말하려던 것일까? 그녀는 그렇게까지 분명히 말하진 않았다. 하지만 '불감증'이 사실 너무 흔한 현상이니, 정신분석학자들이 더 이상 그 상황을 병리적인 것으로 여기지 말아야 한다고 주장한 것만은 사실이다. 최소한 방법론적 이유에서라도 그런 접근은 잘못되었다고 말하였다.

그러나 세상은 호르나이의 반론을 들어주지 않았다. 이제 와서 돌이켜보면 논쟁이 왜 그렇게까지 격렬했는지 이해하기가 힘들 수도 있다. 그렇다면 당시에 널리 뿌리내려 있던 그 밖의 신념들 역시 어처구니없게 보일지 모르겠다. 1910년에서 1912년까지 매주 수요일 저녁 프로이트의 집에서 열렸던 정신분석 모임은 자위의 위해성(남성에게)을 중점적으로 논하였다. 문제는 자위가 신경쇠약을 유발하는가 아닌가 하는 점이었다.[7] 당시에는 신경쇠약이 신경계의 이상 때문에 빚어지는 현상이며 퇴화적 성향을 보이는 게 특징이라 믿었다. 반면 노이로제(신경증)는 유아기에 있었던 어떤 스트레스 때문에 생기는 심리적 탈진 상태라 했다. 따라서 자위를 하면서 온갖 부정적인 느낌들을 겪는다면 노이로제 상태에 빠질 수 있다. 그런데 프로이트는 자위가 간혹 긴장 해소에 도움을 주는 건 사실이지만, 어쨌거나 신경쇠약을 불러오는 것이 틀림없다고 주장했다. 그 점에서는 가차 없이 자위를 비난했던 18세기의 의사 티소Samuel Auguste Tissot와 비슷한 의견이다. 티소의 책『수음, 자위가 야기하는 각종 질병들에 관한 논문』은 당대의 세계적 베스트셀러였다.[8] 티소에 따르면 자위의 위험 중 한 가지는 척수가 쇠퇴하는 것인데, 이는 신경쇠약과 유사한 진단 증상이다. 프로이트의 동인들 중에서는 빌헬름 슈테켈Wilhelm Stekel만이 자위의 순수성을 변호했다. 슈테켈은 자신의 견해를 결코 굽히지 않았기에 1912년에는 동인에서 축출되었고,《정신분석 중심지》의 수석 편집인 자리도 내놓아야 했다.

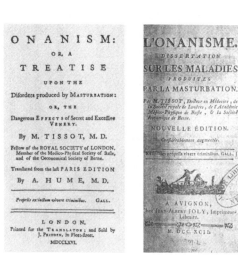

자위 유해론으로
세계적 베스트셀러가 된
티소의 『수음, 자위가 야기하는
각종 질병들에 관한 논문』
왼쪽은 영어판,
오른쪽은 프랑스어판

당시에는 클리토리스를 지지하는 사람이면 곧 성인의 자위행위, 또는 레즈비언적 성행위를 암묵적으로 변호하는 것으로 여겨졌다. 남자와 여자 사이에 클리토리스를 활용한 성행위가 가능하다고는 상상하지도 못했기 때문이다. 이 역시 티소가 한 말이다. 티소는 아스사마우알 이븐 야히아와 마찬가지로, 클리토리스적 자기 학대는 필연적으로 레즈비언 행위로 이어진다고 보았다.[9]

정신분석학의 세계 밖에서도, 여성의 오르가슴에는 남성이 결정적 기여를 한다는 신념이 강했다. 부인과 의사 테오노르 H. 판 데 펠더Theodore H. van de Velde가 1923년에 쓴 세계적 베스트셀러, 『이상적 결혼』을 읽어보면 알 수 있다.

시작하기에 앞서, 오르가슴은, 그리고 그에 연관된 모든 감각들은, 육체적으로든 정신적으로든, 남성의 사정 없이도 이루어질 수 있음을

프로이트의 동인들 중에서
유일하게 자위의 순수성을 변호한 빌헬름 슈테켈.
이 사진은 유대인이었던 그가
나치에 쫓겨 스위스로 도망갈 때로,
그 후 슈테켈은 런던으로 망명해 자살했다

주지해야 한다. 따라서 반응성이 뛰어난 여성이라면 덜 민감한 배우
자가 자신만의 절정에 오르기도 전에 이미 한 차례 이상의 오르가슴
을 맛볼 수 있다.

이것은 논박의 여지없는 사실이다. 하지만 물론, 정상적인 성교에서
는 정액의 사정이야말로 여성이 오르가슴적 만족을 얻는 데 가장 중
요한 요소라는 것도 사실이다.

근거 없는 확신이 관찰을 압도하는, 전형적인 사례가 아니겠는
가. 판 데 펠더는 중절성교(사정 전에 음경을 빼내어 질 밖에 사정하는 일_옮긴
이)도 단호히 반대했는데, 여성의 가장 큰 오르가슴 자극을 뺏는 일
이라 여겼기 때문이다.

프로이트의 영향력은 정신분석학을 마치 유행처럼 따르는 일군
의 추종자들에게도 강하게 미쳤다. 프로이트의 추종자 중 최고의 탕

아는 빌헬름 라이히Wilhelm Reich(1897~1957. 오스트리아 출신의 정신분석학자로 일종의 성치료 대체요법인 '라이히 요법'으로 유명하다_옮긴이)였다. 라이히는 사회적 위치 때문인지 젊은 시절부터 마르크스주의에 몰두했다. 나중에는 '신비주의라는 캄캄한 늪지에 끌려들어가', 교파주의, 방사성 물질을 활용한 기괴하고 치명적인 실험들, 정신이상, 감옥에서의 외로운 죽음이라는 비참한 길을 걸었다. 라이히의 원래 노선을 이어서 생물에너지학의 창시자가 된 것은 알렉산더 로웬Alexander Lowen이었다. 그의 생물에너지학은 아직도 신프로이트적 치료법으로 인기를 얻고 있는데, 대화뿐 아니라 육체 언어까지 치료에 활용하는 게 특징이다.

생물에너지학은 여성 치료사들 사이에서 늘 인기였다. 하지만 이 운동 역시 남성들이 지배하는 영역이었고, 여성들은 클리토리스라는 단어를 뱉지도 말아야 한다는 사실을 잘 알고 있었다.[10] 로웬은 남성들에게 오르가슴에 따른 배출을 통제하려 애쓰지 말라고 조언했다. 본능에 솔직하게 따르라는 것이다. 남성성 콤플렉스를 뛰어넘은 여성이라면 좋든 싫든 폭풍 같은 남성 리비도의 힘에 이끌려 보조를 맞출 것이다. 또한 로웬은 다중 오르가슴은 환상에 불과하다고 여성들에게 말했다. 그걸 느꼈다고 생각하는 여성은 사실 피상적인 성적 반응밖에 겪지 못한 것이라고 말했다(로웬은 테이레시아스가 제우스와 헤라에게 한 말을 몰랐던 게 분명하다). 1975년, 드디어 여성들만이 별도의 모임을 가졌다. 당시 이미 매스터스와 존슨의 연구가 출간된 뒤라는 것을 명심하자. 전 세계에 알려진 그들의 심리학 연구 결과는 다름 아니라 클리토리스의 주도적 역할을 복권하는 내용이었다. 앨리스 칸 라다스는 여성 생물에너지학자들을 대상으로 무기명 설문을 수행했다(모두 정신분석 치료를 경험한 사람들이었다). 결과는 놀라웠다. 마침내 그들은 클리토리스가 여전히 쾌락 자극의 중요한 장소임을 인정한 것이다. 심지어 성교 중에도 그렇다 했다. 또 그들은 다중 오르가슴에 대한 로웬의 선언에도 반기를 들었다. 스스로 겪은 다중 오르가슴이 결코 열등한 성질의 것일 리 없다고 강하게 반발한 응답자들이 수도 없이 많았다.

설문 조사 직후, 앨리스 칸 라다스는 베벌리 휘플과 존 페리라는 두 의사를 만나게 된다. G스팟 이론을 완성시킨 바로 그들 덕분에 라다스는 질 감각에 대해 새롭게 관심을 갖게 된다. 클리토리스 때문이 아닌 질적 오르가슴의 요체가 마침내 밝혀진 것이다. 음경이 G스팟 자극에 걸맞지 않다는 것을 들은 프로이트주의자들은 실망을 금치 못했을 것이다. 남성우월주의가 사방에서 공격받는 시대가 되었다.

프로이트의 여제자들 중에서 가장 완고한 헬레네 도이치조차 말년에는 프로이트의 오르가슴 이론에 근본적 흠이 있다고 인정했다.[11] 그동안 세상 사람들은 클리토리스적 여성이 정신분석 치료를 받는다 해서 질적 오르가슴을 느끼게 되는 건 아니라는 사실을 널리 알게 되었다. 모든 혼란과 불안이 해소된다 해도 그런 변환이 이뤄지는 건 아니다. 더욱 혼란스러운 현상은, 이른바 브룬힐트 부류의 여성 중에도 강렬한 질적 오르가슴을 누리는 사람들이 있다는 사실이다. 이론은 뭔가 잘못된 것이 분명했다. 어쨌든 프로이트는 이미 죽었다. 그가 살아 있었다 해도 도이치가 이토록 대담하게 반기를 들 수 있었을까?

프로이트 이론의 힘

오르가슴 전쟁

모든 사람들이 정신분석학자들처럼 여성의 오르가슴에 시시콜콜 집착하는 것은 아니다. 어떤 여성들은 오르가슴을 굉장히 중요하게 여기지만 꽤나 무심한 여성들도 있다. 하지만 파트너와 함께 성행위를 할 때는 오르가슴이 관계에 중요한 역할을 하는 게 사실이다. 특히 파트너가 남자라면 여성의 오르가슴은 분란의 소지가 될 수도 있다. 남자들 중에는 파트너의 오르가슴을 훌륭한 수행에 대한 보상쯤으로 생각하는 자들이 있다. 학교에서 선생님이 연습장에 '참 잘했어요'라는 표시를 해줘야 인정받았다고 생각하듯 말이다. 여성이 오르가슴의 극치를 넘는 데 실패하면 남성은 연인으로서 자신의 솜씨에 결코 안심할 수 없다는 것이다. 서로에게 주는 선물처럼 오르가슴을 체험하는 남녀도 있지만, 남자에게서 자유로워지기 위한 몸값처럼 느끼는 여성들도 있다.

여성의 양성성은 남성에게는 혼란스럽게 느껴지기도 한다. 30년 전, 한 친구가 내게 짧았던 한 관계에 대한 후회를 털어놓았다. 그의 여자친구는 끊임없이 질을 통한 만족을 추구하는 사람이었다. 그녀가 제일 좋아하는 자세는 남자 위에 걸터앉는 것으로, 그때 음경이 질 속에 있으면 터질 듯 황홀한 행복감이 밀려와서 마치 '아기가 엄마의 가슴에 놓인 것' 같다고 표현했다. 그런데 그는 그녀를 살짝 앞으로 잡아당겨 클리토리스가 자신의 치골에 눌리게 하면, 그녀가 격렬한 경련을 일으키면서 단 1분 만에 떠들썩하게 오르가슴에 오른다는 사실을 알게 됐다. 한 번만이 아니었다. 30분도 못 되어 열 번이나 그런 오르가슴을 느끼는 걸 센 적도 있었다. 그는 새 장난감을 선물

받은 소년 같은 기분을 느꼈다. 하지만 그녀는 화를 냈고, 그를 떠났다. 그녀가 가장 좋아하는 사랑 방식에 대해 그가 인색하게 굴었다는 이유에서였다.

남성의 욕구 때문에 여성들은 가짜 오르가슴을 발명해냈다. 1960년대 네덜란드 페미니스트 운동의 대모였던 아냐 묄렌벌트Anja Meulenbelt는 집단 토론 시에 항상 이 문제를 논의했다. 한 의식화 집단에서 묄렌벌트는 오르가슴을 가짜로 꾸민 적 있느냐고 질문했고, 대다수가 그렇다고 손을 들었다. 물론 그녀의 목적은 다시는 그런 남성 우월적 압력에 굴복하지 않겠다고(손을 든 사람들은 분명 그런 이유로 행동했을 것이기에) 굳게 다짐하게 만드는 것이었다. 하지만 손을 들지 않은 여성들 가운데 모르긴 몰라도 아, 저 사람들은 정말 똑똑하구나, 그래볼 생각을 못 했다니 난 참 바보야, 하고 생각한 사람들도 있었을 것이다. 사실 이건 전혀 새로운 방법이 아니다. 1848년, 오귀스트 드베이Auguste Debay는 『결혼의 위생학』에서 여성들에게 충고하기를 '남성은 자신의 쾌락을 상대와 나누고 싶어 하니' 오르가슴을 위장하라고 했다.[12] 1950년대에 유스터스 체서의 『두려움 없는 사랑』은 가장 인기 있는 성교육 지침서 중 하나였다. 그 안에 이런 대목이 있다.

〔파트너들은〕 둘 다 제 역할을 해야 한다. 그리고 지적인 여성의 힘 안에는 오르가슴 모방이 있다는 것을 알아야 한다. 선의로 남성을 속일 수 있을 정도로 여성적 기교들에 숙달된 이브라면, 꼭 필요한 순간에 너무도 능숙하게 오르가슴을 모방할 수 있고, 남성은 진짜 오르가슴이 아니라는 사실을 절대 눈치채지 못할 것이다![13]

1992년, 잡지《코스모폴리탄》은 체서의 생각을 지지하는 글을 싣는다. 그 글을 쓴 (여성) 작가는 파트너를 만족시키고자 그토록 애쓰는 남자들에게 보상을 아껴서야 불공평하다고 말했다. 오스트레일리아 시드니 대학 여성학부의 연구진은 「흉내 내기. '오!'의 이야기」라는 논문에서《코스모폴리탄》의 그 글을 길게 인용했다.[14] 연구진은 소수의 남녀를 대상으로 가짜 오르가슴에 관해서 조사했는데, 과연 남성들은 여성을 만족시키는 것을 힘든 일로 생각하고 있었다. 반면 여성들은 운 좋게도 할 일이 없다. 쾌락이 자동적으로 달성되니까, 남성의 리비도가 돌봐주니까 말이다. 대신 여성은 남성이 제 기교를 의심하지 않아도 되게 감싸는 일을 맡는다. 여성들이 오르가슴을 진짜처럼 흉내 낼 수 있다는 게 분명한데, 조사 대상인 남성들은 하나같이 자기는 절대 가짜 오르가슴에 속은 적이 없다고 단언했기 때문이다.

가짜 오르가슴이 등장한 것은 그에 대한 수요가 많기 때문이다. 포르노 영화를 보면 여배우의 오르가슴 연기가 너무나 전형적이라는 걸 알 수 있다. 특히 여성 관객들에게는 전혀 사실적으로 보이지 않는다. 네덜란드 민간 TV 방송국이 이 주제를 다룬 다큐멘터리를 제작해서 재미있는 배경 지식을 준 적이 있는데, 거기서 포르노 배우들에게 오르가슴이 진짜인지 가짜인지 물었을 때 대답은 사람마다 달랐다. 1984년에 첫 상영된 마를린 호리스Marleen Gorris의 영화〈깨진 거울〉을 보면 경험이 풍부한 창녀가 신참에게 최소한의 노력으로 제대로 오르가슴 흉내 내는 법을 알려 준다.

나가떨어지는 것! 남자들이 원하는 건 네가 나가떨어지는 것뿐이야. 어쩔 도리가 없다는 듯 말이지. 그러니까 섹시한 척 숨넘어가게 헐떡거리면서 가만 누워 있어봐야 소용없어. 그걸론 속지 않으니까. 남자들이 멍청하긴 해도 그렇게 멍청하진 않거든. 이렇게 말해봐. '음, 오늘 벌써 두 번이나 즐겨서요.' 약간 부루퉁하게, 약간 초조한 듯이, 속눈썹을 마구 깜박이면서, '또 그럴 수 있을지 사실 잘 모르겠어요'라고 말하는 거야. 그럼 남자가 마구 흔들어대겠지, 그때 적당한 시점에 숨을 조금 들이마시는 거야(어떻게 하는지 보여주면서), 너무 많이도, 너무 조금도 말고, 그러면서 '오' 하고 소리치는 거야, 상황에 따라서는 부드럽게, 그러면 말이지, 남자는 자기가 바그다드 최고의 호색한이라도 된 듯 느낀다니까. 너도 30파운드 정도 더 받을 수 있을지 모른다구.

이제는 남자들도 간간이 속는다는 사실을 알고 있다. 영화 〈해리가 샐리를 만났을 때〉에는 샐리가 친구 해리의 코를 납작하게 하는, 잊지 못할 명장면이 있다. 해리는 약간 허풍을 떨면서 자신은 가짜 오르가슴에 절대 속지 않는다고 말한다. 그러자 샐리는, 사람 많은 식당 한가운데 앉은 채, 자발적으로 오르가슴을 연기한다. 매우 강렬하고 시끄러운 소리까지 낸다. 소리가 잦아들고 그녀가 만족스런 표정으로 와인을 한 모금 마시자, 옆 자리에 있던 나이 지긋한 부인이 종업원을 향해 말한다. '저 아가씨가 마시는 걸 나도 한 잔 줘요!'
한때 성적 행동이 자동적인 생물학적 과정에 지나지 않았던 성적 반응 주기가 우리에게도 있었을 테지만, 문명을 발전시키는 과정에서 인류는 그로부터 한참 멀어져왔다. 서로 다른 두 사람이 사랑을 나눌 때는 더 복잡하고 문화적인 요소들이 전면에 등장한다. 기대라는 요소가 실제 체험에 색을 입히고, 연인들은 상대방의 기대가 이러저러할 것이라 생각하고 그 요소를 고려한다. 하지만 특히 남녀 관계에서는 '모든 여자/남자는 그걸 좋아해'라는 착각 때문에 상대방의 바람을 그릇 해석할 소지가 다분하다. 우리가 쓰는 언어에도 전형성이 담뿍 들어 있다. 가령 '전희', '성교', '절정', '후희'라고 말하면 사람들이 친밀한 접촉에서 느끼는 요소들이 모두 동일하며 언제나 변함없다는 인상을 준다. 이런 생각을 굳히는 데는 매체도 한몫한다. 영화의 성애 장면을 보노라면 모든 사람들이 자연스럽게 삽입하고, 여성은 남성의 역동성에 한껏 공감하여 두 사람이 함께 절정에 오르는 게 당연하지 않나 하는 생각이 들 정도이다. 관객들은 반작용으로 〈쳐다보지 마라〉(1973) 같은 영화의 정사 장면을 찬양하기도 하는데, 정말 예외적으로 미적이면서도 흥미로운 영화이긴 하다. 하지만 여성이 상위에 올라 행위의 리듬과 강도를 조정하긴 해도, 그 역시 고전적인 성 역할극의 범주를 벗어났다고는 할 수 없다.

　오르가슴이 관계에서 어떤 '역할을 맡는지' 잘 보여준 두 연구가 있다. 1980년대 말, 빌레커 베제머르는 이성 커플 간의 성과 권력 관계 문제를 조사했다.[15] 베제머르가 초점을 맞춘 것은 두 부류의 대상자였는데, 성교 중에 통증을 느끼는 여성들, 그리고 발기에 어려움을 느끼는 남성들이었다(둘 다 파생적인 문제였다. 즉 처음 관계를 구축할 때는 없었던 문제란 뜻이다). 후에 복부에 이상한 증상들을 느끼는 여성들, 그리고 중독 성향이 있는 남성들까지 실험에 참가했다. 이 연구에 참여할 사람들을 모집하는 건 상당히 힘들었다. 복부 통증 여성 집단의 경우, 연구자가 그 파트너들에게 협조를 구하기는 불가능에 가까웠다. 그런데 이 연구에서 지금 살펴볼 부분은 여성 오르가슴에 대한 내용이다. 여성의 절반가량이 정기적으로 오르가슴을 느낀다고 했는데, 부인의 오르가슴 패턴에 대해 확실히 알고 있는 남편은 25퍼센트밖에 되지 않았다. 남성의 44퍼센트는 파트너가 항상 오르가슴을 느낀다고 답했고, 그중 19퍼센트만이 사실이었다. 아내는 한 번도 오르가슴을 느낀 적 없다고 답했는데, 남편은 당연히 부인이 늘 절정에 오른다고 답한 쌍들도 있었다.

베제머르의 조사가 소규모에 그친 반면, 헤르다 데 브루에인Gerda de Bruijn은 훨씬 많은 수의 여성들에게 글의 형태로 정보를 모았다. 그 결과는 1985년의 베스트셀러 『남자와 사랑나누기: 정말 가능한 일일까?』로 나왔지만, 그보다 앞선 1983년에 이미 《성 치료 및 부부관계 치료 저널》에 「자위에서 파트너와 함께하는 오르가슴까지: 여성들은 어떻게 간극을 메우는가? 그리고 왜 몇몇은 성공하지 못하는가」라는 제목의 논문으로 발표된 적이 있다. 그녀의 연구에서 드러난 사실 중 첫 번째 주목할 점은, 여성의 태도가 오르가슴을 느끼지 못하는 데 영향을 미치기도 한다는 것이다. 여성은 어떤 때는 오르가슴에 도달할 필요를 느끼지 않는다. 만약 오르가슴을 가지려고 열중한 경우라면, 여성은 상대가 특정 행위들을 하도록 신경을 쓰는데, 보통 혼자 자위할 때 사용하는 방법들과 크게 다르지 않은 것들을 요구한다. 삽입보다는 손가락이나 입으로 자극받는 걸 선호한다는 뜻이다. 삽입을 즐기는 여성이라 해도 전형적인 운동 방식(넣었다 뺐다.

위아래로 움직이는 피스톤 운동)은 그다지 효과적이지 못하다. 삽입 중에 쉽게 절정에 오르는 여성들은 대개 원에 가까운 운동을 하는 경향이 있다. 마찰이 음순과 클리토리스 부분에 전해지는 방식이다. 아무나 붙잡고 성교의 정의가 뭐냐고 물으면 보통은 '음경이 질 속에서 움직이는 것'이라는 공식 같은 답이 돌아올 것이다. '질이 음경 주위에서 움직이는 것'이라고 성교를 정의하는 사람은 정말 드물다. 하지만 어떤 커플의 경우 그 편이 훨씬 적절한 묘사인 것이다. 이런 방식으로 사랑을 나눌 때, 시간도 중요한 요소이다. 일반적으로 여성은 어떤 형태의 자극이든 5분은 유지되어야 잘 느낄 수 있지만 그만큼의 시간을 쉽게 요구하는 여성은 드물다. 데 브루에인이 여성들에게 자주 들었다고 하며 논문 자료에서도 드러난 한 가지 패턴이 있다. 남녀 공히 생각하기를, 여성에게 가장 효과적이라고(즉 가장 쉽게 절정에 오르게 할 수 있다고) 알려진 행위는 이른바 전희 행위이다. 문제는 여성이 오르가슴을 느낄 때가 다가오면 보통 주요리가 등장해서 기회가 날아가버린다는 것이다. 어떤 여성들은 이 점을 잘 알지만, 결정적 순간에 연인에게 하던 대로 계속해서 만족을 느끼게 해달라고 차마 말하지 못한다.

데 브루에인은 영화에 등장하는 패턴(남자가 넣었다 뺐다 하는 식으로 움직이고, 여성은 그의 움직임을 따라가기만 하는 식)은 대부분의 여성에게 먹히지 않는다고 결론 내렸다. 하지만 그런 활동에서 최고로 쾌락을 느끼는 여성들이 없지는 않다. 그런 여성들은 친밀감, 사랑의 감정, 내맡김, 상대방이 나에게 몰두하고 있다는 기분을 느끼는 게 오르가슴의 핵심이라 말한다. 데 브루에인은 다소 철학적인 말로 논문을 맺는다. 그녀는 대부분의 관계들이란 고전적 이상을 달성할 만큼 충분히 좋지도, 충분히 존경할 만하지도, 충분히 동등하지도 않다고 말한다. 이것은 남자나 여자 개개인의 탓이 아니고 우리 문화 전체의 탓이다. 그녀가 보기에 심리학이든 성과학이든 이 문제의 해결에 별반 기여한 바 없으니 자랑스러워할 것이 없다.

2002년 초, 타이완에서는 우연히 남녀 진영 사이에 거대한 충돌이 벌어져 일대 소동이 빚어졌다. 싱추新竹 시장의 옛 애인이 불륜 관계를 맺는 현장이 몰래 촬영되어 한 타블로이드 신문에 실린 것 때문이었다. 버림받은 시장이 복수 차원에서 소형 카메라들을 설치했다는 소문도 있었다. 남성들은 비디오 전반 20분이 지루하고 심심하기 짝이 없다고 입을 모아 말한 반면, 여성들은 늘 열망했지만 한 번도 경험한 적 없는 놀라운 전희를 숨을 멈추고 바라보았다. 그로부터 몇 주 가량 수백만 타이완 국민들의 대화 소재는 이 사건이 전부였다. 남성과 여성의 이해관계가 그토록 극명하게 충돌하여 표현된 것은 처음이었다.

데 브루에인의 책을 읽은 남성 독자가 얼마나 되는지 모르겠다. 환자들에게 권해본 경험에 따르면, 사람들은 책의 메시지를 쉽게 이해하지 못한다. 보통 남자들에게는 '좋은 섹스는 훌륭하다, 나쁜 섹스라도 꽤 괜찮다'라는 금언이 적용된다. 여성의 경우 좋은 섹스가 좋은 관계에 의존하는 정도가 크다면, 어중간한 섹스는 꽤나 괴로운 것이 된다. 거꾸로, 관계의 생동감이 걱정스러울 때 성생활에서 성공을 거둠으로써 마음을 진정하는 방법도 있다. 어떤 남자들은 일상생활에서보다 침대에서 더욱 잘하려고 노력하며, 여성에게 오르가슴을 '안겼을' 때는 그 의미를 이렇게 해석한다. '이걸 보니 우리 사이도 그렇게 나쁜 것만은 아닌가 보군.' 한편 쉽게 절정에 오르는 여성들 중에는 위태로운 관계에서도 그렇다는 사실을 도리어 싫어하는 이들도 있다. 자신이 오르가슴을 느끼면 상대가 다른 불평들을 심각하게 받아들이지 않는다는 걸 아는 것이다. 여성들은 자신의 오르가슴 능력이 스스로를 배신했다고 느낀다. 성적으로 학대당하는 중에도 본의 아니게 강제적 오르가슴을 느끼는 여성들이 있다. 성 학대 피해자들을 치료할 때 보면 몸이 자신을 배반했다는 사실이야말로 가장 고통스런 부분이라 말하는 사람들이 많다.

마리 보나파르트

정신분석학자들에게로 돌아가보자. 프로이트는 여성의 열등함에 사회적 요인도 있다는 데에야 기꺼이 동의했지만 이외의 점에 대해서는 카렌 호르나이를 인정하지 않았다. 프로이트의 마음에 늘 특별했던 사람은 마리 보나파르트였다. 그녀의 질 오르가슴 연구는 관행을 따르지 않은 것이었는데도 말이다. 보나파르트가 이 주제에 관심을 갖게 된 데는 슬픈 사연이 있다. 마리 보나파르트의 인생에 비하면 〈댈러스〉나 〈다이너스티〉같은 미국의 TV 연속극도 평범해 보일 지경이다.[16] 굉장히 흥미로운 사연이니 조금 자세히 알아보자.

마리의 증조할아버지는 나폴레옹 보나파르트의 첫째 남동생 뤼시앵이었다. 프랑스 혁명 직후에 뤼시앵은 오백인회 의장 지위를 톡톡히 활용하여 형을 집정관으로 앉혔다. 그는 외무장관과 마드리드

대사를 지내는 동안 상당한 재산을 모았다. 비밀 결혼으로까지 이어진 연애 사건 때문에 나폴레옹의 눈 밖에 났지만 이미 이탈리아에서 화려하게 살 만한 자산을 갖고 있었다. 나폴레옹은 뤼시앵의 아내와 아이가 대를 잇지 않는다고 서약하면 이탈리아 왕관을 주겠다고 제안했다. 뤼시앵은 이 비열한 제의가 아니더라도 돈으로 다른 작위를 살 수 있었다. 결국 교황이 파르네세 가문의 남작 작위를 그에게 넘겨줬고, 그는 나중에 카니노 공으로까지 승격되었다.

카니노 공의 대가족 중에서(두 번의 결혼에서 열 명의 자식이 있었다) 마리의 할아버지 피에르야말로 가장 방종했다. 13살에 결투에 휘말렸고, 15살에는 불법 해방 운동을 지지한 죄목으로 감옥에 갔다. 군인이 되어 남아메리카를 탐험하던 중 열대병에 걸린 그는 다시 이탈리아로 돌아오지만, 이번에는 교황을 노린 음모에 가담했다가 한 장교를 죽이는 바람에 사형 선고를 받았다. 이후 형은 무기 추방으로 낮아졌다. 이후에도 한참 편력 생활을 한 뒤, 결국 그는 벨기에령 아르덴에서 시골 신사로 살아가게 된다. 사냥과 여인들만이 그의 관심사였다. 1848년 파리로 돌아갈 기회가 무르익었고, 심지어 정치적 가능성마저 준비된 듯 보였다. 그는 첫 부인이 죽은 뒤 코르시카 출신 놋쇠 제조업자의 딸인 니나와 몰래 결혼한 터였다. 첫 아이는 아들이었다. 이름을 롤랑으로 지은 걸 보면 피에르가 아들에게 어떤 희망을 품었는지 알 수 있다(샤를마뉴 대제의 기사 중 하나인 롤랑은 프랑스 최고의 용사로 일컬어진다_옮긴이). 그런데 피에르는 또다시 살인을 저질렀다(희생자는 피에르가 결투를 신청한 사나이를 따라왔던 입회자였다). 57세의 일이었으며, 그는 다시 벨기에로 추방되었다. 니나는 아이가 사생아 취급을 받는 것, 그래서 보나파르트가의 이름과 작위를 물려받지 못하는 것을 더 이상 견딜 수 없었기에 영국으로 이주했다. 그로부터 1년 뒤, 그들은 기쁘게도 혈통을 인정받을 수 있게 됐다.

마리의 눈에 할머니 니나는 진심으로 남근숭배적인 여성으로 보였다. 니나는 아들의 삶을 완벽히 틀어쥐고 있었다. 아들의 결혼 상대자도 직접 골랐다. 마리펠릭스 블랑이란 그 아가씨의 아버지는 주식 투기꾼이었는데 내부자 거래가 발각된 뒤에는 카지노를 몇 개 운영해서 재산을 불렸다. 결혼식은 수치로 기록될 만한 사건이었다. 신부의 부모와 수많은 하객들이 아무리 기다려도 신랑 신부가 나타나지 않았다. 니나의 주선에 따라 그들은 신랑 어머니의 시골집으로 일종의 사랑의 도피를 했던 것이다. 귀족과 벼락부자 간의 협정은 당시로서는 번거롭게 지켜보고 말고 할 것도 없는 일이었다. 마리펠릭스는 남편과 자주 만나지도 않았으며, 시어머니의 압박 때문에 금세 모든 재산을 남편에게 남기겠다는 약조를 했다. 마리펠릭스는 결혼한 지 2년 만에 첫아이를 낳다가 죽었다. 니나는 아들에게 이런 뜻밖의 행운이 온 것을 반겨 마지않았다. 남편과 시어머니가 마리펠릭스의 때 이른 죽음에 손을 쓴 것이라는 소문이 돌았다. 딸인 마리 역시 크면서 자주 들은 소문이었다.

마리는 10살 생일이 될 때까지 수시로 바뀌는 유모들 손에서 자랐다. 결핵 치료를 받는 중에도 마찬가지였다. 마리는 어릴 때부터 연습장 한가득 글을 쓰곤 했다. 나중에 이때 적어둔 어린 시절의 판타지 몇 개를 책으로 내기도 했는데, 정신분석 과정에서 알게 된 해석 내용을 덧붙여 냈다. 어릴 때부터 어머니의 죽음과 할아버지의 평판에 집착했던 마리는 평생 살인자들에게 환상을 품었다. 1921년, 그녀는 열 명의 부인을 살해했다고 하는 앙리 란드루의 재판을 방청석에서 지켜보았고, 1927년에는 자신의 행동에 아무 감각이 없는 듯한 태도로 모두를 황당하게 했던 한 여성 살인자를 정신분석학적으로 연구했다. 마리의 마음속에서는 혐오와 동경이 각축을 벌이고 있었다.

양차 세계대전 사이에 프랑스에서 지낸 마리는 우연히도 좋은 동료들을 만난다. 당시 초현실주의자들은 비올레트 노지에르라는 살인자를 미화하고 있었다. 파리 여성 노지에르는 어릴 때부터 이중생활을 영위해오면서 낮에는 모범적인 딸로 행세하고 밤에는 남자들을 죽였다. 1933년, 그녀는 아버지를 독살하여 사형 선고를 받는데, 후에는 결국 집행유예를 받는다. 1978년에 샤브롤은 이자벨 위페르를 주인공 삼아 그녀에 대한 영화를 찍었다. 한편 프랑스 정신분석학의 거두 자크 라캉은 자신들의 고용주와 그 딸을 너무나 끔찍하게 살해한 파팽 자매에 매료되었다. 장 주네Jean Genet(1910~1986. 프랑스의 작가. 한때 범죄자·부랑자였으나 소설을 통해 관능적이고 때로는 외설스러운 주제를 시적 우주관으로 변형시켜 보여주었다. 전위극, 특히 부조리극에서 선도적인 역할을 했다_옮긴이)는 여기서 영감을 받아 『하녀들』이란 희곡을 쓰기도 했다. 마리는 말년에 사형제 폐지론자로 열렬히 활동한다. 77살에 미국으로 건너가 살인자 카릴 체스먼의 목숨을 탄원하기도 했다. 그러고도 그를 구하지 못하자 마리는 무척 낙심했다.

종합하자면, 마리는 불행한 아이였다. 철저히 격리된 왕가에서 길러졌고 늘 아버지의 사랑을 갈구했다. 그녀의 삶은 불안과 열등감으로 가득했다. 16살에는 한때 그녀가 연애편지를 보냈던 비서가 그것을 미끼로 돈을 갈취하려고 했다. 25살에는 그리스 왕의 아들이자 덴마크 왕자인 남성과 결혼했다. 남편은 그녀보다 13살이나 많았기 때문에 아버지의 무관심을 보상해줄 수도 있었을 것이다. 하지만 안타깝게도 그는 더 나이 많은 다른 남성과 관계를 맺고 있었다. 그들이 동성애적 관계였는지 확실하진 않지만, 좌우간 왕자가 부인에게 성적으로 무관심했다는 것은 사실이다. 마리 역시 다른 연인들을 줄줄이 사귀었다. 연인들은 과학과 예술의 세계로 마리를 인도해주었다.

공주의 콤플렉스는 주로 외모와 여성성에 관한 것이었다. 이 부분에서 스스로 느낀 결핍의 핵심은 '정상적' 방법으로는 오르가슴을 느낄 수 없다는 점이다. 이미 수차례 성형수술을 받은 마리는 어느 날 빈의 부인과 의사 요제프 할반Josef Halban을 만난다. 그리고 두 사람이 발전시킨 이론은 기존의 정신분석학에 정면으로 도전하는 내용이었다. 통상적인 피스톤 운동 이상을 바라는 여성이 있다는 걸 인정할 남자는 아무도 없다. 이것이 마리가 기본적으로 깔고 있는 가정이었다. 한편으로 그녀는 여성 오르가슴을 유발하는 최고의 방법은 클리토리스 자극이라는 사실도 잘 알았다. 그렇다면 성기의 구조에 뭔가 문제가 있는 게 분명했다.

1924년, 마리 보나파르트는 파리와 빈 여성 200명을 대상으로 한 연구 결과를 A. E. 나르자니라는 가명으로 《브뤼셀 의학》에 발표한다. 보나파르트는 클리토리스 귀두에서 요도까지의 길이를 쟀다. 결과는 1.25센티미터에서 3.5센티미터 사이였다. 그리고 여성들을 세 부류로 나누었다. '파라클리토리디에paraclitoridie'라 부른 부류는 거

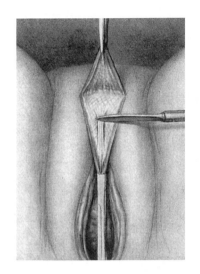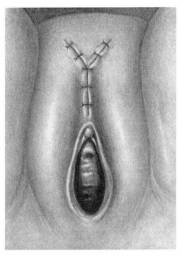

클리토리스 위치 옮기기. 먼저 클리토리스의 현수 인대를 잘라낸다.
그런 다음 절개 부위를 봉합한다. 수술 후의 클리토리스 위치를 확인하라

리가 2.5센티미터 이하이고, 2.5센티미터 이상은 '텔레클리토리디에
téléclitoridie'라 했다. 정확히 2.5센티미터인 여성은(전체의 10퍼센트였다)
'메조클리토리디에mesoclitoridie'라 했다. 43명의 여성들에게 성생활
을 물어보았더니, 성교가 아니라 자위로만 오르가슴을 느끼는 여성
들은 예외 없이 텔레클리토리디에에 속했다. 클리토리스에서 요도
까지의 거리는 키와 상관있는 것으로 보였다. 보나파르트는 스칸디
나비아반도 여성들이 특별히 '차갑다'는 평판을 듣는 것도 이런 유
전적 이유 때문일지 모른다 생각했다. 정말 해부학은 운명인 셈이다.
하지만 할반은 수술로 상황을 바꿀 수 있다고 믿었다. 1932년, 그는
『부인과 수술 교본』을 통해 '클리토리스 앉히기'라는 수술법을 소개

한다. 그림은 이 책에서 따온 것이다.

클리토리스를 치골과 이어주는 인대를 잘라내어 클리토리스를 뒤로 더 집어넣은 뒤, 주변을 단단하게 바느질하는 방식이었다. 재미나게도 거의 똑같은 식의 시술이 남성들에게도 행해지고 있다. 음경의 길이를 늘이기 위한 시술로서, 1990년대에 뜨거운 논쟁의 주제가 된 적 있다. 그 경우에도 인대를 느슨하게 하는 방법을 쓴다. 할반은 두 환자에 대해서는 소음순 길이도 다소 짧게 조정했다. 그리고 클리토리스와 요도구 사이의 점막을 잘라내면 클리토리스 귀두의 위치를 질 입구 쪽으로 더 가까이 가져갈 수 있다고 적었다. 책을 출간할 무렵에 할반은 이 수술을 다섯 차례 시술했다. 그는 전적인 성공을 약속할 정도로 부주의하지는 않았다.

1949년, 보나파르트는 이 수술을 받은 다섯 명의 여성에 대해 언급한다. 그녀가 말하는 여성들은 틀림없이 할반의 환자들이었을 것이다. 두 명의 경우는 후속 취재를 할 수 없었다. 다른 두 명은 수술 후에 성교로 인한 쾌락이 늘긴 했지만 질 오르가슴은 여전히 느끼지 못한다고 했다. 마지막 다섯 번째 여성은 수술받은 것을 통렬하게 후회했다. 그녀는 보나파르트와의 짧은 분석 치료를 통해 실망을 극복해보고자 했다. 이 여성이 수술을 받은 것은 성교 중 상대 위에 올라앉아야만 오르가슴을 느낄 수 있었기 때문인데, 그걸로는 충분치 않았던 것이다. 보나파르트의 정신분석학적 결론은 그녀의 남성성 콤플렉스가 비정상적으로 강하다는 것이었다. 즉 의사가 음경이라도 달아주기 전에는 만족하지 않을 여성이라는 것이다.

공주의 비극은 자신도 이 수술을 받았다는 데 있다. 한 번도 아니고 세 번씩이나, 그것도 성공적이지 못했다. 정신분석학계의 사람이라면 누구나 이 사실을 안다는 것, 게다가 프로이트에게 직접 치료를 받는 도중에 수술을 감행했다는 것은 동료들로선 이해하기 힘든 당황스러운 사실이었다. 정신분석학자들이 보기에 이 수술 저변에 있는 발상은 불쾌할 정도로 미개한 것이었다. 프로이트가 최선을 다해 그녀의 클리토리스 고착을 없애려고 하는 마당에, 정작 환자는 손대지 말아야 합당한 기관을 우회술을 통해서라도 전면에 내세우려고 갖가지 노력을 다했던 것이다. 물론 결과가 신통치 않으리란 건 뻔한 일이었다. 그녀는 세 번이나 프로이트를 부인했다. 당시 프로이트는 그녀에게 클리토리스 절제술에 대한 책들을 선물하기도 했다.[17] '미개한' 여성들조차 클리토리스를 억제해야 성숙한 여성이 된다는 점을 잘 알았다는 걸 그녀에게 상기시키려는, 절박하고도 어쩌면 조금 가학적인 노력이 아니었을까. 이후 공주는 클리토리스 절제를 받은 여성들을 연구하게 된다. 그중 한 연구에서 보나파르트는 젊은 시절 스스로 저지른 수술에 관한 죄를 공개하고, 자신의 생각이 오류투성이이자 '의사疑似 분석학적'이었음을 겸손하게 인정한다.

그녀가 언제 개심을 결정했는지는 알 수 없다. 프로이트에게 배신을 용서해달라 청했는지도 알 수 없다. 그녀와 프로이트가 주고받은 서신은 일부만 공개되어 있다. 그것도 프로이트 말년의 서신들이다. 당시 그녀는 이미 늙고 병든 유대인 학자를 파시스트 오스트리아에서 빼내 안전하게 런던으로 데려오는 데 힘쓰던 차였다. 프로이트는 늘 그녀를 존중했다. 프로이트가 실은 자신도 '여성은 무엇을 원하는가?'라는 답답한 문제에 대한 답을 모르겠다고 털어놓은 것도 보나파르트에게 보내는 편지에서였다.

　이후 우리는 프로이트의 삶에 대해서 많은 사실들을 알게 됐다. 이제는 그가 비합리적이지만 대대적으로 유행했던 각종 치료법들을 전적으로 반대한 건 아니라는 점도 안다. 프로이트 자신이 당시 인기 있던 한 회춘술을 시술받은 적 있기 때문이다. '슈타이나흐 회춘법' 이라는 것으로, 피부 아래 정관을 반으로 가르는 기법이었다. 그러면 한쪽 고환의 정자 생산이 중단되므로 도리어 테스토스테론 생산이 늘어난다고 했다.[18] 이 수술의 논리는 클리토리스 위치 변경의 논리만큼이나 의심스럽다. 프로이트와 할반이 만난 적 있는지, 그래서 공통으로 진료한 환자들에 대해 얘기한 적 있는지 알 수 있다면 재미있을 것이다. 가령 두 사람이 빈의 부르크테아터 로비에서 마주치는 모습을 상상해보라. 아르투르 슈니츨러의 현대적이고 문제적인 코미디가 상연되는 날 저녁이라고 상상해보자. 참으로 어색한 대화였을 것이다. 프로이트는 불행한 여성들의 문제를 냉담하게 이용한다는 비판을 공개적으로 할반에게 했을까? 할반의 대답은 어땠을까?

　할반이 클리토리스 위치 변경 수술을 계속했는지도 알 수 없다. 우리가 아는 것은 그가 1932년에 보고한 다섯 사례, 그리고 1949년에 보나파르트가 취재 내용을 밝힌 다섯 사례가 전부이다. 이 공통의 다섯 수술 이후에 두 사람 모두 이론이 틀렸음을 인정했을 수 있다. 그들에게는 매우 민감한 자기비판 근거가 되었을 것이다. 할반에게 후계자가 있었을까? 1980년대에 열린 어느 세계성과학학회에서 한 미국 연구자는 몹시 아름답고 과묵한 아내를 대동하고 나타나 눈길을 끌었다. 복도를 지나는 사람들은 그 부인이 오르가슴 향상 수술을 받았다고 수군댔다. 물론 할반의 작품이었을 리는 없을 것이다. 하지만 1983년, 부인과 의사 J. C. 버트J. C. Burt와 정신과 의사 A. R. 슈람A. R. Schramm이 이른바 '후측면 재배치 견인 외음질성형'이라는 이름의 수술 경험을 발표한 적은 있다. 그들은 성교 중의 극심한 통증, 그리고 성교 후 재발성 방광 감염을 겪는 환자들에게 이 수술을 권했다. 목표는 소골반에 대한 질의 각도를 바꿔서 삽입된 음경이 너무 거칠게 방광 벽을 문지르지 않도록 하는 것이다. 버트는 소음순 뒷부분을 한데 꿰매어 양옆의 질 벽을 살짝 덮어주었다. 여러 결과들 중 한 가지는 음경이 자연적으로 클리토리스에 가깝게 되고, 음경 귀두가 자궁 경부에 닿을 가능성은 줄어든다는 것이다. 부정적인 결과라면 뒤쪽에서 삽입하기는(프로이트의 표현으로는 '아 테르고' 성교) 거의 불가능해진 것이다. 성적 감각을 한결 강화하기 위해 버트는 클리토리스 포피의 일부를 제거하는 할례도 병행했다.

버트와 슈람은 시술의 결과를 열성적으로 선전했다. 성교 중의 통증이 사라지고, 방광 감염이 없어지며, 조금만 노력해도 오르가슴에 이르게 된다고 했다. 시술 전에는 남편에게 가끔 오르가슴을 속인다고 말한 여성이 4분의 3이나 되었는데, 시술 후에는 2분의 1로 줄었다. 저자들은 진정한 프로이트주의자였던 것이 틀림없다. 여성들에게 이런 질문을 던졌기 때문이다. 반드시 한 가지만 선택해야 한다면, 어떤 형태의 오르가슴을 포기하겠는가? 만족한 환자들 중 대다수(80퍼센트)는 클리토리스 오르가슴을 포기하겠다고 답했다. 슈람은 비록 자신이 정신과 의사이긴 하지만 심리 치료로는 여성의 정신과 결혼 생활에 그처럼 큰 긍정적 영향을 줄 수 없을 것 같다고 말했다.

하지만 버트의 수술은 성과학계에 그다지 큰 반향을 일으키지 못했다. 게다가 버트는 곧 언론의 비난을 받는데, 때때로 환자의 동의도 없이 이른바 유익한 시술을 감행한 것으로 드러났기 때문이다.[19]

생식에 관하여

이번 세기 초, 몇몇 인류학자들이 대중에게 재미있는 얘기를 들려주었다. 오스트레일리아나 트로브리안드 군도(파푸아뉴기니의 동부에 있는 군도_옮긴이) 같은 곳에는 어떻게 아기가 태어나는지 모르는 사람들이 산다는 것이다. 물론 여성의 역할은 모를 수가 없는 것이지만, 남성의 역할은 불확실한 것이라 했다. 임신은 여성이 어떤 생선을 훈제하는 향을 쐬었기 때문에, 아니면 어떤 꿈을 꾸었기 때문에, 아니면 황소개구리를 잡았기 때문에 되는 것이라 했다.[1]

체스 선수이자 칼럼니스트인 한스 리Hans Ree는 원시 부족에 대한 조롱을 거들지 않았다. 그는 생식에서 남성의 역할은 실제로 무척 비밀스럽기 때문에 남의 도움 없이 직접 알아낼 수 있는 사람은 거의 없다고 생각했다. '어쩌면 모든 게 엄마에게서 딸에게로 전해지는 동화인지도 모른다. 남자한테도 뭔가 기능을 줘야겠다 싶어서 모두들 믿는 얘기인지 모른다.' 한편 놀랍게도, 트로브리안드 군도 주민들은 동물이 유성생식을 통해 번식한다는 사실은 잘 알고 있었다.

이 생물학적 지식을 인간에게만은 적용하지 않음으로써 인류를 신화적 대좌 위에, 야수보다는 신들의 옆자리에 두는 것인지 모른다. 그렇게 보면 가령 처녀 잉태의 가능성 같은 얘기는 영적 기능을 갖는 게 된다.

한스 리는 종종 자기 집 거실에 모여 사는 얘기나 각종 고민거리를 나누던 여성들과 이 철학적 명상을 공유하고자 했다.

여자들은 모두 아직 아이가 없었고, 이 부적절한 상황을 어떻게 바꿀 것인가 내내 떠들곤 했다. 나는 예의를 지키느라고 그녀들의 말을 듣는 동안 체스판의 말을 이리저리 옮기는 척했다. 그들은 새로운 방법들에 대해 얘기했다. 가령 실험실을 찾는 방법, 아니면 구식 역할 분담을 고집하지 않는 친절한 방관자를 끌어들이는 방법 등이었다. 하지만 대부분은 남자 파트너와 함께 존경할 만한 삶을 사는 여성들이기에, 그들은 어떻게 남자에게 눈치채이지 않으면서 피임약을 끊을 것인지도 얘기했다. 사실 그건 쉬운 일 같아 보인다. 남자들은 원래 아무것도 눈치채지 못한다.

어쩌다 아버지의 역할을 짊어지게 된 남성들은 미래에 대해 걱정해야 할지도 모른다. 이를테면 바빌로니아 도량형에 대한 연구에 평생을 바치기로 한 계획이 아버지 노릇으로 방해받을지 모르는 것 아닌가? 하지만 결국에는 남자들도 괜찮아질 것이다, 남자들이란 다 그러니까. 여자들은 계속 말했다. 이 유쾌한 친목회가 끝나갈 무렵, 한스 리도 대화에 끼어들어 앞서 말한 민감한 주제들을 늘어놓았다.

그러나 누군가 민첩하게 그의 말허리를 끊었다.

그녀들 중에서도 가장 사랑스러운 이, 또한 매우 현실적인 이가 이렇게 말했다. (…) '당신을 신이라고 생각하는 것도 좋겠지만, 당신 내일 불임 검사 약속이 있다는 걸 까맣게 잊고 있군요. 여보, 당신이 볼잡지 사뒀으니 가져가세요. 부탁인데 방에 가서 체스를 두거나 사진을 보거나 뭐라도 좀 해요. 우린 아직 토론할 게 많아요. 당신의 그 우스운 한담으로는 해결되는 게 아무것도 없다구요.'

21세기인 오늘날, 생식에 대한 생물학적 지식은 거의 완전한 것으로 보인다. 아이들도 있는 그대로 사실을 배워야 한다는 분위기라, 나이 든 부인들이 들려주던 황새니 양배추 밭이니 구스베리 나무(서양에서 아기를 주워 온다고 하는 장소들_옮긴이) 같은 얘기는 쓸모가 없다. 리는 영적인 이유에서라도 몇몇 신화나 신비가 살아남을 것이라 보지만, 오늘날은 가톨릭 신자들마저도 구세주의 처녀 잉태에 대해 나름대로 과학적이면서도 영적인 해석을 하는 듯한 시절이다. 그런데도 여전히 '생식'에 관한 이야기들 중에는 기이한 망상으로 이어지는 것들이 있다.

예를 들면 1996년 9월, 영국의 한 보험사는 여성들에게 외계 생명체에 의한 임신을 보상하는 보험을 팔았다. 단 일주일 만에 300명이 보험에 들었고, 성공에 고무된 보험사는 보장 범위를 하느님에 의한 처녀 잉태까지로 넓혔다. 보험사의 대변인이 밝힌 바에 따르면, 새 천 년이 다가오는 탓도 있고 해서 신약성서의 이야기가 반복될 가능성이 합리적으로 높다고 했다.

이 주제에서는 광적인 신앙과 순진함 사이에 자연스런 연관이 있는 듯하다. 수많은 민담들이 이것을 보여준다. 14세기 독일에는 수도사의 징벌이라는 이야기가 있었다.[2] 한 젊은 수도사가 숙련된 여성에 이끌려 정욕의 세계에 입문한다. 그런데 수도사가 서툴러 여성이 상위를 차지한다. 다음 날 아침, 걱정된 수도사는 시종에게 상담한다.

'남자와 여자가 함께 밤을 보내면 가끔 아기가 태어난다고 들었네. 그러니 거짓 없이 말해주게. 둘 중 누가 아기를 배는 것인가?' '다 말씀 드리지요.' 시종이 답했다. '아래에 있는 사람이랍니다.' '큰일이구만.' 수도사는 자신이 얼마나 큰 불행에 처했는지 깨달았다. 그는 중얼거렸다. '아, 어쩌면 좋을까? 이 무슨 재앙인가! 내가 아래에 있었으니, 내가 아기를 배게 되겠구나! 명예를 잃겠구나! 수도원장이 눈치채면 어떻게 하나? 형제 수도사들이 나를 내쫓겠지. 그들의 경멸을 받느니 죽는 게 낫겠구나.'

그리 오래지 않은 언젠가, 네덜란드 중학교의 성교육자들이 임신에 대한 가장 흔한 오해들을 목록으로 만들었다. 그들의 훌륭한 목표는 정확한 지식을 제공함으로써 원치 않는 임신을 방지하자는 것이었다. 결과를 보니 청소년들은 첫 경험으로는 임신하지 않는다거나 서서 '하면' 임신하지 않는다고 '알고' 있었다. 1970년대의 소녀들은 어딘가에 의지하고 싶을 이유가 충분했다. 믿을 만한 피임법이 대중화되기 전이었기 때문이다. 요즘에 피임약을 복용하는 여성은 지침에 따라 월경 첫날부터 꼬박꼬박 복용한다면 첫 알을 삼키는 순간부터 완벽하게 안심할 수 있다. 벌써 몇 년 전부터 피임약에 관한 정보를 담은 인쇄물이 정기적으로 제작, 배포되고 있으며, 소녀 잡지나 여성 잡지의 상담 칼럼 같은 데에서도 홍보되고 있다. 그런데도 아직 피임약 복용 첫 달은 안전하지 않다고 '알고 있는' 여성들이 있다. 이번에는 거꾸로 된 오해인 셈이다. 이 여성들은 피임약을 전적으로 신뢰하지 않는다. 어쩌면 소중한 가임 능력을 그토록 쉽게 켰다 껐다 할 수 있다는 게 못마땅한지도 모른다.

인류학자들의 기록을 보면, 어떤 부족들은 수태가 한 번에 이뤄지는 과정이 아니라고 생각했다. 적절한 순간 단 한 번의 사정으로 충분하단 말인가? 아메리카 인디언 중 몬태나 주의 그로방트르 부족과 애리조나 주의 치리카후아 아파치 부족은 여러 번 성교를 해야 임신할 수 있다고 믿는다.[3]

남자가 여자와 성교를 할 때, 남자의 피(정액) 일부가 여자에게 들어간다. 하지만 처음에는 그 양이 아주 작고, 여자가 갖고 있는 양에 미치지 못한다. 여자의 피는 남자의 피에 맞서 싸우기 때문에 아기가 자라지 못한다. 여자의 피는 아기 만들기를 거부한다. 남자의 피는 아기를 만들려고 한다. 남자의 피가 충분히 모여야만 아기가 나올 수 있다.

또 다른 아파치 부족은 일주일에 세 차례 잠자리를 할 경우 두세

달 안에 아기가 만들어진다고 믿었다. 물론 하룻밤에 여러 차례 사랑을 나누면 시간을 훨씬 앞당길 수 있다.

비슷하지만 상당히 불량한 얘기가 『데카메론』에도 나온다. 한 남자가 옆집 부인의 임신을 알게 되었다. 그 남편은 일이 있어 한동안 집을 비운다고 했다. 남자는 최대한 동정하는 표정을 지으며 그 부인에게 가서 아기가 완전히 만들어지지 않은 채 나올까 봐 걱정되지 않느냐고 물었다. 임신 첫 몇 달 동안에는 성교를 해주어야 아기가 자란다고 그는 설명했다. 특히 두 개의 작은 귀를 만들 때 힘이 많이 든다고 했다. 공포에 사로잡힌 여자는 얼마간 남편을 대신해주겠다는 남자의 제의를 고맙게 받아들인다. 그 후 며칠 밤, 두 사람은 아기의 작은 귀를 만드는 일에 열광적으로 매달린다. 이윽고 남편이 돌아오자 아내는 그를 준엄하게 나무랐고, 어린 신부만큼 순진하지 않았던 남편은 분통을 터뜨린다.

여러 번 성관계를 가져야 수정이 된다는 얘기들을 비판적으로 평가하자면, 남성과 그 분비물의 역할을 지나치게 과대평가한 것이라 할 수 있다. 오래된 의학 문헌일수록 이런 편견이 두드러진다. 여성의 몸은 남성의 씨앗이 열매를 맺는 땅에 지나지 않는다 믿었던 시절도 있다. 하지만 히포크라테스의 저작에는 남성의 씨앗과 여성의 씨앗이 만나야만 새로운 생명이 탄생한다고 적혀 있다.[4] 이 분야에서는 무척 생생한 의견들이 난무했으며, 그중에서도 여성이 오르가슴을 느껴야만 임신이 가능하다는 가정이 받아들여진 것은 매우 중요한 일이다. 그 결과 강간을 당해 임신한 여성은 거짓말쟁이라는 결론이 도출되었기 때문이다. 강간이 아니라 유혹을 당한 것이 분명하니, 공범이나 마찬가지라는 얘기이다. 이 생각은 꽤나 오래 살아남았다. 하지만 일찍이 이슬람의 종교철학자 아베로에스Averroes(이븐 루슈드, 1126~1198)도 성교가 아니라 따뜻한 욕조 물에 있던 정액으로 임신한 사례를 말한 적이 있다.

생식의 필요조건들

피임약을 복용하려는 여성들 중에는 정확한 작용 기제를 알고 싶어 하는 사람들이 있다. 그들은 우선 세 가지 생물학적 효과가 개입한다는 것을 알게 된다. 각각만으로도 꽤 믿음직한 방법들이다. 첫째, 배란이 억제된다. 둘째, 자궁벽이 수정란에 우호적이지 않은 환경이 된다. 셋째, 자궁경부 점액의 점성이 떨어져서 정자의 침투가 힘들어진다. 여성들은 의사에게 이런 정보를 들을 때에야 비로소 생식 과정이 얼마나 복잡한지 깨닫는 수가 많다. 자기 몸의 생물학적 장치들에 대해 관심이 많은 여성은 그리 흔치 않다. 주로 운이 나쁜 여성들, 즉 임신에 거듭 실패해서 절망한 여성들만이 이 주제를 상세히 공부한다. 질문자가 생식의 기초 사실들에 대해 배경 지식이 있다면 의사도 더욱 종합적으로 여러 가지를 답해줄 수 있다.

여성의 주기는 두 시기로 나뉜다. 첫 번째는 난자 하나가 난소에서 성숙하는 시기이다. 쉬고 있는 난자들 주위로 세포들이 둘러싸 층을 이루다가, 난자가 성숙하면 액체로 가득 찬 소포가 된다. 1672년에 이 과정을 처음 설명한 사람이 생리학자이자 조직학자인 레이니어르 데 흐라프였기 때문에 소포는 그라프 난포(보통 그라프라고 하지만 네덜란드어 표기법에 따르면 흐라프가 옳다_옮긴이)라고 불린다. 라틴어로 된 그의 글을 사후 13년쯤 번역한 것을 보면, 아래 같은 표현이 있다.

여기서 나는 작은 방광들처럼 생긴 무언가를 목격했다. 물 또는 그 밖의 액체로 채워진 것으로서, 어떤 때는 노란빛을 띠고, 어떤 때는 색이 더 밝거나 투명하고 부풀어 올랐다.[5]

난포가 자라는 시기에는 세 종류의 인간 에스트로겐 호르몬들이 혈류에서 가장 높은 농도를 차지한다. 월경주기가 4주라면 배란은 14, 15, 16일쯤에 일어난다(월경 첫날부터 세는 것이다). 190, 191쪽 그림에 잘 나와 있듯,[6] 난포의 가장자리가 터지면서 난자가 빠져나온다. 텅 빈 난포는 단단한 노란 덩어리를 이루는데, 이것이 바로 황체이다. 황체 속의 세포들은 곧 프로게스테론을 생산하기 시작한다. 임신이 되면 임신 초기 내내 황체가 활발히 활동한다. 임신 12주쯤 되어야 프로게스테론 생산이 황체에서 태반으로 옮겨진다. 하지만 임신이 되지 않으면 황체의 기능은 다음 번 월경 중에 멈춘다. 난포는 퇴화하여 난소에 자그만 상처로만 남는다.

인간의 배란은 자율적인 과정이다. 이것이 우리가 토끼나 고양이와 다른 점이다. 그들은 교미를 할 때에만 배란하기 때문이다. 사람의 경우에도 성교가 배란에 아무런 영향을 미치지 않는다고 잘라 말할 수는 없다. 그런 영향인지는 몰라도 강간이 임신으로 이어지는 확률이 비정상적으로 높다는 말도 있다. 누구나 아는 월경주기 금욕법 계산에 따르면 그렇게 높은 확률은 이상한 것이다. 독일에서는 1950

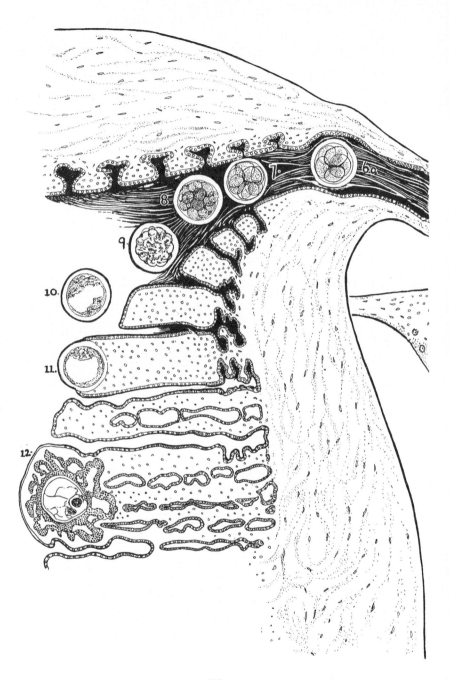

마이 버자이너

난자가 밟는 여러 단계들

1. 난포가 터진다
2. 과립막 세포들로 둘러싸인 난자
3. 정자가 난자로 들어간다
4. 난자와 정자의 핵이 융합한다
5. 융합된 핵. 수정이 이뤄졌다
6 · 7. 최초의 분열
8. 상실기

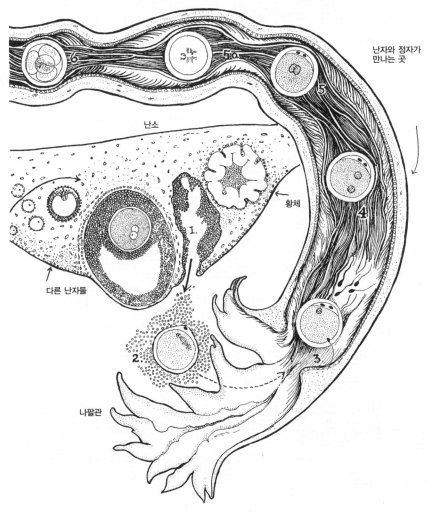

난자와 정자가
만나는 곳

난소

황체

다른 난자들

나팔관

년대에 이미 이 현상을 연구한 자료가 있다.[7] 검사 대상이 된 여성들에게는 분명 사후 피임약이라는 선택지가 없었을 것이다.

자기 몸의 생물학적 과정을 느끼는 정도는 사람에 따라 천차만별이다. 어떤 여성들은 배란을 느낄 수 있다. 매달 약한 복통을 느끼는 것인데, 심지어 그 달의 배란이 왼쪽 난소에서 이뤄졌는지 오른쪽 난소에서 이뤄졌는지 구별하는 사람도 있다. 배란 때 자궁경부에서 소량의 피가 나는 여성도 있는데, 이것을 배란 출혈이라 한다. 여성들은 언제 배란이 일어나는지 가급적 정확히 알고 싶어 한다. 임신하고 싶어서 그런 경우도 있지만 그보다는 주기적 금욕법을 써서 피임하고자 하는 경우가 많다. 20세기 초에 헤르만 크노스Hermann Knaus와 규사쿠 오기노Kyusaku Ogino는 꽤 신뢰할 만한 배란 측정법을 발견해냈다. 체온을 핵심 지표로 삼는 기법이다. 월경주기 전반을 볼 때 (배란이 일어난다는 가정하에서의 이야기이다. 늘 배란이 일어나는 것은 아니기 때문이다) 배란 직후의 아침 체온은 평소보다 살짝 높다. 즉 에스트로겐 시기의 체온이 프로게스테론 시기의 체온보다 살짝 낮다. 에스트로겐 농도가 최고조에 달하면 배란이 임박한 것이므로, 3일 내리 체온이 높다면 직전에 배란이 일어난 것이라 볼 수 있다. 그 3일 뒤에는 성관계를 가져도 비교적 안전하다. 하지만 체온은 확실히 믿을 만한 지표라 보기 힘들다. 감기에 걸렸다든지 밤잠을 설쳤다든지 하는 갖가지 요소의 영향을 받기 때문이다. 그래서 최근에는 '페르소나'라는 새로운 검사 도구가 시장에 나왔다. 집에서 간편하게 소변 속 호르몬 농도를 측정해서 성관계를 가져도 좋을지 아닐지 판별해주는 도구이다.

또 한 가지 주기적 성격을 보이는 현상으로 질 점액의 농도, 아니 점성도가 있다. 배란 전의 질을 반사경으로 검사해보면 깨끗하고 투명한 점액이 경부에서 나오는 것을 볼 수 있다. 불임 전문가들은 이 것을 레드 카펫 점액이라 부르는데, 그 위로 정자가 흥겹게 나아갈 수 있기 때문이다. 피임약을 먹는 여성들에게는 이처럼 정자의 운동에 유리한 자궁경부 점액이 생기지 않는다. 여성들 스스로도 이 신호를 쉽게 파악할 수 있기 때문에, 개발도상국에서는 이 신호를 파악한 뒤 주기적 금욕법과 함께 적용하는 것을 간단하고 싼 피임법으로 권장하고 있다. 여성들은 소변을 본 뒤 휴지로 닦았을 때 묻어나는 것을 보고 분비물의 변화를 알 수 있다. 가장 효과적인 방법은 이렇다. 질 속에 손가락을 깊이 넣어 자궁경부를 찾은 뒤 조금 닦아낸다. 그 손가락을 다른 손 손가락에 살짝 누른 뒤 떼어낸다. 점액 가닥이 20 센티미터 이상 늘어나면 배란 전이라는 뜻이다.

그 밖에도 여성들이 두 단계의 주기 변화를 느낄 수 있는 단서들은 매우 많다. 에스트로겐은 대체로 좋은 호르몬이다. 건강하고 행복한 기분을 주고, 야한 기분을 느끼게도 한다. 반면 프로게스테론 수치가 높아지면 부정적 현상들이 전면에 나선다. 수분 정체를 겪는 여성들도 있어서, 화장실 체중계로 재보면 확실히 몸무게가 늘은 것을 알 수 있다. 변비도 흔하다. 두 번째 주기에는 여드름도 더욱 극성이 된다. 하지만 육체 변화보다는 기분 변화로 인한 불편이 더 크다. 무기력하고, 우울하고, 충동적이고, 눈물이 쉽게 나고, 따지기 좋아하는 기분이 된다. 불편이 너무 심해서 일상을 제대로 영위할 수 없는 지경이 되면 '월경 전 증후군PMS'을 앓고 있다고 한다.

여성은 매달 하나, 최대 두 개의 난자를 배출한다. 반면 남자의 고환은 끊임없이 정자를 생산한다. 남자에게는 월경주기 같은 것이 없다. 기껏해야 하루 단위 주기가 있는데, 테스토스테론 수치가 아침에 제일 높기 때문이다. 고환에서 만들어진 정자는 부고환에서 좀 더 오래 보관되며 성숙한다. 정자는 부고환에서 상당 기간 좋은 상태로 머무를 수 있지만, 너무 오래 배출되지 않으면 그 자리에서 분해되어버린다. 불임 수술(정관절제술)을 받은 남성의 경우도 마찬가지이다. 아예 배출 경로가 봉쇄되어버리기 때문이다. 정자를 방출할 때는 부고환과 정관(수정관) 주변 근육들이 수축하여 부고환의 내용물을 요도로 전한다. 방광 바로 아래에는 전립선과 좌우 정낭들의 배출구가 있다. 요도 근육층이 역동적으로 수축하면 거기서 정액을 이루는 분비물들이 나온다. 막 배출된 정액은 아직 완전히 섞이지 않아서 갓 낳은 달걀의 흰자와 비슷하다. 아직 조성이 균일하게 섞이지 않은 상태이다. 유리병에 담아본 정액은 투명한 액체로서 간간이 걸쭉하고 끈끈하고 탁한 부분이 눈에 띈다. 하지만 3분쯤 뒤에 보면 골고루 섞여 있을 텐데, 정액과 함께 방출된 효소의 활동 덕분이다. 의사들은 여성에게 자가 정액 주입법을 알려줄 때 반드시 몇 분쯤 기다렸다 주입하라고 한다. 우선 골고루 퍼져야 히기 때문이다.

남성의 몸속에 있을 때 정자는 스스로 힘을 써서 운동할 필요가 없다. 가만히 있어도 정관을 따라 밀려 나오게 된다. 하지만 질에 다다르면 그들은 제 힘으로 움직여야 한다(고환에서 난관까지 가는 길은 198쪽 그림을 참고하라). 정자가 수정을 하려면 족히 15센티미터는 더 이동해야 한다. 정자는 자궁경부를 지나 자궁으로 들어가서 난관 쪽을 향해 간다. 수정이 이뤄지는 것은 난관 초입, 즉 난소와 가까운 부분에서다. D. S. F. 세틀라거가 1973년에 수행한 연구가 잘 알려져 있는데,[8] 마취 상태인 여성들의 질 윗부분에 정액을 주입했더니, 첫 번째 정자가 난소에 도착하기까지 5분이 걸렸다.

정자가 목표를 향해 가는 속도에 자궁이 영향을 미치는가 아닌가에 대해서는 끝없이 논쟁이 이어지고 있다. 중세의 의사들은 자궁을 묘사할 때 씨앗을 후루룩 빨아들이는 동물 같다고 직관적으로 표현했다. 하지만 내장 기관들의 움직임을 실제로 측정해볼 수 있는 요즘, 그 결과를 보면 매우 혼란스럽다. 일찍이 1874년, 미국의 부인과 의사 조지프 벡Joseph Beck은 자궁탈출증(자궁이 아래로 내려와 질 밖으로 나온 경우_옮긴이)에 걸린 여성을 연구하던 중, 여성의 자궁경부가 오르가슴 시에는 빨아들이는 운동을 하더라고 기록했다. 미국 작가 메이블 루미스 토드Mabel Loomis Todd는 오르가슴이 여성의 자궁 접근도에 영향을 미친다는 개인적 믿음을 갖고 있었는데, 그것을 직접 시험해본 얘기를 1875년의 일기에 기록해두었다.[9] 그녀는 오르가슴이 끝나면 자궁이 닫힌다는 기분을 본능적으로 느꼈기 때문에, 자신이 오르가슴을 느끼고 나서 다시 꽤 차분해질 때까지 사정을 미뤄달라고 남편에게 부탁했다. 침대에서 일어날 때 정액이 많이 흘러 나왔으므로, 그녀는 자신의 생각이 옳다고 느꼈다. 하지만 9개월 뒤, 그녀는 딸을 낳았다. 이론은 틀렸다.

1960년대에 C. A. 폭스와 그의 부인은 런던에서 일련의 성 관련 실험들을 수행했다. 그는 의학 기술 연구소에서 일하는 내과의였다. 폭스 부부는 스스로 실험 대상이 된 적도 여러 차례 있었는데, 한번은 성교 중 자궁 내압을 측정하는 실험이 있었다.[10] 그들의 발견에 따르면 오르가슴 중 처음에는 자궁의 압력이 높아지지만 곧 확연하게 다시 낮아졌다. 몇 년 뒤, 생물학자 로빈 베이커와 마크 벨리스는 현대적 내시경을 동원해 자궁 내부를 촬영했는데, 특히 자궁이 수정을 돕는 움직임을 보이는지 알아보고자 했다.[11] 자궁경부는 여성이 흥분한 동안 높게 들려 있다가 사정이 끝나면 뚝 떨어져 정액 웅덩이에 담겼다. 그들이 한 차례 이상 관찰을 했는지는 알려져 있지 않다. 사실 한 커플에 대해서만 관찰했다면 결과는 별 의미가 없다. 성적 쾌락을 전혀 느끼지 못해도 아이를 많이 낳은 여성들이 있다는 사실은 폭스도 잘 알았다. 게다가 D. S. F. 세틀라거가 이미 보여준 대로, 정자는 마취되어 움직이지 않는 여성의 몸속에서도 알아서 잘 이동했다. 반대로 임신을 하겠다는 명백한 목표를 갖고 하는 성교는 이 모든 과정에 매우 다른 의미들을 부여한다. 텍사스의 한 군병원 간호사들을 상대로 한 연구를 보면 임신을 원하는 여성일수록 배우자의 사정 뒤 오르가슴에 이를 가능성이 높은 것으로 드러났다.[12] 이것은 그 70년 전에 테오도르 판 데 펠더가 유명한 책(앞서 언급했다)에서 했던 주장을 지지하는 것처럼 보인다. 즉 자궁경부 쪽으로 정자를 배출하는 것이야말로 여성을 오르가슴으로 끌어올리는 최고의 수단이라는 주장 말이다. 어쩌면 진화생물학자들은 그런 행위가 적자생존 원칙에 따라 발달한 것이 틀림없으므로 효과 또한 분명하다 말할지도 모른다.

그로방트르 인디언들의 신념, 즉 여성의 피('씨앗')가 수태를 저지하려고 남성의 피와 싸운다는 믿음은 완전히 틀린 건 아니다. 질 분비물은 산성이라서 정자에게는 적대적인 환경이다. 정자는 중성이나 다소 염기성인 환경에서 잘 산다. 이 점에서 여성의 성 반응이 과정에 개입할 여지가 있는 셈이다. 여성이 흥분하면 질의 pH가 높아진다(즉 산성도가 낮아진다). 질 벽에서 잉여 체액이 흘러나와 분비물을 묽게 하기 때문이다. 또 건강한 정자는 스스로 어느 정도는 질 내용물을 중성화할 수 있다. 정액은 화학적 완충제 역할을 하므로 상당 기간 중성 pH를 유지한다. 그래서 정자는 자궁까지 헤엄쳐 갈 시간을 번다. 일단 자궁에 이르면 산성도는 안전한 중성 수준이다.

그러나 여성에게는 정자의 중성화 능력이 좋은 일이 아니다. 사정 후 몇 시간 동안 여성의 질은 산성도가 낮아진 상태라 기타 '나쁜' 미생물들에 대한 방어력이 약해진다. 정액을 씻어내려면 추가로 질액이 분비되어야 한다. 질 감염에 취약한 여성들 중에는 정자가 몸에 나쁘다는 걸 직접 느끼는 사람도 있다. 물론 그 때문에 질내사정 자체를 꺼리는(가령 콘돔을 쓴다거나, 중절성교를 한다거나, 아예 질을 활용하지 않는 성교를 하는 식으로) 여성은 적은 편이지만, 여성이 배우자에게 이 문제에 대한 이해를 쉽게 구할 수 있다면 온갖 질 약물의 사용이 조금은 줄어들 것이다.

정자는 자궁 속에서 꽤 오래 살 수 있다(자궁경부 점액선 속에서 특히 그렇다). 반면 난자는 수정이 이뤄지지 않을 경우 배란 후 12시간 내에 죽는다. 그러므로 임신을 원하는 여성은 배란 몇 시간 뒤보다는 하루나 이틀 전에 성관계를 하는 편이 좋다. 어쨌거나 정자 하나만 난자로 들어가면 되니까 말이다. 수정 뒤에는 난자의 세포벽에 바로 변화가 일어나 다른 정자들이 침투하지 못하게 된다. 곧바로 세포 분

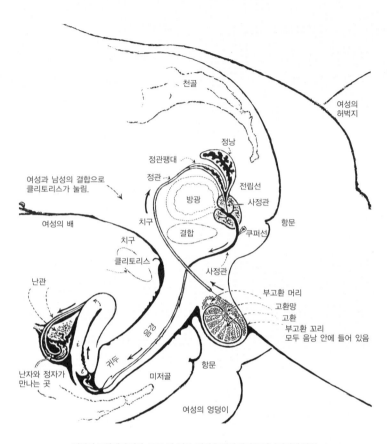

천골

여성의
허벅지

정낭

정관팽대

정관

여성과 남성의 결합으로
클리토리스가 눌림.

방광

전립선

사정관

여성의 배

치구

결합

쿠퍼선

항문

치구

클리토리스

사정관

난관

부고환 머리

고환망

고환

부고환 꼬리
모두 음낭 안에 들어 있음

질관

귀두

난자와 정자가
만나는 곳

미저골

항문

여성의 엉덩이

정자가 고환에서 정관, 요도, 질, 자궁, 난관을 거쳐 난자를 만나기까지 경로

열이 시작되며, 세포가 난관(나팔관)을 지나 자궁에 도착할 무렵이면
이미 상당한 수준으로 분열한 세포 덩어리가 되어 있다. 수정된 난자
가 난관을 따라 여행하는 데는 3일 정도 걸린다. 배아를 둘러싼 양막
낭이 자궁 점막 적당한 장소에 안착하기까지, 자궁강에서 또 3일이
흐른다.

에스트로겐 수치가 높은 월경주기 처음 절반 동안, 자궁내막(자궁의 안쪽 벽)이 꽤 두껍게 자라고 그 안에 관 모양의 분비선들이 전면적으로 발달한다. 배란이 일어나 프로게스테론 혈중 농도가 높아지면 내부기관 조직들은 분비기에 접어든다. 자궁강은 자유롭게 떠다니는 배아에게 줄 영양분을 잔뜩 갖고 있어야 하는데, 이 관상선들이 바로 그 '자궁의 우유'를 제공한다. 6일째 되는 날, 배아는 자궁 내막으로 파고든다. 드디어 배아와 모체의 섬세한 상호작용이 시작되고, 태반이 발달한다. 태반은 엄마와 아기가 산소와 영양분을 주고받는 통로, 배아의 신진대사에서 나온 찌꺼기가 배출되는 통로이다. 그런데 태반은 다양한 호르몬과 단백질들을 생산하는 역할도 한다. 가령 임신 중에 많은 양이 필요한 프로게스테론은 처음에는 황체가 만들어내지만 착상 뒤에는 태반의 임무가 된다. 놀라운 수준으로 커지는 자궁의 능력도 착상 후에 드러난다.[13]

전 과정을 돌아볼 때 작은 기적처럼 느껴지는 사실이 한 가지 더 있다. 여성의 면역계가 자궁 속 태아를 공격하지 않는다는 점이다. 사실 태아가 지닌 유전형질의 절반은 여성의 것이 아니다. 나중에 여성이 자식에게 신장 이식을 받는다면 면역 거부반응을 억제하기 위해 갖가지 치료 수단을 동원해야 한다. 임신 중 가장 흔한 병리적 징후인 고혈압은 어쩌면 일종의 면역 반응인지도 모른다. 고혈압의 위험은 첫 임신에서 가장 높다. 두 번째 이후 임신에서는 모체가 외부 단백질에 익숙해진 사실이 또렷하게 드러난다. 고혈압, 부종(발목이 붓는 것), 단백뇨 등의 증상이 한꺼번에 보이면 그것을 임신중독증이라고 한다. 임신중독증에 걸리면 분만 직전이나 도중에 문제가 생길

우려가 큰데, 가장 두려운 현상은 경련이 오는 것이다. 이처럼 목숨까지 위태로운 상황을 의학적으로는 전자간증前子癎症, pre-eclampsia이라 부른다.

최근 네덜란드 레이덴의 한 연구진은 임신 중 사람마다 혈압 차가 극명하다는 사실을 설명해보려 했다. 그들이 세운 가설은 남편의 단백질에 특히 잘 적응하는 여성들이 있다는 것이다. 연구진은 구강 성교와 관련성이 높다는 것을 발견하고 놀랐다. 특히 남편의 정액을 삼키는 버릇이 있는 여성의 경우, 임신중독증에 걸리는 확률이 상당히 낮았다.[14] 대부분의 여성들은 배우자의 단백질을 자주 질에 받아들인다. 그렇지 않은 경우라면(가령 기증자의 정액을 쓴 경우) 임신중독증의 가능성이 높다. 하지만 위장을 통한 섭취에는 더욱 미묘한 과정들이 있는 듯, 질보다는 구강을 통해 정자에 노출되었을 때 내성이 더 빨리 생기는 것으로 드러났다.

자궁외임신은 통상적이지 않은 형태의 임신이지만 알고 보면 비교적 흔하게 발생한다. 사실 대부분의 임신이 정확히 자궁에서 일어난다는 게 도리어 놀랄 일인지도 모른다. 난자와 정자는 복강 어디로든 움직일 수 있기 때문이다. 수정란이 정확한 길을 찾아 내려오는 기제는 아직 완전히 밝혀지지 않았다. 의학 문헌에는 인체의 내부 항해 시스템이 얼마나 정교한지 느낄 수 있는 놀라운 예들이 가득하다. 감염이나 수술 때문에 왼쪽 난소와 오른쪽 난관을 제거한 여성도(반대라도 마찬가지이다) 가끔 자연스럽게 임신하곤 한다. 자궁에 이어지지 않은 난관, 즉 제대로 하강하지 못한 난소 쪽의 난관에서 임신이 이뤄지는 경우도 있다.[15] 보통의 자궁외임신보다도 더 높은 위치에서 복강 임신이 이뤄지는 셈이다. 난자를 찾아 헤매는 수백만 개의 정자들이 자궁뿐 아니라 복강 전체를 헤집고 다닌다는 사실을 여성들은 잘 모를 것이다.

수정된 난자가 자궁까지 내려오기도 전에 착상된다면, 보통 난관에 안착할 때가 많다. 하지만 난관은 배아의 성장을 지탱하지 못한다. 얼마 지나지 않아 조직이 받는 긴장 때문에 각종 증상들이 나타날 것이다. 만약 혈관이 파열되어 피가 복강으로 흘러들면 생명을 위협하는 급박한 상황이 될지도 모른다.

참 이상한 일이지만, 가장 병리학적인 상황, 즉 복강 임신 상황은 이보다는 좀 덜 위험한 편이다.[16] 이때도 목적에 맞지 않는 조직들로 태반이 형성되기는 마찬가지지만, 가끔 만삭까지 무리 없이 임신이 지속되기도 한다. 일반적으로 몇 가지 징후들이 드러나므로 반드시 외과적 수술이 개입하게 마련이지만, 가난한 나라에서는 배를 열기 전에는 정확한 진단을 하지 못하는 때도 있다. 충수에 구멍이 뚫린 것을 찾다가 뜬금없이 제왕절개를 하게 되는 식이다. 그렇게 태어난 아기는 생존 가능성은 높은 편이지만 선천적 기형을 타고날 확률이 높다. 더욱 위험한 것은 엄마이다. 태반과 배막을 제거할 방도가 없기 때문이다. 가장 좋은 경우는 수술로 제거해도 좋은 장기들(예를 들어 자궁 겉표면, 아니면 장을 덮고 있는 복막에 생긴 지방 주름인 대망)에만 태반의 성장이 영향을 미친 때이다. 그러나 태반을 완벽하게 제거할 수 없는 경우가 흔하고, 그럴 때는 시한폭탄을 몸속에 남겨둔 셈이 된다.

미라가 된, 또는 석회화한 사산아의 자취를 복강에서 발견하는 것만큼 기이한 일도 없을 것이다. 의학 용어로는 '화석태아'라 한

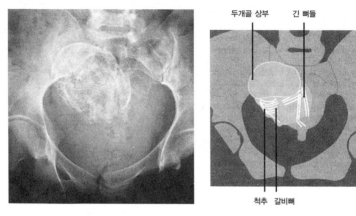

두개골 상부   긴 뼈들

척추   갈비뼈

복부 오른쪽으로 석회화된 태아의 X선 사진(왼쪽)과 이를 그림으로 표현한 것(오른쪽)

다.[17] 그림의 환자는 자궁경부암이었는데, X선 촬영을 할 무렵에는 정신병 증세도 보이고 있었다. 가족에 따르면 환자는 28년 전에 임신했는데 태아가 자궁 속에서 죽었다. 이후 어떤 처치가 이뤄졌는지는 기록이 없다. X선 촬영을 하기 13년 전, 환자는 복부 스캔 검사를 받다가 뭔가 이상한 게 있다는 얘기를 들었지만 처치를 거부했다고 한다. 복강 임신이 만삭까지 진행될 수 있다는 것은 이론적으로 언젠가 남자도 아기를 밸 수 있다는 뜻이다.

원한 임신, 원치 않은 임신

수정 과정은 무척 복잡하다. 대부분의 임신이 순조롭게 벌어진다는 사실이 외려 놀라울 정도이다. 간혹 원치 않는 임신이 자신에게 일어날 리 없다는 여성의 개인적 직관 때문에 임신이 되기도 한다.

마이 버자이너

자신의 가임 능력이 특별히 좋을 리 없다는 근거 없는 믿음을 가진 여성들이 있기 때문이다. 한편 의사들은 사실상 별로 위험하지도 않은 상황인데 잔뜩 겁먹은 소녀나 여성들에게 사후 피임약을 처방해 주고 있다. 원치 않는 임신이란 예나 지금이나 감정적으로 매우 예민한 주제이지만, 현대에는 몇 가지 선택지들이 있어서 상황을 조금은 감당할 만하게 만들어주고 있다.

낙태(그리고 자연 유산)는 고대부터 의학의 주요 관심사였다. 히포크라테스 선서를 하는 의사들은 결코 낙태를 유도하지 않겠다고 맹세한다. 하지만 히포크라테스의 문헌 다른 곳들을 보면 유산을 유도하는 법이 나와 있다. 히포크라테스가 한 사람이 아니라는 것, 코스섬의 여러 학자들이 오랜 기간 모은 자료를 집성한 책이라는 것을 보여주는 증거이다. 20세기 초반에는 낙태를 일으킨다는 갖가지 수법들이 널리 알려져 있었다. 가령 친구의 오토바이 뒷좌석에 앉아 철로 위를 달리거나, 의자에서 뛰어내리기를 무수히 반복한다는 식이었다. 중력의 힘에 의존하는 이 방법은 아주 오래된 문헌에도 나온다. 히포크라테스의 『여성의 질병들』 중 한 대목이다.[18]

그 얘기를 듣고, 나는 여성에게 다리를 접으며 뛰어올라 제 엉덩이를 차라고 했다. 그녀가 일곱 번 펄쩍 뛰자 씨가 흘러나와 바닥에 떨어지며 소리를 냈다. 플루트 부는 소녀는 그것을 보고 깜짝 놀란 표정을 지었다.

소녀는 그간의 일을 꼼꼼히 기억하고 있었고, 저자는 그녀의 진술에 의거해 6일 전에 잉태가 이루어진 것이라 진단한다. 의사는 유산되어 나온 물질의 모양을 껍질 벗긴 달걀 같다고 묘사했다.

무릇 의도도, 방법도 세월에 따라 변하는 법이다. 사후 피임약의 역사는 임신에 대한 공포가 어떻게 진화해왔는지 보여주는 좋은 사례이다. 처음에는 방법이 한 가지였다. 말도 안 되게 많은 양의 에스트로겐을 5일 연속 섭취하는 것이다(처음 몇 년간은 당시 피임약에 포함된 일일 에스트로겐 섭취량의 100배에 달하는 양이 사용되었다. 요새 피임약의 농도는 그 250분의 1에 불과하다). 그렇게 많은 에스트로겐을 복용하면 여성의 몸 상태는 무시무시할 정도로 나빠지는데, 대부분의 여성들이 그 사실을 알고 있었다. 사후 피임약 처방을 위해 진료실을 찾는 여성은 고통에 질려 말 그대로 얼굴이 파랗게 된 채 들어서곤 했다. 지금 취하려는 행동이 위험을 감수할 만한 가치가 있는지 사전에 꼼꼼히 따져본 뒤였다. 대안은 1970년대에 미국에서 등장했다. 앨버트 유츠페 Albert Yuzpe 박사가 고안한 2×2 방법이다. 구식(즉 농도가 높은) 피임약 두 알을 삼킨 뒤 12시간 뒤에 또 두 알을 먹는 것이다. 전체 호르몬 섭취량은 피임약 일주일 치에 맞먹는다. 여성들이 그래도 견딜 만한 방법이었기 때문에, 사후 피임약의 이미지는 상당히 달라졌다. 점차 약을 먹는 여성들의 나이가 어려졌고 이유도 덜 급박한 것이 되었다. '사후 피임약 사야겠어'라는 말은 풍선껌을 산다는 말보다 심각할 게 없는 것으로 여겨졌다. 사실 상상에 불과한 위험에도 대번 약을 먹어버리는 사람들이 많았다. 2×2 방법의 효과가 부분적이라는 사실이 그렇게 늦게 알려진 데는 그 탓도 있을지 모른다. 사실 극도의 위험(배란 직전에 아무 보호 없이 성교한 경우)에 처한 여성들은 2×2 방법을 써도 위험을 없앨 수 없었다. 그 결과 낙태를 하는 병원에는 사후 피임약을 먹고도 효과를 보지 못한 환자들이 줄을 이었다.

그러다 보니 옛날 방법을 다시 꺼내 쓰는 사람이 생길 수밖에 없었다. 그러나 잘 듣지만 죽느냐 낫느냐의 기로인 방법, 그렇게 가혹하진 않지만 위험의 일부만을 덜어주는 방법 사이에서 선택을 하기는 쉽지 않다. 두 가지 방법의 장단점을 모두 듣고도 여성들은 어느쪽을 택할지 몰라 고민했다. 네덜란드 의사들에 따르면, 한 번 사후 피임약을 경험해본 여성은 이후 위험을 피하는 문제에 대해서 더 꼼꼼한 태도를 취하는 것 같다. 열 그루의 나무 중 하나에 새가 숨어 있다고 할 때, 몽땅 날려버리느냐, 아니면 나무를 흔들어볼 것이냐(고작 유령만 날려 보내고 새는 잡지 못할 가능성이 있다) 하는 선택이다. 한 의학 잡지가 썼던 비유였다.[19] 하지만 사후 피임약 시장에도 좋은 소식이 들려왔다. 2000년, 프로게스테론만을 활용한 2×1 방법의 약제가 시장에 나왔다. 미국 자료에 따르면 5×5 방법만큼 믿을 만하면서 부작용은 거의 없다고 한다.

사후 피임약 처방을 받으러 온 여성들과 면담하다 보면, 그들이 월경주기에 따른 가임 확률의 변화에 대해 어느 정도 알고는 있지만 평균적인 임신 확률에 대해서는 사실상 모르는 것이나 마찬가지임을 깨닫게 된다. 배란 당일에 아무 보호 조치 없이 성관계를 가질 경우에도 임신 확률은 20퍼센트 미만이다. 대부분의 여성들은 그보다 훨씬 높게 생각한다. 하지만 조급하게 임신을 기다리는 커플에게는 이것이 짜증날 정도로 낮은 확률로 보일 것이다. 지난 수백 년간 사람들이 수정 가능성을 높이는 방법들을 물색해온 것도 무리가 아니다. 중력의 힘에 의지하기로 한 여성들은 물구나무서기를 선호한다. 몬트리올에서 자궁 내 정액 주입을 받은 여성들을 조사해보았더니 시술 후 곧장 병원을 나간 여성보다 10분 정도 누워 있다 나간 여성들이 확실히 경과가 좋았다고 한다.[20]

그 밖에도 수정을 방해하는 육체적 활동들이 또 있을지 모른다. 에스테반 로페즈Esteban Lopez의 소설『상품으로 걸린 황소』에는 밍크라는 주인공의 성생활이 그려진다. 그녀는 피임을 하지 않는데도 절대 임신하지 않는다. 남자가 몸속에 사정하는 순간 커다랗게 웃음을 터뜨리기 때문이다.[21] 가끔 애인이 그런 반응에 모욕을 느끼기도 하므로, 밍크는 웃음을 참으려 애를 쓸 때가 있다. 하지만 그러면 대신 발작적으로 기침이 나곤 한다. 막상 임신을 하기로 결심하자 이 특이한 조건은 심각한 문제가 됐다. 소설의 화자인 그녀의 애인은 빛나는 발상을 떠올린다. 오르가슴에 다다를 무렵, 자기가 먼저 큰 소리로 웃어젖힌 것이다. 밍크는 하도 놀라서 웃지도 못했다.

중세에는 어떤 성교 자세가 생식에 도움이 되는가 하는 문제를 둘러싸고 생생한 억측들이 나돌았다.[22] 알베르투스 마그누스Albertus Magnus는 남녀가 옆으로 나란히 누우면 정자가 자궁을 찾아가기 힘들다 했다. 여성이 남성 위로 올라가면 자궁이 거꾸로 뒤집히니 분명히 임신에 좋지 않다. 그는 차라리 이 모든 일들을 몰랐으면 한다고 말했다.

남자가 아래에 눕든 위에 있든, 서 있든 앉아 있든, 결합이 앞쪽에서 이뤄지든 뒤쪽에서 이뤄지든, (…) 요즘 고해소에서 날마다 듣는 얘

마이 버자이너

기가 그런 이상한 것들만 아니라면, 그 수치스런 얘기들을 내가 입에 올릴 이유도 없을 것이련만.

불쌍한 고해신부들! 하느님의 양들이 오로지 성무의 의무 때문에 그런 질문들에 시달려야 했다니 얼마나 안타까운가. 로마가톨릭교회는 성교의 유일한 목적을 번식으로 규정했다. 알베르투스 마그누스도 위에서 열거한 자세들은 자연에 반하는 것이니 죄라고 했다. 성 토마스 아퀴나스는 성적 죄악의 위계에 특히 관심이 많았다. 번식의 욕구가 아니라 육욕의 결과로 공공연히 이뤄지는 성교라면 죄가된다. 따라서 상식에 벗어난 성교 자세는 수간이나 동성애와 같은 부류에 속하였고, 처벌 대상인 범죄로 간주되었다.

가톨릭교회는 아직도 이 신념을 버리지 못해서 가끔 우스꽝스런 상황을 연출한다. 1987년의 신앙교리성성(가톨릭교회의 신앙과 윤리에 관한 정통교리를 증진하는 책임을 맡는 조직으로 금서목록도 관리했다_옮긴이)은 정자가 남편의 것이라 하더라도 인공적 정액 주입이나 체외수정을 해선 안 된다는 결론을 내렸다. 문제는 정액을 여성에게 전달하는 과정에 의학이 개입해서가 아니다. 그보다 정자를 죄를 짓지 않는 방식으로 '수확'할 방법이 없기 때문이다. 그 자리에 모인 신학자들도 자신들의 견해가 세간의 임상 현실과 너무나 다르다는 것을 알고 있었기에, 한참 더 숙고해보기로 하였다. 그리고 마침내 양다리 걸치기 식의 결론을 찾아냈다.

이제부터 설명할 테니 놀랄 준비를 하시라. 정자를 모으는 제일 쉬운 방법은 콘돔을 끼고 성교하는 것이다(살정제를 쓰지 말 것은 물론이다). 하지만 콘돔은 불경한 목적으로 만들어진 피임 기구라서 교회가 금하는 물건이다. 그런데 콘돔에 구멍을 조금만 내면, 이 기구는 원래의 문제적 성격을 잃는 셈이다. 새는 콘돔으로 성교하면 임신할지도 모른다는 생각을 남겨둠으로써 양심에 위안을 삼는 것이다. 조심스럽게 아주 약간만 구멍을 내면 부인과에 가져다줄 만큼의 정액을 충분히 모을 수 있다.[23]

가톨릭교회는 테오도르 판 데 펠더의 문제도 처리해야 했다. 그의 책 『이상적 결혼』은 1926년에 나와 세계적 베스트셀러가 되었다. 성적 쾌락의 문제에 관심을 쏟는 게 합당하다고 말하는 책이었기에, 당연히 로마교황청 금서목록에 올랐다. 교황 파이우스 11세는 '정결한 혼인'이라는 회식을 발표할 때 판 데 펠더를 염두에 두었던 것이 분명하다. 교황은 결혼에 대한 그런 식의 접근은 '완벽한 매춘 행위'라 설명했다. 판 데 펠더는 1929년에 또 다른 책을 쓰는데, 이번에는 부부의 임신 문제를 다루었다. 그는 자신이 보기에 수정을 촉진하거나 방해하는 성교 자세들을 상세히 소개했다. 21세기의 시각으로 보면 그의 주장은 별로 설득력이 없다. 경험적으로 증명된 것도 아니다.

일반적으로 인간 남성은 다른 동물들에 비해 생식력이 매우 떨어지는 편이다. 우리는 아직 그 정확한 이유를 모른다. 남녀 양쪽 모두가 불임 검사를 해도 뾰족한 원인을 찾지 못하는 경우가 많다. 하지만 시험관 수정(혹은 체외수정)이 발전하는 과정에서 부수적으로 불임에 대한 여러 사실들이 알려지기는 했다.

체외수정 초창기 시절, 의사들은 성공 확률을 높이기 위해서라면 온갖 과감한 수법을 다 동원할 준비가 되어 있었다. 가급적 많은 난자들을 얻으려고 막대한 양의 호르몬을 투여해 난소를 자극했다. 난자들과 정자들을 융합해서 수정란이 가령 세 개 만들어지면 셋 모두 자궁에 착상시켰다. 그래서 초기에는 쌍둥이나 세쌍둥이가 엄청나게 많았다. 이런 호르몬 요법은 바람직하지 않은 부작용을 잔뜩 일으킨다. 그래서 최근에는 쌍둥이 출산으로 인한 건강 문제를 최소화해야 한다는 주장이 신생아학자들 사이에서 힘을 얻고 있다. 요즘 진보적인 체외수정 센터들은 가장 자연스런 형태의 체외수정으로 돌아갔다. 자연적 월경주기에 최대한 개입하지 않고, 한 번에 하나의 난자만 거두는 것이다.[24] 그러면 여성이 호르몬에 폭격당할 일은 없지만, 초음파로 난포 크기를 측정하는 '미세 조정'을 위해 더 자주 병원을 찾아야 한다. 자연적 과정을 주의 깊게 관찰하다 보니 새로운 사실들도 알게 됐다. 한 예로 일본의 한 민간 병원과 덴마크 연구진이 공동 수행한 장기 연구는 발달 중인 난자에 황체가 영향을 미친다는 사실을 밝혀냈다.[25]

일본 의사들은 지난번 월경 때 쉬었던 난소를 찔러 난자를 적출하면 지난번에 활동적이었던 난소의 난자를 쓰는 것보다 예후가 훨씬 좋다는 것을 발견하고 놀랐다. 난포 시기, 즉 난자가 자라는 데 걸리는 시간은 한 달 거른 난소에서 성숙하는 경우 더 짧아졌다. 두 번의 배란을 거른 난소의 난자는 그보다도 더 질이 좋다. 일단 적출을 시도할 때 난자가 나올 확률부터가 높고, 사실상 모든 경우에 순조롭게 수정이 이뤄졌으며, 최초의 분열도 더 매끄럽게 이어졌다. 수정란 착상 성공률조차 높았다. 가장 신빙성 있는 설명은, 지난번에도 난자

를 생산했던 난소에서 난포가 성장할 때는 근처의 황체가 내는 호르
몬의 영향을 초기에 받게 된다는 것이다. 나이도 중요한 요인이다.
젊은 여성은 나이 든 여성보다 왼쪽·오른쪽 난소가 번갈아 배란할
가능성이 높다.[26] 후쿠다는 배란을 잠시 억제한다면(예를 들어 피임약을
통해서) 이전 배란으로 인한 부정적 영향을 없앨 수 있으리라는 가설
을 세우고 점검해보았다. 결과는 예상대로였다. 환자들은 두 달 이상
씩 피임약을 처방받았는데, 특히 체외수정에 가장 바람직한 결과를
낳은 난자들은 피임약 복용을 마친 후 두 달째 되는 달의 난자들이
었다.

후쿠다의 연구는 출산 관리 병원에서 일하는 의사들이 피임약 도
입 후 막연히 갖고 있던 심증을 굳혀준 것이었다. 피임약 사용 첫 세
대 여성들은 약을 끊은 후 가임 능력에 지장이 있을까 봐 매우 걱정
했다. 실제로 피임약을 끊고 나서 한참이 지나야 월경주기가 정상으
로 돌아오는 사람들이 있었다. 그러나 이 문제는 피임약을 먹기 전에
도 원래 주기가 규칙적이지 않았던 여성들의 경우였다. 즉각 예전 리
듬을 되찾은 여성들은 피임약을 끊은 후 몇 달 동안 오히려 정상보
다 조금 가임 능력이 높은 것처럼 보였다.

최근 벌어지고 있는 체외수정 분야의 발전을 좀 비판적인 시각에
서 보자면 너무 많은 수의 부인과 의사들이 걸맞지 않을 정도로 막
강한 무기들을 마구 동원한다는 감상도 가질 수 있다. 체외수정은 큰
영광과 명성을 누릴 수 있는 분야이다. 그래서 목표에 정확히 부합
하지 않는 도구를 사용하거나 위험을 감수하는 길로 빠지기 쉽다. 이
탈리아 발생학자 세베리노 안티노리Severino Antinori는 오래전에 폐경

이 된 여성의 임신법을 찾다가(기증자 난자를 이용해서) 2001년부터는 복제 가능성을 연구하기 시작했다. 그는 라엘리안 무브먼트(우주인의 존재를 믿는 종교로, 인간 복제를 통해 불멸을 누릴 수 있다고 믿는다_옮긴이)와 관계가 있는 클론에이드 사와 경쟁하는 관계가 되었다. 2003년, 라엘리안 집단은 복제 아기 출산에 성공했다는 소식을 발표했지만 증거는 제시하지 못했다. 최초의 자궁 이식은 2002년 사우디아라비아에서 있었다. 이식된 자궁은 두 달 뒤 제거해야 했지만 그동안 두 차례나 정상적으로 월경이 있었다! 연구자들은 무조건적으로 대리모 활용에 반대하는 문화권에서나 수용될 만한 시술이라고 스스로도 밝히고 있다.[27] 이 분야의 환자들은 가능한 일이라면 뭐든 받아들일 수 있다는 마음 자세로 오는 경우가 많다. 2000년 3월, 페미니스트 잡지《옵제이》는 체외수정으로 아이 둘을 낳을 계획을 세운 한 레즈비언 커플을 소개했다. 한 여성의 수정란을 다른 여성의 자궁에 이식하고, 다음에는 반대로 하겠다는 것이다. 서로의 관계를 강화하는 방식으로 아이를 갖고 싶다는 것이었는데, 이들은 해외로 나갈 계획을 세우고 있었다. 네덜란드의 체외수정 병원들은 그들의 바람을 충족시켜줄 준비가 안 되었기 때문이다. 후에 한 텔레비전 다큐멘터리가 그 커플이 벨기에 플랑드르의 체외수정 병원을 찾는 모습을 방영했다. 하지만 플랑드르의 전문가들도 이 계획에 대해서는 유보적인 태도를 보였다.

미국에서도 한 레즈비언 커플의 희망 때문에 격렬한 논쟁이 벌어졌던 적이 있다. 두 사람 모두 선천적 청각장애인이었는데, 자신들을 닮은 농아 아기를 갖겠다고 고집한 것이다. 이들은 똑같은 유전적 질병을 가진 정자 기증자를 찾아냈다.

아이를 절실히 원하는 커플에게는 그 어떤 방법도 너무 부담스럽거나 위험해 보이는 법이 없다. 뭐든지 해볼 자세가 되어 있기 때문에, 그들은 실현 가능성에 관해 다소 판단력을 잃은 상태가 되며, 어쩔 수 없는 현실에 직면하는 것을 끝끝내 미룬다. 이 또한 예부터 그랬던 일이다. 의학계의 사기와 오류들을 다룬 책에서 세이스 렌컨스는 제임스 그레이엄, 자칭 '박사'라는 사람의 삶과 일을 자세히 소개했다. 그레이엄은 불임 치료를 전문으로 삼았던 의사였다.[28] 1779년에서 1784년까지 그는 런던 스트랜드가 바로 옆에 있는 아델피 테라스에서 '건강의 사원'을 운영했다. 그레이엄은 위생에 대한 조언 및 진흙 목욕, 전기 충격, 자기장 적용 등의 방법을 제공했다. 그러나 그의 사원 최고의 성소는 이른바 '천국의 침대'였다. 참으로 호사스런 침대였다. 28개의 크리스털 원 주위로 캐노피가 덮여 있고, 수많은 전류와 자기장을 걸 수 있도록 설계되어 있었다. 침대를 사용하는 커플은 극도의 황홀을 만끽할 수 있다 했으며, 물론 틀림없이 임신도 된다고 했다. 하긴 그러지 않으면 곤란했을 것이다. 하룻밤 사용료가 무려 100파운드나 했으니 말이다.

더 실용적인 기법으로 이집트 족장이나 이슬람 율법학자들이 부적을 구하러 온 불임 여성들에게 쓴 방법이 있다. 나왈 엘 사아다위는 고향 마을인 이집트의 카프르 탈라에서 그런 부적 이야기를 들은 적 있는데, 사실 모직으로 된 자그만 술 장식에 불과한 것이었다.[29] 부적은 질 가까이 지니고 다녀야 하는데 실제 몇몇은 이후에 임신을 했다. 엘 사아다위가 내린 결론은 몇몇 율법학자들이 자기 정액을 술에 묻혀서 여성의 질로 여행하게 했다는 것이다. 그럼으로써 여성들의 절박한 문제를 풀어준 셈이다. 그곳 사람들은 불임의 원인을 절대 남성에게서 찾지 않기 때문이다. 기증자를 통한 인공수정을 원하는 환자들에게 자신의 정자를 사용했던 미국의 부인과 의사 세실 제이콥슨Cecil Jacobson이 떠오르는 이야기이다. 제이콥슨의 이야기에서 힌트를 얻은 아를린 샌퍼드Arlene Sanford는 1994년에 TV 영화 〈아기 만드는 사람〉을 제작하기도 했다. 아라비아반도에서는 이런 식으로 문제를 푸는 게 이슬람교 도입 이전의 전통에도 맞다. 과거에 이스팁다istibdaa라는 형태의 결혼이 있었는데, 부부가 일반적으로 자신들보다 계급이 높은 다른 남자의 아이를 갖는 게 허락되는 상황이었다.

최근 몇십 년간 불임에 대해 이런저런 불확실한 걱정들이 늘어났다. 특히 남성에 대해서였다. 신문과 잡지에는 정자의 질을 걱정하는 보고서들이 자주 실린다. 요즘은 주로 환경오염이 범인으로 지목되지만, 과거 한동안은 꽉 끼는 옷에 대한 염려도 매우 높았다. 남자들은 고환이 몸의 가장자리에 떨어져 나와 자유롭게 매달려 있는 이유를 잘 안다. 정자 생산에 최적의 상태를 유지하기 위해서는 정소의 온도가 다른 부위의 체온보다 낮아야 한다. 그래서 고환 하강부전증을 제대로 치료하지 않으면 생식력을 잃는다. 최근에는 일회용 기저귀도 비난 대상이 되었다. 합성수지 때문이 아니라 통풍이 안 되기 때문이다. 일회용 기저귀를 쓰면 천 기저귀를 쓸 때보다 음낭의 온도가 1도가량 높다는 소규모 연구 결과도 있었다.[30] 자라서는 달라붙는 속옷이나 청바지, 뜨거운 목욕이나 사우나 등에 의혹이 집중된다. 이런 문화적 혜택들이 정말 인류의 존재에 위협을 가하고 있는 걸까?

마스트리히트(네덜란드 남동부 림뷔르흐주의 주도_옮긴이)에서는 꽉 끼는 속옷의 위험이 사실인지 거짓인지 밝히기 위한 실험이 있었다.[31] 사우나, 뜨거운 욕조 목욕, 전기담요 사용을 1년간 금하겠다고 약속한 자원자들은 6개월은 꽉 죄는 팬티를 입고 나머지 6개월은 헐렁한 박스형 팬티를 입었다. 순서는 마음대로였다. 중간에 포기한 사람이 적지 않았지만 결과는 전체적으로 확실했다. 헐렁한 팬티를 입었을 때 정액 밀리리터당 정자의 수가 거의 두 배를 기록했고, 활동적으로 움직이는 정자의 비율도 높았다.

한 사람의 정자를 여러 차례 수집해보면 그 사이에도 상당한 차이가 있는데, 이 또한 설명하기 어려운 일이다. 멋진 성관계를 가질 때 좋은 정자가 나온다고 믿는 남자들도 꽤 있다. 더 큰 흥분과 더 멋진 오르가슴을 느끼면 정자의 질이 나아진다는 믿음이다. 실제로 자위에서 나온 정자보다 성교 중에 나온 정자의 질이 좋다는 연구도 여럿 있다. 이 주제에 대한 본격적인 실험은 1996년에 있었다.[32] 대상은 한 불임 클리닉의 환자들과 정자 기증자들이었다. 그들에게 자위 중에 어떤 기분을 느꼈는지 설문지에 표기한 뒤 정액과 함께 제출하게 했다. 생식력이 낮은 집단에게는 자위 중 야한 비디오를 보게 했을 때 효과가 좋았는지 점검했다. 결과는 부정적이었다. 참가자 본인들은 비디오를 보면서 자위하는 쪽이 훨씬 흥분된다고 답했지만, 실제 정자의 질은 나아지지 않았다. 건강한 기증자들도 마찬가지로, 흥분도의 차이가 정자의 질 차이로 이어지진 않았다.

아기를 몹시 갖고 싶어 하는 사람들은 보통 고대하는 선물이 딸인지 아들인지 가리지 않는다. 하지만 선호가 뚜렷한 커플도 물론 많다. 문화 자체가 중립적이지 않은 곳도 있다. 레위기 12장 2~8절을 보면 사내아이를 낳은 여성은 7일간 불결한 반면 딸아이를 낳은 여성은 14일간 불결하다고 한다. 모로코에서는 아들을 낳은 여성은 세 번 기쁨의 탄성을 지르지만 딸을 낳으면 한 번, 혹은 아예 소리를 내지 않는다.[33] 파키스탄의 산파들은 아기의 성별을 즉시 산모에게 알려주지 않는다. 아들이면 기쁨에 겨워서, 딸이면 절망에 잠겨서 제대로 태반을 배출하지 못한다고 생각하기 때문이다. 태반을 먼저 내보낸 뒤에야 산모는 자신의 행운(또는 불운)을 들을 수 있다.

뭄바이의 성별 비는 여성 대 남성이 774대1000이다. 선택적 낙태가 대규모로 벌어지고 있다는 증거이다. 인도를 다니다 보면 작은 병원들이 세운 거대한 광고판들이 즐비한데, 초음파검사뿐 아니라 필요할 경우 낙태까지 해준다는 내용이 버젓이 적혀 있다.[34]

예비 부모들은 대개 배 속에 든 아기의 성별을 알고 싶어 한다. 히포크라테스는 딸을 가진 산모는 몸이 편치 않을 때가 잦다고 주장했다. 최근 스웨덴에서 이뤄진 전염병학 연구에 따르면 그 주장이 옳은 듯하다.[35] 심한 입덧으로 병원에 입원하는 여성들은 딸을 낳는 확률이 높았다.

사람들은 어떻게 아기의 성별이 결정되는지 잘 알고 있을까? 커플이 그 결과에 영향을 미치는 방법이 존재할까? 중세 의학자들은 갈레노스의 견해에 따라 자궁에 일곱 개의 방이 있다고 믿었다.[36] 갈레노스의 권위는 너무도 막강하여 최초의 해부 학자들(예를 들어 1316년에 해부학 결과를 출간한 몬디노 드 루치 등)은 시체의 자궁에서 정말 일곱 개의 방들을 보았다고 주장했다. 물론 있을 수 없는 일이다. 갈레노스는 선언하기를 오른쪽 세 개의 방들은 남성 배아를 위한 것, 왼쪽 세 개의 방들은 여성 배아를 위한 것이며 일곱 번째 방은 자웅동체 배아용이라 했다. 그래서 오른쪽 난소는 아들이 되는 '여성의 씨앗'을, 왼쪽 난소는 딸이 되는 '여성의 씨앗'을 배출한다고 본 사람들도 있었다. 20세기의 지식으로 보자면 말도 안 되는 얘기이다. 아기의 성별은 난자를 수정시키는 정자에 의해 결정되기 때문이다. 정자들 중 절반은 X염색체를, 다른 절반은 Y염색체를 갖고 있으며, X염색체를 가진 정자가 경주에서 승리하면 그때 딸이 태어난다.

후대에도 성별 감식에 대한 이야기는 끊이지 않았다. 마리 앙투아네트의 산과 의사도 이 주제의 글을 쓴 적 있다.[37] 옛날에는 딸만 많고 아들이 없는 부모는 말 그대로 비참해지는 시대도 있었다. 딸에게 줘야 하는 지참금이 적지 않았기 때문에 재산이 산산이 흩어졌다. 결혼 상대자를 못 구한 딸에게 알맞은 직업을 구해주는 것도 힘든 일이었다. 수녀원이 유일한 대안일 때도 있었다. 아들을 낳는 기술에 몰두한 학자들은 하나같이 매우 비실용적인 결론에 도달하곤 했다. 적절한 상대와, 적절한 시점에, 적절한 태도로 성행위를 한다는 전제하에, 커플의 신앙심이 클수록 아들을 낳을 가능성이 크다는 것이다.

1900년, 아일랜드 의사 대번포트Davenport가 제시한 우아한 이론 쪽이 이보다는 그나마 과학적으로 보인다.[38] 대번포트는 아들만 줄줄이 낳은 가족들을 관찰한 결과 엄마의 건강이 아빠보다 확연히 낫다는 것을 알았다. 딸만 있는 부부라면 남편이 아내보다 건강했다. 자연은 남성과 여성의 균형을 맞추는 방향으로 개입하는 것 같았다.

그러므로 가족 성별의 균형을 이루고자 하는 커플이라면 부부의 상대적 건강 상태를 주의 깊게 조절할 필요가 있다.

자발적으로 실험을 한 사람도 등장했다. 건강이 좋지 않아 오스트레일리아로 이민 간 남자가 있었는데, 거기서 튼튼한 여성과 결혼했다. 그들은 아들만 내리 여덟을 낳았다. 그 후 부인이 병에 걸려 수술을 받게 됐다. 동시에 남편은 식단 조절과 약물 처방 등의 치료를 받으며 건강을 개선했다. 그러자 다음 번 아이는 정말 딸이 되었다.

이 사례에 고무된 대번포트는 39쌍의 커플들을 모집한 뒤 약한 쪽은 건강하게 하고, 건강한 쪽은 약하게 했다. 부실한 식단, 수면과 운동 금지, 브롬 화합물을 적용하는 식이었다. 그중 네 가족은 아예 임신을 하지 못했지만 임신에 성공한 35쌍 중 32쌍은 원하던 결과를 얻었다.

대번포트를 추종한 의사는 없었지만 이런 식의 작업은 계속되었다. 꽤 놀라운 관찰 결과들도 등장했으나 실용적 가치를 지닌 것은 없었다. 이제 우리는 일반적으로 세상에 여자보다 남자가 많이 태어난다는 것(대략 49퍼센트 대 51퍼센트), 하지만 큰 재난 뒤에는 성비가 역전된다는 것을 알고 있다.[39] 1952년 런던의 스모그, 1965년 브리즈번의 홍수, 1995년 고베의 지진 직후에 태어난 아기들 중에서는 여성이 51퍼센트를 차지했다. 매우 종합적인 의료 관리 체제를 갖추고 있는 덴마크에서는, 1980년에서 1992년 사이에 출산을 한 산모 2만 3,000명에 대해서 의학적 불운(임신부나 그 남편이나 가족 중 다른 아이들이 입원한 적 있는지, 암이나 심장병을 일으킨 적 있는지)이 있었는지 조사해볼 수 있었다. 한 가지 이상의 문제를 겪은 산모는 약 15퍼센트로 드러났는데,

그들 중 51퍼센트가 딸을 낳았다. 아무런 문제가 없는 대조군 여성들이 딸을 출산한 비율은 49퍼센트였다.

1977년에 다이옥신 사고를 겪은 이탈리아 세베소도 어쩌다 보니 의학 실험의 장이 되었다. 다이옥신에 노출된 남성들은 아들을 둘 확률이 평균보다 낮았다. 특히 18세 이전에 노출된 경우가 심했다.[40]

20세기 들어서는 정자의 나이가 결정적 역할을 한다는 생각이 널리 퍼졌다. 즉 배란 당일의 성교보다 배란일 한참 전의 성교가 아들로 이어질 가능성이 높다는 것이다. 아들을 낳고 싶으면 배란일 한참 전에 성관계를 가져야지, 뒤에는 안 된다는 주장이다. 최근에는 이 주제도 체계적으로 연구된 적이 있다. 연구자들은 특히 배란 며칠 전에 성관계를 가져야 수정될 확률이 높은지 측정했다.[41] 성교에서 배란까지의 시간이 사흘에서 닷새일 경우, 임신 가능성 자체는 그리 높지 않았다. 하지만 수정란이 안전하게 살아남을 가능성은 낮은 편이 아니었다. 어쨌든 그 결과 태어난 아기의 성별은 기간과는 아무 상관이 없었다. 아들만 넷을 뒀던 벨기에의 아동 강간범 마크 뒤트루는 너무나 비열한 이유에서 딸을 바랐다. 그는 '나이 든' 정자가 딸이 될 가능성이 높다고 믿고는 며칠 전에 콘돔에 배출했던 정액을 아내에게 주입해 임신시켰다. 다섯째 아이는 정말 딸이었다.[42]

서양에서는 태아 성별 감식의 윤리성 문제가 오래전부터 논의되어 왔다. 하지만 의사들이 성 감별의 가치를 인정하는 상황도 있긴 하다. 산모의 가족이 반성유전적(X염색체에 있는 유전자에 의해 일어나는 유전 현상_옮긴이) 장애를 가진 경우(잘 알려진 것이 혈우병) 의사는 딸만 낳도록 도와줄 수 있다. 가장 오래되고 단순한, 하지만 가장 문제가 많은 방법은 남아만 선택적으로 낙태하는 것이다. 초음파검사나 양수 검사를 통해 태아가 남자임이 밝혀지면 바로 중절수술을 한다. 그러나 다음번 임신의 가능성도 어차피 50대50이다. 이것은 너무 거친 방법이라 대안이 필요했고, 체외수정의 성공률이 높아지고 보편화되고부터는 임신 후가 아니라 수정란 삽입 전에 진단을 내리는 쪽이 옳아 보였다. 이 방법은 성공적이지만 임신 확률을 낮추는 처치가 필요한 것이 흠이다.

수의사들은 훨씬 일찍부터 X염색체 정자와 Y염색체 정자를 분리하는 기법을 써왔다. 여러 방법이 있지만 개중 혈구 계산 분리법이 제일 성공적이다. 정자에 형광 착색제를 가한 뒤 매우 좁은 관 속을 빠르게 지나게 한다. 그러면 레이저 빔이 개개 정자가 반사하는 신호를 읽을 수 있다. X염색체 정자의 모양은 Y염색체 정자와 살짝 다르기 때문에 반사하는 신호도 살짝 다르다. 그것을 읽어서 각 정자에 재빨리 양전하 혹은 음전하를 가한다. 그 후 정자를 자기장에 걸면 마지막에는 두 종류의 정자들이 양극으로 나뉘어 모인다. 시간이 많이 걸리는 방법이고, 경제적인 편도 아니다. 보통의 경우라면 한 번의 사정액을 가지고 수정을 수도 없이 많이 시킬 수 있기 때문이다. 사람의 경우 자궁 내 수정법을 주로 쓰는데, 그러면 정자의 수가 적은 단점이 다소 상쇄되기는 한다. 1999년, 버지니아 주에 있는 유전학 및 체외수정 연구소의 에드워드 푸거Edward Fugger와 동료들은 사람을 대상으로 한 시험 내용을 공개했다. 딸을 원한 경우는 아들을 원한 경우보다 성공률이 높았다. 딸을 원한 39쌍의 부부 중 37쌍이 소원을 성취한 반면, 아들을 몹시 원한 14쌍의 경우 4쌍은 딸을 낳았다.

처녀의 임신

성과학자들에게도 생식은 중요한 주제이다. 성적인 문제들이 임신에 관한 문제들을 낳는 경우가 있기 때문이다. 중세에 발기부전을 둘러싼 재판이 벌어질 때는 성적인 면이 아니라 여성의 출산을 좌절시키는 면이 핵심으로 취급되었다. 교회는 원칙적으로 이혼을 금했지만, 전문가 배심원의 조사 결과 남편이 결혼의 의무를 이행하지 못하는 것으로 드러난다면 여성이 이혼을 얻어낼 수 있었다. 발기를 못해 삽입할 수 없다거나 극심한 조루로 임신이 불가능한 경우 등이 해당되었다.

여성에게도 생식을 방해하는 문제들이 있을 수 있다. 하지만 일단 삽입을 견딜 수만 있다면 다양한 대안들을 적용할 수 있다. 삽입을 견디지 못하는 것은 가령 질 경련 환자들 같은 경우이다. 하지만 C. T. 판 스하익C. T. van Schaik이 1975년에 보고한 바에 따르면 그는 성교 이외의 방식으로 임신한 여성들을 여러 차례 낙태 수술한 적 있다고 했다. 누구나 동정녀 마리아의 무염시태는 알고 있다. 역사를 뒤져보면 그 밖에도 의도적이든 아니든 처녀 상태에서 임신한 예들이 많다. 사실 손가락에 정액을 묻혀 집어넣는다는 발상은 쉽게 떠올릴 만하다. 1909년, 프랑스 부인과 의사 포레와 시르디는 네 아이를 낳았으면서도 한 번도 성관계를 가진 적 없다고 주장하는 여성의 사례를 보고한 적 있다.[43] 내가 만났던 한 부부는 남편도 아내도 8살이 된 딸을 어떻게 임신하게 됐는지 알 수가 없다고 말했다. 절대 성교를 통한 것은 아니었는데, 두 사람 다 성행위를 싫어했기 때문이다.

존 웰스John Wells가 1997년에 발표한 이른바 '일화적 역사책', 『상원 이야기』를 보면 유명한 처녀 잉태 사례가 자세히 소개되어 있다. 크리스타벨 러셀, 즉 앰프실 경 부인의 이야기이다. 크리스타벨이 첫 임신을 하자 남편 스틸츠는 그녀를 간통으로 고소하는데, 한 번도 그녀와 성관계를 맺은 적이 없었기 때문이다. 크리스타벨은 결혼 전에도, 결혼 중에도 평판이 미덥지 못한 여성이었다. 대령의 미망인이었던 그녀의 어머니는 두 딸을 런던과 파리에서 길렀고, 크리스타벨은 파리에서 탱고 교습을 하며 생계를 유지했다. 제1차 세계대전 발발 직후 런던으로 돌아온 그녀는 사교계에서 가장 잘나가는 여성이 되었다. 미래의 앰프실 경인 스틸츠 러셀은 전쟁 중에 잠수함에서 복무한 군인이었다. 그는 그녀에게 미칠 듯 반했으나 그녀는 쉽게 마음을 정하지 않고 오래 그의 애를 태웠다. 결혼식 날 밤, 그녀는 최소한 1년간은 자식 얘기를 꺼내지 않겠다는 엄숙한 맹세를 남편에게 시켰다. 그가 해군으로 파병되자 두 사람은 한동안 떨어져 지내야 했는데, 그녀가 무수한 예전 남자친구들 또는 새 구애자들과 흥청망청 밤을 보낸다는 소식이 간간이 그의 귀에 들어왔다. 너무도 지각없는 그녀의 품행에 스틸츠와 그 부모는 줄곧 곤란한 입장이었다. 이혼을 심각하게 고려하고 있는데 마침, 크리스타벨은 임신을 공표한다. 스틸츠는 의혹을 느꼈다. 하지만 크리스타벨은 어느 밤 그가 몽유병 환자처럼 돌아다니는 것을 자신이 발견해 자기 침대에서 하룻밤 같이 잔 적이 있다고 주장하며 그를 달랬다. 스틸츠는 그 말을 믿을 태세였지만 시어머니에게는 그것이야말로 마지막 인내를 날려 보내는 말이었다.

그 이혼은 우스꽝스런 상류층 소동이었을 게 틀림없다. 몽유병

이야기는 곧 옆으로 밀려났지만 앰프실 가의 변호사는 크리스타벨의 방종한 태도가 실제 간통으로 이어졌다고는 증명할 수 없었다. 크리스타벨의 평판은 누더기가 되었지만 스틸츠에게도 가끔 여자 옷을 입는 도착적 취향이 있다는 소문이 돌았다. 결과적으로 그는 일련의 실패들을 맛보며 사회적 패배자가 된 반면, 크리스타벨은 성공한 여성 사업가가 되었다. 그녀가 가진 최고의 카드는 처녀막이었다. 임신을 한 것은 틀림없지만 한 번도 남성의 성기를 받아들인 적 없는 상태인 것 역시 사실이라는 진단을 여러 의사들이 내렸다. 크리스타벨은 '흉노같이 야만적인 상황들'이 침실에서 벌어졌음을 생생하게 설명했고, 스틸츠도 몇 번인가 그녀에게 삽입을 시도한 적 있다는 사실을 부인하진 못했다. 그 '불완전한' 성교 과정에 정액이 흘렀을 가능성도 있다. 배심원들은 마음을 정하지 못했다. 재심이 요청되었고, 절망에 빠진 앰프실 가는 가산을 다 털어서라도 크리스타벨의 간통 관계를 입증하려 했다. 그 덕에 한몫 잡은 탐정들이 한둘이 아니었다. 마침내 앰프실 가는 승소했다. 법원은 한 번의 간통 관계가 확인되었으니 결혼은 무효이고, 그때 이미 태어났던 조프리는 사생아라고 판결했다.

몇 년 뒤, 크리스타벨은 상원에 항소할 정도로 돈을 모았다. 상원은 그녀의 주장을 '결혼 후 태어난 자식의 서자 인정' 문제라는 18세기 법 조항에 비추어 판단했다. 법에 따르면 남편이든 아내든 결혼 후에는 '부부 관계가 없었으니 자식은 사생아'라는 말을 할 수 없다고 했다. 크리스타벨은 결백을 입증한 셈이고 아들을 고귀하게 키울 수 있었다. 반면 앰프실 가는 궁핍한 가문으로 전락했다.

1974년에 스틸츠가 죽자 그의 두 번째 결혼에서 태어난 아들이 다시 소송을 하려 했다. 혈액검사라는 현대적 기법에 기대려 한 것이다. 상원은 전임자들의 진중한 의견이 조악한 물질적 기법보다 훨씬 무게 있다고 선언하며 그의 청을 거부했다. 조프리는 4대 앰프실 남작이 되었고, 80세가 된 크리스타벨은 아일랜드의 교외 부동산을 팔고는 세계 여행에 나섰다. 그녀는 중고 캠핑카를 한 대 사서 오스트레일리아로 떠났다. 고향으로 돌아오는 여행길 중간쯤, 중앙아시아 어딘가에서 크리스타벨은 경찰에 잡혔는데, 차는 등록세도, 보험 처리도 되지 않은 데다가 크리스타벨은 면허조차 없었다고 한다.

심리적 이유로 성행위를 견디지 못하는 여성(그리고 남성)들은 의학의 도움을 구하기도 한다. 불임 전문가들은 무수한 기술적 대안들을 갖고 있지만, 가끔은 별것 아닌 도움만 줘도 될 때가 있다. 남녀가 아이를 원하지만 삽입 성교를 꺼린다면 인공 정액 주입이 논리적 해결책이다.[44] 의사는 정액을 확보한 뒤 이후 지침을 알려주기만 하면 된다. 나머지는 환자들이 알아서 할 것이다. 이 방법을 쓰는 사람들은 또 있다. 레즈비언 커플들인데, 보통 의사의 도움 없이 정자 기증자를 구하는 것을 좋아하긴 하지만 어쨌든 스스로 정액 주입 과정을 통제하고자 하기 때문이다. 이성 커플이라면 가끔 '정상적인' 생식을 하지 못하는 데 대해 부끄러움을 느끼는 이들도 있다. 내가 만난 한 부부가 그랬다. 남편은 생식 임무에 대한 압박을 너무 크게 느껴서인지 아내가 피임약을 끊고부터 제대로 발기를 하지 못했다. 질속에 사정하는 것도 어려워했다. 자위를 할 때는 아무 문제가 없었기 때문에 자가 정액 주입이야말로 딱 맞는 방법인 셈이었다. 하지만 내가 그 방안을 권하자 부인은 눈물을 터뜨렸고, 사실 한 대학 병원에 체외수정을 의뢰했다고 말했다. 체외수정은 비용도 더 들고 가능성도 낮지만 자가 정액 주입보다는 받아들일 만하다고 여긴 것이다.

그러니 처녀 임신은 기적과는 거리가 멀다. 예부터 산파 중에서도 가장 숙련된 사람들이 처녀의 출산을 돕곤 했다. 놀라운 점은, 분만을 하고도 대부분의 여성들은 여전히 삽입을 견디지 못한다는 것이다. 부인과 서적들에는 그야말로 기적이라고밖에 할 수 없는 유명한 사례가 하나 있다.[45] 레소토 왕국(아프리카 남부의 내륙 국가_옮긴이)의 한 15세 소녀는 현재 남자친구, 예전 남자친구와 셋이 말다툼을 벌이다 칼로 배를 찔렸다(말이 난 김에 밝히자면 소녀 혼자 다친 건 아니었다. 셋 모두 상처를 입었다). 장에 구멍이 뚫렸기 때문에 수술을 해야 했고, 먹은 게 없었던 상태라 곧바로 수술에 들어갈 수 있었다. 소녀는 열흘 후 퇴원했다. 그런데 278일 뒤, 소녀는 극심한 복통으로 다시 병원을 찾았다. 소녀는 분만을 앞둔 상태였다. 질 확장이 시작되었는지 확인하려던 의사는 그녀에게 질이 없다는 사실을 발견했다. 제왕절개로 건강한 사내아이를 받아낸 의사는 열린 자궁경부를 통해 내장 기관들이 어떻게 연결되어 있는지 살펴보았다. 질이 조금 발달되어 있긴 했지만 매우 짧았고, 막혀 있었다.

소녀에게 물어보자 그녀는 자신에게 질이 없다는 사실을 잘 알고 있었다. 그래서 구강성교를 한다고 했다. 새 남자친구가 그녀의 입에 사정을 한 직후에 그녀는 칼에 찔렸다. 예전 남자친구가 그렇게 난리를 피운 것도 그 광경을 목격했기 때문이었다. 아마 그때가 첫 배란이었을 텐데, 복부 검사 결과 이전 월경 흔적이 없었기 때문이다. 위산은 정자에 치명적이다. 하지만 영양이 좋지 못하면 위산이 감소하고 타액도 다소 염기성을 띤다. 수술 중에 식염수로 복강을 씻어냈을 것이지만 그조차도 단 하나의 정자를 막진 못했던 것이다.

짧게 보면 이야기는 해피엔딩이었다. 친아버지는 의무를 받아들였고, 가족들은 선물이 오가는 통상적인 결혼식으로 사태를 마무리 지었다. 새로 질을 만드는 수술을 두 차례 시도했으나 매번 실패했다. 소녀는 복통에 시달렸는데 월경혈이 복강으로 흘러들기 때문이었다. 월경을 억제하려고 고농도의 주사식 피임약을 처방하기도 했지만 그 역시 절반의 성공에 그쳤다. 2년 반이 흐른 후, 결국 그녀는 자궁을 떼어낼 수밖에 없었다.

거부된 임신

앞의 소녀는 진통 때문에 병원에 실려 왔지만, 꿈에도 임신이라고는 생각지 못할 만했다. 사실 임신 부정 현상은 꽤 흔한 편이다. 놓치기 힘든 증상들이 즐비할 때도 그렇다. 과거에는 순전한 무지의 소산인 경우가 많았다. 1899년에 보고된 두 임신 부정 사례를 보면 여성들은 임신할 만한 행동을 절대 한 적이 없다고 굳게 믿었다.

한 환자는 동료 직원의 유혹에 넘어가 직장에서 성관계를 가졌다. 그 남자는 자신들의 행위는 아기를 갖게 하는 보통의 행위와는 완전히 다른 것이라는 말을 지어내어 여자를 안심시켰다.[46]

최근에는 피임약을 쓰는 여성이 많기 때문에 임신하고도 눈치채지 못하는 경우가 흔하다. 임신했는지 안 했는지 아예 살펴보지 않는 것이다. 한편으로는 임신에 전혀 준비가 안 된 상태이면서, 다른 한편으로는 출혈량이 아주 적어지거나 심지어 출혈이 없는 상황에 익숙해져버린다. 게다가 임신 첫 몇 주 동안은 호르몬 변동 때문에 소량의 피가 비칠 수 있다. 하지만 확연한 임신 증상들을 의도적으로 의식에서 몰아내는 노력을 한 것이 분명한 경우들도 있다. 일반적으로 임신을 부정하는 여성들은 심각한 정신적 장애가 있어 현실 인식을 제대로 못 할 때가 많다. 그러나 정말 이해할 수 없는 경우, 이를테면 사회적 관계 전체(배우자, 부모)가 여성의 망상에 공모할 때도 있다. 화장실에서 사산아를 낳은 오스트레일리아 여성의 경우, 여성과 배우자 둘 다 정말 아기를 가진 것이라면 얼마나 행복하겠느냐고 말했다.[47] 무지로만 설명되지 않는 경우도 있다. 한 독일 연구진이 밝힌 사례를 보면 다섯 번이나 문제없이 임신했던 여성이 또렷한 이유 없이 여섯 번째 임신을 부정하기도 했다.

독일 성과학자 K. M. 바이어는 숨겨진 임신과 억압된 임신을 구분한다.[48] 원치 않는 임신을 한 여성은 버려지거나 배척될까 두려워할 수 있고 때로 상황이 정말 그토록 나쁠 수 있다. 경제적 문제도 있다. 고전 연애 소설들을 읽어본 독자라면 순진한 여성이 연인에게 버림받고 절망에 빠지는 스토리에 익숙할 것이다. 임신 사실을 숨기려 애쓰는 여인을 이해할 수도 있지 않은가? 아무도 모르는 곳에서 아기를 낳은 여성이 택할 길은 두 가지이다. 아기를 죽이거나, 버리는 것이다. 이 끔찍한 딜레마를 미연에 방지하기 위해 프랑스는 '비밀 출산' 시설을 갖추고 있다. 완벽한 익명으로 아기를 낳을 수 있는 기관이다. 어떤 프랑스 산부인과들은 아기를 버릴 수 있는 '으슥한 곳', 일종의 비상 출입구 같은 장소를 마련해기까지 한다.[49] 2000년, 이 익명성 보장을 두고 논란이 일었다. 과거의 행위를 비통하게 뉘우치는 여성들이 있었고, 자식들 중 어머니를 찾으려는 이들도 나타났다. 프랑스에서는 이렇게 태어나 어머니에 대한 기록 없이(아버지는 말할 것도 없다) 입양된 아이들이 더러 있다. 최근 벨기에 안트베르펜의 '어머니들을 위한 어머니들' 단체는 미래의 재회를 위한 준비를 마련하기도 했다. '어머니의 아기 바구니'라 새겨진 명판 아래가 아기를 두는 장소인데, 옆에 종이와 인주가 놓여 있어서 절박한 엄마들이 아기의 손이나 발을 찍어 갈 수 있게 한 것이다. 뉘우칠 때를 대비한 증거물인 셈이다.

네덜란드 여성들은 국가의 비용으로 분만한 뒤 아이를 입양보낼 수 있지만, 그러려면 필수적으로 산부인과에 신상 자료를 남겨야 한다. 입양아들이 기록을 공개하라며 병원을 상대로 소송을 낸 적도 여러 차례 있었다. 아직까지 그들이 승소한 예는 없지만 말이다.

여성이 아무에게도 눈치채지 않고 임신 문제를 해결해버리는 경우도 그리 드문 것은 아니다. 베이어는 1980년에서 1989년까지 독일 전역에서 자료를 모았는데, 부자연스런 사망으로 의혹을 사 부검된 213구의 영아 사체 기록을 보면 그중 3분의 1은 생모가 밝혀지지 않은 경우였다. 98명의 산모들에 대해서 임신 과정을 조사한 내용도 있었다. 기록을 보면 유혹당했다 버림받은 순진한 여성이란 그림은 절대 아니다. 대부분 20살 미만이긴 했으나 3분의 2가량은 아기의 아

버지와 안정적인 관계를 맺고 있었으며, 3분의 1은 이전 임신 경험
도 있었다. 그중 42명은 '숨겼다'라고 말하기조차 어려웠다. 산모들
이 임신 사실을 완전히 부정하는 듯 보였기 때문이다. 그들은 몸에
드러나는 임신 증상들을 보고도 모른 척했고, 남들에게 알려지는 것
도 신경 쓰지 않은 듯했다. 이를테면 예전처럼 계속 수영장에 다니
고, 다니던 가게에서 계속 옷을 사고, 등이 아프다며 의사를 찾아갔
다. 파트너가 있을 때는 잠자리도 자주 같이했고, 자세도 바꾸지 않
았다. 콘돔을 쓰던 커플이면 계속 콘돔을 썼다. 그들은 전혀 분만에
대한 준비가 안 되어 있었고, 진통을 느껴도 단순한 복통이라 치부
했다.

상상임신

에드워드 앨비Edward Albee의 희곡 『누가 버지니아 울프를 두려워
하랴?』에는 극단적으로 반대되는 임신이 나온다. 닉과 허니는 임신
때문에 서둘러 결혼식을 올리는데 알고 보니 그럴 필요가 없었다.

닉: 사실 그녀는 임신한 게 아니었어. 히스테리 임신이었던 거야. 배
가 불러오더니만 꺼져버리더군.
조지: 불러 있는 동안 자네가 결혼한 거고 말이지.

그날 밤, 조지는 '손님을 맞아요'라는 게임을 하면서 이 비밀을 악
용한다.

상상임신은 가끔은 정신병적 망상으로, 가끔은 남을 속이려는 시도로 해석된다. 하지만 진정한 상상임신(의학 용어로는 가임신)은 정상적인 임신과 비슷한 다양한 생리적 징후들을 수반한다. 정말이지 놀랍고 흥미로운 상황이라서, 어찌 보면 히포크라테스가 다룰 만한 소재라고 생각했던 것도 당연하다.

사람만 상상임신을 하는 것은 아니다. 애견가들은 개들도 가끔 상상임신을 한다는 것을 잘 안다. 생물학자들은 실험으로 이런 상황을 연출할 수 있을지 확인해보았다. 쥐의 경우 질산은으로 코 점막을 두드려주면 상상임신 현상이 일어나는 듯하다. 질산은은 코피를 멈출 때 쓰이는 물질이다. 국부 감각상실증, 또는 감각 자극을 뇌로 전달하는 다리가 되는 신경절(접구개신경절)을 수술로 제거한 경우에도 마찬가지 증세가 뒤따랐다. 이것은 아마 보습코 기관을 제거한 탓일 것이다. 1955년의 한 연구에서는 너무나 간단한 방법으로 쥐들에게 상상임신을 일으켰다.[50] 암컷 쥐들을 몇 마리 한데 모아두고 수컷들을 멀찌감치 떨어뜨려두면, 암컷들의 냄새가 짙어진 데다 수컷의 소변 냄새가 사라진 탓에 상상임신이 자극되었다. 암컷들은 전형적인 임신 증상도 보였다. 가령 난소 활동 주기가 정지된다거나 황체가 사라지지 않는 등 진짜 임신에서 생기는 증상들이었다. 이런 반응은 수컷의 오줌을 조금 뿌려주면 즉각 사라졌다. 그러므로 쥐의 상상임신은 일반적으로 페로몬에 의한 현상이라 볼 수 있을 것이다.

역사상 가장 유명한 상상임신은 메리 튜더의 사례이다.[51] 그녀는 아라곤의 캐서린이 최소 여섯 번의 실패 끝에 얻은 첫 아이였다. 아버지 헨리 8세는 틀림없이 아들을 선호했겠지만 딸도 몹시 귀하게 여겼다. 하지만 부모의 결혼은 좌초했고 메리는 먼 곳의 친척에게 보내진다. 9살에서 17살 사이에 그녀는 부모를 거의 만나지 못했다. 이혼을 원한 왕은 캐서린이 죽은 형 아서의 부인이었다는 이유를 들어 교황 클레멘스 7세를 설득하면 결혼 무효 승인을 받을 수 있을 줄 알았다.[52] 그런 주장은 사실 매우 무모한 것인데, 과거에 교황 율리우스 2세를 설득해 그 결혼 허가를 받아낸 것이 왕 자신이었기 때문이다. 그러나 이제 헨리는 율리우스 교황이 애초 그 요청을 들어주지 말았어야 했다고 우겼다. 레위기에는 근친상간을 금하라는 설명이 다양하게 나와 있다. '남자가 형제의 아내를 취하면 그것은 불결한 일이다. 그는 형제의 벌거벗음을 드러낸 것이다. 그들은 아이를 갖지 못할 것이다.' 교황은 월권을 행사했고, 결혼은 근친상간이었다. 캐서린이 여러 번 유산한 것만 봐도 전능하신 분께서 교황의 결정을 어떻게 판단하셨는지 확실히 알 수 있다. 그러다가 마침내 딸을 낳는 모욕을 그녀에게 주신 것이다, 등등…. 한마디로 메리는 사생아라는 말이다. 그러니 당연히 메리는 이혼 분쟁에서 어머니의 편을 들었다. 왕은 교황이 두 번째 결혼(앤 불린과의 결혼)을 합법화해주지 않자 로마 가톨릭교회와 결별하고 국교회를 세웠지만, 메리는 평생 독실한 가톨릭 신자로 남았다. 앤 불린이 왕의 총애를 잃고 난 뒤, 아버지와 딸은 화해를 한다. 메리는 배다른 동생 에드워드(헨리가 세 번째 아내인 제인 시모어와 사이에 낳은 아들이다)의 대모가 되기까지 했다.

당시에는 고귀한 태생의 딸들을 결혼시키는 게 쉬운 일이 아니었다. 영국이 새로운 제휴 관계를 맺을 가능성이 있을 때마다 메리는 다른 나라의 이 왕자 저 왕자에게 주선되었다. 결국 그녀가 유망한 신붓감이 된 것은 왕위 계승권(에드워드 다음이다)이 확실히 인정된 뒤였다. 헨리가 죽고 에드워드가 왕좌에 올랐지만 몇 년 만에 죽고 말았다. 이런저런 분란 끝에 왕관을 거머쥔 메리는 드디어 로마의 권위를 회복할 힘을 갖게 됐다. 가장 쉬운 해법은 강력한 가톨릭 구혼자와 결혼하는 것이었다. 그는 스페인 왕위 계승자인 펠리페 2세였다. 펠리페는 메리보다 9살이 어렸고, 그녀의 재력에 관심 있는 것이 분명했다. 모두들 결혼을 말렸지만 메리는 굽히지 않았고, 그때부터 신교도들을 무참히 숙청하기 시작했다. 블러디 메리(피의 메리)라는 별명은 그렇게 생겼다.

역사는 돌고 돈다. 펠리페의 무관심을 참을 수 없었던 메리는 40년 전 자신의 어머니처럼 모든 희망을 임신에 걸었다. 그녀가 아기를 가졌다고 생각한 것은 38살의 일이었다. 하지만 출산 예정일이 지나도록 아무 일이 없었고, 메리는 날짜 계산을 한 달 잘못한 것 같다며 남편을 안심시켰다. 또 한 달이 지나자 남편과 친구들은 다른 의사에게 진찰받아볼 것을 종용했다. 메리는 화를 내며 거부했고, 하녀 한 명만 데리고 처소에 틀어박혔다. 그녀는 심각한 우울증에 빠졌던 게 틀림없다. 처음도 아니었다. 사실 그녀의 인생은 우울증을 유발할 만했다.

펠리페는 기만당했다고 화를 내며 영국을 떠났다. 이후 몇 년간 메리는 그가 대륙에서 불장난에 휘말리지나 않을까 노심초사하며 그를 되찾기 위해 필사적으로 노력했다. 그는 다시 돌아왔지만 둘 사이의 골은 메울 수 없을 만큼 깊었다. 펠리페가 메리와 동등한 왕위 계승권을 지닌 엘리자베스에게 눈독을 들인다는 소문이 돌았다. 살기가 등등하던 시절, 메리는 이 신교도 이복동생을 처치할 생각을 했던 게 분명하지만 그것을 막은 것이 펠리페였다. 펠리페의 처지에서 보면 심각한 정치적 오판이다. 나중에 엘리자베스는 그의 가장 무서운 적이 되기 때문이다. 메리가 마흔두 번째 생일에 앞서 다시 임신을 발표하자, 아무도 그녀를 믿지 않았다. 넉 달 뒤에는 그녀도 냉혹한 진실을 받아들였다. 펠리페는 다시 떠났고, 그 무렵 그녀의 정치적 지위도 위태로워졌다. 메리는 조촐한 수의 수행원들만 거느린 채 시골로 물러났고, 그해에 죽는다. 메리가 죽자 생전에 그녀가 그토록 열정적으로 지켰던 모든 것들은 단숨에 지워져버렸다.

또 하나 유명한 상상임신의 사례는 정신분석학의 초창기에 일어났던 사건으로, 굉장히 비밀스럽게 전해지고 있는 이야기이다.[53] 1895년, 브로이어Josef Breuer와 프로이트는 공저『히스테리의 연구』를 출간했다. 책에 등장하는 첫 사례는 브로이어가 1880년에서 1882년까지 치료한 안나 O라는 여성의 이야기였다. 당시 환자는 20살이었고 브로이어는 그녀의 가정의였는데, 안나가 목 통증을 호소하면서 면밀히 진찰하기 시작했다. 곧 안나는 다양한 히스테리성 마비 증상을 보였고 매일 스스로 최면적 혼수상태에 빠지는 듯했다. 브로이어가 안나의 문제에 얼마나 열중했는지 그의 아내가 질투할 정도였다. 놀랍게도 끈덕지게 매달려 분석을 해보면 안나 O의 모든 증상들은 그 기원을 재구성할 수 있는 것들이었다. 트라우마가 된 사건들이 반드시 존재했고, 무의식중에 그것들이 육체적 현상으로 드러난 것이었다.

히스테리의 원인을 밝혀 얘기하고 나면 증상들은 씻은 듯이 사라졌다. 안나는 이 방법론을 발전시키는 데에 브로이어만큼이나 공헌한 바가 크다. 프로이트는 이 흥미로운 실험 이야기를 브로이어에게 전해 들었고, 프로이트 덕분에 이야기는 후대에 보존된다. 브로이어 자신은 정신분석학의 태동기에 발생한 이 사건을 공개하고 싶어 하지 않았기 때문이다. 프로이트는 무척 끈질기게 설득했던 것 같다. 사실 브로이어가 출간을 꺼렸던 까닭은 치료 후에 벌어진 더욱 극적인 사건들 때문이다. 안나의 상태가 눈에 띄게 호전한 듯하자, 브로이어는 결혼 생활이 우선이라 결심하고는 치료를 중단하고 싶다고 알렸다. 그날 밤, 브로이어는 안나의 집으로 호출을 받는다. 안나는 간질 발작 같은 상태에 있었는데 출산이 임박했다고 굳게 믿는 것 같았다. 그제서야 오래전부터 안나가 사랑하는 의사 선생님의 아기를 임신했다는 망상에 시달려왔음이 드러났다. 브로이어는 상황을 감당할 수 없었다. 최면 같은 것을 써서 안나를 대강 진정시킨 뒤, 식은땀에 흠뻑 젖은 브로이어는 안나의 집을 나왔다.

프로이트에 따르면 브로이어 부부는 그 길로 곧장 베네치아로 떠났다. 일종의 두 번째 신혼여행이었던 셈인데, 그곳에서 막내딸을 임신했다고 한다. 하지만 그 얘기는 사실과 다른 것이 브로이어의 막내딸은 안나의 치료가 끝나기 전에 벌써 태어났기 때문이다.[54] 안나로 말하면 이후의 인생은 불행했다. 그녀는 한동안 정신병원에 입원했다. 브로이어는 솔직히 죽음이 찾아와서 그녀의 고통을 끝내주었으면 좋겠다고 말했다 한다. 그러니 프로이트가 이 사례를 발표하도록 브로이어를 한참 설득해야만 했던 것도 무리가 아니다. 결국 이야기는 다소 자기과시적인 논문에 한자리를 차지하게 됐다. 결코 만족스럽다고 할 수 없을 뒷이야기는 초판에서는 언급되지 않았다. 한참 나중에야 프로이트가 성적으로 얼룩진 대단원을 공개한다. 여담이지만, 안나 O(실명은 베르타 파펜하임이었다)의 사례는 이후 페미니스트 운동에서 꽤 중심적인 역할을 하게 된다.

진정한 상상임신의 가장 충격적인 점은 진짜 임신 증상들을 수반한다는 것이다. 월경이 멈추는 것 정도야 평소에도 보기 드문 일은 아니다. 하지만 복부 둘레가 늘어나거나, 골반 검사를 해보면 자궁이 조금 팽창한 것으로 드러난다. 가슴이 커지거나 임신선이 나타나기도 한다. 환자들은 아기의 움직임을 느낄 수 있다고 주장하지만 감각이란 원래 주관적인 것이다. 간혹 흔치 않은 객관적 현상들이 벌어질 때도 있다. 당뇨가 있는 한 여성은 과거의 임신 중에 인슐린 투여량을 줄여야 했다(보통은 임신 중에 인슐린 투여량이 늘기 때문에 꽤 예외적인 경우라 할 수 있다). 그런데 상상임신 상태에서도 똑같은 반응이 일어났다. 여성은 임신이 아니란 말을 듣자마자 통상의 투여량을 받아들일 수 있었다. 9개월이 지난 뒤 임신중독 증세를 보인 여성도 있다. 고혈압, 소변 속의 알부민, 발목의 붓기 등 전형적이었다. 이 환자 역시 진실에 직면하자 모든 증상에서 벗어났다.

가임신은 보통 히스테리의 한 종류로 여겨진다. 안나 O의 임상 상태가 전형적인 사례이다. 히스테리는 마비나 시력 상실 같은 육체적 증상들(전환성 히스테리)과도 관련이 있다. 또 가임신은 해리 장애와 연관 있을 수도 있다. 해리 장애란 사람의 인격 체험의 다양한 부분들이 서로 쪼개지는 상황으로, 개중 가장 신기하고 잘 알려진 경우가 다중 인격 장애이다. 다중 인격은 때때로 육체적 현상까지 동반해서 주변을 놀라게 한다. 가령 한 인격은 안경을 써야 하는데 다른 인격(들)은 그렇지 않은 식이다. 마지막으로, 정신과 의사들에게는 친숙한, 뮌히하우젠 증후군이 있다. 의사들의 관심을 끌 요량으로 그럴싸한 질병의 징후들을 꾸며내는 꾀병을 말한다. 이 증후군에 관한 기록은 소설을 방불케 한다. 1987년에 발표된 기록을 보면 네 명의 환자 이야기가 나온다. 각각 증후군의 다양한 면들을 잘 보여주는 사례들이었다.[55] 저자들은 기록 마지막에 가서야 사실 이 네 환자가 모두 같은 사람이며, 한 사람이 여러 병원 문을 두드려 서로 다른 이야기들을 늘어놓은 것이라 밝혔다. 환자 자신은 병원을 전전함으로써 잃은 것이 별로 없었겠지만 국가 의료보험은 그 때문에 연간 평균 7만 파운드를 허비했다. 가임신 환자를 다룬 한 영국 논문은 대상 환자의 사진을 교묘한 방법으로 공개했는데, 그녀가 상상임신으로 또 다른 병원들을 호도하는 걸 막기 위해서였다.

상상임신의 이유를 우울증과의 관계에서 찾는 사람들도 많다. 여성의 가치를 생식능력으로만 판단하는 사회에서 상상임신이 흔한 것은 사실이다. 어떤 때는 진짜 임신이 아닌 것이 명백히 밝혀졌는데도 환자의 가족이 망상을 지속시켜준 경우도 있다. 영국 분리파 교회의 지도자인 조안나 사우스코트의 사례가 눈에 띈다. 그녀는 64세의 나이에 새 구세주를 잉태했다고 선언했으며, 많은 사람들이 그녀의 말을 믿었다. 아홉 명의 의사들이 그녀를 검진했는데, 그중 여섯은 젊은 여성에게 나타났다면 임신이라고밖에 해석할 수 없을 증상들이 그녀의 몸에 드러난다고 증언했다.

서양에서는 상상임신의 출현 빈도가 낮아지는 중이다. 대중의 지식이 늘어나고 진단이 쉬워진 덕이다. 약국에서 임신 확인 도구를 사거나 초음파검사를 받는 게 이토록 쉬우니 망상을 유지하기가 한결 어려울 것이다.

이슬람 국가들에는 상상임신과 비슷하다고 할 수 있는 한 가지 믿음이 전해온다. 라구에드ragued, 즉 잠에 빠진 아기라는 이야기이다.[56] 이야기의 기원은 고대로 거슬러 올라간다. 제2대 칼리프였던 오마르 I 이븐알카타브(634년에서 644년까지 통치했다)에게 하루는 방문자가 찾아왔다. 그는 넉 달하고도 보름 전에 결혼한 아내가 어째서 벌써 아기를 낳을 수 있는지 궁금하다고 했다. 그녀는 이전에 결혼 경험이 있지만 의무적 금욕 기간을 확실히 지켰다. 그 점은 확신할 수 있었다. 칼리프는 현명한 여인들의 조언을 구했다. 여인들이 말하기를, 그 여성은 첫 남편이 사망한 때 임신하고 있었던 것이다. 두 번째 남편의 정자가 잠자던 아기를 깨운 것이다. 칼리프 오마르는 아기가 여성의 자궁에서 4년까지 잠잘 수 있다고 결론 내렸다. 그의 선례를 따라 많은 율법학자들이 이 주제에 관심을 가졌다. 몇몇 학파는 최장 2년이라 했고, 다른 학자들은 라구에드가 7년을 자다가 깨어 세상 빛을 볼 수도 있다고 주장했다. 모로코에서 결혼과 이혼을 관장하는 법률인 모우도우와나는 임신 기간이 6개월보디 짧거나 1년보다 길 수는 없다고 규정하고 있다.[57]

남자도 가끔 상상임신을 한다. 대부분은 심각한 정신장애의 결과이다. 즉 망상적 정신병을 앓는 경우이다. 상세하게 기록된 한 사례를 보면 남자의 배가 부풀어 오르고 식욕이 동하며 구역질이 나는 증상 때문에 의사가 치료를 시작했다.[58] 배가 솟은 건 객관적 사실이었으므로 의사는 간 질환을 의심했다. 하지만 아무 이상이 없었다. 남자는 의사에게 배 속에 어떤 '생명'이 있는 것 같다고 말했다. 후에 정신과 의사와 상담을 하면서 남자는 자신이 '남자의 몸에 들어온 여자'인 것 같다고 고백했다. 하지만 성전환자들처럼 외모를 바꾸고 싶은 마음은 없었다. 그는 임신이 종교적 체험이라고 느꼈다. 교회를 다니는 사람은 아니었지만, 뭔가 거룩한 존재가 특별한 의도를 갖고 자신을 통해 기적을 행하려 한다고 믿었다. 환자는 고독한 남자였다. 독자였는데 아버지는 그에게 무관심했고, 어머니는 그가 태어나자마자 돌아가셨다. 그가 16살 되던 해 그의 아버지는 알코올 중독 진단을 받고 그에 대한 양육권을 잃었다. 소년은 한 과부에게 입양된 것과 비슷한 처지가 되었는데, 그녀는 그냥 집주인이나 마찬가지였다. 그는 제2차 세계대전 중에 해군에서 복무했고 이후 상선에 타는 뱃사람이 되었다. 그는 남녀 모두와 긍정적인 성경험을 가진 적 있지만 나이가 들수록 동성에 끌렸다. 그처럼 명백하게 병리학적 조건을 갖춘 사람치고 환자는 놀랄 만큼 '정상적'이었다. 두 달간 대화를 통해 치료를 받자, 그의 망상과 육체적 증상들은 감쪽같이 사라졌다.

의만

인류학을 참고하면 임신부가 아니라 그 배우자인 남성이 아기를 가진 것처럼 취급받는 문화가 있다는 사실을 알 수 있다. 이 풍습을 의만疑娩, couvade이라 한다. 마르코 폴로도 이에 대해 기억할 만한 기록을 남겼다. 마르코 폴로는 13세기 투르케스탄(파미르 고원을 중심으로 한 중앙아시아 일대를 가리킨다_옮긴이)의 중국 쪽 지역에서 그 광경을 목격했다. 투르케스탄의 여성은 분만을 하자마자 자리를 털고 일어나 돌아다니며 정상적으로 활동했는데, 그 남편이 대신 40일간 엄숙하게 자리를 지키며 손님들을 맞았다. 역시 13세기에 독일 아헨의 헨리 Henry of Aachen는 『림보르히의 하인리히와 마르그리테』라는 연애 이야기를 썼는데, 그 안에 아래와 같은 대목이 있다.

파우카의 여왕, 그녀의 명성은 잘 알려져 있네,
파우카 최고의 여인,
그녀에게는 8,000명의 여성들이 따르네,

그녀들은 남편들의 주인들이지;
그녀들은 고통도 겪지 않는다네,
여인들이 아이를 낳고 회복할 때는
남자들이 대신 눕기 때문에,
그리고 여인들은, 내가 듣기로,
임신 기간이 끝날 때까지 남자의 시중을 들어야 하네.
코넷은 평화롭고,
여인들은 전투에 나가야 하네,
남자는 그 고통을 견디지 못하므로.[59]

네덜란드 선원들은 식민지에서 비슷한 발견을 했다. 17세기의 바우터르 스하우턴Wouter Schouten은 분개한 감정을 숨기지 않았다.

막 아기를 낳은 흑인 여성은 침대에 누워 있는 게 아니라 곧장 일어나 아기를 데리고 강으로 간다. 아기와 강보를 같이 씻은 다음 그녀는 일자리로 돌아간다. 그 다음엔 모든 일이 일상적으로 굴러간다. 그 밖에도 내가 들은 바에 따르면, 부루 섬의 흑인 소녀들이 아기를 낳을 때는 남자가 대신 침상에 눕는다. 남자는 가소롭게도 정말 아픈 척을 하고, 여자는 응석을 받아준다. 멍청한 바보의 버릇이 평소보다 더 나빠지는 것이다. 그동안 연약한 여성은 산욕에 누운 남자를 위해 맛있는 요리를 준비해야 한다. 이 허약한 종자가 다시 제 발로 설 수 있을 때까지 말이다.

칼뱅 교도다운 스하우턴의 분노감은 21세기를 사는 우리에게까지 전해지고 있다. 하지만 의만은 감상적인 태도와 거리가 있는, 더 의미가 넓은 의식의 일종일 때도 있다.[60] J. B. 뒤 테르트르J. B. du Tertre가 1654년에 기록한 마르티니크 섬(서인도제도 동부의 화산섬으로 프랑스의 해외현이다_옮긴이)의 의만 풍습을 보면, 40일간 단식과 엄격한 식사 제한을 통한 '질병'을 겪은 남자는 이후 의식을 치르게 되는데, 그쯤에는 이미 '상상의 환자에서 진짜 환자로' 변모해 있다고 했다. 사람들은 남자를 그물 침대에서 일으켜 데려가서 아구티(쥐목에 속하는 포유류_옮긴이)의 이빨로 여기저기 피부를 찢고, 상처에 후추의 일종인 식물을 비볐다. 고난을 겪는 동안 남자는 한마디도 내서는 안 된다. 그 뒤엔 자유롭게 돌아다녀도 좋지만 또 여러 달 고기나 생선을 먹어서는 안 된다.

이 의식의 의미를 정확히 이해하기는 힘들지만, 채식으로 제약하는 것을 보면 아기가 아버지의 일부나 마찬가지이니 아기가 소화할 수 없는 것은 아버지도 먹어선 안 된다는 표현인 듯하다. 의만 풍습이 있는 어떤 부족들은 아기는 남성 씨앗의 산물이고, 여성의 배는 비옥한 땅 역할만 한다는 믿음도 함께 갖는 경우가 있다. 의식 중에 피를 내는 것은 귀신을 쫓아내려는 의도일 것이다. 귀신은 보통 피를 통해 몸에 들어온다고 했다.

16세기와 17세기 영국에서는 임신부의 남편이 각종 증상을 보이는 것은 마녀의 소행이라 했다. 특히 산파들에게는 산모의 고통을 남편에게 전가하는 능력이 있다고 했다. 스코틀랜드 여왕 메리가 1566년에 분만을 앞두자 시녀 중 한 명이 여왕의 고통을 다른 수행원에게 옮기려 했다. 아주 성공적이지는 않았다. 여왕은 다른 여성들처럼 진통을 죄다 겪었다. 하지만 수행원도 고통을 일부 공유했다고 한다.

의만은 우리 생각보다 가까운 곳에서 버젓이 행해지는지도 모르겠다. 프랑스 의사 귀스타브 코앵은 제1차 세계대전 중에 네덜란드 스타포르스트를 방문한 기록을 남겼다. 코앵의 아내가 한 여성을 보았는데, 그녀는 막 아기를 낳았으면서 곧장 일어나 남편에게 줄 팬케이크를 만들었다. 가장 좋은 외출복을 입고 머리엔 실크해트를 쓰고 치장한 남편은 침대에 누워 손님들을 접대하고 있었다.[61]

의만은 의식화된 질병이다. 그런데 오늘날에도 아내의 임신 중에 입덧이나 등 통증 등 고전적인 임신 증상을 함께 느끼는 남편들이 있다.[62] 제2차 세계대전 때 유럽에 주둔했던 미군 병사들 중 아내가 임신한 사람은 의학적 이상을 평균보다 더 많이 겪었다. 가장 흔한 것은 치통이었다. 남편의 치통은 아내의 임신을 알리는 신호라는 속담도 있다. 요즘은 육체적 증후보다 불안이나 우울 같은 감정적 문제들이 자주 거론된다. 가끔 부적절한 행동이 따르기도 한다. 1966년에 수행된 한 연구 결과를 보면 범죄를 저지른 남성들을 대상으로 정신감정을 한 결과, 당시 배우자가 임신한 상태이던 남자들이 성범죄를 더 많이 저지른 것으로 드러났다(특히 노출증이나 소아 성도착이 그랬다).

상대의 선택과 아버지에 대한 의혹

아이를 원하는 여성은 자신의 난자와 융합시킬 정자를 찾아야 한다. 요즘은 갖가지 선택지들이 펼쳐져 있지만, 그래도 아직은 함께 아기를 키울 남자를 찾는 방법이 일반적이다. 가족은 여전히 사회의 근간이며 결혼은 넓은 사회적, 경제적 맥락에서 중요한 역할을 한다. 가족 관계를 맺는 것을 재산 분배에 종속되는 일로 여기는 사회도 전 세계적으로 수없이 많다. 아내와 남편이 부부로서 존재를 기대는 자산 중에서도 자식은 가장 중요한 부분이므로, 신부가 임신할 때까지 결혼을 미루는 곳도 있다. 남자는 자신의 재산이 자신의 살과 피로 된 아이에게 전해지기를 바랐으므로 독점적으로 아내의 질에 접근하고자 했고, 덕분에 일부일처제가 보편화되었다.

정조대의 기능도 바로 그것이었다. 정조대가 유럽에 등장한 것은 십자군 원정 시절이다. 하지만 샤이엔 부족 등 일부 아메리카 인디언들은 훨씬 전부터 이런 기구에 익숙했다.[63] 중동에서는 아내가 남편의 허락을 받고 여자친구 집에 놀러갈 때는 보통 보호자로 내시를 대동했다. 보호자를 구해주지 못하는 아랍 남편은 정조대에 의지했다. 둥근 막대기가 질을 채우도록 되어 있는 기구였다.

중세에는 여성들의 잔꾀와 계략이 보편적인 문화적 주제로 회자되었으므로, 정조대는 피카레스크 소설(16, 17세기에 스페인을 중심으로 한 유럽에서 널리 유행한 풍자적 문학 양식, 악한소설이라고도 한다_옮긴이)들 속에 널리 등장하는 소재 중 하나였다. 가령 자물쇠 제조공이라는 직업을 놓고 무수한 농담이 생겨났다. 기술자들이 열쇠를 복사해서 챙기는 부수입이 얼마나 될까? 그림은 16세기의 것으로서 정조대를 한 여성이 등장한다. 깃발들에는 이렇게 적혀 있다.

노인 : 돈과 물건들을 그대에게 아낌없이 베풀리다 / 당신은 내가 바라는 대로 살기만 하시오 / 필요한 것은 모두 내 호주머니에서 가져가시오 / 그 자물쇠는 당신의 믿음직한 지도하에 남겨두겠소.
여자 : 어떤 자물쇠로도 여성의 간계를 막을 수는 없네 / 사랑이 빠져나간 곳엔 믿음도 없으니 / 그래서 나는 열쇠를 사겠소 / 그 돈도 당신이 치르게 하겠소, 덤으로.
젊은 남자 : 내게는 이런 자물쇠들에 맞는 열쇠는 얼마든지 있지요 / 손사래를 치는 열쇠공들도 있사오만 / 그는 정말 저능아의 두뇌를 지녔나 보오 / 진정한 사랑을 사려고 하다니.[64]

우리 시대에도 정조대를 하는 여성들이 있다. 1999년 12월 4일 신문에는 뮌헨 법정의 이야기가 실렸는데, 한 여성이 남자친구를 폭

마이 버자이너

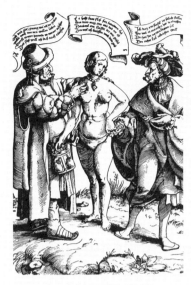

정조대를 한 여성, 목판, 1540년경(왼쪽). 정조대를 한 현대의 여성(오른쪽)

행과 강제적 감금죄로 고소한 사건이었다. 남자가 여성의 음순 피어싱에 정조대를 채우려고 했던 것이다. 남자는 놀이였을 뿐이라고 변론했다. 가끔 정조대를 한 여성 모델을 찍는 사진가들도 있다.

자기 둥지에 뻐꾸기 알을 품게 되지 않을까(뻐꾸기는 남의 둥지에 알을 낳아 자기 새끼를 다른 새가 키우게 하므로, 'cuckoo in the nest'라는 표현이 관용적으로 쓰인다_옮긴이) 하는 두려움은 강력한 문화적 주제이다.

스트린드베리August Strindberg는 『아버지』(1912)라는 희곡에서 아내에게 미묘하게 기만당하면서 계속 아들과의 친자 관계를 의심하는 남자의 스트레스를 묘파한 적이 있다. 이 주제는 언제나 화제가 된다. 1991년, 캄파리Campari(이탈리아의 리큐르 브랜드_옮긴이)는 잠자는 숲 속의 공주의 후일담을 소재로 광고를 만들었다. 공주가 막 낳은 아기를 젊은 왕자에게 보여주는 장면이다. 흘끗 보기만 해도 상황이 명확하다. 그 땅딸막한 난쟁이 아기는 왕자의 자식일 리가 없는 것이다. 방구석에는 한 뚱뚱한 성직자가 시선을 외면하며 킬킬대고 있다. 단 20초 만에, 노골적이지 않은 방식으로 제시되어도, 사람들은 이 장면이 무슨 뜻인지 다들 안다.

현실에서 자랑스런 남편이 아이의 친부가 아닐 확률은 얼마나 될까? 벨기에 신문《데 모르헨》이 1998년 3월 14일에 소개한 연구를 보자. 매년 2,000건의 DNA 검사를 수행하는 헨트 유전의학 센터가 수행한 연구였다. DNA 검사를 하는 까닭은 보통 유전병을 밝혀내려는 것이지만 그 과정에서 자연스럽게 아이와 아빠의 유전 관계도 확인하게 된다. 검사한 아이들 중 15퍼센트는 명목상의 아버지에게서 태어난 자식일 수가 없었다. 사람들의 기대보다 훨씬 높은 비율이었다. (도덕적 편견을 막기 위해 다른 자료들도 살펴보자. 부인이 임신한 동안 혼외정사를 갖는 남편의 비율도 이와 비슷하다. 매스터스와 존슨이 남편 79명을 대상으로 조사한 결과 그중 12명이 부인이 임신한 중에 간통 경험이 있다고 답했다.[65]

지난 50년간 남자 쪽 불임 때문에 기증자 정자를 빌은 부부가 많아졌음을 감안하면 결과를 어느 정도 이해할 수 있을지도 모르겠다. 하지만 사람들이 헨트 센터에 방문하는 이유를 생각해보면 그들이 그런 정보를 숨길 이유는 없다. 아버지 스스로 친자 관계를 못 미더워해 DNA 검사를 의뢰한 경우에는 넷 중 한 명꼴로 의혹이 입증되었다. 미국에서는 이혼 전에 친자 검사를 하는 게 관행이 된 주들도 있다. 추후의 법정 분쟁을 예방하기 위해서이다.

　동물 연구에서도 비슷한 발견이 이어졌다. 몇몇 영장류들은 작은 집단을 이루어 살며, 보통은 수컷이든 암컷이든 엄격한 위계질서를 따른다. 위계가 높은 암컷일수록 우두머리 수컷을 독점적으로 소유한다. 특히 가임 기간에는 그렇다. 침팬지는 꽤 난교하는 편이지만 그것도 자기 집단 내에서만 그렇다고 여겨져왔다. 하지만 과학자들이 1997년에 침팬지 친자 검사를 해본 결과, 몇몇 어린 침팬지들의 DNA는 같은 집단 수컷들에게서 온 것이 아니었다.[66] 과학자들은 무척 놀랐다. 사람들은 침팬지 암컷들이 가끔 집단을 빠져나간다는 사실을 눈치채지도 못했을 뿐더러, 그들이 집단의 명예에 불의의 일격을 가하는 장면을 직접 목격한 적은 더더욱 없었기 때문이다. 하지만 현실은 분명했다. 응집력이 강해 보이는 사회에서조차 간통이 만연했고, 암컷들은 수컷들보다 똑똑했다.

　인간 세상에서는 갖가지 요인들 때문에 남자들이 의혹을 품게 된다. 카렐 흘라스트라 판 론Karel Glastra van Loon의 소설 『정열의 열매』는 그런 주제를 다룬 이야기이다. 홀아비가 된 주인공에게는 아들이 하나 있다. 그런데 몇 년이 흘러 다른 여성과 관계를 맺으면서 그는 자신이 불임임을 알게 된다. 게다가 의심의 여지없이 선천적인 이상이었다. 셰리 호르만Sherry Hormann이 1995년에 감독한 유쾌하고도 세련된 독일 코미디 영화 〈남자다운 실수〉에도 이 딜레마로 고통받는 주인공이 등장한다. 두 아이를 두고 행복한 결혼 생활을 하는 남자에게 따로 애인이 있는데, 그녀도 남자의 아이를 원했다. 하지만 좀처럼 임신이 되지 않아 검사해보니 남자가 불임이었다. 어떻게 그럴 수가? 배신당한 남편은 탐정을 고용하여 두 명의 후보자를 찾아낸다. 어찌어찌 그들을 찾아낸 남편은 심지어 두 사람을 파티에 초대한다. 그러고는 남자들의 혈액 샘플을 얻으려고 책에 나와 있는 온갖 방법을 다 동원하지만 모조리 수포로 돌아간다. 비탄에 잠긴 그는 동생에게 심경을 토한다. 동생은 사제라서 온갖 고백을 들어주는 데 이력이 났기 때문이다. 다음 장면, 관객들은 이 동생이 형수와 머리를 맞대고 진지하게 고민하는 장면을 보게 된다. 아주 오래전에 여자는 시동생을 통해 조용하게 문제를 푸는 해법을 택했던 것이다. 기증자 정자를 찾는 수모를 남편에게 안기기 싫어서였다. 이제 두 사람은 교활한 책략을 꾸며낸다. 동생은 형에게 불임클리닉들이 실수할 때도 있는 법이라며 다른 곳에서 한 번 더 검사해봐도 돈 낭비가 아닐 거라고 설득한다. 아내와 시동생은 사제의 정액을 약병에 담아두고 클리닉의 배달 서비스를 불러 약병을 바꿔치려 한다. 하지만 좀체 벌어지기 힘든 실수들이 연달아 일어나는 바람에 누구의 정자도 목적지에 전달되지 못한다. 2단계 계획, 남편의 애인이 음모에 얽혀든다. 그녀는 이해타산에 밝은 플레이걸이었다. 애인이 임신에 성공하자 남편은 즉각 감정적 평온을 되찾는다. 다음 장면, 관객은 애인이 낳은 아기의 세례식으로 안내된다. 남자의 동생인 사제가 식을 집전하고, 남자의 아내가 대모를 맡았다. 아내는 그동안 남편 애인의 절친한 친구가 된 것이다. 공식적으로는 그녀가 미혼모가 되기로 했다는 것 외에는 아는 것이 없는 사이이다. 무수한 속임수가 첩첩이 쌓인 상황임에도 그 광경은 감동적이다. 관객들은 남편이 아내의 귀에 대고 셋째를 낳을 여유가 충분히 있다고 말하는 걸 듣고도 별로 놀라지 않을 것

마이 버자이너

이다. 아내는 남편의 어깨 너머로 시동생과 눈을 마주친다. 그는 한 아이를 어르고 있는 중이다. 영화는 사제가 교회의 예수상 앞에서 말없이 고해하는 장면으로 맺는다. 그에게는 분명 이번 말고도 용서받아야 할 일이 많았을 것이다.

요즘은 혈액으로 아주 간단하게 친자 검사를 할 수 있다. 내 아버지가 진짜 아버지인지 알고 싶다면 네덜란드에서는 인터넷 사이트에 접속한 뒤 지침을 따르기만 하면 된다.

친부 확인이라는 소재는 매체에서도 종종 다뤄진다. 발생유전학교수 로날드 플라스터르크Ronald Plasterk는 1999년 10월 22일에 그 소재로 TV 리얼리티 프로그램을 만들 수 있을 것이라고 주장했다. 그는 〈빅 브라더〉 같은 프로그램(1999년에 네덜란드에서 시작된 리얼리티 쇼 형식으로, 쇼 참가자들의 일상과 경쟁을 방영하는 다소 관음증적인 프로그램_옮긴이)을 봤을 때 대중들이 원하는 게 무언지 분명하다고 하면서, 새로운 프로그램에 '아버지, 진실 혹은 거짓'이라는 이름을 제안했다. 그의 제안은 이렇다. 세 쌍의 아버지와 아이들이 출연한다. 통찰력 있고 재치 있는 심사위원들이 그들에게 질문을 던지고, 한 단계가 끝나면 심사위원들과 시청자들은 어떤 아이가 사생아인지, 즉 어느 아빠가 배신당한 아빠인지 투표로 결정한다(초조하게 손톱을 물어뜯는 엄마가 카메라에 잡혀야 한다). 처음 선정이 틀린 것으로 드러나면 다시 투표한다. 진실이 마침내 밝혀지면 사람들은 흐느끼는 엄마에게 과거의 실수에 대해 물어본다. 아빠와 아이가 얼마나 용감하게 진실에 직면하는지 사람들은 지켜본다. 자막이 올라갈 때는 다음 주에 그 자리에 나올 세 가족의 사진이 공개된다.

정자 경쟁

동물행동학자들의 연구는 인간의 사회 심리를 파악하는 데 많은 영향을 끼쳤다. 1993년, 생물학자 로빈 베이커Robin Baker와 마크 벨리스Mark Belis는 인간의 정자 경쟁에 관한 연구 결과를 발표했다. 1996년, 베이커는 같은 결과를 대중이 알아보기 쉬운 형태로 가공하여 재발표했는데, 그 반향은 실로 엄청났다.[67] 결론은 여성이 더 세심하고, 충실하고, 덜 공격적인 남성과 탄탄한 유대를 맺을 때는 설령 그 남성의 유전자가 최고로 좋지 않다 해도 전체적으로 남자라는 존재의 진화에 도움이 된다는 것이다. 여성은 생물학적 본능 때문에 배란기에는 무의식적으로 다른 파트너와 잠자리를 하곤 한다. 최근《사이언스》에 발표된 다른 연구를 보면 여성이 남성을 평가하는 기준은 배란주기에 따라 달라진다고 한다.[68] 배란 시점의 여성은 남성적 특징이 두드러진 얼굴에 더 끌린다. 정자는 자궁에서 닷새를 살 수 있기 때문에, 두 남성의 정자들이 배란을 기다리며 여성의 질 내에 공존하는 상황도 적지 않게 생긴다. 베이커와 벨리스는 수정이 이뤄지는 모든 경우들 중 4퍼센트 정도는 두 종류의 유전자가 이론적으로 동일한 성공 가능성을 갖고 경주한 예라고 계산했다.

우생학적 이유 때문에 여성은 결코 중립적이지 않다. 여성은 더 남성적인 정자가 경주에서 이기길 바란다. 적자생존의 경쟁은 같은 사정액에 든 수백만 개 정자들 사이에서만 벌어지는 게 아니라 한 여성의 몸에서 만난 서로 다른 정자 군대들 사이에서도 벌어지는 것이다. 베이커는 이를 개미 군락에 빗대어 설명했다. 다양한 정자들이 제각기 위계와 기능을 갖고 있다는 것이다. 소수의 엘리트 정자들만이 난자를 향해 잽싸게 질주한다. 반면 전투 정자들은 자궁과 자궁경부 점액선에 남아서 최소 닷새 정도 일대를 점령한다. 다른 부족의 정자들이 등장하면 화학 신호를 통해 그 사실을 알아차리고 세포 독소 물질을 주고받는 전투를 벌인다. 세 번째 부류의 정자들은 정액 검사에서 부적합 정자로 판명되는 종류인데, 머리가 너무 커 운동성이 떨어지는 것들이다. 베이커는 이들에게도 수동적 기능이 있다고 본다. 자궁경부 점막의 화학 구조에 존재하는 관들을 꽉 틀어막는 역할이다. 여성의 백혈구도 같은 기능을 한다.

배우자를 자신의 유전 물질로만 독점하고 싶은 남자는 충분한 양의 정자를 배출해서 혹 있을지 모를 간통의 효과를 상쇄해야 한다. 베이커와 벨리스는 소수의 자원자들을 모집하여 사정액의 양을 재는 실험을 했다. 남성의 몸에 있는 전체 정자의 수와 성교 후 배출된 정자의 수를 측정한 것이다. 남자들은 배우자에 대한 통제력이 약할 때 더 많은 정자를 배출했다. 물론 스스로는 의식하지 못하는 일이었다. 배우자와 하루 중 많은 시간을 함께 보내는 남성은 정액을 조금만 방출하는 호사를 보여주었다.

여성의 몸이 담당하는 역할도 간과해서는 안 된다. 여성의 몸은 들어온 정자를 어느 정도 보관할지 또는 내보낼지 결정한다. 여성 자신은 인식하지 못해도 성기가 알아서 입장을 취하는 것이다. 정자 보유의 차이에 관해 논한 의학 문헌은 많지 않다. 하지만 히포크라테스의 글에 비슷한 이야기가 있기는 하다. 앞서 말했던 임신한 플루트 연주자의 사례이다.

플루트 소녀는 여자들끼리 하는 말을 들은 적 있었다. 여성이 임신을 할 때는 씨앗이 몸 밖으로 나오지 않고 안에 남는다는 것이다. 무슨 말인지 알아들은 소녀는 언제나 조심스럽게 경과를 지켜보았다. 씨앗이 자궁 밖으로 나오지 않았다는 것을 깨달은 소녀는 그 사실을 여주인에게 말했고, 그래서 이야기가 내게까지 전해지게 됐다.

이 이야기에는 플루트 연주자의 오르가슴에 대한 언급은 나오지 않는다. 하지만 베이커와 벨리스는 여성의 오르가슴이 정자 보유에 어떤 역할을 한다고 믿었다. 그들이 수행한 일련의 실험을 보면 여성이 사정 1분 전에서 사정 후 45분 사이에 오르가슴을 느낀 경우 정자의 역류가 적었다. 이 결론이 발표된 뒤 다른 연구자들도 여성의 오르가슴 시기를 인터뷰를 통해 조사해보았는데, 한편으로는 성교 중 오르가슴의 시기를, 다른 한편으로는 임신하고 싶은 정도를 물었다.[69] 그 결과 사정 직후에 주로 오르가슴을 느낀다는 여성들은 아이를 굉장히 원하는 여성들이었다.

남성들과 성관계를 하는 중간에 느끼는 오르가슴도 모종의 역할을 한다. 질 내의 체액 양이나 자궁경부에서 자궁강을 막고 있는 점액 마개의 상태가 달라질 수 있기 때문이다. 여성이 사정 없이 오르가슴을 느끼는 경우, 질 안의 산성 체액이 빨아들여져 흡수되면서 기존에 존재하던 정자들은 피해를 입는다. 따라서 여성이 애인과의 밀회를 잔뜩 기대한 상태라 여러 차례 오르가슴을 느낀다면, 무의식중에 애인의 정자를 위해 질을 깨끗이 비워주게 되는 것이다. 점액 마개의 습도가 높아지는 현상도 일어난다. 그러면 작은 구멍들이 열려서 정자가 더 많이 보존된다.

베이커와 벨리스의 연구가 그리 널리 알려지지 않았을 무렵, 세계 성과학학회 모임에서 그들의 발표를 들은 적 있다. 나는 다소 허풍같이 들리는 그 이야기에 청중들이 긍정적인 반응을 보이는 것을 보고 놀랐다. 특히 여성들이 그랬다. 자신들의 성기가 사랑의 전장처럼 기능한다는 사실이 여성들의 상상력을 자극하는 모양이었다. 성이나 피임 분야에서 활동하는 사람이라면 '잘못된' 파트너와 잠자리하는 위험을 감수한 여성들이 어떤 특이한 선택들을 했는지, 직접 들을 기회가 있었을 것이다. 나도 매우 독특한 사례를 하나 기억한다. 그 여성은 아이 없는 결혼 생활을 오래 지속하다가 마침내 임신을 결심하고 한동안 불임클리닉에 다니고 있었다. 그런데 마침 배란일에 애인과 사랑을 나누게 된 그녀는 혼외정사에서는 늘 콘돔을 사용하던 규칙을 깨고 콘돔 없이 성관계를 가졌다. 뒤늦게 후회한 그녀는 사후 피임약을 먹기로 결정했는데, 놀랍게도 2×2 방법을 선택했다. 자신의 경우 위험이 굉장히 크다는 것, 그 형태의 사후 피임약으로는 위험을 완전히 없앨 수 없다는 것을 잘 알고 있었는데도 말이다.

베이커와 벨리스의 연구는 큰 관심을 끌었지만 그게 전적으로 작업의 질 때문이라고는 할 수 없다. 원래의 논문을 보면 실험 대상자 수가 비교적 적은 편이고, 결론에 이르는 계산들도 너무 복잡하고 방대하다. 베이커가 일반인을 위해 각색한 내용도 대체로 지나치게 낭만화된 것이다. 마치 약한 포르노, 타블로이드 신문의 소문, 과학소설을 합친 것 같다. 내용이 확실히 자극적일지는 모르겠다. 하지만 나는 당분간 그 책을 『신은 우주인이었나?』 같은 책들과 동등한 과학적 수준으로 평가할 생각이다. 무엇보다 여성의 책략에 관한 옛 이야기들을 한 치도 틀림없이 완벽하게 뒷받침한다는 점 자체가 의혹을 일으키기에 충분하다.

진화 이론을 신빙하다 못해 괴상한 결론에 이른, 훨씬 더 이상한 사람들도 있다. 마테이스 판 복셀의 『바보 백과사전』에는 법학자이자 기술자였다는 파트리스 J. J. 판 데르 포르스트의 지적 기여에 관한 얘기가 있다.[70] 파트리스는 진화를 통해 클리토리스가 몸 밖으로 나왔다는 견해를 주장했다. 여성이 생식과 쾌락을 분리한 유일한 동물이 된 것은 가능한 정도를 넘어 불가피한 과정이었다는 것이다. 여성은 성교 중에 왜 만족을 느낄 수 없는지 고민하기 시작했고, 이것이야말로 논리적 사고의 태동이었다. '이브'는 자위를 발견했고, 쾌락의 선택지를 알게 됐다. 이브는 그 발견을 '아담' 앞에서 재현해 보였다. 아담은 이브의 행동에 담긴 미스터리를 자기 입장에 맞게 해석해야 했다. '그녀는 내가 그런 식으로 만져주길 원하는 걸까? 왜, 그리고 어떻게 나는 이 문제를 풀어야 할까?' 새롭게 얻어진 사고의 힘은 그러므로 윤리를 위해, 이타심을 위해 최초로 쓰인 것이다. 아담은 자기만 쾌락을 얻을 게 아니라 상대방을 즐겁게 해줄 수도 있다는 사실을 덤으로 깨닫는다.

위 이론에 따르면 여성의 양성성(프로이트식 정의에 따른 양성성)은 추상적 사고 및 윤리학의 기원이었던 셈이다. 멋진 생각이다. 클리토리스는 '문화의 근원'이 된다. 하지만 왜 파트리스는 애초에 클리토리스가 더 깊숙한 곳에 있었다는 가정을 당연한 듯 여기게 된 걸까?

임신, 출산, 수유의 생리학

임신부의 몸은 놀라운 일들을 이뤄낼 수 있다. 네덜란드 교재『산과학과 부인과학』에서는 임신부의 심장 및 혈관계 기능 변화를 극기운동을 하는 운동선수에 비유한다. 그 밖의 장기들도 물론 출력을 높여야 한다.[71] 자궁은 9개월 동안 스무 배 무거워지는데, 더욱 놀라운 사실은 분만 뒤 3주 만에 원래 무게로 돌아간다는 점이다. 자궁 수축에 가장 큰 영향을 주는 것은 옥시토신이라는 호르몬으로 분만에서 중요한 역할을 맡는 물질이다. 아이의 머리가 내려와 질이 확장되면 뇌하수체는 그 자극을 받아 옥시토신을 분비하기 시작한다. 그래서 자궁 수축이 강화된다. 이 현상을 발견한 사람의 이름을 따서 '퍼거슨 반사'라 불리기도 한다.[72] 옥시토신은 분만이 끝난 뒤 젖 분비 과정에서도 역할을 하는데, 젖꼭지 자극을 받으면 젖의 흐름을 부추긴다. 엄마가 가슴을 아기에게 내밀어 아기가 젖을 빨면 뇌하수체는 옥시토신을 분비하고, 가슴에 온 옥시토신은 '아래로 내려가게 하는' 반사를 일으켜 젖이 흐르게 한다. 옥시토신은 동시에 자궁에도 작용한다. 그래서 젖을 물리면 자궁에 수축을 느끼는 여성들이 많다. 아주 만족스럽고 자극적인 기분이기 때문에 아기가 강력한 성적 자극처럼 여겨지는 것을 깨닫고 놀라는 여성들도 있다. 거꾸로 젖꼭지 자극에 대한 옥시토신 반응을 성행위 시에 활용하는 사람도 있다. 몇몇 성과학자들은 강렬한 삽입(가령 '찔러 넣기')을 즐기는 여성의 경우 기본적으로 퍼거슨 반사를 성적으로 활용하는 것이라 보기도 한다.

중세에는 자궁과 유선이 연결되어 있다고 믿었다. 자궁에서 나온 혈관이 가슴까지 곧장 이어진다고 설명했다.[73] 임신 중에는 여성의 씨앗(월경혈)이 정상적으로 배출되지 않는 대신 가슴으로 가서 젖이 된다고 했다. 이런 설명의 기원은 히포크라테스였다. 경험적으로는 이런 식의 젖 생산 과정의 증거를 찾을 도리가 없었기에 중세의 해부학 문헌을 보면 꽤 모호하게만 설명되어 있다. 하지만 레오나르도 다빈치가 그린 성교 그림에는 젖꼭지까지 이어진 혈관들이 또렷이 드러나 있는데, 이 그림이 여기저기 무척 자주 인용되곤 했다.

옥시토신이 장기들의 수축을 촉진하는 역할을 담당하는 한편 젖 생산에는 프로락틴이라는 호르몬도 관여한다. 프로락틴 역시 뇌하수체에서 만들어지는 것으로 임신 초기부터 농도가 엄청나게 높아지기 시작한다. 하지만 태반이 있는 한 너무 일찍 젖이 나오는 일은 없다. 프로락틴과 옥시토신의 젖 자극 반응은 에스트로겐과 프로게스테론의 과도한 분비에 상쇄되어버리는 것이다. 태반이 몸 밖으로 배출된 후에야 젖 분비 자극들이 우위를 점하게 된다.

임신한 여성의 피는 각종 호르몬들로 넘쳐나는데, 여성은 그로 인한 다양한 현상을 몸소 느낀다. 이를테면 프로게스테론 농도가 높으면 쉽게 졸리고, 에스트로겐 농도가 높으면 기분이 좋아진다. 온갖 진저리나는 증상들을 겪어야 하는 임신부가 어쩌면 그토록 즐겁게 지내는지, 의아해하는 부부들도 있는데 그 또한 호르몬 덕분이다. 특정한 음식, 예를 들어 전형적으로 피클 같은 것을 미친 듯이 먹고 싶어 하는 여성들도 있다. 옛날에는 아기에게 필요한 물질이라 그런 욕구가 생긴다는 의견이 지배적이었지만 요즘은 격렬한 호르몬 변화 탓으로 돌리는 현실적인 의견 쪽이 우세하다. 임신부는 원래 미각과 후각도 조금 변하긴 하지만, 그렇다고 그처럼 변덕스럽고 특이한 취향이 설명되는 것은 아니다. 이 욕구에 대한 정확한 해석은 아직 이뤄지지 않았다.

임신 중에 제 존재를 강하게 드러내는 또 다른 호르몬으로 뇌하수체가 분비하는 '멜라닌 세포 자극 호르몬'이 있다. 멜라닌 세포는 피부에 착색을 일으키는 종류의 세포이다. 이 호르몬이 증가하는 것은 원래 다른 부위보다 짙었던 피부 영역의 색이 더욱 진하게 되는 것으로 확인할 수 있다. 젖꼭지가 더 검어지고 상당히 커지기까지 한다는 사실은 잘 알려져 있다. 음순도 색이 짙어져서 거의 검정에 가까울 정도로 어두워진다. 배꼽에서 치구까지 난 좁은 선에도 멜라닌 세포가 많아서 꽤 또렷해진다. 햇빛의 영향도 있긴 하겠지만, 얼굴에는 임신 마스크라 불리는 기미들이 생겨난다. 특히 윗입술의 색이 검어진다. 초창기 피임약의 호르몬 함량은 지금보다 훨씬 높았으므로, 여성들이 호소하는 부작용 중의 하나로 그런 임신 마스크 현상이 있었다.

피부는 부신이 분비하는 스트레스 호르몬 코티솔에도 강하게 반응한다. 눈에 보이는 결과는 이른바 임신선이다. 코티솔 때문에 피부의 결합조직이 느슨해지고, 피부가 많이 잡아당겨지는 부분(복부와 가슴)에는 특히 조직이 불균등하게 늘어나서 틈새로 혈관이 흐르는 피하층이 들여다보인다. 임신 중에는 임신선들이 푸른색으로 보인다. 분만 뒤 호르몬 수치가 정상으로 돌아가면 흰 줄무늬 같은 상처로 남는다.

엄청난 호르몬 증가 때문에 일어나는 피부 변화가 한 가지 더 있다. 촉감 장애이다. 다른 임신 증상들에 비해 이 현상은 덜 알려진 편이다. 1977년, 로빈슨과 쇼트는 젖꼭지 주위(유륜)의 피부와 다른 가슴 부위의 민감도를 비교한 연구 결과를 발표했다.[74] 접촉 민감도의 변화를 극명하게 드러내 보이는 실험으로 두 점 식별 검사법이 있다. 바늘이 두 개 달린 컴퍼스만 있으면 할 수 있는, 무척 간단한 검사이다. 눈을 가린 실험 대상자의 피부 위 두 점을 부드럽게 누른 뒤 한 점을 찌르는 것인지 두 점을 찌르는 것인지 대상자에게 물어본다 (객관성을 높이기 위해 가끔 한 점을 찌르는 것을 섞어가며 묻는다). 목적은 두 점으로 인식되는 최소 거리를 알아보는 것이다. 사춘기 이전에는 남녀의 두 점 식별 능력에 차이가 없다. 하지만 육체적 성숙이 진행되면서부터 남자들은 여자들보다 가슴 부분의 민감도가 떨어진다. 월경주기의 영향도 확연하다. 월경 중(혹은 직전)과 배란일에 가장 민감도가 높았다. 피임약 복용자들에게는 이런 주기가 전혀 보이지 않는다. 임신 중, 그리고 분만 직후에는 민감도가 굉장히 떨어진 상태라, 유륜 지름 끝과 끝을 찔러도 두 점으로 인식하지 못하곤 한다. 아기를 낳고 24시간이 지나면 민감도가 회복되는데, 평소보다 오히려 높은 상태가 된다. 이때는 연구자들의 컴퍼스로 만들 수 있는 최소 거리를 척척 파악해냈으며, 오히려 연구자들이 더 좁히지 못해 측정할 수 없을 정도였다. 분만 직후에는 일반적 통증에 대한 민감도도 증가한다.

저자들은 출산 시의 민감도 변화는 젖 분비 통제에 중요한 역할을 하는 것이라고 결론 내렸다. 혈중 에스트로겐 농도가 높으면 젖꼭지를 아무리 자극해도 프로락틴이 나오지 않고, 가슴도 가만히 있다. 아기가 자궁에 있는 한 젖빨기 기제는 필요가 없다. 하지만 아기가 태어나면 곧바로 아기와 가슴 사이에 강한 상호작용이 이뤄져야 한다. 일단 프로락틴이 젖 생산을 개시하면 옥시토신이 분비를 촉진한다. 유선에서의 흘리기 반사를 담당하는 것이다. 아기의 입에 대해 가슴이 재빨리 반응하는 현상은 아기의 어떤 자극으로도 쉽게 조건화되는 반사 현상이다. 그래서 아기 우는 소리만 듣고도 젖을 흘리는 엄마들이 많다.

아기는 태어난 직후에는 할 줄 아는 일이 거의 없다. 그래도 거의 틀림없이 젖꼭지를 찾을 줄은 안다. 이는 후각의 인도를 따르는 것으로 보인다. 한 연구에서 막 출산한 여성들의 한쪽 가슴을 중성 세제로 닦아낸 뒤 아기를 안겨보았더니, 아기들은 대부분 씻지 않은 가슴 쪽을 선택했다.[75]

출산 뒤에도 여성의 몸에는 많은 변화가 일어난다. 특히 호르몬이 과거 상태로 돌아가는 데는 꽤 시간이 걸리는데, 모유를 먹이는 여성과 젖병을 사용하는 여성 사이에 차이가 있다. 수유하는 동안에는 프로락틴과 옥시토신 수치가 높게 유지되는 반면, 젖병을 사용하는 여성의 호르몬 수치는 재빨리 정상으로 돌아간다. 수유기에는 에스트로겐과 프로게스테론 수치가 일시적으로 몹시 낮게 유지되므로 마치 폐경 이후 같은 상황이 된다. 배우자와 성관계를 재개하려 할 때 정신적 흥분 상태에 비해 육체적 흥분이 늦게 오는 것을 느낄 수도 있다. 성교 중에도 질이 잘 젖지 않을 수 있는데, 이것을 방치하면 성행위가 고통스런 것이 되어버린다. 출산 중에 절개를 했거나 파열을 경험한 여성은 이 문제가 늘 잠복해 있다고 할 수 있다.

임신, 출산, 수유의 기간은 정말로 특별한, 호르몬 혁명의 시기이다. 호르몬이 감정에 미치는 영향을 연구할 때 이 시기를 관찰하여 결론을 내는 경향이 있는 것도 이해할 만하다. 이런 분야의 생물학적 연구는 이제 막 발을 뗀 상태이다. 호르몬이 생리적 효과를 미친다는 사실은 전부터 알고 있었지만, 생식 관련 호르몬들이 감정 통제에도 중추적 영향을 미친다는 사실은 최근에야 밝혀진 것이다. 테레사 크렌쇼Theresa Crenshaw의 책『우리는 왜 사랑하고 원하는가』(1996)는 바로 이 주제를 다루고 있다.

책 첫머리에 등장하는 사례 연구는 젖먹이 아기를 둔 부부의 문제들을 다룬 것이다. 수유를 해서 프로락틴 수치가 높아진 아내는 성에 완전히 관심을 잃은 것처럼 보인다. 더 극단적인 경우에는 남성호르몬 수치도 예외적 수준으로 낮아져서 더욱 성 충동이 억제될 때가 있다. 하지만 남자 쪽이 주로 성 주도권을 갖는 데 대해 두 사람이 긍정적으로 이해하면 문제를 거의 완벽히 해결할 수도 있다. 여성은 외부에서 성적 자극을 받았을 때 반응하여 발기하는 능력에는 문제가 없으며, 오르가슴도 프로락틴 수치의 영향을 받지 않기 때문이다. 육체적 흥분이 정신적 흥분 상태에 뒤처져 오기는 하겠지만 약간의 인내, 그리고 윤활제의 도움을 받으면 현명하게 문제를 풀 수 있다. 크렌쇼가 하는 이야기의 핵심은 수유 때문에 여성이 성적으로 수동적이 되는 건 사실이지만 반응성이 떨어지는 건 아니라는 점이다.

젖 분비 기간 중의 성 변화에 대해 무지한 부부들이 많다. 하지만 그들에게 조언을 주어야 할 전문가들도 모르는 것이 많기는 매한가지이다. 의학계는 오래전부터 임신부에게 성관계가 필요한지 아닌지 고민해왔지만, 일반적으로는 여성의 욕구를 동떨어진 독자적 과정으로 파악하고, 임신 중 남성 성 욕구의 역할은 배우자 사이의 상호작용과 함께 옆으로 밀쳐두었다.[76] 거의 모든 부부들이 임신 개월 수가 증가함에 따라 성관계를 덜 갖게 마련이다. 출산 후 성관계를 재개하기까지 걸리는 시간은 수유를 하거나 분만 중 봉합을 한 여성의 경우 그렇지 않은 여성보다 오래 걸린다. 하지만 개인적 편차가 상당하다. 옛날 의사들은 별로 그럴 필요가 없는데도 지나치게 엄격하게 주의를 당부하는 경향이 있었다. 어쩌면 무의식적으로 기독교 유산을 실천한 것이었는지도 모르겠다. 임신 중의 성교가 임신으로 이어질 리는 만무하니 나쁜 행위라는 분위기가 있었기 때문이다.

젖 분비에 관여하는 호르몬 중 옥시토신은 친밀감을 북돋우는 심리적 효과도 준다. 젖 빠는 아기는 엄마의 옥시토신 수치를 높여서 엄마가 점점 더 아기에게 몰두하게 만든다. 연인이 여성을 만질 때도 옥시토신 수치가 높아져서 상대와 따뜻한 친밀감을 구축하게 된다. 앞서 말했듯, 옥시토신은 성교 중 오르가슴 수축에도 기여한다.

옥시토신과 밀접하게 연관된 또 다른 호르몬으로 바소프레신이 있다. 혈압과 신장 기능에 직접 작용하는 호르몬인데, 선천적 이상 때문에 몸이 바소프레신을 분비하지 못할 때에는 신장이 오줌을 농축하지 못한다. 환자는 엄청난 양의 물을 마시고 배뇨하게 된다. 이것이 요붕증이란 병이다. 요즘은 합성 바소프레신이 있어서 비강 스프레이로 투여할 수 있다. 잠자리를 적시는 문제 같은 것은 스프레이로 해결할 수 있다. 저녁에 음료 섭취를 자제하고 자기 전에 바소프레신을 약간 뿌려두면 한밤중에 깨어 소변을 보지 않아도 될 정도로 소변 생산을 억제할 수 있다.

의학자들은 늘 바소프레신을 비교적 하찮은 물질로 여겨왔는데,

최근 생물학자들은 이 호르몬이 동면하는 동물들에게 중요한 역할을 한다고 주장한다. 동면에 들어가기 전에는 동물의 바소프레신 수치가 낮아져야 한다. 동물행동학자들이 프레리 들쥐를 관찰한 내용은 더욱 혁명적이다.[77] 이 종의 수컷들은 일부일처를 실행하며 훌륭한 아빠 노릇을 한다. 새끼들에게는 다정하지만 다른 수컷이 제 굴에 접근하면 엄청나게 공격성을 띤다. 이것은 다른 들쥐들의 행태와는 매우 대조적이다. 다른 들쥐 종류의 수컷들은 짝을 이루거나 새끼를 돌보는 데 관심이 없다. 프레리 들쥐의 경우에도 젊고 성적으로 미숙한 수컷들은 동료 수컷들과 활발한 사회적 접촉을 가진다. 수컷의 행동이 달라지는 것은 첫 교미를 경험할 때이다. 첫 교미는 비교할 수 없는 강렬함을 지니고 있어서, 시간만 해도 족히 40시간이 걸린다.[78] 이 경험 때문에 뇌에서 바소프레신에 반응하는 부분에 변화가 오는 듯하다. '결혼식 날 밤' 동안 새로운 수용체들이 마구 형성되고, 그렇게 생겨난 부성애적 행동은 죽을 때까지 지속된다. 과학자들은 옥시토신이 엄마의 행동을 다듬는다면 바소프레신은 아빠의 보호 본능을 다듬는다고 잠정적으로 결론 내렸다. 여담이지만, 첫 교미에 따른 성격 변화가 너무나 결정적이어서 그런지, 이후의 교미는 눈 깜박할 새에 끝나고 만다.

문화적 맥락의 임신

우리는 자신의 출생을 기억하지 못한다. 들어서 알 뿐이다. 우리는 자신의 죽음에 대해서도 말할 수 없을 것이다. 그러므로 여자와 남자가 세상에 새 생명을 내놓는 순간은 우리가 의식을 갖고 참여할 수 있는 유일한 존재론적 드라마이다. 출산을 경험한 거의 모든 사람들이 그 순간을 인생에서 가장 의미 깊은 사건으로 기억하는 것도 놀랄 일이 아니다.

정확히 언제부터 분만이 시작된다고 보느냐 하는 문제는 깔끔하게 결론이 나 있지 않다. 문화에 따라 분만에 대한 반응이 다르다는 점만을 말할 수 있을 뿐이다. 인류학 문헌들을 보면 임신부가 조신하게 덤불로 들어갔다가 다시 등장할 때는 팔에 아기를 안고 깨끗하게 씻은 채였다는 얘기들이 나온다. 수많은 선택지를 갖고 있는 현대 서양 여성들의 태도와는 극명하게 대조된다. 대부분의 네덜란드 사람들은 집에서 출산할 수 있다면, 그리고 의사의 개입을 최소화할 수 있다면 출산이 더욱 축제 같은 사건이 된다고 생각한다. 미국에서는 분만 시 마취를 하는 것이 예외가 아니라 보편적인 경우처럼 되어 버렸다. 심지어 특정한 날, 가령 7월 4일 미국독립기념일이나 그리운 할머니의 생신에 맞춰 아기를 낳겠다며 산부인과 의사들에게 조정을 부탁하는 경우도 드물지 않다. 설령 제왕절개를 해야 한대도 크게 고민하지 않는다. 미국은 출산을 의학적 문제로 보는 경향이 강하다. 산모는 보조적 역할만을 수행하는 사건일 뿐이다.

의사의 개입을 반대하는 목소리는 갈수록 높아진다. 미국 일부 지역에서는 산과적 도움을 구하기가 거의 불가능에 가까운 곳도 있다. 의료 과실에 대해 보험사가 청구하는 보험료가 엄청나게 높아서 산파나 산과 의사들이 도저히 감당하지 못하기 때문이다. 한편 러시아는 그 반대 극단이다. 부모들은 가타부타 선택할 여지가 없고, 남자는 아예 병동에 발도 못 들여놓는다. 세균을 끌어들인다는 이유에서이다. 여성은 공개 화장실 같은 곳에 다른 여성들과 나란히 앉아 분만을 준비한다. 커다란 공용 관장 주사기가 있는 곳이다. 개인별 관리는 없고, 직원들은 아기를 받자마자 금세 데려가버린다. 이 상황을 무비판적으로 차용한 휴대폰 광고도 있었다. 남편은 병원 밖에 서 있고 아내는 창문에서 아기를 들어 보이며 서로 열심히 휴대폰 대화를 나눈다. 말로나마 환희의 순간을 공유하고자 하는 것이다. 부자라면 개인 병원을 찾을 수 있지만, 그만한 여력이 된다면 차라리 서양으로 나가는 편을 택한다.[79] 경제적 여유가 없는 사람들은 원시적 대안에 만족할 수밖에 없다. 1999년 5월, 한 미국 저널리스트가《모스크바 타임스》에 기고한 글을 보면 두 명의 임신부가 문명 세계와 멀리 떨어진 캠핑장에서 의사의 도움 없이 분만을 계획한 경우가 있었다. 이전의 분만 경험이 너무나 충격적이어서 산부인과에만 다시 가지 않을 수 있다면 뭐든 하겠다고 마음먹은 것이었다.[80]

서양에서는 지난 몇십 년간 여성과 배우자가 일생 최고의 순간을 계획하는 방법이 굉장히 자유롭고 다양해졌다. 집이냐 병원이냐, 누워서 낳느냐 출산 의자에 쭈그리고 앉아서 낳느냐, 물속에서 낳느냐, 이 모든 가능성들 중에서 한 가지를 택하면 된다. 몇몇 유럽 국가에서는 의사와 산파들도 출산에 의학적 개입이 최소화되어야 한다는 데 대체로 동의한다. 그래서 임신과 통증 없는 분만을 연습하는 교육 과정들이 그렇게 인기가 있는 건지도 모르겠다.

대부분의 부부는 임신 말기가 될수록 성관계를 자제한다. 하지만 성관계를 갖는 것이 분만을 조금 앞당기는 좋은 방법일지도 모른다.[81] 오르가슴은 목표 지향적인 수축을 가져오며, 자궁경부를 건드리는 것도 자극이 된다. 일본에는 자궁경부를 자극해서 해산을 앞당기는 특별한 바이브레이터도 있다. 부인과 의사들이 분만 유도에 쓰는 물질들 중 자연적으로 만들어낼 수 있는 것이 두 가지 있다. 성적인 흥분, 특히 젖꼭지 자극을 받으면 혈중 옥시토신 농도가 높아지는데 옥시토신은 합성 형태로(신톡시논) 자궁 수축 유도에 널리 쓰이는 물질이다. 정자에는 프로스타글란딘이 다량 함유되어 있는데, 합성 프로스타글란딘(질에 적용한다)도 자궁 수축을 일으킨다.

분만과 성 반응이 비슷한 점이 많다는 것은 분명하다. 성적 흥분과 오르가슴이 자궁 수축에 긍정적인 효과를 가져온다는 것도 부인하기 힘든 사실이다.[82] 1989년 카르카스에서 열린 제9차 세계성과학학회에서, 버지니아 주 살렘 대학의 갈디노 프란차로네Galdino Pranzarone는 1980년대에 미국에서 인기를 회복한 대안적 산파술을 소개해 관심을 끌었다. 자연과의 합일을 모든 활동의 기준으로 삼았던 1980년대 공동체들이 사용했던 방법이다. 앨리스 워커Alice Walker가 소설에 자기 경험을 자세히 적은 덕분에 우리도 어떤 방법인지 잘 알 수 있다.

나는 프랑스에서 가장 인기 있는 산파를 곁에 두었다. 유능하고 쾌활한 내 이모 마리테레즈였다. 그녀는 출산이 무엇보다도 섹시하게 느껴져야 한다는 급진적 믿음을 갖고 있었다. (…) 그녀는 내 외음부에 오일을 바르고 끊임없이 마사지를 해서 엉덩이가 열리고 질액이 흘러나오게 했다.

나는 급기야 오르가슴을 느꼈다. 꼬마 피에르는 사실상 내 환희가 최고조에 달한 시점에 세상으로 미끄러져 나온 것이나 마찬가지였다. 피에르는 눈을 뜨기 전부터 평온하게 웃고 있었다.[83]

출산은 매우 특별한 사건이다. 그래서 영적인 성향이 있는 사람들은 이 강렬한 체험을 통해 새로운 개인적 신념들을 발견하고자 한다. 그들은 출산이 아름답고 초월적인 무엇이 되길 바란다. 모든 일이 잘 굴러가면 분명 출산은 이루 말할 수 없는 만족을 선사한다. 출산을 영적 체험으로 여기는 것은 아주 오래된 전통이다. 하지만 간혹 실망을 금치 못할 경우도 있다. 미처 예상치 못했던 일들이 벌어질 가능성은 늘 존재하며, 우리는 이런 것들에 대해 전혀 대비할 수 없기 때문이다. 심지어 출산을 개인감정의 개별적 표출로 자리매김하고자 하는 욕구가 너무 강해서 아기를 신경 쓰지 않는 수준까지 나아간, 잘못된 사례들도 찾아볼 수 있다. 영국의 TV 시리즈 〈앱솔루틀리 패뷸러스〉의 한 이야기는 이른바 플라워 파워(1960, 70년대의 히피들이 비폭력 운동의 슬로건으로 삼은 말_옮긴이) 운동을 풍자한 적이 있다. 출산을 최신 유행처럼 취급한 세태를 비아냥거린 것이다. 주인공 에드위나의 절친한 친구이자 알코올 중독자인 팻시가 자신이 태어나던 장면을 회상으로 떠올린다. 사치스럽고 노출증 증세가 있던 팻시의 어머니는 히피 운동이 한창이던 시절에 그녀를 낳았다. 한 무리의 친구들이 그녀의 출산을 지켜보았으며, 그녀는 그때가 자기 인생 궁극의 무대라고 믿었다. 하지만 막상 낳은 아기 자체는 그녀의 예술적 심미안의 기준에 미달하는 듯 보였다.

출산은 복잡한 사건이고, 여러 측면에서 의식의 형태를 띤다. 일례로, 후산(분만 후 30분 정도까지 질에서 배출되는 물질_옮긴이)을 어떻게 처리하면 좋을까? 큰 병원에서는 태반을 커다란 냉동고에 보관했다가 정기적으로 제약회사에 넘겨준다. 물론 대가를 받는다. 제약회사는 피부병 약이나 화장품 등을 만드는 데 태반을 활용한다. 어떤 산모들, 특히 임신 중에 '어머니들을 위한 어머니들' 단체에 소변 샘플을 제공해서 불임 치료용 호르몬 생산에 기여하기로 자원한 산모들은 태반을 제약회사의 약병에 담아주기 싫어한다. 차라리 고대 선조들이 했던 것처럼 의식을 갖춰 묻는 편을 바란다. 1999년에 출간된 빌럼 데 블레쿠르트Willem de Blécourt의 『아마존 군대』는 1850년에서 1930년까지 치료사들의 활동을 취재한 책이다. 책에 보면 특히 산부인과의 간호사들은 고대의 의식에 매우 익숙했다. 간호사들이야말로 산모와 가장 밀접한 사람이다. 의사, 심지어 뛰어난 산파의 경우는 환자들보다 사회적 지위가 높기 때문에 그렇게 편하게 의지할 수가 없었다. 후산을 묻어야겠다면 제일 잘 처리해줄 사람도 간호사였다. 가장 바람직한 장소는 창가 아래 땅이다. 개가 태반을 파헤치려 하면 쉽게 저지할 수 있기 때문이다. 도랑에서 너무 가까운 곳은 안 된다. 나중에 아이가 자라 그 근처에서 놀 가능성이 있기 때문이다. 높은 층에 살아 땅에 묻을 수 없으면 조각조각 잘라 변깃물에 내렸다. 신생아를 포대기로 감싸는 것은 특별한 기술에 해당했다. 최고의 간호사는 가장 단단하게 아기를 감싸는 사람이었다. 요즘 우리에게는 별로 쓸모없는 일처럼 보인다. 하지만 최근의 의학 문헌에도 다리를 쭉펴서 아기를 감싸면 아기의 엉덩이뼈 탈구가 일어날 가능성이 낮아지는지 아닌지 토론한 내용들이 실리곤 한다.

요즘도 가끔 의사들은 특별한 방식으로 후산을 처리하고 싶어 하는 예비 부모들을 접한다. 하지만 흔한 사례는 아니다. 애견가 중에는 개에게 후산을 핥게 함으로써 태반 냄새를 통해 아기와 개가 가까워지길 원하는 이들도 간혹 있다.

현대의 어머니가 자유롭게 택해야 할 또 다른 문제는 모유 수유를 할 것이냐, 분유를 먹일 것이냐 하는 점이다. 이것은 감정까지 자극하는 민감한 문제이다. 최근에는 갈수록 유아용 유동식 제조업체들에 비난이 쏟아지는 상황인데, 특히 그들이 개발도상국에서 펼치는 광고 탓이 크다. 수유를 택한 여성은 아기와 떨어져 있는 동안 아기에게 먹일 젖을 짜내야 할 때가 많다. 이것은 매우 시간이 많이 걸리는 작업이다. 물론 전동식 유축기를 사용할 수 있지만 최근까지만 해도 유축기는 기술 진보의 혜택을 거의 보지 못한 조악한 기계였다. 1996년, 플로리다에 사는 한 아버지는 아내의 구시대적 유축 기계를 보고 충격을 받은 나머지 스스로 재주를 발휘해 새 기계를 만들어주었다. 그가 만든 기계는 우선 크기가 아담해서 품이 넉넉한 옷을 입으면 눈에 띄지 않게 사용할 수 있었다. 게다가 젖 분비량을 점진적으로 늘릴 수 있도록 펌프의 강도를 조절할 수 있었다. 실제로 처음에는 조금씩밖에 젖을 흘리지 못하다가 한참이 지나야 더 센 압력을 견딜 수 있게 되는 엄마들(그리고 아기들)이 있다.[84]

과거의 선택은 직접 수유하느냐, 유모를 쓰느냐 하는 문제였다. 마르코 벨로치오Marco Bellochio가 루이지 피란델로Luigi Pirandello의 단편을 바탕으로 찍은 영화 〈유모〉를 보면 유모를 고르는 재미난 광경이 등장한다. 물론 눈으로 보고 가장 큰 가슴을 고를 수도 있다. 영화 속의 아버지도 그렇게 한다. 하지만 외관은 기만적일 수 있는 법이다. 어떤 요소들을 고려하는 게 좋을까? 1899년, 한 잡지는 다시 월경을 시작한 여성이 좋은 유모가 될 수 있느냐는 문제를 다루었다.[85] 잡지는 6주에서 8주 전에 출산을 한 유모를 택하라고 충고했다. 그때쯤이면 이미 다시 월경을 시작했을지 모르는 시기인데, 그때도 젖 생산량이 줄지 않는다는 건 이후에도 상당 기간 아기에게 젖을 먹일 수 있다는 증거라고 했다. 하지만 프랑스는 1874년부터 법을 통해 유모의 아기가 7개월 이상이거나 그 아기 또한 유모의 젖을 먹는 경우가 아니면 유모를 쓰지 못하도록 금하고 있다. 해당 지역의 시장은 이 법이 잘 지켜지도록 감독해야 한다.[86]

교회도 직접 수유와 유모 사이의 선택에 대해 나름의 견해를 표명했다.[87] 오로惡露, lochia, 즉 출산 후에 나오는 점액이나 피나 세포 찌꺼기 같은 질 분비물이 완전히 배출되기까지는 여성이 불결한 상태라고 했다. 교회가 보기에 산후 시기는 월경 기간이나 마찬가지였다. 731년에 한 영국 주교에게 보낸 편지에서, 그리스도의 대리자인 교황 그레고리 1세는 수유 기간을 금기 기간으로 천명한다. 그 때문에 교황은 귀족 계급 여성들이 수유를 유모에게 맡기는 버릇에 대해 미심쩍음을 숨기지 않았다. 하지만 교황이 수유 중엔 임신이 연기된다는 사실을 알았다면 문제를 새로운 각도에서 바라보지 않았을까? 젖물림을 남에게 맡기는 여성은 더 빨리 임신할 수 있기 때문이다. 후대에는 수유 기간 중 금욕을 해야 하는 이유가 다른 것으로 바뀌었다. 성교는 여성의 젖을 더럽힌다는 굳은 믿음이 자라났던 것이다.

대부분의 아이들은 자기 엄마의 젖 말고 다른 젖은 먹지 않는다. 하지만 모로코에서는 여성들이 아기를 서로 바꾸어 젖을 물리는 일이 있다.[88] 모로코 사람들은 친형제자매 외에도 젖형제자매가 있는 셈이다. 젖을 바꿔 물리는 가족들끼리 서로의 아이들을 더 존중해주길 바라는 풍습이다. 특히 딸들에 대해 그렇다. 여자아이들은 보통 또래 남자아이들과 어울려서는 안 되지만 젖형제와는 가깝게 지낼 수 있다. 젖남매끼리 결혼하는 것은 일종의 근친상간으로 취급된다.

여성의 성 문제

마케팅 담당자들은 성이 언제나 잘 팔리는 것을 안다. 섹스가 하나의 상표였다면 광고가 필요 없을 것이다. 브랜드 인지도가 세계적이고 위력도 확고할 것이기 때문이다. 쿨해지고 싶나요? 섹스! 인생에서 중요한 것들을 놓치고 싶지 않나요? 섹스! 젊은 사람이든 나이든 사람이든, 섹스! 요즘 같은 어지러운 세상에서 섹스는 단순하고 정직한 것으로 여겨진다. 하지만 한편에서 성과학자들은 성생활 때문에 불행한 남녀들을 자주 만난다.

'할 맘이 안 들어'

섹스하고 싶은 기분, 육체적 친밀함과 성적 쾌락을 얻고자 하는 자발적 충동은 대부분의 사람들이 느끼는 완벽히 자연스러운 그 무엇이다. 건강한 사람에게는 성욕이 시시때때로 자발적으로 일어난다. 충분히 먹고 마시지 못했을 때 식욕과 갈증이 나는 것과 마찬가지이다. 성욕은 본능, 충동으로 간주된다. 프로이트주의자들은 '리

마이 버자이너

비도'라고 말하는데, 평범한 사람에게 리비도가 없다면 '불감증'을 앓고 있을 가능성이 높다(최소한 여성에게는 그렇다. 불감증이란 단어의 남성 쪽 용어는 없다).

가끔은 성욕이 없는 게 문제가 된다. 어떤 여성들(그리고 남성들)은 성을 철저히 혐오하기도 하고, 심지어 몸 아랫도리에 관한 것이라면 뭐든지 꺼린다. 성 상담을 하다 보면 한 사람의 욕구가 배우자의 욕구에 미치지 못해서 성생활이 끊임없는 마찰과 긴장으로 가득한 경우를 종종 본다.

성욕 감퇴를 걱정하는 사람들은 문제를 순전히 육체적 장애로 돌릴 때가 많다. 건강이 나쁘고 활력이 없다는 기분이 들며, 뭔가 심각한 이상이라도 있는 게 아닌가 걱정한다. 의사에게 호르몬 불균형과 무슨 상관이 있는 게 아니냐는 질문을 던진다. 피임약이 성욕에 미치는 영향에 대한 질문도 잦다(특히 프로게스테론이 엄청난 농도로 함유되어 있던 초창기의 피임약은 확실히 둔감하게 만드는 효과가 있었다). 폐경 후 여성들도 의사에게 호르몬과 성욕의 관계에 대해 묻곤 한다. 앞서 성호르몬의 역할을 말한 적 있듯이, 실제로 월경주기에 따른 성욕 변화를 감지하는 여성들도 있는데, 대부분은 그 사실을 별로 좋아하지 않는다. 월경이나 배란 중에 더욱 절실히 성욕을 느끼는 여성이 있다면 그녀는 자신의 본능적이고 동물적인 속성에 직면했다고 생각한다. 임신 중에 성욕을 강하게 느끼는 여성도 마찬가지 기분을 느낀다.

그러나 자발적 성욕이 전혀 없는 것 역시 반길 일이 아니다. 스스로의 자아상과 충돌을 일으킬뿐더러('나는 섹스를 사실 좋아하지 않나 봐') 관계가 한쪽으로 기울 수 있다. 문제적 상황은 관계 속에서 생기는 것이기 쉽다. 애인이 없는 남자나 여자가 성욕 감퇴 때문에 성 상담을 받는 일은 극히 드물다.

성에 대한 관심은 뇌의 활동에서 비롯하는 것이고, 따라서 우울증 증상의 한 가지가 성욕 감퇴이다. 향정신성 조제약들에는 자발적 성 충동을 감소시키는 성분이 들어 있다. 감정적으로 힘든 상태, 예를 들어 친한 누군가가 아프거나 죽은 상황에서 일시적으로 성욕을 잃을 수 있고 그걸 이상하다고 생각하는 사람은 아무도 없다. 또 육체적 건강이 심각하게 나쁘다면 일반적으로 성욕도 최저가 된다. 투석, 천식, 다발경화증을 앓는 환자들, 헤로인이나 알코올 중독자들은 모두 일상의 우선순위에서 성욕을 아주 아래에 두게 만드는 위험 요소들을 안고 있는 것이다.

하지만 사람들은 성욕을 논할 때 육체적 문제, 즉 생물학적 문제를 지나치게 과대평가하는 경향이 있다. 그러다 보니 남자는 속성상, 타고난 집요한 호르몬상 언제나 여성보다 성에 관심이 많다는 지나치게 단순한 믿음이 횡행한다. 심리적 요인들도 한두 가지 기존의 통념을 강화하는 데 일조한다. 성 상담을 받으러 오는 여성들의 사례 연구를 보면 반드시 몇 가지 공통 요소들이 있다. 그 부모들이 딸에게 한 성교육이 공포를 주입하고 쾌락의 가치를 평가절하하는 식이었을 때가 많다는 점이다. 부모들이 아이에게 들려주는 이야기는 가슴 설레는 것과는 거리가 멀다. 여성들은 어릴 때나 10대 때 갑자기 일상에 침입한 성도착자의 행위를 목격하는 경험을 굉장히 많이 한다. 아들과 딸에게 서로 다른 가르침을 주는 가정도 있다. 보통은 딸들을 아들들보다 열등하게 느끼게 만드는 이야기들이다. 성에 대한 지식 부족이 낮은 자아상과 결합할 때, 여성들은 배우자의 성적 요구에 거절할 생각을 하지 못하게 되고 만다.

배우자와의 상호작용 중에 어느 한 사람의 바람이 상대에게 전해지는 방식에 문제가 있어서 삶이 힘들어지는 경우도 있다. 성적 관계가 일종의 권력투쟁으로 퇴화한 상황은 밖에서 보면 가끔 우습기까지 하다. 꼭 이성애 커플 사이에만 그런 일이 있는 것도 아니다. 레즈비언 커플들 사이에서도 성관계 빈도를 둘러싼 잡음이 존재한다.

관계란 무릇 이해관계의 충돌을 잔뜩 싸안고 전진하게 마련이다. 가령 한쪽은 일요일 오후에 숲을 산책하고 싶어 하는데, 다른 사람은 TV로 윔블던 경기를 보고 싶어 하는 식이다. 그런 충돌들이 너무 많다면 그것은 정상적인 관계라고는 못하겠지만 좌우간 눈에 드러나는 문제이긴 한 셈이다. 하지만 성적 기호 차이라는 문제에서는 정상적이어야 한다는 압박이 강해서 상황이 더욱 복잡해진다. 성관계의 빈도뿐 아니라 질에 대해서도 그렇다. 자신이 상대를 자주 원하지 않게 된 것 같으면, 온갖 어려움들이 솟아난다. 걱정스런 고민들이 생겨난다. '내가 그를/그녀를 더 이상 사랑하지 않는 것일까?' 한쪽은 자주 '숟가락 놀이'(두 개의 숟가락처럼 포개져 침대에 가만히 누워 있는 일)를 하고 싶은데 다른 쪽은 싫어한다고 하자. 상대는 그런 행동에는 '강렬한' 점이 전혀 없다고 여겨 만족하지 않고, 언제나 극한까지 행위를 연장하고 싶어 한다. 그러면 바라던 쪽은 그런 식의 육체적 친밀감에 대한 욕구를 곧 포기하고 만다. 이 커플이 성 상담을 받게 되면 상대방은 문제를 이렇게 말한다. '우리가 성관계를 너무 안 갖는 것 같아. 당신 탓이야.' 하지만 고발당한 쪽 역시 원하는 식의 육체적 접촉을 거의 하지 못하기는 마찬가지란 점을 그들은 거의 깨닫지 못한다.

남녀의 성욕 차이는 여러 가지 방식으로 표면화될 수 있다. 문제를 곰곰이 생각한 뒤 필사적으로 싸우는 쌍도 있다. 하지만 한쪽은 성욕 해소를 원하는데 상대는 다른 식의 친밀감을 원하는 어려운 상황을 좀 더 사려 깊은 방식으로 풀어가는 쌍도 얼마든지 있다. 성 해방 운동을 겪으며 침실에서의 상호 관용이 눈에 띄게 자라난 지금, 남편과 아내가 나란히 누워 가까이서 안도감을 느끼면서 한쪽은 완전히 늘어져 잠들고, 다른 쪽은 자신의 성욕을 손수 충족하는 장면도 그리 이상한 것만은 아니다. 내게는 도리어 발전적 상황으로 보인다. 원고가 끊임없이 피고를 못살게 굴며 제발, 제발 한 번만 하자고 말하는 장면에 비하면 말이다. 그런 말씨름 아래 깔려 있는 기본 전제는 성이란 두 사람이 관여해야만 이뤄질 수 있는 것이고, 전희부터 삽입, 오르가슴까지 거쳐야만 한다는 것이다. 결과적으로 야비할 정도로 한쪽을 괴롭힌 끝에 잠금쇠를 풀게 하는 경우가 생긴다. 상대는 강제로 설득당하고 이용당한 기분을 지울 수 없다. 그리고 두 사람 모두 불만족할 가능성이 높고, 쉽게 잠들지도 못할 것이다.

독자는 위 장면에서 원고라는 빈칸에 남성을, 피고라는 빈칸에 여성을 저도 모르게 집어넣었을지 모르겠다. 하지만 가만 보면 그런 말은 없다. 그것이 성에서 전형적인 남녀의 역할 파악이긴 하지만 말이다. 그런 상황의 남녀 커플은 물론 힘든 시간을 보낼 것이다. 하지만 어딘가 익숙한, 심지어 안심되기까지 하는 면이 그 그림 속에는 있다. 오래된 세계관을 뒷받침하는 그림이기 때문이다. 남자는 거부당한다는 기분을 지울 수 없겠지만 '여자들은 늘 그래'라는 생각, 이웃들도 그리 다르지 않으리라는 생각으로 맘을 달랠 수 있다. 게다가 친구나 동료들과 농담 삼아 얘기할 수도 있다. 정말 친한 친구가 있다면 자신의 실망, 분노, 슬픔, 불안감을 나눌 수도 있다. 한편 여성은 어쩌면 죄책감을 느낄 것이다. 하지만 남자들이란 원래 머릿속에 섹스밖에 없다는 것을 알고, 여성들이 늘 그 압력에 굴복하는 것이란 사실도 안다. 해서 몇몇 친구들에게 어렵지 않게 사정을 털어놓을 수 있다. 공감과 지지를 쉽게 구할 수 있다. 여자친구들은 여자에게 다른 걱정이 있다면 섹스는 우선순위에서 밀릴 수밖에 없는 게 당연하다고 안심시켜 줄 것이다(남자는 절대 이해하지 못한다고도 말해줄 것이다).

이에 비해 욕구가 충만한 여성이 남성 상대에게 실망을 느끼는 관계는 훨씬 더 힘들다. 여성은 자신의 상황을 비정상으로 느끼기 때문이다. 사람들의 기초적인 믿음의 근간을 흔드는 상황이기 때문이다. 여성은 이 문제에 대해 남들과 얘기해서는 안 된다는 것, 그러면 배척당할 위험이 있다는 걸 본능적으로 감지한다. 상황 해석을 하다 보면 이유들이 하나같이 불길하다. 어쩌면 모든 게 그녀의 잘못인지 모른다. 내가 매력적이지 않은가? 해선 안 될 말들을 많이 한 걸까? 체취가 안 좋나? 질 분비물(저번에 의사를 찾았을 때 정상이라고는 들었지만…) 때문에 그가 싫어하나? 아니면 그가 다른 사람과 사랑에 빠졌나? 그가 설마 게이인가? 너무 노골적으로 원하는 것처럼 보였나? 남자도 힘들긴 마찬가지이다. 그는 아무에게도 고민을 상담할 수 없다. 아내가 이 문제에 관해 늘 얘기하고 싶어 한다는 사실만으로도 절망감과 불능을 증폭시키기에 충분하다.

이 상황을 다룬 유일한 책으로『그가 두통이 있다고 하면 어떻게 하지』가 있다. 미국 심리학자 재닛 울프가 내놓는 답은 다소 울적하다.[1] 그녀는 여성이 남성보다 성관계를 더 갈망하는 상황은 그다지 일반적이지 않은 것이라 여성 쪽에서 극도로 세심하게 이해할 필요가 있다고 말한다. 남자들이 재닛 울프의 책을 읽으면 처지가 바뀐 듯한 수치감을 느낄 것이다. 여성더러 위협적이지 않게 보이려 애쓰면서 남성의 연약한 자아를 계속 달래라는 조언이 남자들의 마음에 들 리가 없다. 사실 그토록 명백히 불공평한 상황에서 계속 만족한 척해야 한다는 건 여성으로서도 마음에 드는 일이 아니다. 이 책은 존 그레이(『화성에서 온 남자 금성에서 온 여자』의 저자)를 선구자로 한 일종의 미국적 전통을 따르고 있다. 이런 책들은 남녀 모두 최고의 선의로 무장하고 있으며, 그들의 소통을 막는 것은 무지나 순진함 때문이라는 기본 가정을 굳게 깔고, 관계에서 삐걱대는 점들을 모조리 그런 시각에서 바라보는, 한마디로 낭만적 사랑의 이상을 추구한다. 이 책들은 남녀 관계에는 분노와 주도권에 대한 욕망이 상당히 개입한다는 사실을 인정하지 않는다. 많은 이성 커플들이 채택하는 역할 분담이 (사실적이든 감정적이든) 성 해방적 관점에서 볼 때 바람직하지 못하다는 사실도 무시한다. 오스트리아의 사회학자 셰릴 버나드와 이디트 슐라퍼는『남자들을 제발 가만히 놔둬』라는 책에서 이 주제를 신랄하고 깊이 있게 다루고 있다.[2]

결론 대신 몇 가지 수치를 소개하겠다. 약 10년 전 미국에서 수행된 인터뷰 연구를 보면 여성 셋 중 한 명은 자신의 성욕이 너무 낮다고 말한 반면, 남성은 여섯 명 중 한 명꼴로 그렇게 답했다. 20년 전에 성과학자들이 만나는 쌍들은 주로 여성이 상대와의 관계에서 흥분하지 못하는 사례였다. 반면 최근 몇 년간 추는 완전히 반대 방향으로 넘어갔다. 요새 성과학자들이 주로 상담하는 것은 내성적인 남성들이다. 매체를 통해 성 해방적 지식들이 많이 전파된 덕에, 성욕 차이의 문제를 전문가의 도움 없이 자기들끼리 해결하는 쌍들도 있긴 하다. 하지만 어쨌든 배우자를 실망시키는 남성들이 예전보다 치료에 주저하지 않게 된 것은 사실이다.

흥분 문제

매스터스와 존슨의 성적 반응 주기에서 흥분기는 정신적 현상(흥분)과 육체적 현상(여성의 경우 혈액이 몰려 음순과 클리토리스가 부풀고 질에 윤활액이 나오는 것) 양쪽으로 정의된다. 가장 흔한 남성의 성 문제도 이 시기의 것, 즉 발기 불능이다. 발기는 매우 복잡한 반응이다. 최적의 정신적 흥분 상태인데도 발기를 어렵게 하는 수많은 질병, 수술 후 증후군, 약물들이 있다. 하지만 발기 문제를 겪는 남성들 대부분이 흥분 부족을 경험하는 것이 사실이다. 육체적 이유가 있을 때도 정신적 문제가 개입한다 할 수 있다. 몸이 반응을 쉽게 보이지 않으면, 남자는 곧 불안을 느껴 발기 중에 집중력을 잃어버리기 때문이다.

여성의 경우에도 질병이나 약물 때문에 신체와 마음의 연결이 교란되는 수가 있다. 폐경 후의 육체는 에스트로겐의 영향을 덜 받는다. 그래서 질 점막이 변하고, 상당히 흥분한 상태에도 질 윤활액이 한참 후에야 나오기 쉽다. 초창기 피임약들은 프로게스테론 함유량이 워낙 높아서 이와 비슷한 질 건조 현상을 가져오곤 했다. 하지만 그 역시 흥분이 감퇴한 결과일 때가 많다.

성과학자들을 찾아와서 흥분하기 어렵다고 직접 상담하는 여성은 많지 않다. 하지만 가정이나 부인과 의사들은 성교 중 통증을 호소하는 여성들을 자주 만난다. 성 문제에 대한 불만으로 들리는 모호한 내용의 상담을 해오는 여성들도 있는데, 성에 대해 노골적으로 말하기 어려워하기 때문이다. 여성들은 질 분비물, 가려움, 복부 통증, 월경 이상 등의 증상을 거론하며 마치 성적인 불평이 아닌 것처럼 문제를 상담하곤 한다. 부인과 의사들은 이런 경우 성 문제가 있을 가능성에 대해 물어보도록 교육받는데, 과연 알고 보면 불만의 핵심에는 흥분 문제가 있을 때가 많다.

발기, 즉 흥분기의 문제는 남자나 여자나 스스로 제대로 파악하기 어렵기 때문에 의학적 도움이 필요하다. 사람들은 감정 영역에서 일어나는 문제들보다 육체적인 면들을 더 잘 안다. 남녀 모두에게 성관계 중의 감정을 말로 표현해보라고 하면, 아마 둘 중 한 명은 조금 뒤에 이렇게 느낄 것이다. 오늘 밤은 그리 흥분이 되지 않는 것 같아, 열중이 되지 않아, 같은 주파수를 느끼고 있는 것 같지 않아, 등등. 여러 가지 방법을 통해 이 감정을 상대에게 전달할 수 있겠지만, 그나 그녀가 나와 똑같이 흥분하지 않는다면 그 얼마나 실망스러운 상황인가. 내가 푹 빠져버린 책을 상대가 높이 평가하지 않는 것과 비슷하다. 하지만 느낌의 차이에 대해 서로 허심탄회하게 대화한다면 친밀한 관계를 다시 회복할 수 있을 것이다.

두 사람 모두 자기 감정을 자유롭게 말하는 관계라면 쉬운 해결

가능성이 있는 셈인데, 문제를 겪는 대부분의 사람들은 그러지를 못한다. 남녀가 사랑을 나누기 시작하면 슬슬 근심 어린 분위기가 형성되고, 시간이 흘러도(남자가 통상의 전희 시간이라고 여기는 시간) 그가 발기를 하지 못한다. 나중에 남자에게 물어보면 애초에 그리 하고 싶은 마음이 없었다고 답할 때도 있다. 하지만 오랫동안 사랑을 나누지 않았으니, 혹은 상대방이 원하니, 혹은 섹스할 수 있는 기회를 흘려보낸다는 건 남자다움에 흠을 내는 것이니 기어코 했다고 말한다. 그런 남자들은 '섹스하고 싶어'(인지)라는 말을 '섹스를 원해'(감정)라는 말과 동의어로 생각한다. 이런 논리적 오류에 빠진 경우 발기부전이 순전히 육체적 문제로 여겨지는 것도 무리가 아니다.

여성의 경우에도 감정과 무관하게 성관계를 시도하면 거의 흥분하지 않은 상황에 일을 치러야 하는 수가 있다. 그런데도 예전 방식 그대로 '행위'를 수행하면 문제가 발생한다. 놀랄 일도 아니다. 그런 순간에 상대의 기대에 맞추는 것에 너무 익숙해진 나머지 매번 심한 육체적 통증을 감내하는 여성도 있다. 점막이 상하는 수준으로 나아가기도 한다.

성관계 중에 느끼는 통증은 정도의 문제이다. 여성들을 무작위로 선별하여 성관계 중 통증을 느껴보았는지 물어본다면 그렇다고 답하는 비율이 50퍼센트가 넘을 것이다. 첫 경험이나 질 감염 상태에서 삽입하는 것도 문제지만 흥분하지 않은 상태에서 성행위를 하는 것도 마찬가지이다.

가끔 '진짜' 흥분 문제로 도움을 구하는 여성들도 있다. 대단한 열정을 느끼고, 매우 흥분한 상태에서 사랑을 나누지만 기대한 만큼의 육체적 만족이 따라오지 않는 것이다(전체적으로든 부분적으로든). 의사들은 생리학 지식, 그리고 여성에 비해 훨씬 많이 알려진 남성 발기부전 문제의 지식을 동원해 이유를 짐작해본다. 에스트로겐 수치가 낮을 때(폐경 후나 난소절제 시술 후, 신장병이라 투석을 한 뒤 등)는 질이 자극에 대해 평소보다 느리게 반응할 수 있다. 혈관이 경화 증세를 보이는 경우도 있다(흥분 상태가 되려면 혈관이 팽창해야 하는데 잘 안 된다). 고혈압이나 니코틴중독 등이 원인인 경우도 자주 있다. 당뇨병도 혈관 기능에 악영향을 미칠 수 있으며, 당뇨 증세가 있는 여성은 질 감염에 취약하다(그래서 질 통증이 있는 것일 수 있다). 다발 성경화증이나 척수 손상 같은 장애에서는 혈관 반응을 일으키는 신경 신호가 제대로 전달되지 않는 예가 있다. 소골반에 큰 수술을 할 때 어쩔 수 없이 질로 이어지는 신경들을 훼손하기도 한다. 가장 흔한 것이 직장암을 제거하는 수술이다(결장에 작은 구멍을 일부러 내야 한다). 마지막으로, 신경계에 영향을 미쳐 성 흥분의 육체적 표현들을 방해하는 약물들이 있다. 이 부분에 대해서도 의사들은 여성보다 남성에 대해 더 많이 알고 있다. 하지만 남성에게서 발기부전을 일으키는 물질은 여성의 질 반응에도 영향을 미치리라 가정해도 좋을 것이다.

오르가슴 문제

오르가슴은 목표를 향해 또렷하게 초점을 맞춘 자극을 받아야 가능하다. 어느 정도 집중이 필요하다는 말이다. 먼저 자신의 육체에 대해 이해해야 함은 물론이다. 소녀와 소년이 오르가슴에 대해 알게 되는 경로에는 미묘한 차이가 있으며, 남녀의 오르가슴 기술에 어떤 차이가 있는지는 비교적 쉽게 설명할 수 있다. 일반적으로 소년들은 누구나 자위를 하게 되고, 거의 대부분이 남의 도움 없이 최초의 오르가슴을 느낀다. 소녀들도 자위로 처음 오르가슴을 맛보는 경우가 과반수를 넘지만 상대를 통해 맛보게 되는 경우도 그리 적은 수는 아니다. 한번 그 경험을 한 뒤에는 다시 자위에 의지하지 않으려 하는 여성도 꽤 된다. 남녀는 시기도 꽤 다르다. 소년들은 10살에서 16살 사이에 첫 오르가슴을 느끼는 비율이 가장 높지만, 소녀들의 시기는 훨씬 넓게 퍼져 있다. 남자가 20살이 되도록 오르가슴을 경험하지 못한다는 건 상대적으로 이상한 일이라서, 그를 상담하는 사람은 이 상황이 강력한 억압과 신경증적 불만을 내포하고 있을지 모른다는 점에 주의해야 한다. 반면 20살 된 여성이 아직 오르가슴을 겪지 못했다면 그걸 가지고 복잡한 심리적 동기까지 찾아볼 필요는 없다. 그래서 미국 심리학자 로니 바르바흐는 1970년대에 '무無오르가슴'이란 용어를 더 낙천적인 '전前오르가슴'으로 바꾸어 부르자고 주장했다.[3] 요즘 무오르가슴증이란 말을 쓰면 어떤 사람들은 정치적 공정성 문제를 느끼고 눈살을 찌푸릴지도 모른다.

오르가슴 문제로 도움을 구하는 여성들은 크게 두 부류로 나뉜다. 한 번도 오르가슴 비슷한 것을 느껴보지 못한 경우, 그리고 옛날에는 오르가슴에 만족했지만 지금은 그러지 못하는 경우이다. 후자의 경우(2차적 무오르가슴 집단) 문제는 보통 관계에 있다. 그런데 이성부부들에게 조언을 하는 치료사들 가운데 여성이 질 자극만으로 절정에 오르지 못하는 경우 그것도 오르가슴 문제라는 프로이트식 견해를 여태 취하는 이들이 있다. 성과학자들의 경험 법칙은 이렇다. 2차적 무오르가슴증은 배우자 양쪽과 관계된 문제이다. 반면 1차적 무오르가슴증은 주로 개인별 접근을 해야 한다. 로니 바르바흐Lonnie Barbach는 여성이 자위를 통해 자신의 성을 잘 통제할 수 있게 되면 오르가슴 반응도 잘 이해할 수 있다는 가정하에, 전오르가슴 여성들을 모아서 하는 집단치료를 고안했다. 당시에는 꽤 도발적인 주장으로 들렸다. 오르가슴 문제를 겪는 대상자들 중에 성적 성장은 관계라는 맥락 속에서만 이루어져야 한다고 믿는 이들이 있었기 때문이다.

1990년대가 되면 성 상담소를 찾는 여성들 중 무오르가슴을 호소하는 비율이 눈에 띄게 줄어든다. 정말 집단치료를 적용해본 병원들도 있었지만, 참여자들의 문제는 갈수록 천차만별의 양태를 보이게 되었다. 그런데 무오르가슴 여성의 수가 줄어드는 한편으로 그들의 정신적 문제는 더욱 복잡해진 것 같다. 성과학자들은 더 이상 예전처럼 낙천적으로 오르가슴 문제들을 척척 다루지 못한다. 두려움과 억압이 복잡하게 결합하여 오르가슴 문제 아래 매복한 경우도 있다.

남성들의 제일가는 오르가슴 문제는 조루이다. 여성에게는 이와 비슷한 현상이 없다는 것이 놀랍다. 우리는 성 혁명기를 거치며 크나큰 변화들을 겪어왔지만, 그래도 아직 여성은 자신의 절정에 대해 통제력을 행사할 필요가 없다. 하지만 남자는 그래야 한다. 남성들은 사정을 통제하는 것을 일종의 책임으로 느낀다. 반면 여성들은 대체로 행복한 자유분방을 누릴 수 있다.

여운

이 시기는 매스터스와 존슨의 곡선에서 해소기라 불린다. 성 반응에 관여했던 기관들이 다시 휴식을 취하는 단계이다. 그거야 분명한 사실이지만, 이 단계의 정서적 측면에 대해서는 과학적 관심을 쏟은 예가 거의 없다. 갈레노스는 "모든 동물은 성교 후에 슬프다,[4] 여성과 수평아리만 제외하고"라고 말했다. 동물행동학자들의 연구가 암흑기에 해당했던 시절의 말이다. 인간의 경우에는, 19세기 이전에 과학자들이 가졌던 생각이 지금 우리에게까지 전해진다. 파리 대학 총장(그래서 정의상 사제이기도 한) 알베르투스 마그누스는 『성교에 관하여』라는 책에서 나이에 걸맞지 않게 꽤 관대한 면모를 드러냈다. 하지만 그는 당시 문제가 되던 한 가지 질문에 답할 수 없었다. 왜, 모든 동물 중에서, 인간 남성만이 성교 중에 아무 소리도 내지 않는 유일한 동물이란 말인가?[5] 우리가 보기엔 정말 황당한 질문이다. 평생 독신으로 살았거나 성경 계율에 집착해 산 과학자들이나 물을 수 있을 질문이다. 알베르투스 마그누스는 여성의 갈비뼈 수가 남성보다 하나 적다고도 믿었을지 모르겠다.

해소기에 문제가 일어난다는 것은 흔한 일은 아니다. 가끔 남녀의 버릇이 확연히 달라서 성적으로 불협화음이 된다는 쌍들이 있다. 한쪽은 관계 후 즉시 샤워를 해야 하는데 다른 쪽은 절정의 숨 막힘, 땀 냄새, 끈적끈적함을 오래 음미하고 싶어 한다면, 정말 문제가 될 수 있다. 이런 식으로 성욕 차이가 있을 때는 더 활동적인 쪽의 흥분이 상대에게 무언의 비난으로 보일 수도 있다. '나처럼 이렇게 즐겼으면서, 왜 더 자주 원하지 않는 거지?'라는 말로 들리는 것이다. 어떤 사람들은 성적 황홀경을 극히 예외적 상태로 여긴다. 그래서 성교가 끝나기 무섭게 정상적이고, 점잖고, 통제된 자아로 돌아간다. 반면 한 사람은 머릿속에서 사랑의 행위를 습관적으로 재연하며 이미 식어버린 상대와 그 즐거움을 나누고자 한다면, 두 사람의 주파수는 결정적으로 어긋나게 마련이다.

성관계 후에 복부 통증이 없어지지 않는다고 의사를 찾는 여성들도 있다. 이것은 설명하기가 까다로운 문제이다. 가끔은 오르가슴이 없는 상태에서 고도의 흥분이 지속된 것(소골반에 충혈이 지속된 것)과 관계가 있을 수 있다. 충혈이 지속되면 산소 부족으로까지 이어질지 모르는데, 오르가슴은 근육 활동을 수반함으로써 정상적인 혈류 순환으로 신속히 돌아가게 도와준다. 그런가 하면 어떤 여성들은 스스로 전혀 오르가슴의 필요를 느끼지 않고 만족스런 성 활동을 끝냈지만, 여전히 육체적 문제들에 시달리기도 한다. 제일 좋은 방법은 오르가슴을 한번 느껴보는 것이다. 여성들은 마음이 다른 일로 산란할 때는 애써 절정에 오를 생각을 하지 못한다. 성교 후에 두통을 호소하는 사례도 있는데, 역시 치료하기 어려운 증상이다.

질경련과 성교통증

삽입에 관한 문제로는 두 가지 확연히 다른 증상들이 있다. 질경련은 여성이 성교를 너무 꺼리는 바람에 저도 모르게 질 입구를 막는(완전히는 아니라도 거의 막는) 현상이다. 성교통증(삽입 성교가 힘들어 통증을 느낌)은 삽입은 가능하지만 통증이 있는 현상이다.

질경련에 대한 고전적 사례는 이렇다. 성에 대해 비교적 무지하고 보수적인 젊은 여성이 있다. 그녀는 첫 경험을 하는 중에 상대의 음경을 질 안에 받아들일 수 없음을 발견한다. 연인이 계속 시도하면 여성은 통증을 느낀다. 여성은 참고 극복할 마음이 충분한데도 질이 너무나 단단하게 '잠겨' 있어서 상대가 도저히 들어가지 못한다. 여성에게는 이 모든 일이 혼란스럽기만 하다. 마음으로 거부하는 것이 전혀 아닌데도 막상 시점에 닥치면 허벅지가 서로 단단하게 조여지고 등이 뒤로 굽으면서 거칠게 몸을 뒤틀게 되는 것이다. 삽입이 도저히 이뤄질 수 없다.

부부는 의사를 찾아간다. 의사가 물리적 검사를 제안하고, 침대에서 겪었던 일이 진료 의자 위에서 반복된다. 가정의는 이 현상을 잘 알 것이다. 의사는 여성의 질이 좁은 게 아니라 근육에 경련 반사가 일어나서 질 괄약근이 수축하는 것이라 설명해준다. 가끔, 의사가 참을성을 보이고 여성이 충분히 확신을 가지면 의사의 손가락 하나를 집어넣는 데 성공할 때도 있다. 이것만 해도 엄청나게 안도할 상황이다. 여성이 이 근육들에 대해 잘 인식하게 되면 완전히 긴장을 풀고 배우자와 사랑을 나누게 될 가능성이 있는 셈이기 때문이다.

1948년, 미국 부인과 의사 아널드 케겔Arnold Kegel은 골반저 근육들을 움직이는 운동을 고안했다. 상당히 앞선 일이라 할 수 있다. 당시 케겔은 힘든 분만을 겪은 여성들에게 나타나는 문제를 주로 연구하고 있었다. 가장 흔한 것은 요실금이고 자궁탈출도 심각한 불편을 일으킨다. 복강을 단단히 받치고 있는 골반저 근육들의 긴장이 느슨해질 수도 있다. 이 현상은 내부 검사를 통해 관찰할 수도 있다. 케겔은 여성들에게 그 근육들을 훈련하는 법을 알려주었는데, 몇몇 여성들은 전에는 그런 근육의 존재에 대해 실감도 못하고 있었다. 새로운 감각을 감지한다는 게 쉬운 일이 아니기 때문에 수축 현상을 객관적으로 기록할 수 있는 작은 압력계도 개발되었다. 곧 케겔에게는 열성적으로 따르는 환자들이 생겨났다. 좋은 결과를 얻으려면 정기적으로 꽤 오래 연습해야 하는데도 말이다. 나중에는 환자가 큰 노력을 기울이지 않고도 같은 결과를 얻을 수 있다는 각종 기구들이 시장에 나왔다. '훈련기'라는 도구도 있었다. 질 안에 넣어두는 작은 원뿔형 추들이다. 기구의 형태와 무게는 자꾸 질 밖으로 떨어지도록 설계되었기에, 여성은 기구를 떨어뜨리지 않기 위해 계속 근육에 힘을 주어야 한다. 그런데 언젠가, 케겔의 환자들 중 한 명이 골반저 강화 운동 후에 배우자와 자신의 성경험이 더 즐거워졌다고 말한 것이다. 이 소식은 의사와 일반인들 사이에 급속히 퍼져 나갔다.

1960년대의 성 혁명을 거치며 여성들은 높은 성적 에너지를 유지하는 일에 힘을 쏟게 됐고, 케겔의 운동법은 새로운 생활 방식의 일부로 자리 잡았다. 1982년에 출간된 질 근육과 성에 관한 소책자를 보면 세 여성의 사례 연구가 소개되어 있다. 클리토리스 자극 없이 오르가슴을 얻기 위해 연습한 여성들이었다. 연구자들은 여성들이 골반저 운동을 한 과정을 꼼꼼하게 추적하여 기록으로 남겼다.[6] 그 책의 놀라운 점은 의학적 관찰 사실을 극도로 상세하게 기록했다는 것이다. 여성 연구자가 정해진 주기마다 내부 검사를 수행하여, 적절히 수축하지 못하는 근육 부위가 어디인지, 휴식 상태에 근육의 긴장도가 어떤지 꼼꼼히 파악했다. 그림에 보이는 환자의 경우는 진전 상

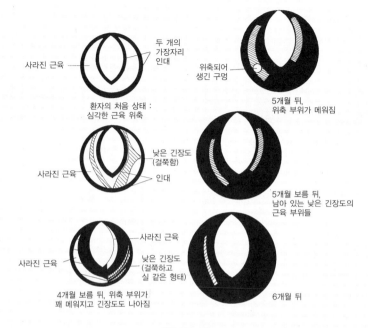

두 개의 가장자리 인대

사라진 근육

**환자의 처음 상태 :
심각한 근육 위축**

**위축되어
생긴 구멍**

**5개월 뒤,
위축 부위가 메워짐**

**낮은 긴장도
(걸쭉함)**

사라진 근육

인대

**5개월 보름 뒤,
남아 있는 낮은 긴장도의
근육 부위들**

사라진 근육

사라진 근육

**낮은 긴장도
(걸쭉하고
실 같은 형태)**

**4개월 보름 뒤, 위축 부위가
꽤 메워지고 긴장도도 나아짐**

6개월 뒤

질 괄약근 지도

태가 놀라울 정도이다. 이후에는 이런 식의 질 괄약근 지도가 다시
작성된 예가 없다. 하지만 최근의 도우미 책들을 보면 상당히 야심차
게 운동법들을 소개하고 있다.[7] 골반저의 아래, 가운데, 윗부분에 따
로따로 집중하여 운동을 하라고까지 한다.

  케겔 운동법은 근육 긴장도를 높이려는 여성을 위한 것이지만 그
학습 과정에는 골반저에 대한 본인의 인식이 필수적이다. 그런데 바
로 그 인식이야말로 질경련을 겪는 여성들에게 부족한 것이다. 최소
한 질경련을 검사하는 의사들은 그런 인상을 받았다. 그러므로 다채
로운 형태의 케겔 운동을 고안해 질 괄약근의 존재를 인식시킴으로

써 긴장 이완을 시키자는, 자못 당연한 결론이 도출됐다. 이완 운동은 질경련 치료에서 늘 중요한 역할을 맡아왔다. 하지만 골반저 근육들의 실제 활동이 어떤지, 여성이 골반저를 얼마나 의도적으로 수축했다 이완할 수 있는지 객관적으로 측정하는 실험이 이뤄진 것은 1999년이 되어서였다. 암스테르담 대학 심리학자 야네커 판 데 펠더는 질경련으로 고통받는 여성의 경우 골반저의 휴식 긴장도가 높다는 사실을 발견했다. 하지만 골반저 근육을 의도적으로 수축하는 능력에서는 대조군 여성들과 차이가 없었다.[8] 반면 배뇨와 배변에 문제가 있는 환자들의 경우에는 차이가 확연했다. 이 증상들까지 함께 있는 사례는 드물지 않다. 질경련을 겪는 여성들 중 상당수가 변비를 함께 겪으며, 소변을 너무 오래 참거나 불충분하게 내보내서 방광 감염의 가능성도 높다.

또한 위협적 상황에서 골반저 긴장이 증가하는 것으로 드러났다. 비디오 관람 실험을 통해 밝혀낸 것인데, 실험 대상자들에게 강간 장면과 성적이지 않은 다른 무서운 장면을 보여주었다. 괄약근은 성적인 위협이나 성적이지 않은 위협에 똑같이 반응했다. 질경련 문제가 없는 대조군 여성들도 마찬가지였다. 골반저만 긴장하는 것도 아니어서, 다른 근육들도 비슷하게 긴장도가 높아졌다(어깨 부위 근육들을 측정했다). 야네커 판 데 펠더의 논문 결론은, 질경련 여성의 치료에서 이완과 의식화 운동의 역할을 과대평가해서는 안 된다는 것이다. 근육에만 신경을 쏟아서는 안 된다.

질경련 사례에 대한 고전적 상상에서 여성은 처녀일 것이다. 그녀는 '그것'을 시도해보았으나 실패했다. 하지만 간혹 방어 반응을 어찌나 강하게 억눌렀던지 삽입에 성공하는 여성들도 있다. 치료소를 찾는 여성들 중에는 아이를 하나 이상 낳은 경우도 있었다. 아기를 갖겠다는 욕구로 다져진 결심이 정말 대단해서 잠시나마 자신의 행위에 대해 정신적 거리를 두었던 것이다. 심리학자들은 이것을 해리 현상이라 부른다. 감정적으로 극한적인 순간에 의식의 일부, 가령 질에 대한 인식이 분열되어 사라지는 것이다.

성교통증의 사례들은 더 다양하다. 일단은 여성이 성교 중에 통증을 느낀다. 음경과 질이 처음 만나는 순간부터 아픔이 느껴질 때도 있는데, 그때는 통증이 주로 질 입구에 온다. 이런 형태는 이른바 삽입 통증이라 불리는 현상의 전형적인 사례이다. 복부에 느껴지는 통증은 찌르기 통증이라 한다. 어떤 경우는 처음에는 불쾌한 감각 없이 성관계가 시작되지만 갈수록 통증이 자리한다. 성교가 끝난 뒤 한참 통증이 지속될 때도 있다. 여성들은 다양한 방식으로 통증을 묘사한다. 타는 듯하다거나 쓰라린 기분, 거친 느낌, 발작적인 조여옴(월경통처럼) 등이다. 통증이 가져오는 정서적 충격도 사람에 따라 많이 다르다. 통증을 성교의 일부로 받아들이는 여성이 있는가 하면 일종의 충격, 몸속에서 뭔가 손상되지 않았을까 하는 공포를 느끼는 여성도 있다. 간혹 '강간당하는 것과 조금 비슷한' 감정이 든다고 하는 여성도 있다.

성교통증의 원인은 정말 다양하다. 질이 칸디다균(아구창)이나 트리코모나스균에 감염되면 자연스런 부작용으로 삽입 통증이 온다. 성교로 전염되는 병 중에는 포진이 일반적으로 통증을 유발한다. 방광과 요도가 감염되면 삽입 성교를 중단해야 한다. 음경 때문에 직장에 통증이 유발되는 경우도 있다. 출산 역시 질 입구에 무리를 가하는 현상으로, 절개(외음절개술)를 했거나 파열된 상처가 있다면 성교 통증의 원인이 된다. 배를 찌르는 듯한 통증은 자궁이나 난소의 질병으로 인한 현상일 수 있다. 평상시 아무 자극도 받지 않던 장기들이 깊이 삽입된 음경에 의해 움직인 결과일 수 있는 것이다. 자궁은 다른 장기들 사이에 느슨하게 매달려 있는 편이므로, 이론적으로 음경에 의해 약간 움직일 수 있다. 그 느낌을 좋아하는 여성도, 질색하는 여성도 있다. 출산을 통해 내장 기관들의 위치가 바뀌는 경우도 있어서, 즐겁게 느껴졌던 자궁의 감각이 갑자기 사라지기도 한다(하지만 대부분은 일시적이다). 복부 감염(가령 나팔관이나 장)이 통증의 요인일 때도 있다. 감염된 영역을 성교 중에 건드린 것일 가능성이다. 자궁을 제거한 여성 중에는 질이 너무 짧아져서 음경을 삽입할 때마다 통증을 느끼는 경우가 있다. 폐경 후에도 질이 짧아지고 탄력이 줄어드는 현상이 있다.

이제까지 열거한 통증의 원인들은 모두 '질병'이라 분류할 수 있는 것들이다. 진단 후 처방이라는 전형적인 치료 기법을 적용하면 되는 사례들이다. 안타깝게도 그리 단순한 문제들만 있는 것은 아니다. 어떤 여성은 몸에 아무 이상이 없는데도 여진히 통증을 호소한다. 부인과 검사 중에도 긴장을 풀지 못하는 경우, 환자에게 물어보면 성행위를 할 때도 이런 반응이 나서 문제가 되었던 적 있다고 대답한다. 어쩌면 성교통증을 느끼는 여성들 가운데 일부는 사실 질경련 환자인데 증세가 뚜렷하지 않을 뿐인지도 모른다. 앞서 말했듯 실제로는 성적 흥분에 관한 문제들인데 에둘러서 통증이라 표현하는 경우도 흔하다. 어떤 여성들은 성관계 중에 질이 잘 윤활되지 않는다는 사실을 스스로 알면서도 관계를 거부할 이유가 없다고 생각한다. 가끔 정말 전혀 성욕이 없어 흥분되지 않는 경우에도 여성은 성관계에 동의한다. 상대방이 '하지 않고는 못 참기' 때문이다. 전형적으로 이런 상황이 있다. 결혼한 여성이 가정생활의 의무를 수행하는 중 느끼는 통증 때문에 의사를 찾아온다. 하지만 그 여성은 이 모든 어려움에도 불구하고 일을 망친 경우가 전혀 없었다는 점에 만족하고, 심지어 자랑스러워한다. 가정의라면 '남편을 한 번도 거부해본 적 없어요'라는 대사를 들은 경험이 다들 있을 것이다. 그것이야말로 '사랑의 행위'에 대한 정상적인 해석이라 여기는 여성들이 있다. 그런 여성들은 어떤 식으로든 감정을 바꿀 필요가 없는 해결책만을 바란다.

현대적 극단의 사례는 이렇다. 사랑을 나누며 대단한 즐거움을 누리는 여성이 있다. 상대는 그녀의 바람과 욕망에 적절히 반응하고, 그녀가 원할 때에만 관계를 가진다. 검사를 해보면 그녀는 완벽하게 건강하다. 그런데도 그녀는 연인의 음경이 몸속에 있을 때면 통증을 느낀다. 통증의 명료한 원인이 없는 경우, 이것이야말로 성과학자들이 직면할 수 있는 가장 까다로운 조건이다. 이런 여성들은 과거에 의학적 치료를 받았을 가능성이 높다(특히 곰팡이균 감염으로 인한 질 치료). 한 차례 이상 치료한 경험이 있는 적이 많다.

융기 결합

많은 여성들이 '내가 진짜 아픈 걸까, 아니면 모든 게 내 마음의

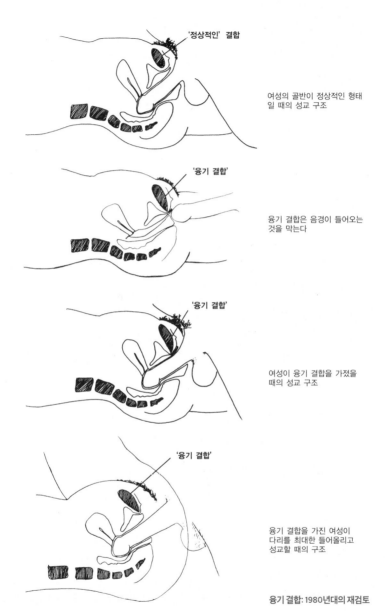

'정상적인' 결합

여성의 골반이 정상적인 형태
일 때의 성교 구조

'융기 결합'

융기 결합은 음경이 들어오는
것을 막는다

'융기 결합'

여성이 융기 결합을 가졌을
때의 성교 구조

'융기 결합'

융기 결합을 가진 여성이
다리를 최대한 들어올리고
성교할 때의 구조

융기 결합: 1980년대의 재검토

문제일까?' 하는 물음 때문에 괴로워한다. 그들은 산부인과와 정신과를 잇달아 오가는 신세가 된다. 그런데 의사도 성과학자도 잘 모르지만, 확실히 삽입 통증을 일으키는 해부학적 특이 조건이 한 가지 있다.[9] 여성이 치구를 눌렀을 때 느낄 수 있는 치골 부분, 즉 질 앞부분의 치골인 치골결합의 너비에 이상이 있는 경우이다(그림을 참고하라). 여성의 치골결합 너비는 사람마다 차이가 큰데, 결합의 부피가 질 입구의 위치를 결정한다. 결합이 넓다면 질이 상당히 몸 뒤쪽에서 열린다. 이 현상이 굉장히 두드러져서 질 입구가 배와 등 사이 정중앙에 있는 경우도 있다. 대부분의 여성들(그리고 남성들)이 알고 있는 위치와 크게 차이 나는 셈이다. 부모들도 '아랫도리 앞쪽'이라 말하고, 소년·소녀들도 자라면서 그 '작은 구멍'은 치구 바로 아래 구석에 있는 것이라고 알게 마련이다.

최초의 네덜란드 성과학 교수였던 쿤 판 엠더 보아스는 결합으로 인한 성교통증에 관심을 기울인 몇 안 되는 의사들 중 한 사람이었다. 1941년, 판 엠더 보아스는 이런 형태의 '의사질경련'에 관해 기록을 남겼다.[10] 그는 첫날밤에 예기치 못한 극심한 통증을 느낀 신혼부부들을 여럿 만났는데, 경험 없는 남편이 음경을 너무 위쪽에 겨냥하는 바람에 요도 부근이 비정상적으로 쓸린 것 아닌가 생각했다. 삽입에 성공했더라도 여성들은 그 주변에서 통증을 느꼈다. 성교 후에는 요도 부분의 마찰 때문에 방광 감염 때와 비슷한 찜찜함이 남았다. 이 부분의 점막은 얇고 연약하며 딱딱한 골반뼈에 착 붙어 있다. 그런데 어떤 여성의 경우, 안쪽에서 결합이 다소 날카로운 모양으로 튀어나와 있었다(그래서 '융기 결합'이라 불린다). 판 엠더 보아스의 해법은 더 이상 실용적일 수 없었다. 소골반에 음경을 받아들일 공간은 충분하지만 앞쪽으로는 열리지 않고 있다. 근육은 자리를 내어줄 수 있어도 뼈는 비키지 않는다. 판 엠더 보아스는 남자들에게 여성의 다리를 높이 들어 올린 뒤 엉덩이 아래를 베개로 단단히 고정하라고 조언했다. 뒤쪽에서 삽입을 하면 민감한 부분을 건드리지 않아도 되었다.

판 엠더 보아스는 당시 매우 유명했지만 이 얘기를 심각하게 받아들인 동료는 거의 없었다. 부인과 서적들을 살펴봐도 관련된 사례들이 없다. 요도가 너무 낮은 곳에 나 있는 사례를 보고한 경우는 있다(기술적 용어로는 요도하열이다). 그 결과 성교 중에 요도 입구가 눌려서 음경이 내내 그 부분을 비비게 된다. 이 또한 통증의 원인일 수 있으며, 판 엠더 보아스의 조언은 이런 여성들에게도 도움이 될 것이다. 이런 해부학적 특성을 가진 여성들은 의사 등의 치료사들에게 문의했을 때 불만족스런 경험을 하는 수가 많다. 검사에서 아무 이상을 발견하지 못한(감염도 없고, 점막이 비정상적인 상태도 아니고, 질경련도 아니고) 의사가 정신적 문제일 가능성을 고려해보라고 조언하기 때문이다. 그래서 심리학자나 성과학자를 찾아가면 그들도 어쩔 줄 몰라 한다. 그런 문제들이 존재한다는 사실이야말로 성과학에 학제간 접근법을 동원해야 하는 강력한 근거이다.

의사가 통상적인 부인과 진료 자세로 여성을 검진해보면 결합의 너비를 알 수 있다. 여성의 질의 높이가 서로 다르다는 사실은 교과서들에는 잘 나오지 않는 얘기이다. 디킨슨의 교과서만이 독일 인류학자들의 1949년 주장을 소개하며 언급하고 있는데, 원시 부족 여성들의 질은 항문에 더 가까이 있다는 내용이다.[11] 당시를 지배했던 문화적 전제들에 비추어보면 이해할 수 있는 주장이다. 원시적인 부족일수록 동물처럼 교미할 가능성이 높다고 봤던 것이다.

고대 중국의 성 지침서는 높은 질, 중간 질, 낮은 질을 구분했다. 중국에서는 기원전 5세기 이후로 언제나 성 지침서가 널리 읽혔다. 명 왕조는 중국사의 기준에서 볼 때 예외적으로 점잖은 편이어서, 당시의 책들은 덜 노골적이다. 아래에 발췌한 내용은 현존하는 유일한 명대 문헌에서 가져온 것이다. 황제와 소녀素女 사이의 대화 형식으로 된 글(방중술 이론가인 소녀가 황제와 나눈 방중술에 대한 권언과 잡담을 엮은 『소녀경』을 말함_옮긴이)이다. 이런 중국 문헌들을 서양 독자들에게 전파한 것은 중국학자 로베르트 판 훌릭인데, 그는 빅토리아시대 성애 문학 작가들처럼 너무 노골적인 부분들은 라틴어로 번역하는 방법을 고수했다.

황제는 물었다. '높은 음문, 중간 음문, 낮은 음문 사이의 차이는 어디에 있는가?' 소녀는 대답했다. 'Bonitas vulvae non in loco, sed in usu sita est. Vulvae et alto et medio et infima loco omnes possident utatur. Mulier cui vulva in dedio sita est (i.e. medio inter montem veneris et anum spatio) idonea est cum qua quis per quattuor anni tempore copuletur omnesque veneris figures inducet. Nam (in mulieribus quoque) optima est aurea mediocritas. Mulier cui vulva altus in fronte sita est, frigidis noctibus hibernis idonea est. Cum illa enim vir coire potest sub pictis quadrati lecti opertoriis ei incubando. Mulier cui vulva inferius magisque in recessu est posita ardoribus aestivis praesertim idonea. Cum illa enim vir coire potest in sedili saxeo sedens sub umbra harundinum, penem a tergo inserendo, dum illa ante eum genu procubuerit positu. 〔음문의 질은 위치에 따른 것이 아니라 활용에 따른 것입니다. 높은 질뿐 아니라 중간 질과 낮은 질도 잘 사용할 수 있습니다. 음문이 중앙에 있는 여자(즉 치구와 항문 가운데)는 사계절 내내, 모든 자세에 알맞습니다. 언제나 중용이 최선이듯, 여자의 경우도 마찬가지입니다. 높은 음문을 가진 여자는 추운 겨울밤에 알맞습니다. 남자는 여자를 위에서 덮고 사각 침대 위에서 화려한 이불을 덮으면 됩니다. 음문이 저 아래 낮게 있는 여자는 따뜻한 여름밤에 알맞습니다. 남자는 골풀의 그늘 아래 돌로 된 자리에 앉아 여자와 성교할 수 있습니다. 음경을 뒤에서 넣는 것인데, 여자는 남자 앞에 무릎을 꿇으면 됩니다.〕이것이 교접하는 여성의 형태의 특별한 이점들을 최고로 활용하는 방법입니다.'

판 홀릭은 현대 일본어에는 높은 음문, 낮은 음문, 가운데 음문을 뜻하는 비속어가 따로 있다는 사실도 지적했다. 긱기 따로 표현이 있다는 것은 일본인들이 어떤 이유에서든 구별을 중요시한다는 의미이다. '높은 음문'에 해당하는 단어는 '고상한'이라는 단어와 음조만 다르다. '낮은 음문'이라는 단어는 '상스러운'이란 단어와 거의 같다. 일본인들의 이런 평가는 옛날 독일 인류학자들의 해석과 비슷해 보인다.

동양의 성 지침서는 남녀 성기의 크기를 적절히 맞추는 문제에도 관심을 둔다. 『카마수트라』는 '요니'(여성 성기)와 '링감'(남성 성기)을 각기 세 등급으로 나눈다. 여성은 암사슴, 암말, 코끼리, 남성은 수토끼, 수소, 종마이다. 제일 좋은 짝은 같은 등급끼리 만나는 것이다. 수토끼와 코끼리, 암사슴과 종마도 맞을 수는 있지만 배우자들의 기질과 기술이 상당히 좋아야 한다. 서양의 성과학은 여성의 통증 문제를 다룰 때 상대 남성이 어떤가는 살펴보지 않는 편이다. 하지만 음경의 두께와 길이는 사람마다 편차가 크므로, 그 요소 또한 무시할 수 없다.[12] 사실 이 주제는 거의 금기로까지 여겨진다. 남자의 성기가 평균보다 크다면 여자도 그만큼이나 기쁘고 자랑스러워해야 한다는 사실을, 여자는 본능적으로 안다. 남자들은 평균보다 작은 성기는 문젯거리로 여기고 평균보다 큰 성기는 완벽하게 정상으로 여긴다.

미국에서 수행한 소규모 조사에 따르면 이런 경향이 명백했다.[13] 연구자들은 남성들에게 자신의 음경 크기가 어느 정도인지, 평균인지, 평균보다 약간 또는 많이 큰지 작은지 물었다. 더불어 발 크기에 대해서도 똑같은 질문을 했다. 발 크기에 대한 대답을 정리했더니 완벽한 표준정규분포가 나왔다. 평균 이상이라고 답한 사람과 평균 이하라고 답한 사람의 수가 비슷했고, '평균이다'라고 답한 사람의 수가 가장 많았다. 하지만 음경의 경우는 그렇지 않았다. '평균보다 약간 작다'라고 답한 경우가 가장 많았는데, 그 말인즉 남자들은 평균을 실제보다 크게 생각한다는 것이다. 남자들이 이 문제에 매우 민감하다는 것은 세상이 다 아는 얘기고, 그래서 농담도 수없이 생겨났다. 카바레 코미디언 테오 마선Theo Maassen이 한 농담이다.

포르노, 저는 포르노를 보면 불안한 점이 하나 있어요. 손으로 음경을 잡고 있는 여성들이 나오잖아요, 그런데 보면 그 물건들이 하나같이 손에 잡기 힘들 정도로 크단 말이죠. 물론 저는 바보가 아니니까, 그 일을 하려고 특별히 선발된 사람들이란 건 잘 알아요.

그러니까 분명히 엄청나게 작은 손을 가진 여자들이란 말이죠….

한편, 자신의 질이 너무 좁지 않을까 하는 걱정을 의사에게 털어놓는 여성들도 있다. 그들은 상대의 물건이 너무 큰 것 아닌가 하는 식으로는 불평하지 않는다.

질경련: 전문가들의 의견, 현재와 과거

질경련을 처음 설명한 사람은 19세기 초의 미국 부인과 의사 J. 매리언 심스J. Marion Sims였다.[14] 비교적 일찍부터 의사들의 관심을 끈 셈인데, 질경련의 논리적 결과가 불임이라는 사실을 생각하면 놀라운 일은 아니다. 질경련은 빅토리아시대 배경에 잘 어울리는 증상이다. 성에 대해서 거의 무지하다시피 한 어린 신부를 생각해보라. 남편은 창녀들과 몇 번 경험을 갖긴 했을 테지만 그런 만남들로는 성석으로 세련되지 못했을 것이다. 결혼식 날 밤, 신부는 남편의 구애를 기꺼이 받아들일 의향이 있지만, 실제로는 거의 흥분하지 못한 상태이다. 이럭저럭 일이 잘 굴러간다면 모르겠지만 그렇지 못할 경우, 여성이 방어 반응을 보이는 것도 충분히 이해가 된다. 당시는 민감한 감수성이야말로 훌륭한 여성적 특질로 여겨졌다. 숙녀가 졸도할 때에 대비해 집집마다 호프만 드롭스(에테르를 술에 탄 것으로 감기약이나 복통약, 마취제 등등 대신 널리 쓰였다_옮긴이) 약병을 두던 시절이다. 당시의 민감한 여성은 여성성에 대한 기존 통념에 들어맞는 방식으로 자신의 질경련 문제를 표현했을 것이다. 한편으로 질경련은 그런 여성에게 무척 어울리는 증상이었고, 여성 스스로 문제를 파악하거나 해결해서는 안 되는 것이었다. 다른 한편으로, 결혼이 완성되지 못한다는 것도 명백했으므로, 결혼의 목표를 달성하기 위해서는 더 공격적인 방법을 쓰는 게 당연했다. 그래서 당시 막 시장에 선보인 에테르로 여성을 마취하고 일방적으로 관계를 가져 임신시키는 경우도 있었다. 하지만 보통은 수술이 일반적이었다. 괄약근 근육을 조금 자르고 처녀막을 제거하는 것이다. 수술 뒤에는 일부러 넓혀둔 부분을 계속 열어두기 위해 유리로 된 도구로 매일 훈련을 해야 했다. 심스는 성공적인 수술 사례들에 대한 꽤 믿을 만한 설명을 발표했다.

유럽 의사들은 미국보다는 확실히 보수적이었다. 1867년, 《빈 의학 주보》는 훈련을 통한, 더 온건하고 현대적인 치료법을 소개했다.[15] 심리학이 드디어 임상 의학의 일부가 되었고, 1917년에 헥토르 트뢰브Hector Treub라는 네덜란드 부인과 의사는 감정적인 문제들은 메스보다는 이해로 더 잘 풀 수 있다고 주장하기도 했다.[16] 그래도 외과적 접근법은 오랫동안 힘을 발휘했다. 1987년, 성과학 교수 요스 프렝컨은 부인과 의사들의 성과학 지식을 조사해보았다. 설문 결과를 분석해보았더니 네덜란드에서조차 아직 질경련을 수술로 처리하는 경우가 많다는 것이 드러났고(그의 계산으로는 매년 117건의 수술이 이뤄진다고 한다), 그는 이 문제를 의회에 제기한다.[17] 한편, 비슷한 시기에 매스터스와 존슨은 행동 치료에 초점을 맞춘 간단한 기법을 도입하였다.[18] 그들은 기혼자들에게 성과 에로티시즘에 관한 온갖 긍정적인 정보들을 마구 주입했고, 여성들에게 플라스틱 확장기를 통해 질 삽입에 익숙해지도록 조언했다. 확장기의 굵기를 점차 늘려가면 괄약근의 반사적 수축 활동을 멈출 수 있었다. 매스터스와 존슨은 동기가 확실한 부부의 경우 100퍼센트 성공을 거둘 수 있으며, 2주 만에 집중적으로 치료할 수 있다고 했다. 1990년대에는 골반저 문제(질경련 외에도 요실금이나 기타 방광 관련 문제, 남성의 경우에는 간혹 전립선 문제)에 정통한 물리치료사들이 많이 생겨났다.

치료사들이 발상을 바꾼 데는 환자들의 상황이 19세기와는 많이 달라진 탓도 있다. 질경련의 경우를 볼 때 특정 문제를 다양한 방식으로 치료할 수 있는 것이 분명했고, 치료는 치료사와 환자 간 관계에 대한 개념을 반영하는 것이 분명하다. 위에서 묘사한 전형적인 사례는 점점 드물어졌다. 1960년대의 성 혁명기를 거치며, 집안에서부터 긍정적인 성교육을 받고, 성적 감정 및 오르가슴을 아무 문제없이 경험한 여성들이 늘어나기 시작했다. 그런데도 자발적으로 첫 성교를 가지려는 순간에 삽입을 완전히 막아버리는 여성들이 있는 것이다. 마치 육체가 삽입 성교에 대해 자신의 견해를 갖고 있는 것처럼 보인다. 그런 여성들에게는 이 사실이 청천벽력처럼 다가온다.

1990년대를 거치며 소녀들도 질경련에 관한 정보를 쉽게 얻게 됐다. 요즘은 처녀성을 버리려는 순간에 질경련을 겪는다 해도 여성들이 예전처럼 놀라진 않는다. 자신과 잘 맞지 않는 무언가를 하고 있다는 사실을 본인이 이미 알기 때문이다. 가령 탐폰을 사용하려다가 실패한 경험이 있을지 모른다. 밀어 넣기 무서워서 실패했거나, 질 속에 생경한 무언가를 둔다는 생각 자체를 견딜 수 없었을지 모른다. 자신의 질이 특별히 좁다고 믿고 있을지도 모른다. 이런 여성들과 질 반응에 대해 찬찬히 얘기를 나눠보면 대부분은 삽입이라는 생각 자체에 강한 감정적 거부 반응을 보인다. 통증이 마음속에 있는 것이라 말해주면 아직도 여성들은 놀란다. 하지만 지난 몇 년간, 심리학이라는 학문의 영향이 일반인들 사이에도 널리 퍼진 것도 대체로 사실이다.

질경련을 겪는 여성의 배우자도 과거보다 덜 무지하며, 좀 더 세심하다. 두려움과 통증이 나타날 듯한 미묘한 징후가 보이면 '한 번만 더 해보자' 하고 치근대는 대신 '오늘은 그만하자'라고 말한다. 성적으로 조신한 점이 비슷해서 사귀게 되는 소년·소녀도 있는 법이다. 소년들도 가끔 삽입을 두려워한다. 자신에게도 고통스런 경험이 되지 않을까 예상하는 경우가 있다. 실제로 아픔을 느끼는 사례도 있는데, 특히 평소에 음경을 무척 조심스럽게 다룬 소년이라면 더하다. 발기 중에 한 번도 포피를 완전히 젖혀보지 않은 소년은 첫 삽입에서 실제로 통증을 경험할 수 있다.[19]

질경련을 정신 상태에 따른 문제로 규정하고 외과적 개입을 자제하기로 하더라도, 그렇다면 과연 어떻게 문제를 풀 것인가는 분명치 않다. 질경련은 성과학계에서 불화의 씨앗이나 마찬가지이다. 1970년대에 부인과 의사와 가정의들은 질경련 진단은 내부 검사에 의해서만 내릴 수 있으니 의사가 담당해야 한다고 주장했다. 의사가 직접 눈으로 보고 여성이 근육 반사에 대해 통제력을 갖는지 그렇지 못한지 확인해야 한다는 것이다. 정확한 진단 없이 치료는 없는 법이다. 반면 심리치료 쪽 교육을 받은 성과학자들은 여성 스스로 성교 상황을 설명하는 것이 중요하다고 주장했다. 물론 적절한 질문을 던져줘야 할 것이다. 그렇게 무서워하는 여성들에게 꼭 의학적 검사를 받으라고 할 필요는 없다는 주장이다.

어쨌든 물리적 검사를 해보는 것이 바람직할 때가 있다. 진찰실 분위기가 딱딱하지 않고, 정보가 명료하게 전달되고, 진찰 중에 환자의 이해와 여유가 생겨난다면, 일반적으로 한 손가락으로 하는 검사 정도는 수행할 수 있다. 이것은 많은 여성들에게 상당한 위안이 된다. 남편과 의사가 자리를 지키는 가운데 부인과 진료 의자에서 여성이 훈련을 하게 하자는 의견도 있었다.[20] 하지만 어떤 성과학자들은 그런 식으로 여성에게 노출을 강요하는 것은 윤리적이지 못하다고 반대한다. 그러나 성과학적 접근법을 이해하는 부인과 의사들은 이런 접근법이 영주의 초야권(결혼 첫날밤에 신랑 이외의 남자가 먼저 신부와 동침할 권리_옮긴이)에 다를 바 없는 것이라는 비판에 직면하면 어찌할 바를 몰라 한다.

의학적으로 훈련시키는 접근법의 목표는 성교를 가로막는 모든 장애물을 가급적 빨리 치워버리려는 것이다. 이 태도가 페미니스트들의 반대를 야기하기도 했다. 성 해방론자들은, 여성이 삽입 성교를 원하더라도 몸이 준비되지 않았다는 신호를 보낼 때는 전적으로 마음의 말만 듣는 것도 잘못이라고 주장한다. 몸이 알리는 혐오 반응은 막강한 회유 세력들을 극복해야 한다. 배우자, 집안, 사회 등이 모두 적이다. 치료사는 여성이 자신의 깊은 내면과 접촉하도록 도울 준비가 되어 있겠지만, 만약 여성 스스로가 육체 신호를 진지하게 받아들이지 않는다면 길게 고민할 것도 없이 초야를 완성시키는 쪽으로 접근법을 취하게 될 것이다. 적과 제휴하는 것이나 마찬가지이다.

페미니스트들은 사회가 여성에게 남성우월적 요구들을 강요하고 있으며, 그것이 여성 자신의 이해와 상충할 수 있다고 말한다. 그러므로 해방론자들의 치료법은 몸과 마음을 다시 한 번 화해시키는 것이다. 하지만 결과가 (삽입을 거부하는) 육체의 승리로 날지도 모르는 노릇이다. 그렇다면 충돌이 생긴다. 남녀의 이해관계가 부딪칠 테니 문제가 수면으로 떠오를 것이다. 페미니스트들은 삽입 훈련을 해야 한다면 확장기나 바이브레이터보다 손가락을 쓰는 편이 낫다고도 주장한다. 손가락은 질의 반응을 느낄 수 있기 때문이다.

현대 페미니스트들의 요구는 1970년대 페미니스트들의 요구에 비해 대체로 이론적 기반이 부족한 편이다. 오늘날의 의욕적인 소녀들은 과거의 엄마들처럼 역할 모델을 비판하지는 않는다. 하지만 그들이 결국 원하는 것이 무엇인가는 분명치가 않다. 삽입 성교 없이도 수년간 만족스런 성생활을 영위하는 부부도 있다. 그들은 아이를 원하게 되고서야 진찰 약속을 잡는다. 그때가 되면 부부는 문제가 순식간에 부풀어 오른 것처럼 느끼는데, 이 주제를 이제껏 뒤로 미뤄둔 것에 대해 일종의 죄책감을 갖게 되기 때문이다. 상담자들도 죄책감을 거들 때가 많다. 놀이 시간은 끝났으니, 진정한 성의 세계로 들어가보자는 식으로 말한다. 그러나 압박이 증가한다고 그들에게 성교가 매력적으로 느껴지는 건 아니다. 여성은 임신, 출산, 어머니가 되는 것에 대해서도 양가적 감정을 느낄지 모르며, 그저 그 감정들을 질경련으로 위장하고 있는 것인지 모른다. 한편, 아주 간단하게 임신하는 방법들이 요즘에는 많다. 일반인들도 잘 알고 있다. 레즈비언 쌍들이 기증자 정액으로 스스로 정액을 주입하여 임신하듯, 삽입 성교를 하지 않는 이성애 연인도 그런 방법을 택할 수 있다.

하지만 현실적으로 가정의나 부인과 의사들은 부부에게 자연 임신을 열심히 시도해볼 것을 권한다. 임신하고 싶다는 것은 강력한 동기가 된다. 흐로닝언 대학 병원 성과학부는 질경련 치료의 효과를 추적 조사한 적 있는데(주로 확장기를 활용하는 처방이었다) 여성이 즉시 아이를 갖고자 하지 않은 경우에는 결과가 보통이었다. 3명 중 1명꼴로 목표를 달성했다.[21] 반면 임신을 위해 치료를 받은 경우, 결과가 훨씬 좋았다. 4분의 3이 뚜렷한 개선을 보았다고 답했다. 성교 문제가 완전히 풀리지 않은 여성들은 대부분 인공 정액 주입으로 임신했는데, 스스로 정액을 주입해서 사실상 처녀 출산한 여성의 경우 성교를 통해 임신한 여성들보다 출산에 따르는 문제가 많은 것으로 드러났다. 분만을 경험해도 성교에 대한 두려움이 극복되진 않는다. 나아지더라도 아주 약간일 뿐이다. 분만을 훌륭하게 해내지만 성적 삽입에 대해서는 여전히 속수무책인 여성들이 있다.

이처럼 임신에 대한 갈망은 두려움을 극복하는 동기가 될 수 있다. 하지만 성적인 이유에서 치료하고자 하는 것이라면 행동 훈련 기법은 도움이 되지 못할 가능성이 높다. 무의식적 갈등에서 비롯하는 것이 분명한 문제를 단순하고 직접적인 접근법으로 푼다는 것은 논리적으로도 옳지 않다. 여성이 자신의 문제를 이해하지 못하는 한 영원히 절반의 치료일 수밖에 없는 것이다. 문제는 갈수록 침소봉대될

테고, 여성은 세상에서 이런 문제를 겪는 사람은 자기밖에 없으리라는 느낌에 사로잡힌다. 1980년대 말에 내가 속한 루트거스 재단은 새로운 형태의 집단치료를 도입했다. 오르가슴을 느껴보지 못한 여성들과 삽입 성교를 해보지 못한 여성들을 한데 모은 것이다. 그 결과 두 집단 여성들 모두 큰 해방감을 느꼈다. 전오르가슴증 여성들과 질경련 여성들은 자신의 문제가 보편적인 것임을 알게 되었다. 질경련 여성들은 절정에 오르는 그 간단한 일을 전오르가슴 여성들이 해내지 못하는 것을 믿지 못해 많은 질문을 던졌고, 전오르가슴 여성들은 자신에게는 1초도 고민할 거리가 못 되는 그 자연스런 일을 질경련 여성들이 해내지 못한다는 걸 알고 입을 딱 벌렸다. 자신과 같은 문제를 고민하는 여성이 또 있다는 사실을 알고는 모두들 안도했다. 이 경우 고민은 나누면 반이 된다는 말은 정말 옳은 말이었다.

무의식적 근육 반응 때문에 문제가 생긴다는 설명을 들으면 일단 안심이 된다. 하지만 그렇다면 그런 무의식은 왜 생기는 것인가? 그것은 알 수 없다. 이 여성들이 자신의 육체 내부 구조에 대해 무지하다는 사실은 무엇을 말해주는가? 어떤 여성들은 탐폰 삽입을 두려워한다. 아무렇지도 않게 탐폰을 사용하는 여성들이 보기에는 이해가 되지 않는다. 하지만 질경련이 일종의 공포증이라면 이해할 만도 하다. 정상적인 공포를 극도로 확대하여 느끼는 것이야말로 공포증의 속성이기 때문이다. 가끔 두려움을 극복하고 질에 확장기를 삽입해보는 여성들도 있는데, 그러기 위해서는 그 체험을 가능한 한 의식 너머로 멀리 밀어내야 한다(해리 현상이다). 하지만 그런 경험으로는 어떠한 자신감도 발달시키지 못하기 쉬우며, 치료를 중단할 가능성도 높다. 치료가 계속 이어진다 해도 잠깐의 성공일 때가 많다. 예를 들어 힘들게 성사한 삽입 성교가 생각보다 실망스러울 수 있다. 여성이 삽입 성교를 높이 평가하지 않으면 부부는 더 이상은 노력하지 않는다.

질경련 문제의 미묘한 점이 또 있다. 매스터스와 존슨의 책이 출간된 이래, 성과학 전문가들은 동기가 충분할 경우 짧은 시간 내에 완벽한 치료가 가능하다고 생각하게 됐다. 그런데 현실에서 성과학자들이 만나는 환자들 중에는 순조롭게 치료를 시작해놓고는 그만 됐다며 갑자기 중단하는 사례가 많다. 막다른 골목에 달한 의사는 환자들과 얘기를 해본 뒤 결국 심리치료사에게 그들을 인계한다. 하지만 그렇게 되면 더 이상 육체적 면에 대해서는 아무도 신경 쓰지 않는 상황이 된다. 무의식적 공포는 육체에 깊이 뿌리내리고 있는데도 말이다.

과거에도 그렇고 현재도 그렇고, 질의 역할이 과장된 건 사실이다. 거식증이 입 때문에 생기는 게 아니듯, 질경련이 질 때문에 생기는 게 아닐지도 모른다. 그러므로 부인과 의사들이 질을 치료하는 데만 집중하는 것은 그리 바람직하지 못하다. 거식증도 이상한 현상이기는 마찬가지이다. 외부인이 보기에는 그렇게 당황스러운 현상일수가 없다. 하지만 다행스럽게도, 자신의 행동 기저에 깔린 동기를 용감하게 밝힌 여성들이 있었다. 여성의 문제를 생생하게 알린 전기들이 많이 출간되었고, 덕분에 거식증은 의학적으로 가장 꼼꼼히 묘사된 질병들 중 하나가 되었다. 아, 그러나 안타깝게도 질경련 상황을 직접 글로 밝힌 여성은 거의 없다. 그래서 린다 발린스Linda Valins는 너무나 소중한 대변인인 것이다(발린스가 쓴 『When a Woman's Body Says No to Sex: Understanding and Overcoming Vaginismus』는 유일한 질경련 체험담으로 알려져 있다_옮긴이).

국소외음염, 성교통증에 대한 새로운 진단

성교통증 역시 의학계 분쟁의 씨앗일 수 있다. 그런데 지난 10년 간, 의학계는 국소외음염focal vulvitis이라는 새로운 임상 현상을 알게 되었다.[22] 음경 삽입 시에 통증을 호소하는 여성들을 대상으로 부인 과 검사를 해보면 특징적 증후군이 발견될 때가 있다. 질 입구쯤에 작은 붉은 상처들이 있어서 건드릴 때마다 예리하고 격렬한 통증을 일으키는 것이다. 부위 전체에 심각한 염증이 생긴 듯 보일 때도 있 다. 환자의 설명이나 검사 결과는 상황에 잘 들어맞는다. 그런데 그 작은 상처들은 어떻게 생긴 것일까? 일반적인 몇 가지 검사들을 해 봐도 하나같이 결과는 음성이다. 정말 안타까운 일이다. 치료의 가능 성으로 보였던 증상이 이제 고민의 대상이 된 것이다.

미국 의사들은 이 현상에 대해 전형적인 미국적 대응을 보였다. 즉 수술로 해결하는 것이다. 처녀막 부위 작은 초승달 모양의 질 입 구 점막, 즉 상처 난 부분을 잘라낸 뒤 질 벽을 살짝 바깥으로 끌어내 어 틈을 메워준다. 이 기법을 개발한 부인과 의사 J. D. 우드러프J. D. Woodruff는 이로써 고통이 완전히 사라진다고 선언했다. 하지만 일군 의 부인과 의사들, 특히 정신신체학 관련 훈련을 받은 의사들은 여성 성기를 마구 잘라낼 권리가 의사들에게 있다고 주장하는 듯한 그런 진단에 반대한다. 시술을 받은 여성들을 전화 조사한 결과를 보면, 215명의 여성 중 70퍼센트가 조사에 응했는데, 그중 57퍼센트가 수술 결과에 전적으로 만족했다. 수술의 부작용으로는 흥분 중에 윤활이 잘 되지 않는다는 것이 있었다.

국소외음염을 수술로 해결하는 건 질경련을 수술로 해결하는 것처럼 잘못된 접근이라 여기는 사람들도 있다. 암스테르담 대학교 성과학자들이 외음염 환자들의 성적 행동과 경험을 조사했는데, 그 결과는 시사하는 바가 크다. 말도 안 되게 부적절한 행동들 때문에 상처가 생긴 사례가 많았기 때문이다. 조사 여성들은 통증을 느낄 때도 배우자와의 삽입 성교를 멈추지 않았으며, 오히려 전보다 더 자주 하기도 했다. 통증 때문에, 그리고 통증이 있을 것이라는 예상 때문에, 여성은 사랑을 나눌 때마다 점점 즐거움을 느끼지 못하게 되었고, 흥분이 덜해졌으며, 윤활도 되지 않았다. 그들은 상대의 희망을 충족시켜주려 했고, 자신의 문제는 성적 고집이 부족한 것뿐이라고 생각했다. 이런 식으로 성관계를 가지니 바람직하지 못한 근육 반응이 일어나는 것도 당연하다. 여성이 의식하지 못하는 새 골반저의 근육들이 끊임없는 방어 태도를 취했던 셈이다. 게다가 이런 문제를 가진 여성은 방광에도 지장이 있을 가능성이 높다. 그 또한 골반저 근육의 긴장도가 너무 높기 때문인 것으로 보인다. 가장 좋은 치료책은 무엇보다도 쉬는 것(삽입 성교를 엄격히 자제할 것), 그리고 상처를 적절히 돌봐주는 것(이 경우에는 상처 부위에 얇게 연고를 발라주는 것이면 충분하다)이다. 괄약근 근육의 긴장을 다루는 법도 배워야 하는데, 전문 물리치료사를 찾아가는 것이 좋다. 마지막으로, 이런 행동의 기저에 있는 감정적 원인을 밝히기 위해 치료 토론(집단 토론일 때도 있다)을 받는 방법이 있다. 사실 이런 방법으로 치료된 환자의 수는 기대만큼 많지는 않다. 하지만 결론은 확실하다. 설명을 듣고 확장기로 이완 운동을 하는 것만으로도 수술한 것만큼 효과를 거둘 수 있다. 그것도 수술 못지않게 빨리 치료할 수 있다. 따라서 외과적 개입은 상황이 보기 드물게 나쁜 경우를 위해 마지막까지 남겨놓아도 좋을 것이다.

이런 증상은 갑자기 일어나기 쉽고 따라서 상당한 감정의 동요를 가져올 수 있다. 성과학자들이 국소외음염의 원인을 파악하려면 시간이 필요하다. 그런데 가끔은 환자가 말해주는 성경험의 역사를 듣다 보면 상처의 근원을 추론할 수 있을 때가 있다. 내 경우는 아래 사례에서 그런 경험을 했다.

아주 어릴 때부터 곰 인형에 몸을 문지르며 자위했던 소녀가 있다. 그 느낌이 너무나 좋아서 소녀는 어릴 때부터 성경험을 열심히 갈망하게 되었다. 그러던 중 어쩌다 한 소년을 만났는데, 그는 소녀보다 훨씬 성적 경험에 조숙한 아이였다. 다행히 소녀는 정말 끔찍한 상황까지는 이르지 않고 몸을 빼낼 수 있었다. 사실 소녀는 마음 한구석에서 자신의 질이 너무 작다는 생각을 하며 은근히 즐기고 있었다. 아이를 원하게 되면 그게 문제가 되리라고까지 믿었다. 소녀는 탐폰을 쓰지 않았다. 월경혈의 양이 무척 적었기 때문에 필요하지도 않았다. 하숙 생활을 하게 된 소녀는 마침내 남자친구에게 몸을 내맡길 때가 왔다고 생각했다. 그녀는 자신이 상위를 취했다. 자신이 통제한다는 기분이 좋았다. 하지만 일은 계획대로 잘 되지 않았고, 수치를 느꼈다. 본능적으로 그녀는 남자친구의 음경을 허벅지 사이에 끼워서 사랑을 나누는 방법을 택했다. 어린 시절에 곰 인형을 다리에 끼우던 것과 같은 방식이었다. 방법은 잘 통했고, 소녀는 쉽게 절정에 오를 수 있었으며, 남자친구도 그랬다. 그들은 그 일에 대해서는 한마디도 나누지 않았는데, 아마도 남자는 그녀와 줄곧 정상적인 성교를 했다고 믿고 있었을 것이다.

다른 남자친구를 사귀게 된 그녀는 처음부터 곧장 삽입을 시도해보았다. 그러나 또 잘 되지 않았다. 점차 통증을 느꼈는데, 분명히 작은 상처들이 생겨서 그런 것이었다. 이 이야기를 듣고 나니 왜 이 젊은 여성의 질 근육 긴장도가 높은지 쉽게 이해할 수 있었다. 어릴 때부터 그녀는 삽입을 무서워했던 것이다. 자라서는 괄약근 근육들을 수축하는 데서 성적 쾌락을 얻는 데 익숙해졌다. 나아가 거의 1년 정도 남자친구의 음경을 질 안이 아니라 바깥에 대고 사랑을 나눴기 때문에, 질의 긴장이 한층 강화되었던 것이다.

좀 이상한 비교로 들리겠지만, 어린아이가 자주 상처를 입고 뼈가 부러진 채 병원을 찾으면, 의사는 곧바로 부모의 학대를 의심한다. 아이는 그 사실을 부인할 것이나, 부모를 배신해선 안 된다고 생각하기 때문이다. 국소외음염의 경우(사실상 대부분의 성교통증 사례)에 대비해 말하면, 의사는 지나치게 자주 삽입 성교를 하는 것이 아닌가 하고 즉시 의심한다. 여성 자신은 그렇게 생각하지 않을지도 모른다. 특히 어린 나이에 성생활을 시작한 소녀들은 삽입에 대한 어마어마한 압박을 갖고 있을 때가 있다. 의사가 한동안 삽입 성교를 자제하

라고 충고해도 잘 따르지 않는다. 그러면서도 그 사실을 의사에게는
털어놓지 않으려 한다.

클리토리스 절제

1998년 10월, 주로 젊은 독자들을 위한 여성 잡지 《비바》는 소말리아 출신으로 현재 네덜란드에 살고 있는 배우이자 작가 야스민 알라스Yasmine Allas와 인터뷰한 기사를 실었다. 소말리아에 살 때 그녀는 할례를 받지 않은 몇 안 되는 소녀들 중 하나였는데, 그 사실을 마음속 깊이 부끄러워했다고 한다. 친구들이 그 사실을 알아챌까 봐 부모에게 할례를 해달라고 조르기도 했다. 알라스는 세월이 한참 지난 뒤에야 부모의 완강한 반대가 얼마나 고마운 일인지 깨닫게 된다.

아프리카의 많은 곳에서 어린 소녀들이 극도로 고통스런 클리토리스 절제 의식을 겪고 있다는 사실은 서양 독자들은 좀처럼 상상하기도 힘든 일이다. 이슬람 소년들의 할례는 그들이 남성 세계에 입문한다는 것을 뜻한다. 유대인 소년들의 할례는 혈족으로 묶인 것을 증명하기 위함이다. 그런 할례들은 클리토리스 절제보다는 반감이 덜 느껴진다. 확실히 상처가 덜하기 때문이다. 클리토리스 절제는 훨씬 심하다. 여성의 몸이 불구가 되는 것을 넘어 성 기능까지 훼손된다. 더 끔찍한 것은 이런 풍습의 목적이 대개 여성의 성을 남성들의 욕구에 종속시키기 위한 것일 때가 많다는 사실이다. 그게 지배적 동기인데도 풍습을 지속하고 강화하는 데 남성보다 여성이 더 적극적이라는 사실 또한 매우 이해하기 어렵다.[1]

아프리카에서도 적도 위 지역이 클리토리스 절제의 요람인데, 가장 서구화된 국가들(모로코, 알제리, 튀니지, 리비아)은 예외이다. 해석을 시도하는 사람들은 어김없이 이슬람교와의 연관을 지적하곤 한다. 하지만 그것은 불완전한 설명이다. 아라비아반도에서는 클리토리스 절제가 관행이 아니기 때문이다. 수술은 보통 5살에서 12살 사이에 이뤄진다. 의식은 여성들만 참석할 수 있는 축제이다. 누가 대상이 될지, 언제 그리고 어떻게 할지, 누가 고난 중에 소녀들의 몸을 붙잡을지, 모두 여성들이 결정하고, 또한 여성이 칼을 휘두른다.

절제에도 몇 가지 단계가 있다. 가장 가벼운 것은 '순나sunna'라 하는데 클리토리스 포피의 일부만 잘라내는 것이다. 다음으로는 클리토리스의 일부 또는 전체를 잘라내는 단계이다. 더 나아가서 소음순까지 제거하는 경우도 있다. 가장 극단적인 수술은 소말리아와 수단에서 행해진다. 클리토리스와 소음순을 몽땅 잘라낼뿐더러 대음순을 한데 꿰매어버린다. 항문 위로 자그만 구멍밖에 남지 않게 하는 것이다. 이런 식의 수술을 '음부봉쇄'라 한다.

음부봉쇄는 그러니까 음부를 모조리 '잡아' 묶거나 '엮어'버린다는 뜻이다. 1993년, 부인과 의사 M. M. J. 레이너르스는 여성 할례에 대한 상세한 연구를 출간했다. 풍습의 역사적, 종교적, 인류학적 의미까지 함께 다룬 책이다.[2] 레이너르스는 로마의 의학자 아울루스 코르넬리우스 켈수스가 『의학에 관하여』에서 했던 단언을 떠올린다.

청동 핀이나 브로치는 토가를 고정하는 데만 쓸 수 있는 게 아니라, 성교를 하지 못하게 하는 데도 쓸 수 있다. 핀으로 여성의 작은 음순 양쪽을 함께 뚫는다. 그러면 여성은, 주로 노예 소녀가 되겠지만, 몸 값이 떨어지기 전까지 임신을 하지 못한다.

이런 목적의 할례는 오랜 역사를 갖고 있다. 노예제가 폐지되기 전까지 아프리카 노예시장에서 할례된 소녀들의 몸값은 할례받지 않은 소녀들의 몸값보다 높았다. 음부봉쇄는 '파라오 할례'라고도 불린다. 고대 이집트에서 여성 할례를 했다는 믿음에서 나온 용어인 데, 미라들을 조사해보면 확인할 수 있다. 레이너르스는 실제로 할례된 미라가 있다는 얘기를 수많은 책과 논문에서 읽었지만, 막상 이야기의 근원을 조사해보니 불명확한 사실, 실제이더라도 극히 빈도가 희박한 사실이라는 것을 알게 됐다. 네페르티티나 클레오파트라가 확실히 할례를 받았다고는 말할 수 없다.

음부봉쇄 시술 현장은 상상을 초월할 정도로 야만적이다. 선물이 오가는 축제로 포장한다 해도 숨길 수 없다. 보통 마취 없이 바로 이루어지며, 유리 조각이나 면도날로 하는 경우도 있다. 위생 및 감염 예방 조치는 사실상 전무하다. 대음순을 꿰매는 데는 아카시아 가시를 쓰는 것이 전통이다. 시술이 끝나면 사람들은 소녀의 다리를 천으로 친친 동여매서 40일간 벌리지 못하게 한다. 이후 대부분의 여성들은 넓은 보폭으로 걸을 수 없게 된다. 오줌과 월경혈을 내보내는 구멍은 너무 작아서 거의 한 방울 한 방울 오줌을 짜내야 하는 형편이다. 수술에서 비롯하는 합병증이 말도 못하게 많고, 이후에도 분만 중에 감염이나 상처를 입을 가능성이 높다. 할례가 원칙인 나라의 여성들은 할례받은 질이 '깨끗'하다고 여기는데, 사실과는 정반대인 셈이다.

음부봉쇄를 받은 여성이 결혼을 하면 어떻게 될까? 미국인 인류학자 한니 라이트풋 클라인은 수단과 케냐에서 현장 조사를 했다.[3] 특히 클라인의 마음을 사로잡은 것은 수단 사람들이었다. 그들은 끔찍할 정도로 가난하면서도 놀랄 만큼 친절했고, 게다가 너무도 솔직하게 그녀와 클리토리스 절제에 대한 대화를 나눠주었다. 한번은 클라인이 긴 여행을 마친 뒤 호텔이 있다는 마을에 도착했다. 호텔 사람들은 클라인의 등장에 놀람을 감추지 않았고('남편은 어디 있나요?'), 그녀는 거절이란 말은 꺼내지도 말라고 으름장을 놓은 뒤에야 겨우 복도 끝 방으로 안내되었다. 한밤중에 클라인은 새된 비명 소리를 듣고 잠을 깨었다. 놀라서 종업원을 호출하자 종업원은 안심하라고 하면서 알려주기를, 이 호텔은 신혼부부가 많이 찾는 곳이고 그녀가 들은 비명은 첫날밤에 정상적으로 나게 마련인 소리라 했다. 클라인은 한밤중인데도 그 길로 배낭을 싸서 호텔을 나섰다. 그녀도 그 사실들을 모르는 바는 아니었을 것이다. 할례받은 여성이 삽입 성교를 하려면 대개 몇 주가 걸리며, 그래서 간혹 칼을 든 산파가 불려오기도 한다는 사실을 잘 알았다. 하지만 산파를 부르는 것은 수치스런 일로 간주되었기에(남편이 남성답지 못하다는 뜻이므로) 신랑이 몸소 칼을 휘두르는 일이 잦았다. 여성의 몸에 대해 아무런 지식도 없는 남자들은 술의 힘을 빌리곤 했다.

여성의 육체적, 정신적 안녕에 이토록 심각한 위해를 가하는 의식을 중립적으로 지켜보기는 어렵다. 하지만 이 풍습을 고귀하게 받드는 것도 여성들이고, 법에 호소해 최악의 상황을 막아보려는 시도를 잇달아 좌초시킨 것도 완고한 어머니들(할머니들)과 산파들이었다. 케냐의 지도자 조모 케냐타는 1939년에 「케냐 산을 바라보며」라는 박사 학위논문을 썼다. 거기서 소녀 할례와 일부다처제는 유럽인들이 결코 이해할 수 없을 두 가지 케냐 문화이며, 자신들에게는 신제국주의적 간섭의 압박을 해소하는 배출구나 마찬가지라고 했다. 케냐타가 권력을 잡자 오래된 풍습이 복원되었다. 10년 전, 영국국교회 선교사들이 학생과 교사들에게 교육 시설에 들어오려면 클리토리스 절제에 반대한다는 다짐을 해야 한다고 시키자, 폭동이 일어났다. 사람들은 나이 든 수녀 한 명을 강간하고, 그녀의 클리토리스를 절제하고 불구로 만들었다. 케냐타의 뒤를 이은 아랍 모이는 클리토리스 절제의 합병증으로 한 해에 소녀 14명이 사망하자 비로소 클리토리스 절제 금지법을 발효했다. 다만 소녀가 17살이 되면 스스로 선택을 할 수 있도록 했다. 2001년 9월, 딸들에게 할례를 시킨 20쌍의 부모들이 최초로 이 법에 의한 처벌을 받았다. 이후 독립기념일에 아랍 모이는 더욱 엄중한 집행을 경찰들에게 명령했다.[4]

어쩌면 케냐타의 말이 옳은지도 모른다. 서양인들이 클리토리스 절제의 의미를 결코 이해할 수 없으리라는 지적 말이다. 하지만 문화적 동기에 관해서는 그간 상세한 설명이 이뤄져왔다. 할례 의식이 부족의 연대를 돕는다는 것은 분명하다. 할례를 받지 않는 소녀들은 배척당할 각오를 해야 한다. 수단에서는 세 부류의 여성들만 할례를 받지 않는다. 매우 어린 소녀들, 정신지체자들, 그리고 창녀의 딸들이다.[5] 수단 여성들은 할례받지 않은 여성을 만나면 겁을 먹을 정도이다. 부인과 의사 레이너르스가 봉쇄된 '그곳을 열어달라' 하는 여성을 처음 만났을 때처럼 말이다. 한니 라이트풋 클라인은 예기치 못하게 할례받지 않은 여성의 분만을 목격한 한 수단인 산파가 손에 든 것을 모두 떨어뜨리고 도망가더라고 했다. 클라인은 다른 경험도 한 가지 얘기했다. 병원에서 한 남자 부인과 의사가 클라인을 여성 의료 보조사들에게 소개하며, 그녀가 연구 주제에 대해 물으면 가급적 솔직하게 대답해주라고 일렀다. 간호사들은 순순히 그러겠다고 했는데, 클라인 역시 자신의 일을 솔직하게 말한다는 조건에서였다. 이후 간호사들과 대화를 나눠본 클라인은 간호사들이 서양 여성의 상황을 얼마나 끔찍하고 기이하게 여기는지 잘 알게 됐다. 어머니가 정말 창녀가 아니냐는 질문도 여러 차례 받았다.

할례가 원칙인 나라에서 할례를 받지 않은 여성은 남편을 못 구하면 어쩌나 하는 두려움에 시달린다. 남편과 아이가 없다면 사회적 인정은 바랄 수도 없다. 남자들도 할례받지 않은 여성을 꺼리는데, 처녀성을 확신할 수 없다고 생각하기 때문이다. 음부봉쇄 상처는 일종의 봉인, 여성의 순결을 증거하는 시각적 상징이다. 상처 조직이 엄청나게 단단해지기도 한다. 의학 용어로 그런 조직을 '켈로이드'라 하는데, 특히 흑인들에게 흔하다. 라이트풋 클라인은 한 의사에게 결혼 7년 차인데도 처녀인 여성을 수술한 얘기를 들었다. 딱딱해진 조직을 자르려고 외과용 메스를 대었더니 튕겨 나가버렸고, 의사는 가장 묵직한 연골용 칼(연골절제도)을 동원해서야 수술을 할 수 있었다. 그러니 남편이 삽입을 하지 못한 것도 무리가 아니다. 이 일은 젊은 의사의 마음에 깊은 인상을 남겼는데, 사실 그것만큼이나 무서웠던 것은 남편이 수술 마친 아내를 득달같이 집으로 데려간 일이었다. 하지만 의사도 남편을 어느 정도 동정할 수 있었다. 7년이나 동네 사람들의 비아냥을 견뎌야 했을 것이기 때문이다.

이른바 할례의 '이점' 중에는 처녀성을 확실히 보장한다는 것 외에도 성적으로 민감한 기관 대부분을 잃어버린다는 것이 있다. 사람들은 그래야만 여성이 방자한 성욕에서 벗어날 수 있다고 믿는다. 여기서도 우리는 여성의 한없는 정욕에 대한 뿌리 깊은 두려움을 만날 수 있다. 성에 바치는 송가인 '솔로몬의 노래'에도 이런 공포가 등장한다(시편 8장 8절~10절).

여자와 오빠들

우리에게는 조그만 누이가 하나 있네,
아직 젖가슴도 없다네.
누가 구혼이라도 하는 날이면
우리 누이를 어떻게 해야 하나?
그 애가 성벽이라면
그 위에다 은으로 성가퀴를 세우고,
그 애가 문이라면
향백나무 널빤지로 막아버리련만.

위 구절을 보면 유대교 및 기독교가 이슬람교와 몇 가지 공통의 뿌리를 갖고 있다는 사실을 확인할 수 있다. 또한 무성의 존재로서 여성, 자신을 아끼는 단 한 남자를 만나야 비로소 변형을 겪는 존재로서 여성이라는 이미지를 다시 한 번 본다.

나는 성벽,
내 가슴은 탑과 같아요.
하지만 그이 앞에서는
애정을 청하는 여자랍니다.

의미는 분명하다. 여성의 보석은 그녀 인생의 유일한 남성을 위해 소중히 보전되어야 한다. 그녀가 그것을 지키지 못하면, 남편은 두 번째 아내를 얻을 권리가 있다. 모든 수단 여성들의 악몽이다. 첫 관계 중 삽입이 너무 순조롭게 일어나도 버려질지 모른다. 결혼식 다음 날 남편의 친구들은 남편에게 꼬치꼬치 질문을 퍼붓는데, 오로지 여자의 처녀성에 대한 일말의 의구심이라도 남김없이 드러내기 위해서이다. 어떤 여성들은 신혼 첫날 느끼는 고통을 즐기기까지 한다. 라이트풋 클라인은 할례를 받은 한 간호사랑 얘기하던 중, 그녀의 첫 경험은 10일이나 걸렸으며 후에도 2주간 통증이 지속되었다는 말을 들었다. 깜짝 놀란 라이트풋 클라인이 물었다. '아픈 걸 좋아하시나요?' '아뇨, 전혀요. 남들처럼 나도 아픈 걸 싫어한답니다. 하지만 그 고통은 즐거웠어요.'

그들이 그토록 기쁘게 하고자 하는 남편들의 기분은 어떨까? 40살 된 병원 기술자를 인터뷰한 것을 보면, 온갖 양가적 감정들이 공존하는 것을 알 수 있다. 이 남자는 세 딸의 클리토리스를 1센티미터 이상 자르지 못하게 한 일로 어머니와 의절할 뻔까지 했다. 네 번째 딸은 아예 전혀 손도 못 대게 했다. 그는 미래에는 할례받지 않은 여성도 자연스럽게 받아들여질 것이라 낙관한다. 한편 그의 아내는 음부봉쇄를 겪은 여성이다. 결혼식 전, 그의 장모가 그를 찾아와 봉쇄한 것을 수술로 열자고 사정했지만 그랬다가는 남자로서 존엄이 무너질 터였다. 그는 세 시간이나 걸려 무지막지하게 힘을 쓴 뒤에 삽입할 수 있었는데, 출혈이 너무나 심해서 곧장 병원으로 달려가야 했다. 그는 그 사건에서 어떤 느낌을 받았을까? 표정만 봐도 알 수 있다. '내가 꼭 범죄자 같았지요. 그런 일을 저지르고도 살 수 있을까 싶을 정도였죠.'

그의 아내는 잘 회복했고 성행위를 즐기게끔 되었다. 부부는 침대에서 서로 기분을 솔직히 나누는 편이고, 남편은 아내도 오르가슴을 느낀다고 생각한다. 그는 할례받지 않은 에티오피아 창녀들과 잠자리했던 경험이 있는데, 그들과 아내를 비교하면 아내 쪽이 훨씬 만족을 느끼기 힘든 것 같다고 했다. 아내의 출산은 고통 그 자체였다. 두 번이나 집게를 동원해야 했고, 파열한 곳을 꿰맨 것이 아물기까지는 최소한 두 달이 걸렸다.

파라오 할례를 받은 여성들은 출산 뒤에 대부분 다시 음부봉쇄를 한다. 남편과 성행위를 재개하기 전에 결혼식 전과 같은 상태로 꿰매놓는 것이다. 그렇게 해야 매력적으로 비친다고 믿기 때문이다. 그들의 성 문화에서 가장 이해하기 어려운 부분이 바로 이 점이다. 재봉합이 극히 최근 들어 생겨난 의식임을 생각하면 더욱 그렇다. 1930년

이전에 태어난 여성들은 재봉합을 하지 않았다. 인류학자들이 물으면 서로 모순된 대답들이 난무한다. 여성은 남편을 위해 했다고 주장하는 반면, 남편은 자신에게는 그리 중요한 일이 아니라고 하면서 도리어 장모 탓을 한다. 사실 재봉합이 산파들의 주머니를 불리는 일이라는 지적도 있다. 아래는 병원 기술자와 인터뷰한 내용에서 발췌한 대화이다.

그녀는 아이를 낳은 후에 매번 바늘구멍만 한 크기로 다시 봉합을 했는가?

그렇다, 그래서 두 사람에게는 이런저런 문제들이 생겼다. (…) 하지만 아내는 '미적인' 이유에서 꼭 해야겠다 우겼고 남편은 아내를 말릴 수 없었다. 그의 생각에 아내는 그곳이 헐거워지는 걸 부끄러워하는 것 같았다. 그런 손상을 겪고는 어쩔 수 없는 일인데 말이다.

'하지만 왜 더 합리적인 방법으로 열지 않는 건가요?' 내가 물었다.

그는 어깨를 으쓱했다. '그거야 여자들 일이죠.' 그는 개입하지 않는다. 아내가 남편의 즐거움을 위해서 산파를 불러서까지 시술을 했다는 걸 그도 안다. 하지만 그렇게 빡빡하게 꿰매지 않는다면 오히려 그나 부인이나 성관계하기 쉬우리라고 생각한다.

왜 아내에게 그런 말을 하지 않는 걸까?

'이 문제만은 남자가 개입하는 걸 허락하지 않습니다.' 그는 단언했다. '자기들 일이라고만 하지요. (…) 그렇게 하면 남편한테 더 성적으로 매력적인 모습을 보일 수 있다고 생각하니까 하는 거고, 그래서 엄청난 고통도 참아내는 겁니다. 잘못된 사랑의 행위인 셈이지요.'

그는 아내에 대한 성욕을 잃어가는 중이라고 고백하며, 착하고 사랑스런 아내인데 왜 그런지 자기도 모르겠다고 한다. 어쩌면 아내가 더 이상 열정을 보이지 않기 때문인지도 모른다. 남편과의 잠자리를 의무라고 생각하는 것처럼 보이기 때문인지 모르겠다.

그는 이것을 어떻게 설명할까?

그는 기껏 추측만 할 수 있을 뿐이다. 그는 말한다. 어쩌면 너무나 고통을 많이 겪었기 때문인지도 모르지요.

위의 인터뷰를 볼 때, 남편과 아내에게 너무나 무거운 문화적 압박이 가해질 때는 그들이 서로의 힘으로 문제를 풀지 못하는 게 틀림없다. 한니 라이트풋 클라인은 재봉합의 근원을 밝히는 데 실패했다. 서양인들은 자신들의 눈에 너무 구식이고 끔찍해 보이는 풍습은 자연적으로 쇠퇴할 것이라 생각하는 경향이 있다. 물론 그럴 때도 있다. 가령 에리트레아에서는 에리트레아 해방 전선이 이 풍습을 금지하자 단 5년 만에 클리토리스 절제가 사라졌다. 하지만 우간다에서는 반대의 일이 벌어졌다. 원래 그런 풍습이 없었는데 어느 날인가부터 엘리트들이 딸들에게 파라오 할례를 시키기 시작한 것이다. 명목상의 이유는 아프리카인으로서 국민적 정체성을 강화한다는 것이었다. 인도네시아의 풍습은 거의 상징에 불과할 정도로 아주 살짝만 클리토리스를 잘라내는 것이었다. 하지만 이슬람 규율이 강화되어 소녀들이 베일을 쓰게 되는 경향과 맞물려, 할례가 더 극단적인 형태로 변한다는 증거들이 있다.[6] 미국에서도 1980년대 초, 《새 흑인 방송》이라는 잡지가 클리토리스 절제와 음부봉쇄의 도입을 주창한 적 있다. 혼전 성교를 막는 편이 좋다는 게 근거였다.

앨리스 워커는 클리토리스 절제에 대한 이야기를 길게 쓴 적 있다.[7] 그녀의 소설 『칼라 퍼플』의 등장인물 중 하나인 타쉬는 「은밀한 기쁨을 간직하며」라는 별도의 소설에서 자기 이야기를 들려준다. 아프리카에서 자랄 때 타쉬에게는 애덤이라는 친구가 있었다. 선교사의 아들인 그는 나중에 타쉬의 남편이 된다. 어린 소녀였을 때, 타쉬는 언니가 할례를 받다 죽는 것을 목격했다. 그런데도 그녀는 성인이 되는 입문식으로 기꺼이 음부봉쇄식을 치른다. 자신이 올링카족의 일원임을 확인받기 위해서였다. 그녀의 열망은 올링카족의 우상, 위대한 지도자에게서 온 것이었다. 식민지 감옥에 갇혀 시들어가는 그 지도자는 소녀들의 눈에 부족의 예수그리스도, 아버지, 형제, 완벽한 연인으로 보였다. 수술은 너무나 끔찍했기에 그녀는 곧 그 기억을 억압해버린다. 후에 타쉬는 남편과 함께 미국으로 옮겨 가고, 그곳에서 공포와 절망에 맞서 싸우던 중 여러 심리치료사들의 도움을 받는다. 그들은 그녀의 마음속에 신체 절단의 트라우마가 있음을 알려준다. 결국 타쉬는 자기 부족들에게 돌아가 자신을 할례한 여성을 살해한다. 그리고 사형선고를 받고, 형장의 이슬로 사라진다.

앨리스 워커는 타쉬와 그녀의 심리치료사가 주고받는 아래의 대화에서 이 의식에 담긴 동기를 해설하였다.

미국으로 오고 나서였어요, 나는 말했다, 아래쪽이 뭔지 알게 된 것부터가 말이에요.

아래쪽?

네. 내 몸은 내게 미스터리였어요. 가슴의 기능이야 잘 알았지만 그 이상은 몰랐고, 내가 알기론 다른 여자들도 다 여자의 몸에 대해 그 정도밖에 몰랐어요. 감옥에 있는 우리 지도자는 기억할 수 없을 만큼 오래전부터 여자들이 그랬던 것처럼 우리도 우리 몸을 깨끗하고 순결하게 지켜야 한다고 말씀하셨죠. 우리 몸에서 불결한 부분을 잘라내야 한다고요. 할례를 받지 않으면 여자의 불결한 부분이 길게 자라서 허벅지에 닿을 정도가 된다는 걸, 모두들 알고 있었어요. 그 여자는 남자처럼 되어서 발기도 하죠. 여자가 발기를 하니까 거기가 막혀서 남자가 들어갈 수 없어요.

그걸 믿었어요?

모두들 믿은걸요. 아무도 본 사람은 없지만요. 최소한 우리 마을에 사는 사람 중에서는….

하지만 그런 일이 자신에게 일어날 리는 없다고 생각하지 않았어요?

어쩌면 일어날지도 모르지, 라고 생각했어요. 할례를 받은 친구들은 할례받지 않은 내 질을 무슨 괴물 보듯이 했어요. 비웃었어요. 꼬리 있는 애라고 놀렸죠. 그 애들이 말하는 건 내 대음순이었을 거예요. 어쨌든 음순을 가진 사람이 아무도 없었으니까요. 클리토리스가 있는 사람도 없고요. 그 애들은 그게 어떤 모양인지조차 몰랐어요. 그 애들한테 나는 이상한 모습으로 보일 수밖에 없었죠. 할례받지 않은 여자애가 저 말고도 몇 더 있었어요. 가끔 아이들은 일부러 우리를 피해 도망다니곤 했어요. 우리가 악마라도 되는 것처럼 말이죠. 하지만 계속 웃으면서요. 늘 비웃으면서.

하지만 당신이 즐거움을 느꼈다고 기억하는 것도 이때, 그러니까 할례를 받기 전이죠?

어렸을 때 내 몸을 만지곤 했는데, 사실 그러면 안 되는 거였어요. 더 커서는, 아직 결혼하기 전이었지만, 애덤과 들판에서 사랑을 나누곤 했죠. 물론 그것도 그러면 안 되는 거였어요. 제 말은, 들판에서 그러는 게 말이죠. 게다가 애덤이 내 거기를 입으로 애무해줬으니까요.

오르가슴을 느꼈나요?

언제나요.

그런데도 그걸 기꺼이 포기했군요, 왜냐하면….

올링카 사람들한테 진정한 여자로 받아들여지기 위해서요. 조롱을 멈추려고요. 그러지 않으면 난 영원히 사람이 아닌 거였으니까요. (…) 게다가 우리 지도자, 우리 예수그리스도께서 우리 오래된 풍습을 지켜야 한다고 말했으니까요. 그리고 올링카 남자들은 할례받지 않은 여자와는 결혼할 꿈도 꾸지 말라고 하셨으니까요. 이 점에서는 위대한 해방자 케냐타의 뜻과 일치하셨죠.

타쉬가 이야기 중 털어놓은 한 가지 부끄러운 사실은, 할례를 받은 뒤 그녀가 자신을 내맡기고 오르가슴에 오를 수 있는 상황은 항문 성교밖에 없었다는 것이다. 라이프풋 클라인의 인터뷰들에서도 항문 성교 얘기가 꽤 자주 등장한다. 하지만 부부들이 이런 순수한 '비밀의 통로'를 얼마나 자주 활용했는지는 분명히 알 수 없다. 어쨌든 이 사실은 AIDS 문제에 비추어서도 중요한 지점이다. 아프리카보다 AIDS로 고통받는 곳이 또 없기 때문이다. 아프리카에서는 동성 성교만큼이나 이성 성교에서 HIV바이러스가 전파되는 확률이 높은데, 서양과는 확연히 차이 나는 점이다. 바이러스는 점막에 손상이 있을 경우 더 잘 전파된다. 즉 성교 중 마찰이 클수록 바이러스가 옮겨질 가능성도 높다.

음부봉쇄를 한 여성이 성관계를 즐길 수 있으리라고는 좀처럼 상상하기 어렵다. 하지만 라이트풋 클라인이 성적 쾌락에 대해 조사한 바에 따르면 꽤 다양한 감각들을 느끼는 것으로 드러났다. 질문을 회피해버리는 여성도 있었고, 너무나 전형적이어서 전혀 믿을 수 없는 대답이 나오는 경우도 있었다. 하지만 가장 도전적인 대답은 40살쯤 된 한 여성에게서 나왔다. 그 여성 덕분에 이 조사는 거의 유쾌하다시피 한 무언가가 되어버렸다. 그녀는 질문을 듣자마자 웃음을 터뜨리며 허리를 쥐어 잡고 자지러졌다. 허벅지를 철썩철썩 내려치며 말 그대로 의자에서 굴러떨어질 지경이었다. 처음엔 여자가 왜 웃는지 몰랐던 통역관도 곧 속수무책으로 웃음을 터뜨렸고, 급기야 라이트풋 클라인도 흥분에 동참했다. 뭐가 그렇게 우스꽝스러운지 알지는 못했지만 다들 웃음에 휩싸였다.

마침내, 통역관이 겨우 진정을 되찾고 내게 교훈을 안겨주었다. "이렇게 말하네요." 그녀는 숨을 몰아쉬며 말을 옮겼다. "그런 질문을 하다니 당신 미친 거 아니냐고 하는데요! 이분의 말은, '몸이 몸이죠, 아무리 할례를 한다고 그걸 바꿀 수 있을 리가! 내게서 뭘 잘라버리든 간에, 그것을 바꿀 수는 없는 거라오!'"

이것은 라이트풋 클라인이 준비한 여러 인터뷰들 중 앞 차례에 해당하는 것이었고, 덕분에 그녀는 이후부터 훨씬 열린 마음으로 질문을 던질 수 있었다. 서양식 편견에 고정되지 않은 채 말이다. 사실 클리토리스 절제에 대한 이야기들은 거의 대부분 부정적 편견을 바탕에 깔고 있다. 민속지학자 로리 레너드는 채드의 한 작은 마을에서 클리토리스 절제에 관한 이야기를 음악으로 표현한 것을 발견했다. 하지만 과학계는 이런 식의 대안적 해석에 대해서는 아예 귀를 기울일 마음이 없었다.[8] 레너드의 후원자가 그 발견 내용을 미리 알 수 있었다면, 모르긴 몰라도 절대 지원금을 그녀에게 주지 않았을 것이다.

레너드가 연구를 수행했던 채드에서는 여성 중 80퍼센트 정도가 할례를 받는다. 하지만 지역마다 풍습이 다른 편이다. 여성 할례를 전혀 하지 않는 마을도 꽤 있다. 레너드는 극히 최근까지만 해도 클리토리스 절제가 시행되지 않았던 한 마을을 찾아냈다. 인구가 약 1,000명쯤 되는 '미암베'라는 마을이었다. 그 마을의 '케케타'라는 여성은 마을 최초로 클리토리스를 절제한 여성들 중 하나였다. 얼마나 놀라운 사건이었겠는가! 지금은 그게 정확히 언제였는지도 사람들이 기억하지 못한다. 학교가 문을 닫았던 것 같으니 전쟁 중이라고 기억하는 이들도 있다. 바마데의 아내가 살아 있던 시기니까 건기였나 보다고 회상하는 이들도 있다. 케케타의 뒤를 이어 다섯 무리의 소녀들이 같은 시술을 받았는데, 다 합쳐도 그 수는 30명이 안 된다. 소녀들이 왜 그 일을 감행하는지, 마을 사람들도 정확히 이해하지는 못한다. 하지만 이 마을에는 옛날부터 앞니를 뽑아버리는 소녀들도 있었는데, 그 이유 역시 명확하지 않기는 마찬가지이다. 원한다면 해도 좋은 일이지만, 하지 않아도 상관없는 일이다. 그렇다고 남편감을 구할 가능성이 높아지는 것도 아니다.

할례받은 소녀들은 자기들의 용감성을 과시하고 싶어 했다. 소녀들은 서양인들의 표현을 빌리면 이른바 '쿨'한 무엇으로 할례를 생각했던 것이다. 할례가 끝난 뒤 일종의 공개 축하연 같은 것이 마련되었다. 할례받은 소녀들은 할례받지 않은 소녀들을 춤에 끼워주지 않았다. 소녀들은 스스로 이 관행을 제도화해야 했다. 채드의 종교 지도자 난다는 할례에 공공연히 반대했으며, 마을의 어른들도 딱히 권장하지 않았기 때문이다. 하지만 대체로 마을 사람들은 그 일을 인정해주는 편이었다. 소녀들이 춤추는 동안 선물이며 돈을 준 걸 보면 알 수 있다. 소녀들은 8살에서 10살까지로 어린 편이었는데, 처녀성을 잃고 난 뒤에 할례를 하는 건 부적절하다고 여겨졌기 때문이다. 한때 마을에는 절제하는 법을 아는 여성이 아무도 없던 시절이 있었지만, 일단 할례의 가능성이 복귀하고 나자 할례를 받아야 한다는 사회적 압력도 서서히 증가했다. 할례받지 않은 소녀들은 '사토', '카라', '코이' 따위의 이름으로 불렸는데 아무도 이 단어들의 뜻을 몰랐지만 좌우간 불명예스런 명칭임에는 틀림없다고 생각했다. 미암베 마을 할례의 대모라 할 수 있는 케케타에게는 어머니가 있었는데, 그 어머니 본인은 할례를 받지 않은 데다가 자기 딸의 할례에 대해 어떻게 생각하는지 한마디도 한 적이 없었다. 케케타가 첫아이를 낳을 때에야 그녀의 어머니는 딸의 몸에 벌어진 일을 정확히 알게 되었다. 케케타는 어머니의 힐난을 예상했기에, 아무 이상 없이 아이가 탄생하자 두 배로 안도했다. 그러나 어머니는 그때도 아무 말이 없었다.

마을 어른들이 대체로 이 행위에 반대했을지 모르지만, 그들 중에서도 몇몇 할례를 진보의 신호로 여긴 사람들이 있었다. 야스민 알라스가 채드에 살았다면 그녀의 부모들은 자기 운명을 겪어내려는 딸의 욕망을 어떻게도 막을 수 없었을 것이다. 남들과 똑같은 모습이 되어야 한다는 운명 말이다.

서양의 클리토리스 절제

우리는 '클리토리스 절제'라는 말을 주로 아프리카와 연관하여 생각한다. 하지만 앨리스 워커는 『은밀한 기쁨을 간직하며』에서 서양 의학계에서도 이런 식의 개입 사례가 풍부했음을 미국인들에게 일깨우고 있다.[9] 그녀의 심리치료사는 타쉬를 에이미에게 소개한다. 80살쯤 된 에이미는 우울증 치료를 받고 있다. 에이미는 일생 내내 자신의 문제를 숨겨 왔는데, 우울증을 앓는 아들이 하나 있어 평생 그를 이리저리 데리고 다니며 치료하느라 여념이 없었다. 아들이 40 살의 나이에 자살을 하고서야 어머니의 절망이 비로소 수면에 떠올랐다. 타쉬는 왜 이 여성을 소개받은 건지 알 수가 없었다.

그러니까, 에이미는 말했다, 한숨을 쉬면서, 내가 아주 어린 아이였을 때 내 몸을 만지곤 했다우…. 거기 말이지. 내 어머니는 그 버릇에 치를 떨었지. 어머니는 내가 3살밖에 안 됐는데도 침대에 눕기 전에 내 손을 묶어버리곤 했어. 4살에는 손가락에 매운 후추 소스를 뿌렸고. 6살에는 의사를 불러서 내 클리토리스를 잘라버리라고 하셨지.

뉴올리언스면 미국 아닌가요? 나는 의아하다는 듯 물었다. 입에서 떨어지는 말이 그것밖에 없었다.

물론, 에이미는 말했다, 당연하고 말고. 그래요, 미국에서도 부유한 백인 아이는 자기 몸을 성적으로 만져선 안 된다는 얘기를 하고 있는 거라오. 다른 사람들이 보는 데서는 말이지, 그리고 안전하려면.

앨리스 워커는 어린 에이미의 반응을 더 묘사한다. 그녀의 어머니는 수술 전에 편도선 제거 수술이라고 딸에게 말해주었고, 에이미는 계속 이 거짓말을 되뇐다.

넌 오랫동안 목이 아팠단다, 어머니가 말했어. 나를 침대에 가만히 누워 있게 하고 목을 달래려고 레모네이드를 가져다주셨지. 수술을 한 곳이 목이니까 목이 아플 거라고, 나를 믿게 하시려는 거였어. 나는 어머니의 말을 거스르는 게 될까 봐 진짜 아픈 곳에 감히 손가락을 대어볼 생각도 못했지. 어머니를 화나게 할까 봐. 나는 다시는 그런 식으로 그곳을 만진 적이 없어. 물론 나중에 우연히 그곳을 만지게 되었는데, 그때 아무것도 남아 있지 않다는 것을 알게 됐지.

에이미는 어떻게든 극복해야 했다. 그녀는 운동선수가 되었고 나중에는 길 가다 만나는 거의 모든 남자들과 잠자리를 함께했다. 그녀는 어머니에 대해 아무런 적개심도 느끼지 않았다. 아들이 죽었을 때에야 비로소 자기 내면과 새롭게 접촉하게 되었다. 그러자 곧, 기억이 되돌아온다.

19세기 들어서도 수십 년 동안, 클리토리스 절제는 특정 문제에 대한 정상적인 외과적 개입술로 여겨졌다.[10] 클리토리스를 제거하는 부인과 의사들은 동시대 사람들에게 수술의 목적을 명확히 밝히곤 했고, 우리는 동료 의사들이 그 수술에 어떤 반응을 보였는지도 잘 알고 있다. 당시는 의학적 사고의 역사에서 희한한 시기였다. 클리토리스 제거가 정신 질환에 가장 효과적인 치료법으로 간주되었기 때문이다. 최소한 몇몇 의사들은 그렇게 생각했다. 물론 당시는 의학적 사고의 틀에서 몸과 마음이 분리되지 않았던 시기였다. 요즘 다시 몸과 마음의 이원적 분리를 폄훼하는 경향도 있지만, 어쨌거나 말이다. 그로부터 100년만 지나도 상상조차 어려운 일이지만, 당시는 히스테리가 부인과 의사의 영역인지(메스를 사용하든 하지 않든) 정신과 의사의 영역인지를 두고 열띤 논쟁이 벌어지곤 했다. 1855년, 뉴욕의 여성병원 확장을 탄원하는 글에는 다음과 같은 문장이 있다.[11]

우리 정신 병동의 통계를 보면 모든 여성 정신병의 25퍼센트에서 40퍼센트 가량은 유기적 여성 질병에서 비롯한 것이다. 대부분의 경우는 시의적절한 처방으로 치료할 수 있는 것들이다.

의학적 클리토리스 절제를 열렬히 주창한 사람은 영국의 부인과 의사 아이작 베이커 브라운Isaac Baker Brown이다. 성 메리 병원의 설립을 거들었던 그는 그 병원에서 유능한 부인과 의사로 명성을 떨쳤다. 공개 수술실에 초청되어 그의 실력을 목격한 동료들은 그의 담대함과 전문성에 깊이 감명받았다. 1858년, 하늘을 찌를 듯한 명성을 얻게 된 그는(더불어 재력도 하늘을 찔렀다) '여성의 외과적 질병을 위한 런던 병원'이라는 개인 병원을 낸다. 1865년에는 런던의사협회 회장으로 선출되었고, 1866년에는 『여성에게 생기는 특정 형태의 정신 이상, 간질, 강직, 히스테리의 치료에 관하여』라는 책을 냈다. 이 책은 열정적으로 클리토리스 절제를 옹호한다. 베이커 브라운이 클리토리스 절제 수술을 찬미하게 된 것은 신경계에 대한 당대의 생리학 이론을 믿었기 때문이다. 뇌가 혼란 상태에 빠진 경우, 원인이 '말초적 염증'에 있을지 모른다는 이론이었다.

오랫동안 여성 성기의 질병들을 치료하려 애쓰는 동안, 나는 히스테리나 기타 이런 장애들을 복잡하게 하는 신경 질환들을 성공적으로 다루지 못해 좌절하곤 했다. 실패에 대한 만족스런 원인을 찾을 수가 없었다. (…) 하지만 오래, 그리고 잦은 관찰을 거듭하다 보니 여성에게 특유한 대다수의 질환들은 신경 손상 때문이라는 점을 확신하게 되었다. 신경의 손상은 말초적 염증에서 비롯되는데, 근원적으로 치구 쪽 신경의 가지들에서, 더 특정하여 말하면 클리토리스를 지지하는 부수적 신경에서 비롯한다. 가끔은 질, 회음부, 항문에 있는 작은 신경 가지들에서 비롯하는 때도 있다.

베이커 브라운은 두 병원을 거치며 감정 교란 상태인 환자들을 무수히 겪었다. 그는 정신력을 잃어버린 여성은 다음과 같은 치명적인, 고정된 과정을 겪게 마련이라고 보았다.

히스테리(소화불량과 월경 불순을 동반함)

척수 염증(자궁, 난소 등의 반사 행동이 생김. 그리고 자궁탈출, 시력 상실, 반신마비, 하반신마비 등이 생김)

간질성 발작 또는 히스테리성 간질

강직 현상(아무것도 느낄 수 없을 정도로 몸이 딱딱해지는 정신병적 상태)

간질 현상

백치(말 그대로임)

미침

사망

이런 신경적 손상들이 결국 여성을 완전히 망쳐놓으리라는 점에서 그는 추호의 의심도 없었고 전적으로 진심이었다. 그래서 더욱 극단적 조치를 취해야 한다고 믿었다. 그는 자신의 수술 기법을 이렇게 설명했다.

환자를 클로로포름으로 완벽하게 마취시킨 뒤 수술대에 눕힌다. 클리토리스는 가위나 칼로 자유롭게 제거할 수 있다. 나는 가위 쪽을 선호한다. 그 다음에 상처를 압박붕대로 채우고, 그 위에 패드를 댄 후 T자 붕대로 잘 감싼다.

간호사들은 환자를 주의 깊게 돌봐야 하며, 가끔은 환자가 손으로 상처 부위를 만지는 것을 막기 위해 손을 묶기도 했다.

상처가 완벽하게 낫기까지는 보통 한 달이 걸린다. 그만큼 시간이 지나면 정보가 없는, 혹은 의사가 아닌 일반인은 수술의 자취를 전혀 알아챌 수 없다.

18쪽에 걸쳐 설명을 늘어놓은 뒤, 저자는 48가지 사례 연구를 소개한다. 이쯤 되면 저자의 의기양양한 어조는 지겹게까지 들린다. 베이커 브라운에 따르면, 히스테리라는 이름 아래 묶일 수 있는 질환들은 굉장히 많고 광범하다(베이커 브라운만 비난할 일은 아닌 것이, 히포크라테스 이래로 프로이트에 이르기까지 모든 의사들이 '히스테리'란 용어를 그런 식으로 사용했기 때문이다). 환자가 병원에 입원하는 그날로 클리토리스를 제거하는 경우도 심심찮게 있었으며, 2~3주 뒤에 환자가 퇴원할 때는 완벽하게 '나았다'라고 하는 선언이 붙었다. 환자와 가족이 절절한 감사의 편지를 보내오기도 했다. 몇 년을 괴롭히던 변비가 하루 아침에 나았다고 했다. 몇 년이나 불임이었던 여성이 갑자기 임신을 했고, 종양이 사라졌다고도 한다. 수술 뒤에 일종의 카타르시스 같은 상태가 따라오기도 했다.

수술 며칠 뒤, 이 환자는 간혹 매우 격렬하고 통제 불가능한 상태에 빠졌다. 광포한 정신병적 성향을 드러냈다. 남편에게 물어본 결과, 환자는 수년간 격렬한 흥분성 발작을 일으켜왔는데 특히 월경 기간에 심했다. 그럴 때는 '마치 암호랑이처럼 그에게 달려들어 피부를 쥐어뜯었다'. 환자는 순조롭게 회복했다. 건강한 상태를 유지했고, 모든 면에서 아주 좋은 아내가 되었다.

이쯤 되면 의사보다는 퇴마사에 가깝다. 베이커 브라운 자신도 몇몇 사례를 소개하면서 자신이 의학계에서 추구하는 목표는 아프리카 할례사들이 그들의 문화적 국면에서 추구하는 목표와 같을 것이라 말하기도 했다. 48번 환자의 사례를 보자.

그녀는 남편에 대해 대단한 혐오감을 갖고 있었다. (…) 그와 함께 사는 것을 싫어했다. 나는 통상적인 외과적 치료를 수행했고, 문제없이 성공했다. 두 달의 치료가 끝난 뒤 그녀는 남편에게 돌아갔고, 동거 생활을 재개했다. 그리고 모든 혐오감이 사라졌다고 말했다. 그녀는 곧 임신했고, 식탁에서 여주인 역할을 되찾았으며, 행복하고 건강한 아내이자 어머니가 되었다.

염증을 일으키는 원인으로 자위가 거론되는 경우도 자주 있었다. 한 17살짜리 소녀는 15살에 학교 친구에게 자위하는 법을 배웠는데, 그 후로 계속 강직 발작에 시달려 거의 초주검 상태가 되었다. 베이커 브라운은 별 어려움 없이 그 부모를 설득하여 소녀의 클리토리스를 잘라냈다.

하지만 베이커 브라운의 동료 의사들은 그만큼 확신하지 못했다. 한 의사는 베이커 브라운의 책을 비평하면서, 영국 의학계에서 클리토리스 절제를 수행하는 의사가 자기 혼자만은 아니라는 그의 주장을 반박했다. 베이커 브라운을 위선자라고 비난했다. 가장 마지막 사례를 제외하고는 늘상 '말초적 염증'의 진짜 속성을 감추고 있다는 것이다. 클리토리스 절제는 사실 자위를 치료하기 위한 수단이며, 책을 비평하는 사람도 그 점에서는 효과가 있다는 것을 충분히 인정한다. 자위가 온갖 종류의 절망적 질환을 야기한다고 믿는 점은 다른 의사들도 베이커 브라운과 다를 바 없었고, 극단적 조치를 취할 당위성이 있다는 점도 인정할 수 있다. 하지만 그는 왜 솔직하지 못한가? 비평가는 같은 해에 브라운이라는 교수가 《빈 의학 잡지》에 한 논문을 기고했는데, 제목은 「클리토리스와 소음순을 절단함으로써 자위를 치료하는 방법에 관하여」라고 지적하면서, 이 얼마나 명료한 제목이냐고 대비시켰다. 게다가 다른 모든 걸 떠나서 베이커 브라운이 지나치게 집착한다고 비난했다. 환자(또는 남편이나 가족)의 동의를 얻지도 않고 클리토리스를 잘라낸 적이 있다는 것이다.[12]

결국 베이커 브라운의 자기 찬양은 동료들에게 받아들여지지 않았다는 점을 덧붙여두자. 신문의 비평만 그런 것이 아니었다. 책이 출간된 지 1년도 못 되어 부인과의사협회는 그를 제명하기로 한다. 제명 추천에 앞서 검사관들이 그의 병원에 징계를 내렸는데, 정신병 환자들을 다룰 능력이 전무한 의사가 나무꾼의 기술에 지나지 않는 솜씨를 갖고 활개 치는 곳이라며 맹비난을 퍼부었다. 결정적 회합을 1시간 앞두고 영국 각지에서 부인과 의사들이 몰려들었다. 8시가 되자 자리가 꽉 찼으며 서 있을 공간도 없었다. 《영국의사협회지》는 이 특별한 모임에 대한 보고를 장장 15쪽에 걸쳐 빼곡하게 실었다. 고소인인 세이무어 헤이든Seymour Haden은 단도직입적인 표현도 서슴지 않았다.

하지만 오늘날 돌팔이 의사는 이런 면에서 더 위험합니다. 요즘의 돌팔이 의사는 실제 전문적이고 적법한 기반 위에 자신의 의료 행위를 올려놓을 수 있다는 사실을 압니다. 학위를 받을 수도 있습니다. 그렇다면 그 돌팔이 의사는 가장 위험한 존재가 되어버리는 것입니다. 〔'질문 있습니다'를 외치는 목소리들.〕

헤이든은 베이커 브라운 병원의 선의를 의심했다. 나아가 모든 그런 종류의 기관들을 의심했다.

'여성을 위한 병원', 아니면 '안식처'니 뭐니 말들을 합니다. (…) 그들은 세 가지 종류의 호소문을 대중들에게 유포하는데, 이런 것들입니다. 첫째는 중산층, 특히 여성들에게 보내는 호소문입니다. 돈을 요청하는 것이지요. 둘째는 상류층, 귀족들에게 보내는 것인데 후원을 요청하는 것입니다. 대단한 이름들이 잔뜩 적힌 목록입니다. 이 경우에는 맨 앞에 웨일스 공주가 있군요. 후원자들은 그들이 무얼 하는 사람들인지도 모르지요. 셋째는 성직자들에게 보내는 호소문인데, 언제나 이런 표현으로 시작합니다. '선의의 작업을 하는 이들끼리 협력하길 바라며.' 〔커다란 웃음소리와 왁자지껄한 소음.〕

그런 불쾌한 관행을 유포하는 자를 믿을 수 있는가? 헤이든은 탁월한 선동가였다.

가난하고 약한 여성 자신이, 또는 더 약한 어떤 남성이 자기 아내나 딸을 그 안식처로 데려가는 것은 당연합니다. (…) 수술은 너무나 하찮습니다. 정말 아무것도 아니라 할 만합니다. 치핵을 잘라내거나 신경을 절제하는 것뿐입니다. 남편은 아래층에서 기다립니다. 환자는 위로 올라가 클로로포름으로 마취됩니다. 그녀가 마취제에서 깨어나기 전에 의사는 클리토리스를 잘라냅니다. 그 후 이 계획적 선동자가 아래층에 있는 희생자에게 다가가, 병원을 나서기 전에 100기니나 200기니, 하여간 아무 금액이나 수표를 쓰고 가라고 권합니다. 그가 거절을 하면, 사실 그럴 가능성이 높은데, 정확히 이런 식으로 말을 하는 것은 아니지만, 어쨌든 교묘히 이런 느낌을 갖게 만듭니다. '당신의 딸' 또는 '당신의 아내', 어느 쪽이든, 하여간 그녀는 '수치스런 손상을 겪게 됐다. 수치스런 시술을 받았기 때문이다. 이 사실을 친구들한테 털어놓을 수 있다면, 그리고 그녀와 결혼할 남자에게 그녀가 수치스런 시술을 받은 탓에 클리토리스가 없다고 말할 수 있다면, 좋다, 문제없다. 하지만 그런 말을 할 용기가 없다면, 돈을 지불하고 일체 함구하는 편이 좋을 것이다.' 〔'설마, 설마', '이런, 이런' 하는 목소리들과 웅성대는 잡음.〕 그렇습니다. 〔'설마, 설마.'〕

무엇입니까, 이게! 〔'설마, 설마', '의장' 하는 소리와 웅성댐.〕 (…) 저는 이것을 수술이라고 부르지 않겠습니다. 이것은 신체 훼손이지요. 의심스럽고, 공개해서도 안 되고, 그러므로 은밀한 것입니다. (…) 런던에는 이 이야기를 하고 싶어 하는 수많은 여성과 숙녀들이 있지만, 자신들의 명예를 위해 감히 입을 열지 못한다는 것을, 저는 알고 있습니다. 〔'옳소, 옳소' 하는 소리와 대단한 소란.〕

베이커 브라운은 금전 갈취에 대한 의혹을 성공적으로 방어했다.

하지만 자기 말고도 클리토리스 절제를 시술하는 의사들이 더 있다고 주장함으로써 사태를 악화시켰다. 그는 자위 때문에 정신병이 생겨날 수 있으며(그 점은 당시의 누구도 완강히 부인하지 못하는 사실이었다) 강박적인 자위행위는 클리토리스를 절제해야만 적절히 치료된다고 주장했다. 또한 환자의 동의, 최소한 남편이나 부모의 동의 없이 시술한 적은 없다고 했다. '협회가 클리토리스 절제를 옳지 않은 기법이라 결정한다면, 다시는 결코 시술하지 않겠습니다.' 그의 입장이었다. 하지만 아무 소용이 없었다.

10분이나 12분쯤 지났을 때, 검표인들이 방으로 돌아왔다. 방은 가득 차 있었다. 지방에서 온 회원들이나 다른 사람들은 방 밖으로 나가 있도록 했는데도 그랬다. 브랙스톤 힉스 박사, 머리 박사, 태너 박사, 파슨스 박사가 입장하자, 장내는 쥐 죽은 듯 조용해졌다.

194표가 제명에 동의했고, 38표는 반대, 5표는 기권했다. 3분의 2 이상의 동의라는 기준은 넘고도 남았다. 베이커 브라운은 정직을 당했다. 의사들은 업계의 품위를 지킨 운영진들의 갸륵한 태도에 만장일치로 칭찬을 건네며 저녁 행사를 마무리했다.

1년 뒤, 런던의사협회의 전 의장도 이 일로 협회에서 강제 제명당하는데, 무척 모욕적이고 갑작스런 전략이었다. 그는 《란셋》에 사건의 전말을 밝히는 글을 실은 뒤 법정 행동도 취했지만 소용이 없었다. 베이커 브라운은 1872년에 사망했다. 죽기 전 2년간은 몇몇 오래된 왕족 친구들에게 재정적으로 의탁한 상태였다. 그의 부고를 보면 요즘의 독자들은 깜짝 놀랄 것이다. 시체를 부검한 결과 대뇌에서 어떤 결함이 발견되었는지를 상세히 적은 내용이었다. 동맥경화증을 앓고 있었던 것이 분명했으며, 사인은 혈관계 이상으로 내려졌다.

영국에서는 베이커 브라운 추문 이래로 클리토리스 절제가 완전히 사라진 것으로 보인다. 시술을 완전히 금지하는 것은 좀 지나치지 않으냐는 말을 공공연히 하는 의사가 없지는 않았지만 극히 드물었다. 반면 미국에는 베이커 브라운의 후예들이 많았다. 역사학자 G. J. 바커벤필드가 조사한 바에 따르면, 1860년대부터 시작된 클리토리스 절제는 1904년까지 이어졌고, 클리토리스 절제(즉 포피 제거)는 정신 질환 치료책으로 옹호되었다.[13] 베이커 브라운의 책은 영감의 원천이었다. 1873년 필라델피아에서 열린 부인과의사협회 모임 보고서를 보면 알 수 있다. 당시 구델 박사란 의사가 동료들에게 한 가지 딜레마를 털어놓았다. 30살 된 여성 환자가 있는데, 14세부터 강박적으로 자위를 해서 극도로 건강이 악화된 상태로 의사를 찾았다. 의사는 그녀의 클리토리스가 비정상적으로 큰 것을 발견하고 일부를 제거했다. 문제는 수술이 아무 소용없었다는 것이다. 구델 박사는 추가로 어떤 외과적 시술을 해야 할지 조심스런 상태였고, 동료들은 그 자리에서 몇 가지 대안을 논의했다. 참가자들은 베이커 브라운의 책을 잘 알았고, 그의 수술 설명이 너무나 모호하다는 불만도 갖고 있었다. 하지만 그중 누구도, 그의 책에 대해 윤리적 반감을 드러내거나 클리토리스 절제 제왕의 시대는 끝났다는 식의 평을 하진 않았다.

앨리스 워커의 에이미는 가상의 인물이다. 실제로 그런 수술이 있었다면 아마 양차 세계대전 사이 기간이었을 것이다. 1929년, 마리 보나파르트는 클리토리스 절제를 받은 지 얼마 되지 않았다는 한 여성을 라이프치히에서 만난다. 자위 욕구를 억누를 수 없어 집안일도 못할 형편이라, 스스로 클리토리스를 제거했다는 것이다.[14] 그녀는 10살 무렵부터 클리토리스 주변이 따끔거리고 욱신거리는 것을 느꼈다. 29살에 결혼을 했지만 성생활은 만족스럽지 않았고, 그녀는 여전히 자위에서 쾌락을 얻었다. 그녀는 수술을 세 번이나 받았다. 첫 번째는 성기 주변의 신경들을 잘라냈다. 다음에는 후굴 자궁을 바로 잡았다. 그래도 성 행동이 바뀌지 않자 난소와 나팔관을 들어내고, 클리토리스까지 제거했다. 그래도 그녀는 변하지 않았다. 그래서 여성 신경학자를 통해 정신분석 치료를 받았지만, 4주 후에 환자는 일방적으로 치료를 중단했다. 아직 몇 가지 외과적 방법이 남아 있다는 또 다른 의사의 말을 들었기 때문이다.

1941년, 전쟁을 피해 이집트로 갔던 마리 보나파르트는 전통적인 할례 의식을 가까이서 목격할 수 있었다. 할례받은 두 여성과 나눈 긴 대화도 기록했는데, 익명을 보장하기 위해 여성들의 국적은 밝히지 않았다. 두 여성은 성교 중에 오르가슴을 느낄 수 있지만 굉장히 긴 시간이 요구되기 때문에 항상 느낄 수 있는 건 아니었다. 게다가 두 사람은 상처 부위의 감각을 잃지 않았다. 한 여성은 할례 뒤에도 규칙적으로 자위를 한다고 말했다. 어느 부위를 자극하는 것인지는 명확히 알 수 없지만, 질이 아닌 것은 분명하다.

한니 라이트풋 클라인이 1980년대에 서신을 주고받았던 하스 박사라는 부인과 의사는 15살 된 딸의 클리토리스를 제거해달라는 요청을 그 어머니에게 받은 적이 있다고 했다. 딸이 자위를 하기 때문이다. 어머니 역시 딸만 한 나이에 자위 치료책으로 클리토리스 절제를 받았다. 하스 박사는 요청을 거절했다. 하지만 5년 뒤, 출산을 앞둔 그 딸을 진찰하다가 클리토리스와 소음순이 없는 것을 목격했다. 하스 박사는 독일 여성에게도 요청을 받은 적 있는데, '결혼 관계를 개선하기 위해' 클리토리스를 없애고 싶다고 했다. 박사는 그녀의 마음을 돌리려 애썼고 나름대로 성공했다고 생각했다. 하지만 2년 뒤, 이번엔 다른 일로 찾아온 그 여성을 진찰하다 보니 역시 클리토리스와 소음순이 없었다. 그녀의 남편에 대해서는 아무 정보가 없지만 남편이 클리토리스 절제가 관행인 나라 출신일 가능성도 있다.

클리토리스 절제의 마지막 보루

극히 최근까지 클리토리스 절제가 당연하게 받아들여진 한 가지 예외적 상황이 있었다. 양성으로 태어난 아이들, 그리고 호르몬 불균형 때문에 비정상적으로 큰 클리토리스를 갖게 된 소녀들에게 미용적 시술을 하는 경우였다. 그런 소녀들은 생각보다 흔하다. 출생 전후에 비정상적으로 테스토스테론 수치가 높으면 그런 유전적 대사 장애(가장 중요한 것은 부신성기증후군이다)가 일어닌다. 같은 질환을 앓는 소년들도 엄청나게 큰 성기를 갖기는 마찬가지지만, 그렇다고 성을 의심받진 않는다. 반면 소녀들의 경우, 클리토리스가 압도적으로 크게 생성되고 음순이 융합되고 테스토스테론 때문에 색깔까지 짙어진다면, 신생아일 때 소년으로 착각되는 일이 있다. 정말 양성인 아이는 문제가 더 복잡하다. 유전적으로 절반은 남성, 절반은 여성인 사람들이 실제 존재한다. 어느 쪽이든 선택을 해서 소년이든 소녀든 한쪽으로 등록을 해야 한다. 전통적 방법은 한쪽 성을 택한 뒤 그에 맞지 않는 해부학적 요소들은 외과적 기법으로 모조리 제거하는 것이다.[15] 1950년대 이래로 의혹의 불씨는 가급적 빨리 없애버리는 편이 낫다는 사회적 합의가 있었다. 당시의 의학 권위자들은 그렇게 조건을 갖춰주어야 성 정체성이 지장 없이 발달한다고 보았다. 설령 선택한 성이 유전적으로 타고난 성과 다르더라도 말이다.

커다란 클리토리스를 성형하는 일도 흔했고, 유전적으로 남성이지만 음경 없이 태어난 아기를 소녀로 '전환'하는 경우도 있었다. 이 모든 상황이 아이들에게는 문제가 될 만했다. 유전 장애가 평생 치료받아야 하는 질환일 경우는 말할 것도 없고, 수술이 항상 아주 어릴 때, 그것도 수차례에 걸쳐 벌어진다는 것도 문제였다. 게다가 사춘기가 지나면 자기 몸에서 생산되지 못하는 성호르몬을 정기적으로 맞아야 했다.

그런 '간성' 아이들이 심각한 정체성 혼란을 겪는 것은 당연한 일이다. 그들은 자가 치료 집단을 꾸려서 현재 널리 받아들여지고 있는, 이른바 '훌륭한 임상 치료의 기준'이 과연 적합한지 토론하기 시작했다. 북아메리카간성협회의 협회지 이름은 《자랑스런 양성인들》이다. 그들의 이상을 대변하는 이름이다. 남자도, 여자도 아닌 개체가 존재한다는 사실을 인정받고 싶은 것이다. 요즘 사람들은 성전환자에 대해서도 비슷한 시각을 갖고 있다. 얼마 전까지만 해도 육체를 잘못 갖고 태어났다고 믿는 남성들의 경우, '할 수 있는 데까지 다 하겠다'라는 다짐이 있어야만 호르몬 치료나 외과적 성 치료를 받을 수 있었다. 하지만 여성호르몬과 가슴 발달을 원하면서 한편으로 음경을 유지하는 것도 싫어하지 않는 남성들이 꾸준히 성 클리닉을 찾고 있다.[16] 매춘이나 포르노 시장에서도 간성('여성-남성들')에 대한 흥미가 늘어가는 중이다. 북아메리카간성협회 모임에서 부신성기증후군 환자들이 털어놓은 체험담을 보면 최근에는 서양에도 이런 식의 성기 절단에 대한 혐오가 존재함을 확인할 수 있다. '안나'의 말을 들어보자.

> 12살 때, 클리토리스가 눈에 띄게 자랐다는 것을 알아차렸다. (…) 그때부터 최소 세 달 정도 지난 뒤, 우연히 어머니가 내 그곳을 보게 되었다. 댄스 연습을 하고 와서 목욕을 하는 나를 보신 것이다. 어머니는 얼마나 놀랐는지 드러내지 않으려고 무지 애를 썼지만, 12살짜리 어린애라도 그런 눈치는 챌 줄 아는 법이다. 다음 날 소아과를 찾아갔는데 여의사 역시 깜짝 놀란 기색이 역력했다.[17]

안나는 전문 병원으로 보내졌다. 그곳의 의료진은 어떤 상황인지 그녀에게 낱낱이 설명해주었다.

> 그들은 클리토리스 어느 부분을 잘라낼 것인지는 정확히 말해주지 않았다. 사실 전부 잘라냈던 것이다. 내 생각에 의사들은 나 역시 거대한 클리토리스에 놀랐을 것이라 어림짐작했고, 그 문제는 나랑 의논할 필요조차 없다고 생각했던 것 같다.

조개처럼 입을 다물게 된 안나는 우울증과 폭식증에 시달렸다. 오랜 시간이 흘러서야 레즈비언으로 커밍아웃할 수 있었으나 그녀는 성적으로 많은 것을 잃어버렸다.

가끔 자위를 할 때 오르가슴이라 부를 만한 경험을 하기도 한다. 희미하게 근육이 수축하는 느낌을 받는다. 하지만 그리 믿을 만한 반응은 못 되고, 내가 클리토리스 절제 수술을 받기 전에 느꼈던 굉장히 민감하고 놀랍도록 촉촉한 오르가슴과는 비교도 안 된다.

또 한참 세월이 흘러서야 안나는 자신이 유전적으로 남성이라는 사실을 알게 된다. 몸이 테스토스테론에 충분히 반응하지 못해 발달이 덜 되었던 것이다(선천적 부분 안드로겐 불감성 증후군이었다). 병원의 강력한 권고를 받은 그녀의 부모는 그녀에게 줄곧 이 사실을 숨겨왔다. 12살짜리 소녀가 오르가슴을 경험하고 있으리라고는 아무도 생각하지 못했을 것이다.

자가 치료 운동의 영향은 상당한 수준이다. 인터넷 시대라 더욱 그렇다. 아무리 희귀한 일에 관한 정보라도 관련자들 사이에서 쉽게 전달된다. 미래에는 미용적 목적으로 하는 클리토리스 교정도 아이 자신이 위험을 이해할 수 있는 나이가 될 때까지 미뤄질 것이다. 수술에 얽힌 문제들을 과소평가해선 안 되기 때문이다. 부모와 아이는 비정상적인 성으로 인한 치욕을 스스로 감내하지 못해 전문가의 도움을 받아야 할지도 모른다. 간성 아이를 둔 부모는 가끔 왜, 무슨 이유로 이런 일이 벌어졌는지 고뇌하며 일생을 보낸다. 또렷한 의미를 찾고자 하는 한, 그들은 영원히 죄의식의 미로에 갇혀 벗어날 수 없을 것이다.

여성 성기를 대상으로 한 그 밖의 외과적 수술들

의학적 클리토리스 절제, 그리고 클리토리스 포피 제거는 의학 문헌에서도 늘 사소한 현상으로 취급되어 왔다. 의학 백과사전을 들춰보아도 정보가 별로 없다. 반면 여성 성기를 대상으로 한 여타의 외과적 시술들, 특히 난소 제거와 자궁 적출은 훨씬 공공연히 논의되는 경향이 있다. 과거에는 난소 제거 역시 정신 질환의 치료책으로 처방되었다. 특히 자위 욕구를 통제할 수 없을 때 자주 쓰인 방법이다. 이 기법은 대표적 주창자였던 의사의 이름을 따서 '배티 수술'이라고도 불린다.[18] 여성의 성욕은 병적인 것으로 여겨졌기 때문에, 상황을 정확히 진단하는 게 무엇보다 중요하다고 했다. 그러면 의사는 어떤 검사를 해봐야 할까? 물론 눈으로 직접 봐야 한다. 그 과정에서 클리토리스나 가슴을 자극함으로써 금지된 반응을 이끌어내는 의사도 있었다. 환자가 그런 자극에 대해 신호를 보이면 그때는 클리토리스 절제나 난소 제거를 해야 한다는 것이다.

앞서 언급했던 바커벤필드의 책은 꽤 재미있는 편이다.[19] 그는 알렉시스 드 토크빌Alexis de Tocqueville(19세기 초 미국의 정치·사회제도를 예리하게 분석한 『미국의 민주주의』의 저자_옮긴이)의 미국인 비평을 인용해두었다. 프랑스 정치가였던 토크빌은 경력이 별로 성공적이지 못하던 시기에 미국을 여행하며 신세계의 민주주의를 연구한 적 있다. 그는 진정한 미국인의 초상을 매우 낭만적 필치로 묘사했는데, 진정한 미국인은 경이로운 대지가 선사하는 무수한 기회들을 놓치지 않고 엄격하리만치 정직하고 민주적인 방식으로 활용하는 자수성가의 표본이라 했다. 그 배우자는 존재감이 없는 여성의 표본이다. 미국 남성과 여성의 관계에는 진정한 여성성이란 것이 들어설 자리가 없다. 여성도 성을 즐길지 모른다는 생각은 원천적으로 성립이 불가능했고, 여성의 성경험은 남성이 주도적 동기를 제공할 때에만 가능했다. 당시에 성이란 까다로운 주제였으며, 뭔가 이상이라도 생길라치면 번번이 여성의 탓이 되었다. 아이가 없는 부부의 경우에도 남편 쪽에 이상이 있을지 모른다는 의혹은 눈곱만큼도 일지 않았다.

이런 태도를 제대로 보여주는 화려한 사례로서, 당대 가장 유명한 미국인 부인과 의사였던 J. 매리언 심스의 삶을 살펴보자. 심스는 사업가였던 아버지가 파산한 이후 평범한 시골 의사로 경력을 시작했다. 하지만 말년에는 엄청나게 융성해서 미국에서 두 번째로 부유한 의사가 될 정도였다. 그를 기리기 위한 동상이 원래 뉴욕 시 브라이언트 파크에 세워졌다가 1936년에 현재의 자리로 옮겨졌다. 센트럴 파크 가장자리, 뉴욕의학학술원을 마주보는 위치이다. 그를 부자로 만들어준 것은 뉴욕의 엘리트들이었지만, 그는 새로운 외과 기술을 시험할 실험동물들이 필요했다. 그래서 여성 병원을 설립하고는 무일푼의 아일랜드 이민자들로 병상을 가득 메웠다.

심스의 삶을 들여다보면 누구라도 찬탄과 분노가 뒤섞인 묘한 감정을 느끼게 된다. 그의 이름은 교과서 여기저기 남아 있다. 의사들은 요즘도 '심스 질 반사경'을 쓰고, 환자의 무릎과 가슴을 바닥에 대게 한 채 질을 검사하는 자세를 '심스 자세'라고 부른다. 불임 검사 영역에서도 심스-휘너 검사법이 오랫동안 가장 널리 사용되었고, '질경련'이란 용어를 쓰는 사람들 역시 심스의 뒤를 따르는 셈이다. 그 현상을 최초로 묘사하고 이름 지은 것도 심스이기 때문이다. 이 모든 발명들에 자신의 이름이 영구히 남도록 그가 갖은 애를 썼음은 물론이다. 겸양은 그의 미덕이 아니었다. 말년에는 자기가 세운 병원에서 수술하는 일을 그만두었는데, 수술을 방청하는 관람객의 수를 15명으로 제한하는 신규 방침이 맘에 들지 않았기 때문이다. 유럽 여행을 했을 때는 4일간 최대한 많은 청중들 앞에서 다양한 수술을 해 보일 수 있도록 빡빡하게 일정을 잡으라고 했을 정도였다.

뭐니 뭐니 해도 심스는 '잘라내는' 의사였다. 어떤 전기학자는 그에게 '질 건축가'라는 별명을 부여했다. 그런 그도 처음에는 혐오를 극복해야 했다. 말년에 고백한 바에 따르면, 학생일 때 심스는 여성 성기 검사를 몹시 싫어해서 그것만은 친구들에게 맡겼다고 한다. 그의 외과적 업적이 처음으로 기록된 분야는 전혀 다른 영역이었다. 구순구개열(이른바 언청이, 입술과 입천장이 모두 갈라진 경우_옮긴이)을 가진 여성을 수술했던 일이다. 여성의 외모는 보기 끔찍할 정도였고, 먹고 마시는 데 지장이 있음은 물론 끊임없이 침을 흘렸다. 젊은 의사 심스는 두 단계로 나눠 선천적 기형을 바로잡았는데, 세 번째 수술을 해서 완벽을 기하고자 했으나 환자가 그만하면 됐다고 결정했다. 심스는 그토록 볼썽사나운 외모를 정상으로 되돌렸다는 사실에 기쁨을 느꼈다. 바커벤필드는 그 사건 직후에 심스가 여성 성기에 대한 태도를 바꾼 것 같다고 본다. 즉 여성 성기에 대해서도 온갖 결함과 비정상을 바로잡을 수 있으리라는 생각을 품게 된 것이다. 부인과 전공을 택한다는 건 당시로서는 이례적인 일이었다. 여성 병원 초창기 시절, 심스는 전적으로 여성 문제 치료만 담당하는 의사로는 세상에서 유일했다.

심스는 무척이나 창조적이었다. 하지만 그가 환자들에게 가한 가혹한 시련은 충격적일 정도이다. 한번은 낙마한 뒤 복부 통증에 시달리던 여성이 찾아왔다. 심스는 자궁이 뒤쪽으로 굽어 통증이 오는 것이라 의심했다. 장기를 제자리에 돌려놓기 위해 그는 여성에게 무릎과 가슴을 바닥에 대고 엎드리라고 한 뒤 손가락을 질에 집어넣었다. 그러자 공기가 빨려 들어가는 소리가 들리며, 갑자기 질 내부를 환히 볼 수 있었다. 그는 더 깊숙이 들여다볼 도구가 필요하다고 판단하고 백랍 숟가락의 손잡이를 구부려 사용했다. 그렇게 '그는 어둠 속에 묻혀 있던 여성 장기들을 밝은 빛 속으로 끌어냈다'. 심스의 전기들을 보면 이 사건이 마치 콜럼버스가 아메리카 대륙을 처음 목격했을 때와 다름없는 업적인 양 영웅적인 말투로 이상화되어 있다.

심스가 질 속에서 처음 본 것은 방광에 맞닿은 부분인 질 앞쪽 벽이었을 것이다. 그는 앞으로 치료 과정에 어떻게 질 반사경을 사용할 수 있을지 번뜩 떠올렸다. 질의 앞쪽 벽은 출산 시에 늘 문제가 되곤 하는 부분이다. 방광과 질 사이에 누관이 형성되어 환자들이(일반적으로 젊은 여성들이) 평생 요실금을 앓곤 했다.[20] 방광-질 누관을 고칠 수 있는 의사는 환자들에게 깊은 감사를 받을 것이 분명했다. 심스는 이 도전을 받아들였고, 대상을 구하는 데도 문제가 없었다. 처음 몇 년은 실험 단계에 불과했다. 그가 주 실험 대상으로 삼은 집단은 흑인 여성 노예들로서, 앨라배마에서 쉽게 만날 수 있었다. 가끔은 아예 주인에게 노예를 사서 병원 뒷마당에 지은 조잡한 수용소에 몇 년이고 살게 했다. 그가 처음 실험을 감행한 환자는 '아나샤'라는 이름의 여성이었다. 그녀는 자신에게 주어진 시련을 온전히 감내했는데, 사실 수용소의 거주 여성들 누구나 그랬다. 그의 실험에 관여하고 싶어 하는 동료가 아무도 없었기 때문에, 그가 실험을 할 때면 동료 환자들이 친구의 역경을 보조하곤 했다. 아나샤는 고작 4년 만에 30차례의 수술을 받는다(마취제는 거의 쓰지 않았다. 심스는 그 방면에는 기술이 없었기 때문이다). 그때마다 봉합 부위에 감염이 생겼다. 하지만 4년이 지나자 심스는 성공을 선언한다. 모든 노예 여성들이 치료되었고, 배설을 통제할 수 있었다.

누관 수술을 성공시킨 심스는 당당히 뉴욕으로 입성해 최고의 영광을 누리고자 했다. 처음에는 아일랜드 이민자들이 실험동물의 처지가 되었지만 곧 상류계급 사람들도 수술을 받아들이게 되었다. 심스는 젊은 여성을 대상으로 첫 질경련 수술을 시도했다. 그의 기록에 따르면, 그녀의 신경계는 무참한 상태였다. 심스가 그녀에게 적용한 치료법은 처녀막을 제거하고, 가장 중요한 괄약근 근육들을 절개한 뒤, 매일 유리 틀을 집어넣어 꾸준히 훈련하도록 지침을 주는 것이었다. 여담인데다 이상한 비교이긴 하지만, 심스가 여성에게 처방한 훈련법은 오늘날 남성에서 여성으로 성전환 수술을 하는 사람들이 인공 질로 수행하는 훈련과 흡사하다. 첫 번째 환자의 수술 예후는 좋지 못했다. 하지만 심스에게 결론은 한 가지뿐이었다. 또 다른 수술을 해보는 것이다. 여성의 어머니는 딸의 몸으로 실험을 했다며 심스를 고소했다. 심스는 혐의를 부인하진 않았지만 어머니의 태도가 심히 개탄스럽다고 탄식했다(여성의 남편도 심스를 지지했다. 그 남편은 소송 중단이냐 이혼이냐 결정하라며 장모를 위협했다).

사실 질경련 치료의 대안이라 해봐야 매력적인 방법은 하나도 없었다. 심스의 외과적 시술이 등장하기 전에 의사들이 생각할 수 있는 최고의 방법은 여성을 에테르로 마취시킨 뒤 남편에게 임신시킬 기회를 주는 것이다. 생식이야말로 부부의 의무 중 으뜸이기 때문이다. 심스 역시 불임 문제에 관심을 두었는데, 다만 그답게 외과적 접근법을 취했다. 그가 세운 이론은 여성의 자궁이 접근도가 낮아서 그렇다는 것이고, 따라서 경부를 절개하면 된다는 것이다(성격답게 한 번 이상 절개할 것을 권했다). 물론 아무 소용이 없는 것으로 밝혀졌다.

바커벤필드는 심스라는 인물, 그리고 그가 명망을 누렸던 사회를 다소 신랄한 어조로 묘사한다. 심스는 자그마한 체구에 불안정한 사내로 여성과 여성 성기에 대한 공포를 칼을 통해 다스린 것이라 한다. 여성의 몸을 통제하는 경쟁에서 뭇 남성 의사들을 제친 것뿐이라는 평가이다. 당시 '잘라내는' 전공으로 바뀐 부인과 의학은 '영웅적' 학문 영역으로 묘사되었다. 환자들의 희생에도 불구하고 그런 표현을 쓸 수 있는 건지는 모르겠지만 말이다. 레이첼 메인스의 책에서 가져온 난소 절제 장면 그림을 보면 새로운 실험적 접근법의 유행을 느낄 수 있다.[21] 영국의 베이커 브라운은 조금의 망설임도 없이 제 누이의 난소를 제거했다. 당시에 복강 수술은 아직 실험 단계여서 무척 위험했다. 베이커 브라운이 누이의 난소를 제거한 것은 네 번째 시술이었는데, 앞선 세 환자들은 목숨을 건지지 못했다. 누이가 그

1880년경, 거대한 낭종이 생긴 환자에게 난소절제술을 집도하고 있는 세 남성 의사

의 첫 개가였던 셈이다. 신경학자들과 정신과 의사들은 자기들에게 와야 할 환자들이 마법의 치료를 약속하는 의사들에게로 총총 가버리는 것을 속수무책으로 바라보았다. '복강 수술을 성공적으로 해낸 의사는 피 맛을 처음 본 인도호랑이나 마찬가지이다.'

부인과 의사들은 여성 성기를 존중할 줄 모른다는 비난에 직면했다. 하지만 여성들 스스로가 칼에 몸을 맡기길 주저하지 않는 점도 문제였다. 1894년, 한 미국인 풍자가는 이런 독설을 남겼다.[22]

여성들 사이에 골반 수술이 유행했다. 유행이니까, 복강 수술 흔적이 없는 여성은 취향이 나쁜 것처럼 여겨진다. 제대로 시류를 따르지 못

하는 것처럼 여겨진다. 그것은 유행의 증거이고, '달콤한 16살 소녀의 볼에 팬 보조개처럼 예쁜' 것으로 간주된다.

부인과 의사 헥토르 트뢰브는 교수 취임 연설에서 강조하듯 말하길, 수술해달라 찾아온 여성들을 돌려보내는 경우가 자주 있다고 했다. 그들을 괴롭히는 문제는 의학 직업의 범위 밖에 있으며, 앞으로도 그럴 것이기 때문에 수술할 수 없다는 조언을 해준다고 했다. 하지만 환자들이 수술에 희망을 거는 상황, 불편이 끊이지 않아 결심하고야 마는 상황을 그리고 모두 바로잡을 수 있는 건 아니었다. 의학사학자 리디 쇤이 쓴 박사 논문을 보면 자궁신경통은 트뢰브 교수의 지뢰밭이었다.[23] 교수는 자궁신경통이 히스테리는 아닐지라도 좌우간 정신·신체적인 이유로 생기는 현상이라 보았다. 하지만 당시는 정신과 의사와 부인과 의사가 긴밀히 협조하던 때가 아니었다. 교수는 논문에서 18명의 자궁신경통 환자를 보았다고 했는데, 그중 정신과 의사에게 인도한 사례는 세 건에 지나지 않았다. 또한 안타깝게도 그 셋 모두 결국에는 수술을 받았다.

세 건의 사례 중 가장 마지막 환자에 대해서는 트뢰브 자신이 '심적 치료'를 수행하기도 했다. '다소 유머를 섞어가며 매일 조언을 해주는 것, 그리고 환자가 서서히 앉는 자세에 익숙해지게 한 다음 걷기 연습을 시키는 것'이 치료 내용이었다. 환자는 자신에게 종양이 있다고 굳게 믿었다. 그래서 트뢰브는 가짜 난소절제술까지 시행했다. 여성을 마취한 뒤 배에다 커다란, 하지만 깊지 않은 상처를 내고, 길고 두꺼운 봉합 흔적을 남겼다. 수술 뒤 치료도 남들처럼 했다.

다만 그녀의 경우 실밥을 풀 때 '놀라운 회복을 맞는 기쁨의 환성'이 뒤따랐을 뿐이다. 그러나 복부 통증은 가시지 않았다. 트뢰브는 '지나치게 민감한' 환자를 '치료'하고자 쇠도장으로 수차례 지지는 자궁경부 전기소작술까지 시도했다. "처음에 환자는 비명은 좀 질렀지만 순조롭게 참아냈다. 하지만 두 번째에는 '하기 싫어요'라고 버티는 바람에 내가 '꼭 해야 합니다' 하고 달래며 한참 승강이해야 했다." 다음에는 황을 섞은 목욕, 그리고 '한동안 차가운 물로 샤워만' 하라는 처방이 이어졌다. 환자를 잡고 다섯 달이나 씨름한 끝에, 방책의 한계에 다다른 트뢰브는 정신과 의사 빙클레르에게 환자를 넘긴다. 이후 빙클레르는 트뢰브에게 수술에 동의해달라고 청하는데, 그래야만 '심적 기법'이 조금이라도 효과를 볼 것 같다는 이유였다. 결국 이 환자도 자궁을 들어내는 것으로 결론이 났다.

요즘도 환자가 수술을 고집하는 경우가 종종 있다. 의사로서는 여성이 보이는 증상과 여성이 없애고자 하는 장기 사이의 관련을 도무지 알 수 없는데도 말이다. 이때 환자와 의사 사이에는 무력한 대치 상태가 지속되며, 일종의 가학·피학적인 상호작용으로 변질한다. 한 부인과 의사가 환자를 추천한 가정의에게 다음의 편지를 썼다는 악명 높은 얘기가 있다. '이 숙녀를 제게 추천하신 이유를 모르겠습니다. 부인과 의사의 관할인 장기들을 아예 갖고 있지 않은 숙녀인데 말입니다.'

난소 제거는 19세기의 세계관에서는 쉽게 용인하기 힘든 일이었다. 정신 불안을 치료하는 새 기법으로 난소 제거를 추천하는 자들은 그럼으로써 여성의 핵심 기능인 생식능력을 앗아가는 셈이란 걸 늘

염두에 둬야 했다. 하지만 영웅적 목표를 위해서는 극단적 방법이 필요한 법이다. 조지아 주 롬 출신 의사인 로버트 배티Robert Battey는 정상적인 난소를 제거하는 수술에 자신의 이름을 남겼다. 무엇보다도 그는 자신의 정신병 연구 방향을 설명하는 데에서 더할 나위 없이 적절한 태도를 보였다.

나는 이 일이 나의 임무라고 느꼈다. (⋯) 신성한 땅 위에 새로운 길을 개척하는 것 말이다. (⋯) 나는 여성의 몸 깊숙이 숨겨진 곳을 침략했고, 그로부터 잘 갖춰진 한 쌍의 계통 장기를 탈취했다. 그 신비롭고 놀라운 기능들은 인류에게 최고로 중요한 것임에 분명한데 말이다.

배티는 최초로 난소를 들어낸 의사는 아니었지만, 최초로 정상적이고 건강한 난소를 들어낸 의사였다. 그는 암 환자의 수술과 대비하기 위해 자신의 수술을 '정상적 난소절제술'이라 불렀다. 어떤 경우라도 여성은 수술 뒤에 '성을 박탈당한' 느낌을 갖게 되지 않는다는 게 정설이었다. 거세를 경험하는 남성과는 대조적이라 했다. 우생학적 동기도 있었다. 장애아를 낳을 가능성이 있는 여성은 난소 제거 대상자가 될 수 있었다.

당시 수술의 예후에 관해 조사한 기록들을 살펴보면, 여성들 스스로 여성성에 대한 살육에 알아서 몸을 내준 경우를 보게 된다. 자위에 집착했던, 즉 당시 시각으로는 성도착에 걸려 있던 한 여성은 수술 후의 기분을 이렇게 표현했다. '나는 지금 그동안 늘 꿈꿔왔던 그런 상태이다. 내가 건강하다는 것을 알고 있으며, 느낄 수 있다. 자학은 더 이상 생각지도 않는다. 이제 그 일은 내게 생경하고 불쾌한 게 됐다.' 그렇게 그녀는 남성들이 여성을 위해 만들어둔 대좌 위에 스스로 가 앉았다. 남성들이 세뇌를 통해서라도 여성을 앉히고 싶어 하는 바로 그 자리에 말이다. 하지만 반대의 목소리도 없진 않았다. 영국 의사 토머스 스펜서 웰스Thomas Spencer Wells 경은 비록 난소 절제 기술로 이름을 날리긴 했으나, 자신은 현실적 징후를 발견할 때에만 수술한다는 것을 분명히 했다. 정신병적 징후로 수술을 한다는 건 공포스런 일이라고 규정했다. 그는 현재의 의학계와 거울상인 사회, 즉 여성에게 최종 결정권이 있는 사회를 상상해보자고 말했다.[24]

현재를 반전시킨 그림을 몽상해보자. 여성들로만 이뤄진 의사들 패거리가 비밀리에 회합을 갖고서, 수습이 어려운 남성 질병 대부분은 남성 성기의 병적인 변화에 원인이 있다는 이론을 공포한다. 그 문제를 토론하는 학회를 세우고, 남성들을 치료하기 위한 병원을 세운다. 남자가 여성 의사의 진료 의자 옆에 서면, 여성 의사는 작은 난로를 끌어당겨 인두를 뜨겁게 달군 다음, 앞에 오는 남자들의 그것을 모조리 태워버린다. 또 다른 의사는 바보, 광인, 범죄자들의 생식력을 끊어 놓음으로써 황금시대를 앞당기자고 주장한다. 세 번째 의사는 자리에서 일어나 단언하기를, 자신의 병동에 입원한 남성들 중 최소 일고여덟 명의 경우에는 몸에 딸린 그것의 상태가 정말 나빠 외과적 절단을 하지 않고는 치료가 불가능하더라고 말한다. (…)
"그때 우리 남성들은, 부끄럽게도, 여성들이 우리를 보는 시선 그대로 우리 자신을 보게 되지 않겠는가?

의학계 외부에도 여성의 문제들을 다루는 남성적 태도에 반대한 세력이 있었다. 꾸준히 활동한 그 한 단체는 기독교 과학 운동 세력이었다. 이끄는 사람들은 주로 여성들이었다. 그들이 보기에 외과적 접근법은 너무나 물질적이었다. 그들은 스스로 '마음 치유'라 부른 방식을 선호했다. 기독교 과학 운동을 따르는 학자들은 영혼이 육체에 대해 승리를 거두는 방법을 가르쳐주는 강좌를 열었다. 여성들의 입장에서는 수술할 때와 마찬가지로 높은 대좌에 올라앉지만, 육체를 폭력적으로 침범하지 않는 수단으로 목적을 달성하는 셈이었다.

여성 성기 문제를 수술로 다스리고자 했던 의사들의 열광적 신념은 오래도록 흔적을 남겼다. 미국은 자궁적출을 받는 여성의 비율이 세계에서 가장 높은 나라이다. 요즘 60대 미국 여성 3명 중 1명은 자궁을 들어낸다. 반면 프랑스에서는 18명 중 1명꼴에 불과하다.[25] 게다가 미국에서는 난소도 함께 떼어내는 경우가 많다. 프랑스 의사들이 여성 성기를 더 존중한다는 뜻인지는 모르겠다. 아마 프랑스에서 부인과라는 학문이 조직된 형태가 더 상관이 있을 것이다. 프랑스는 세계에서 유일하게 이른바 '의학적 부인과 의사'라는 직업이 있는 나라이다. 부인과 의사이되 수술이 전공이 아닌 사람들을 가리킨다. 현재는 이런 전통이 거의 사라지는 참이지만, 직접 수술 칼을 들지 않는 의사에게 증상을 털어놓는 편이 자궁을 지킬 가능성이 높다는 것만은 부인할 수 없는 사실이다.

그리고 합리적으로 설명할 수 있는 수보다 훨씬 많은 자궁적출이 이뤄진다는 사실 또한 부인할 여지가 없다. 클리토리스 절제술은 완전히 소멸되었다. 하지만 1960년대와 1970년대에는 포피를 잘라내어 클리토리스를 발가벗기는 여성 할례가 반짝 인기를 얻기도 했다.[26] 1973년에《플레이걸》은 이 주제에 대한 열광적인 보고서를 실은 적이 있다. 시술을 받은 여성들은 성적으로 훨씬 민감해졌다며 기쁘게 효과를 확인했다. 이 시술을 의료보험 적용 항목에 포함시키려는 로비까지 있었으나 성공하지는 못했다. 미국 블루실드조합(미국의 지역 민간 보험회사 중 하나_옮긴이)의 최종 판단은 더 이상 '쓰이지 않거나 효과가 없는' 시술이라는 것이었다.

이 표현은 세상에서 가장 널리 행해지는 수술 중 하나, 즉 소년에 대한 의학적 할례인 포경 수술에도 마찬가지로 적용될지 모르겠다. 극히 최근까지만 해도 미국에서는 병원에서 남자 아기를 낳은 뒤 있는 그대로 집에 데려오는 경우가 없다시피 했다. 우연찮게도 심스는 미국에서 비종교적 목적의 소년 할례를 도입하는 데 모종의 역할을 하기도 했다.[27] 심스의 과거 환자였던 사람이 자신의 5살 난 아들을 데려왔는데, 아이는 얼마 전부터 다리가 마비된 상태였다. 끊임없이 새 환자들을 소개해주는 중요한 고객이었기에 심스는 아이의 상황을 찬찬히 살펴보았고, 자기 분야가 아닌 게 분명했기 때문에 당시 가장 유명했던 정형외과 의사 루이스 A. 세이레Lewis A. Sayre를 모셔왔다.

선선히 찾아온 세이레는 소년을 꼼꼼히 진찰해보았다. 다리를 든 채 눕게 하고 이것저것 보았다. 심스가 보기에는 굴근의 수축에 문제가 있는 것 같았다. 하지만 세이레가 다시 보니 다리의 신근이 마비된 것이었다. 당시 최첨단 기법이었던 전기 자극으로 반사 능력을 점검해보려는 찰나, 아이를 돌봤던 간호사가 세이레에게 소년의 고추를 만지지 말라고 주의를 주었다. 엄청나게 아파한다는 것이다. 그제야 의사들이 성기를 살펴보니, 소년의 귀두와 포피에 염증이 엄청났다. 그들이 찾아낸 병리학적 증상은 이것이 전부였다. 세이레는 우연이라기엔 너무나 절묘하다고 판단하고, 음경의 염증이 신경계에 반응을 일으켜 마비를 야기한 것이라 결론 내렸다. 성기 문제를 해결하는 것이 시급했으므로 어쩔 수 없이 수술을 했다. 세이레는 아이를 자기 병원으로 데려갔다. 이렇게 중요한 실험을 혼자 할 수는 없었으므로 많은 학생들을 불러 참관하게 했다. 처음에 수술은 실망으로 끝나는가 싶었다. 포피를 좁게 잘라냈더니 안쪽 면이 귀두와 들러붙은 것이 보였다. 하지만 세이레가 손톱으로(당시는 맨손으로 수술하는 것이 관행이었다) 긁어서 조금 더 힘을 주자 곧 깨끗하게 귀두가 드러났다. 세이레의 큰 기대는 무사히 충족되었다. 아이는 눈에 띄게 나아졌고, 뺨에도 혈색이 돌았으며, 식욕도 되찾았다. 오래지 않아 제대로 걸을 수 있게 되었다.

세이레가 이 성공을 설명하는 방식은 베이커 브라운의 이론을 떠올리게 한다. 말초적 자극(베이커 브라운은 흥분을 원인으로 들었지만 세이레는 염증을 이유로 들었다) 때문에 신경계가 기능하지 못했다는 것이다. 연구자들은 이 현상에 '반사 신경증'이라는 이름을 붙였다. 곧 세이레는 다양한 증상을 앓는 아이들에게 치료법을 적용했다. 간질, 불안증, 불면증, 심지어 내장 기관 문제에도 써보았다. 기록의 이면을 잘 파악해보면, 소년들의 경우에도 성기 염증이란 표현이 자위에 대한 완곡어법이었음을 알 수 있다. 그러므로 할례는 클리토리스 절제처럼 자기 학대 행위를 근절하기 위한 치료책으로 여겨졌을 것이다. 정신이상 역시 신경 질환이라 했다. 세이레는 한 정신병원의 환자들의 성기를 조사한 뒤 그중 67명에게 할례를 시술했다. 그들 중 몇몇은 상태가 호전되었다고 하지만, 병원을 나갈 정도로 좋아진 사례는 없었던 듯하다.

세이레의 후계자들이 하나같이 스승의 놀라운 업적을 부풀린 것은 아니지만, 어쨌거나 할례는 다양한 상황을 치료하기 위한 일반적 기법으로 자리 잡았다. 그러니 예방 차원에서 미리 포피를 잘라두면 여러 질병들을 사전에 막을 수 있다는 생각이 등장한 것도 당연하다. 그 생각은 당시 사회의 분위기에도 잘 들어맞았다. 문화적 진보를 추구하던 당시 사람들은 위생 개선을 원했으며, 먼지와 세균을 두려워했다. 사회의 상류층은 사실 늘 할례를 높이 평가해왔다. 미국 군대에서는 할례받지 않은 병사들이 놀림감이 되는데, 할례가 남성다움과 강함의 이미지를 갖고 있기 때문이다. 상류층은 성병의 위협에 대해서도 훨씬 민감한 경향이 있었는데, 할례를 받으면 감염에 대한 면역력이 높아진다고 했다. 갑자기 유대인들의 건강이 사람들의 관심을 끌기 시작했고, 유대인들은 예방 의학의 아버지라 불리기 시작했다. 그리고 사실이 그러했다. 유대인들은 수명이 길고, 성병에 감염되거나 유산을 하는 확률이 낮다. 암 환자나 퇴행성 질환(간질, 정신지체나 정신이상 등) 환자도 드문 편이다. 할례를 찬성하는 자들은 유대인과 다른 인종 집단을 비교해볼 때 이점이 압도적이라고 말한다.

이 모든 주장들은, 물론 오해의 소지가 있는 것들이다. 할례받지 않은 음경이라도 건강에는 아무 위험이 없다. 문제는 위생에 다소 신경을 쓸 필요가 있다는 것이다. 부모가 아이에게 그 방법을 알려줘야 하는데, 심하게 억압된 아이의 경우 자위를 연상시키는 그 행동에 부

콘플레이크로 불멸의 이름을 남긴 켈로그 박사는
성의 극단적인 통제와 안티-마스터베이션을 주장했다

끄러움을 느낄 가능성이 있긴 하다. 미국에서 포경 수술이 이토록 오래 인기를 끄는 이유의 밑바닥에는 자위에 대한 혐오감이 자리하고 있다. 존 하비 켈로그John Harvey Kellogg 박사, 콘플레이크로 불멸의 이름을 남긴 건강의 사도는 자신의 진짜 동기에 대해 숨김이 없었다. 켈로그는 소년들을 할례하는 것은 자위를 막기 위함이니까, 마취하지 않고 수술을 해야 한다고 주장했다. 소년들이 수술을 처벌로서 경험하는 것이 옳고 또 바람직하다고 주장했다. 수술의 근거가 되는 죄를 이미 저질렀든, 아직 저지르지 않았든 말이다. 아무리 봐도 빅토리아시대의 교육에는 갖가지 가학적인 동기들이 깔려 있었던 것 같다. 의사들도 예외는 아니었다.

　미국에서 격렬한 할례 반대 운동이 등장한 것은 불과 몇 년 전의 일이다. 덕분에 요즘 미국인들 가운데 정보가 많은 일부 부모들은 포경 수술을 시키기 전에 한 번 더 생각하고 있다. 가끔은 까다로운 상황이 될 때도 있다. 수술이 무의미하다는 건 인정하지만 이미 수술받은 아들이 있다면 어떻게 해야 할까? 수술받은 아이와 수술받지 않은 아이가 형제라면 둘 사이에 어떤 감정이 있겠는가? 형은 자신의 몸이 성형된 것을 싫어하게 될까? 언제 어디라도 할례받은 것을 심각하게 후회하는 사람들이 있게 마련이고, 현재는 미국에도 그런 사람들이 스스로 구성한 단체가 있다. 남아 있는 포피를 활용해서 귀두를 덮는 법을 가르쳐준다. 1990년대 이래로 할례받지 않은 음경을 찬양하며, 할례받지 않은 남성들이 더 큰 성적 즐거움을 느낀다고 주장하는 단체들도 생겨났다.

의사와 자궁

의학은 첫 초석이 놓이던 순간부터 언제나 여성과 여성의 정신적 불안 상태를 자궁에 연결 지어 생각해왔다. 막연하게 히스테리라 불리던 각종 증상들이 자궁의 이상과 연관이 있다는 게 일반적 가정이었다. 정확한 관련에 대해 생각하는 것은 시대에 따라 조금씩 달랐다. 베이커 브라운이 클리토리스 절제를 시술함으로써 히스테리에 대한(다른 증상들도 많이 있었지만) 외과적 치료법을 어둠 속에서 끌어내 과학적 스포트라이트 아래 세웠을 때, 그는 훨씬 오래된 의학 전통을 승계한 것이라고도 할 수 있다. 이것은 역사학자 레이첼 메인스가 쓴 뛰어난 책『오르가슴의 기술』에 잘 나와 있다.[1]

　'히스테리'는 실체가 불분명한 개념이다. 하지만 가장 신비한 기관, 자궁과 늘 상관이 있었다. 플라톤이 본 자궁은 몸속을 헤집고 다니는 작은 동물이었다.『티마에우스』44장에서 플라톤은 이렇게 말한다.

이른바 아기굴, 즉 여성의 자궁을 생각해보자. 여성 속에 있는 그 동

물은 아이를 간절히 원하는데, 적절한 시점이 지나도록 아무 소득이 없으면 점차 불만을 느끼고 화를 낸다. 그리고 몸 전체를 마구 쑤시고 다니기 시작한다. 위로 올라와서 숨 쉬는 길을 막아 호흡을 방해하고, 여성을 다급한 상황으로 몰고, 각종 질병을 일으킨다. 마침내 남녀의 욕구와 사랑이 결실을 맺을 때까지 말이다.

플라톤은 아마 더 오래된 이집트 문헌에서 이런 내용을 취했을 것이다.[2] 카훈의 파피루스(기원전 2000년)를 보면 여성의 온갖 질병을 방황하는 자궁 탓으로 돌리고 있다.

지난 수백 년 동안 의사들이 최고 지침으로 삼은 자료는 기원전 5세기경에 쓰인 의학 문헌 모음집이었다. 우리에게는 히포크라테스의 글로 알려진 자료들이다. 히포크라테스 계승자들의 자료도 중요했는데, 그중 가장 권위 있는 사람은 갈레노스였다. 만약 과거 의학 자료들의 인용 횟수가 모조리 기록되어왔다면 갈레노스는 따를 자 없이 일등일 것이다. 19세기에 들어서서까지도 의학계 내의 분쟁은 'Galenus dixi', 즉 '갈레노스가 그렇게 말했다'라는 말로 정리되곤 했을 정도니까 말이다. 의학 신념 체계가 형성되는 역사 내내, 학자들은 '히스테리'라는 이름으로 통칭되는 여러 질환들의 발전 형태, 나중에는 '방황하는 자궁'이라 불리는 그 현상을 줄곧 고민해왔다. 다음은 히포크라테스의 『여성의 질병들』에서 따온 것이다.[3]

임신하지 않은 여성이 예전보다 많은 일을 하면, 힘든 노동으로 덥혀진 자궁은 회전을 시작한다. 속이 빈 데다가 가벼워졌기 때문이다. 사

헤리트 다우, 여자 환자를 진찰하는 의사, 17세기.
서양 의학에서는 역사적으로 성기 마사지가
여성의 히스테리를 치료하는 데 매우 효과적인 것으로 알려져왔다

실 사람의 배는 비어 있기 때문에 자궁이 회전할 공간이 있다. 회전하
는 자궁은 간에 부딪치고, 함께 복부를 때린다. 자궁이 위로 올라가는
것은 습기를 찾아서다. 간이 습하기 때문이다. 자궁이 간에 부딪치면
갑자기 숨이 막힌다. 배 속의 기도를 막아버리기 때문이다.

(⋯) 자궁이 간과 복부 근처로 올라와 호흡을 막으면, 여성은 눈의 흰
자를 드러내고 오한에 시달린다. 얼굴이 납빛으로 변하기도 한다. 이
를 갈고, 입에서 침을 흘린다. 헤라클레스의 질병〔간질〕을 겪는 여성
과 비슷한 모습을 보인다. 자궁이 계속 간과 복부 쪽에 머물면 여성은
질식하여 죽는다.

방황하는 자궁은 여성의 호흡을 막을 수 있으므로, 당장 조치를 취해야 한다. 에베스 파피루스에 나온 처방은 자궁을 제자리에 돌려 놓는 처방으로서는 가장 오래된 것일 것이다. 자궁을 길들여지지 않은 애완동물처럼 취급하는 방법인데, 질 속으로 향기로운 방향 물질을 뿜어 넣고(보통은 향나무 연기를 쏘였다. 모조 음경을 깎아 속을 비우고 구멍을 숭숭 내어 여성의 질에 넣은 뒤, 여성이 연기 나는 불 위에 쪼그려 앉는 식이었다), 몸의 상반신 쪽 구멍으로는 불쾌한 향기를 집어넣는다. 분별 있는 자궁이라면 본능에 따라 좋은 냄새를 향할 것이다. 자궁 질식 환자를 여러 장면으로 나눠 묘사한 13세기 말 영국의 그림을 보면 환자는 가슴 위에 물이 든 접시를 올려놓고 들것에 누워 있다. 작은 움직임이라도 감지하기 위해서였다. 또 다른 장면을 보면 조수가 여성의 머리끝과 발끝을 돌보고 있으며, 마지막 그림은 여성이 다시 일어난 장면이다. 마지막 그림은 아마도 자궁 질식에 걸리기 쉬운 여성들을 알려주는 장면인 듯하다. 과부, 그리고 막 사춘기에 접어든 어린 소녀들이다.[4]

여성 질환을 방향 물질로 다스리는 관행은 역사가 길다. 얀 스텐 Jan Steen이 그린 의학 풍속화만 봐도 알 수 있다. 의사는 항상 남성이고, 환자는 '사랑의 아픔'을 호소하는 젊은 여성인 것 같은데, 그림 구석에는 모락모락 연기를 내는 구두끈이 담긴 화로가 있다. 여성이 현기증을 느낄 때 구두끈을 코밑에 갖다 댔다고 해석하는 사람들도 있다. 반면 연기 나는 물질은 당시의 임신 테스트였다고 해석하는 이들도 있다. 냄새를 맡고 기절하면 임신이라는 것이다. 하지만 스텐의 동시대인이었던 의사 요한 판 베베르베이크Johan van Beverwijck

안 스텐, 사랑의 병을 앓는 소녀, 1661~1663.
그림 왼쪽 모퉁이에 모락모락 연기를 내는 구두끈이 담긴 화로가 있다

의 책 『질병에 관한 개요』를 보면 고대의 향기 치료 요법 얘기가 자주 나온다. '생명-어머니의 상승'이라는 장이다. '푸른색 앞치마 끈을 태운 것, 깃털 태운 것, 특히 자고새의 깃털, 그리고 신발 넝마 태운 것' 등의 악취를 처방하도록 권하고 있다. 그러니 스텐 그림의 구두끈은 히스테리 통증을 누그러뜨리기 위한 처방이라 해석하는 게옳을 것이다.

의학이 교회에 흡수되었던 중세에는 자궁이 악마인 양 다뤄지기
도 했다. 치료법도 명확했다.

네게 간청하노라, 자궁이여, 우리 주 예수그리스도의 이름으로, 맨발
로 물 위를 걸었던 그분의 이름으로, (…) 자신의 상처로 우리를 치료
해주신 분의 이름으로, 네게 간청하나니 신의 시종인 〔여기에 여성의
이름이 들어간다〕를 해치지 말아다오, 그녀의 머리, 목, 목구멍, 가
슴, (…) 발목, 발이나 발가락에 매달리지 말아다오, 신께서 네게 할
당하신 그 자리에 조용히 남아다오, 신의 시종인 〔여성의 이름〕이 나
을 수 있도록.[5]

자궁의 이동과 이른바 '사랑의 아픔'은 함께 오는 것이라 했는데,
어느 쪽이 원인이고 어느 쪽이 결과인지는 알 수 없었다. 하지만 나
쁜 현상이란 것만은 분명했다. 1653년, 윌리엄 하비William Harvey는 여
성의 운명을 남성 독자에게 생생하게 묘사하기 위해 극적인 표현이
란 표현은 모조리 끌어다 썼다.[6]

남자라도(이런 문제들에 대해 정통했다고 말할 수 있는 사람이라면) 이 사
실을 모르진 않을 것이다. 갑자기 상승하고, 아래로 밀고 내려오고,
뒤틀리고, 회전하는 자궁이 얼마나 통탄할 만한 증상들을 야기하는
지. 얼마나 무시무시한 마음의 방종과 광란, 우울한 불쾌감, 난폭함
을 불가사의한 자궁의 질병들이 일으키는지. 그에 걸린 여성은 마치
저주에 들린 것 같다는 것을. 또한 얼마나 많은 까다로운 질병들이 생

겨나는지, 타락한 말들이 흘러나오고, 오랫동안 중단되어 절실히 갈구되었던 성욕이 활동하게 되는지 말이다.

방황하는 자궁 문제는 성적 절망, 즉 여성의 '씨앗'이 몸속에 갇혀 생기는 것이라고 일찍이 플라톤이 말했으므로, 해결책은 분명했다. 잉여의 체액을 끌어내면 되는 것이다. 길을 잃은 장기에게 원래 자리로 되돌아가라고 꾀는 것이다. 남성의 경우에도 씨앗을 가두면 갖가지 병이 생길 수 있다고 했다. 그때도 최고의 처방은 정자를 '제거'하는 것이다. 켈수스가 적극적으로 주창했던 이른바 '기질론'에 잘 부합하는 방식이었다. 기질론은 혈액, 정액, 흰 쓸개즙, 검은 쓸개즙의 네 가지 체액 사이에 균형이 있을 때 건강이 유지된다고 보았다.

결혼한 여성이라면 남편과 성관계를 갖는 것이 확실한 치료법이고, 결혼하지 않은 여성은 가급적 빨리 빈자리를 메우는 것이 최상이다. 16세기에도 프랑스 의사 앙브루아즈 파레Ambroise Paré는 이런 조언을 적극 유포했다. '남편들과 관계 가질 때 강하게 하라'라는 덧붙임도 잊지 않았다. 남편이 없는 환자야말로 심각한 상황이다. 당시로서는 자위를 권한다는 건 생각도 할 수 없는 일이었다. 여성의 '씨앗'은 남성의 '씨앗'만큼 귀중하지 않다고 봤기 때문에 남자보다 자위에 유리한 면은 있었지만 말이다. 이런 견해는 당시의 고해 지침서에도 반영되어 있다. 어린아이들의 자위는 아무 신부에게나 고해할 수 있는 죄인 반면, 15살이 넘은 소년들의 자위는 지정된 신부에게만 고해해야 하는 죄였다. 25살이 넘은 여성도 마찬가지였다(비교를 위해 밝히자면 성인 동성애자는 주교를 통해서만 면죄를 얻을 수 있었다).⁷ 알베르투스 마그누스는 막 사춘기에 접어든 소녀들에게는 특히 관용적인 태도를 취했다.

> 소녀는 그때부터 성교를 갈망하게 되지만, 그것은 해소할 수 없는 갈망이고, 소녀가 성적 행동을 일삼거나 손으로 하는 일에 위안을 삼을수록 갈망은 커져만 간다. 그래서 체액이 축적되는데, 방출할 도리가 없다. 체액이 몰리면 열도 몰리고, 여성의 몸은 차가워지면서 몸의 구멍들이 닫힌다. 여성은 성교의 씨앗을 내보내지 못한다. (…) 배우자가 없는 여성들은 성교를 상상하거나 가상의 남성을 상상하거나 손이나 다른 도구들을 사용한 활동에 몰두한다. 결국 마찰의 열기 때문에 통로들이 열리고, 생식의 체액이 밀려나온다. 그와 함께 열기도 방출된다. 그러면 여성의 사타구니는 마침내 평온을 되찾고 여성들은 다시금 정숙해진다.

이 경건한 저자는 목적이 수단을 정당화한다고 말하고 싶은 듯하다. 하지만 그의 견해는 널리 받아들여지지 못했고, 사람들은 어디까지나 전문적 의학 치료의 틀 안에서 문제를 해결하고자 했다. 그러다 보니 결국 의사들이 외음부와 질을 마사지하는 임무를 맡게 된 것이다. 환자가 위기의 순간, 이른바 히스테리 격발 상황에 이를 때까지 마사지해주는 것이다. 박식한 저자들은 의사들의 행동이 오르가슴을 주기 위한 것이냐는 질문에는 어물어물 얼버무리며 넘어가곤 했다. 하지만 기원전 500년부터 19세기 초반 한참 동안까지, 미혼 여성

들의 욕구를 만족시키는 것이 당당한 의학적 시술로 자리매김해왔
다는 사실에는 의심의 여지가 없다.

음부 마사지 기술에 대한 조언은 무엇보다도 히포크라테스의 글
에서부터 등장한다. 카파도키아의 아레타에우스, 켈수스, 갈레노스
등 우리에게 많은 기록을 남긴 고대의 주요한 의학자들도 히포크라
테스의 뒤를 따랐다. 갈레노스가 남긴 성기 마사지 치료법 묘사는 매
우 고전적인 것으로서, 이후 수세기에 걸쳐 여러 의학자들이 거듭 인
용한 내용이다.

치유의 따스함, 치료에 요구되는 성기 접촉의 효과 덕분에 썰룩거림
이 생겨나고, 동시에 고통과 쾌락이 덩달아 밀려온다. 그 후에 여성은
탁한 색의 정자를 다량 배출한다. 그때부터 그녀가 느꼈던 악한 기운
은 사라지고 여성은 자유롭다.

고통과 쾌락, 이 조합이 핵심적인 것이었다. 중세에 이 기술을 가
장 열렬히 옹호했던 사람들은 라제스와 아비세나였다. 중세에서 르
네상스로 이행하는 시기를 대변하는 의사 파라켈수스도 오래된 처
방을 활용했다. 음부 마사지를 활용한 위대한 의학적 인물들을 메인
스가 조사한 바에 따르면, 혈액순환 발견이라는 불멸의 업적을 남긴
하비도 그중 하나였다. 또 네덜란드 의사 피에터 판 포레스트Pieter van
Foreest는 의료 보조자인 산파가 질 마사지에도 전문가라고 적었다.[8]

44세의 과부, (⋯) 1546년 5월에 의식을 잃고 쓰러지자 주변 사람들은

죽은 것으로 생각했고, 나는 황급히 여성을 진찰하러 갔다. (…) 알고 보니 씨앗이 몸속에 축적되어 질식한 경우였다. 곁에 있던 여자들은 (…) 여성의 상태를 나쁘게만 만들고 있었다. (…) 상황이 절박했기 때문에 우리는 산파를 불러왔다. 환자의 성기에 연고를 바르고 손가락으로 질 안쪽을 문지르게 했다. 그러자 가망 없어 보였던 환자가 의식을 되찾았다.

메인스의 조사에 따르면 19세기에 이 기술에 관해 적은 작가들은 모두 프랑스 지역 사람들이었다. 프랑스에서는 제2차 세계대전이 끝날 무렵까지도 부인과 의사가 질 마사지로 질경련을 치료하는 일이 있었다.[9] 의학적 부인과라는 전문 영역의 존재가 영향을 미친 것이 분명하다. 외과적 기법을 교육 받지 않은 의사들이라 비교적 보수적 기술들에 충실한 것이다.

야릇한 시각으로 보자면, 이 치료법을 추천하고 시행했던 고명한 의사들이 어느 정도는 음란한 마음을 품었을 것만 같다. 하지만 기록을 볼 때 그렇지는 않은 듯하다. 메인스는 수백 년이나 지속되어 온 남성중심적 성 모델을 비판하기 위해 이런 기록들을 조사했으니, 남성 의사가 여성 환자를 이용한 흔적이 조금이라도 있다면 눈 감고 지나치지 않았을 것이다. 그러나 메인스조차도 의사들이 개인적 음욕에 이끌려 이런 처방을 내린 흔적은 확인하지 못했다. 질 마사지를 수행하는 것은 보통 산파들이었다. 의사의 역할은 적절한 향료를 처방하는 것, 가끔은 질에 적용할 자극제들을 처방하는 것에 한정되었다. 아브라함 자쿠토Abraham Zacuto는 생명을 위협할 정도로 심한 '버지넬라'에 걸려 '페사리움'을 처방하지 않을 수 없었던 한 환자 이야기를 했다. 그 '페사리움'이란 시클라멘, 양파, 마늘, 수소의 담즙으로 만든, 모조 남근처럼 생긴 기구였다. 그것을 몸 안에 넣고 어떤 식으로 움직이면 열이 나서 체액이 방출된다고 했다.

이런 시술에 관한 기록을 읽어보면 당시에는 이처럼 민감한 과정을 설명하는 것, 그리고 정당화하는 것이 쉬운 문제가 아니었음을 깨닫게 된다. 스페인의 빈센트라는 신학자가 1200년경에 가졌던 확고한 신념은 씨앗 정체가 증상의 원인이라는 사실을 환자에게 알려선 안 된다는 것이었다(여성들만큼 어렵진 않지만 자연적 정액 방출로 괴로워하는 수도사들을 대할 때도 어려움이 있었다. 빈센트는 수도사들에게도 진실을 알려주지 않는 편이 낫다고 보았다).[10] 고해신부들은 늘 아슬아슬한 얼음장 위를 걷는 기분이었다. 신자들을 제자리로 돌려보내려면 그들이 지을지도 모르는 죄를 말로 고백하게끔 해야 한다. 하지만 순결한 고해자에게 어쩔 수 없이 이런저런 질문을 던졌다가 도리어 역효과를 가져올 수도 있는 것 아닌가. 하이스터바흐의 체사리우스Caesarius of Heisterbach(1170?~1250?. 독일의 수도사_옮긴이)는 한 브라반트 신부의 경험을 전해준다. 너무나 생생하게 신부에게 고해를 한 나머지, 최초로 육욕의 충동을 느낀 소녀가 있었다는 것이다.[11] 신부들은 온란한 지식을 잔뜩 갖고 있었다. 당시에 아 테르고(후배위 삽입)과 아 레트로(항문 삽입)의 차이를 아는 사람도 신부들밖에 없었을 것이다. 이런 지식을 갖고 있으니 자신들도 영향을 받지 않을 수가 없다. 로마와 아비뇽은 매춘의 온상이었다. 교회 총회라도 개최될라치면 매춘업은 호황을 누렸고, 가깝고 먼 곳에서 보충 요원들이 몰려들 정도였다.[12]

의사-성직자들 중에도 이런 히스테리 치료법의 성적 함의를 걱정하는 자들이 있었다. 그래서 '깨끗한 손과 순수한 마음'을 갖춘 사람들만이 그런 치료를 수행해야 한다고 결론 내렸다. 알베르투스 마그누스도 똑같이 말했다.

더러운 손은 사람의 기력을 뺏거나 비역을 부추긴다. 하지만 치료하는 손은 그렇지 않다. 자궁이 떨어져 내려 고통받는 여성을 생각해보라. 손으로 자궁의 위치를 되돌리는 처방을 해야 할 것이며, 그 손은 여성을 더럽히거나 타락시키지 않고 오히려 치유해준다.

한편, 괴이한 우회 요법이나 의식을 끌어들여 여성의 문제들을 치료하려 시도한 사람들이 언제나 존재했다. 전 시대를 통틀어 가장 저열했던 것은 단연 프란츠 안톤 메스머Franz Anton Mesmer(1734~1815), '동물 자기磁氣론'의 개척자였다. 그가 파리에서 활동하던 시절, 파리 상류 사교계의 일정에서는 메스머의 집단치료가 중요한 사건이었다. 부인과 소녀들이 가장 열광적인 추종자였다. 1841년에 찰스 매케이Charles Mackay는 그런 모임의 풍경이 어떤지 전해들은 내용을 진저리를 내며 회상했다.[13] 여성들은 자기화된 물이 담긴 욕조 속에 빙 둘러앉아 자기 치료사들의 손에 몸을 맡긴다. 보통 젊고, 단단한 근육질 몸매를 지닌 이 남성 치료사들이 '환자의 무릎 사이를 쓰다듬으며', 여성의 눈을 똑바로 들여다보면서 가슴과 상반신을 마사지해준다. 자기화된 환자들이 뱉는 광희의 한숨 뒤로 음악이 깔리고, 여성들은 하나 둘 격렬한 상태에 빠진다.

발작을 일으켰다. 몇몇은 흐느껴 울면서 머리칼을 잡아 뜯고, 몇몇은 눈물이 날 때까지 깔깔 웃고, 또 몇몇은 새된 비명을 지르며 고함을 치고, 그러면서 모두들 한 덩어리로 분별이라곤 없는 상태가 되었다.

아수라장이 절정에 달했을 때 메스머가 등장한다. 그는 여성들의 얼굴, 가슴, 배를 만지면서 마치 구세주처럼 행세하고, 환자들은 그 손짓에 의식을 되찾는다. 매케이는 그를 돌팔이이자 더러운 노인네라고 불렀고, 그 사실에는 의심의 여지조차 없다고 했다. 19세기에 들어서면 물을 활용한 치료가 더 활발해진다. 물을 복부에 분사하는 형태인데(그림 참조)[14] 클리토리스와 소음순을 겨냥한 강력한 물줄기는 당연히 성적 자극이 되었을 것이다. 의도적으로 꾀한 바든 아니든 말이다. '관수욕douche(질 세척이라고도 하지만 꼭 질에만 적용하는 것은 아니므로 灌水浴이라 옮겼다_옮긴이)은 치료에서 필수불가결한 요소이다. 음부에 잘 적용하면 자궁 기능을 굉장히 촉진할 수 있다.'

19세기는 여성의 오르가슴에 대한 이중적 감정이 최고조에 달했던 시기였다. 한편으로 많은 의사들은 히스테리적 절정을 가함으로써 전형적인 히스테리 복합 증상을 치료할 수 있다고 보았다. 고전적 이론의 맥을 이은 생각이었다. 하지만 또 한편, 여성의 성욕을 때 이르게 촉발시키는 것 아닌가 걱정하는 사람들도 있었다. 자위의 가능성을 높여서 '결국' 정신 불안정을 가져오는 게 아닌가 하고 말이다. 그래서 어린아이들이라도 빈틈없이 관찰하는 것이 중요했다. 뉴욕의 소아과 의사 에이브러햄 자코비는 1875년 11월, 뉴욕의사협회 모임에서 이런 얘기를 했다.

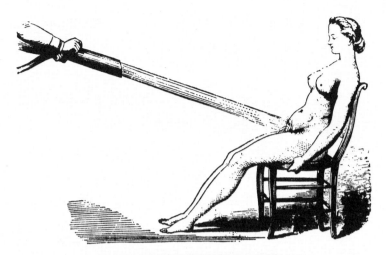

플뢰리가 제안한 프랑스의 복부 관수법, 1860년경

한 의사 친구가 3살 난 여자아이를 내게 보냈다. 이상한 형태로 경련 같기도 한 행동을 보이는데, 어머니의 말로는 꽤 오래된 일이라 했다. (…) 어머니가 열거하는 증상으로는 얼굴의 홍조, 눈에 뭔가 번뜩이는 기미가 보이는 것, 때때로 깊게 한숨을 쉬는 것 등이 있었다. (…) 하지만 아이는 오래전부터 활기를 잃었고, 시끄럽게 굴지도 않았고, 대신에 심술을 부렸다가 갑자기 나른해지는 일만 반복했다. 몇 가지 질문을 던져 답을 들어보니 아이가 자위를 하는 것이 분명했다. (…) 아이는 앉아 있을 때면 언제든 그 일〔경련 같기도 한 행동〕에 몰두했다. 허벅지를 꽉 조이거나 다리를 꼬는 데 능숙했다. 사지를 격렬하게 움직이며 문지르고, 얼굴은 보랏빛이 되고, 숨이 가빠지고, 눈에 이상한 기운이 비쳤는데, 꼭 흥분한 기색이었다. 그러고는 지쳐서 몸을

기대며, 한숨을 쉬거나 숨을 몰아쉬는 것이다. (…) 아이들 중에도 이런 사례가 절대 드물지 않다.[15]

자코비는 진단에 능한 의사였던 것 같다. 금세 아이의 어머니와 같은 관찰을 해낼 수 있었다. 하지만 그와 동료 의사들이 그 관찰에서 내린 결론은 아이에게는 유쾌할 수 없는 것이었다. 일단 죄의 임계를 넘어선 것이 분명한 이상, 잘라내는 의사들(외과의사들)은 악을 뿌리째 근절하기를 주저하지 않았다. 외과의들은 내과의들보다 늘 한발 빠르다. 그들은 이발사의 정신적 후예인 반면, 내과의들은 오래된 학문적 전통에 몸을 담고 있다(하지만 아주 오랫동안 그저 학자적이고 독단적인 전통에 지나지 않았다. 몰리에르가 의사들을 놀린 데는 이유가 있었다(성격희극으로 유명한 17세기 극작가 몰리에르는 특히 의사와 환자 집단을 조롱하길 즐겼다_옮긴이)).

바커벤필드에 따르면, 정신이상을 치료하고자 클리토리스 절제나 난소 제거를 시술했던 의사들은 여성이 클리토리스 자극에 반응하는지 시험해보기도 했다. 환자가 기분 좋은 감각을 느낀다고 하면 외과적 개입을 해야 하는 증거라 여겼다. E. H. 스미스E. H. Smith는 여성이 자위를 하는지 안 하는지 진단하는 방법을 발표하기도 했는데, 그게 1903년이니 꽤 최근이라고도 볼 수 있다.[16] 한쪽 음순이 다른 쪽보다 큰 것은 여성이 한쪽에 치우쳐 자위했기 때문이라 했다. 여성이 자위의 감각을 일깨우는 활동들을 하고 있는지 알아보는 것도 중요했다. 가령 승마, 자전거 타기, 페달식 재봉틀 사용, 그리고 프랑스소설 읽기 등이다. 프랑스 것이라면 뭐든 일단 의심하고 보았다. 영

(맨 위쪽에서 오른쪽으로) 자위행위로 청년이 쇠약해가는 과정.
젊고 아름다운, 어머니의 희망이었던 젊은이가 영원히 추락한다.
처음에는 내장이 아파오고, 음식을 토하고, 피를 토하며
식사를 할 수 없고, 시력을 잃고, 정신이 쇠약해진다.
머리가 빠진 노인처럼 되었다가 결국 고열과 착란을 일으키며 죽는다

의사와 자궁

어권 사람들은 매독을 '프랑스 병'이라 불렀고, 프랑스 재봉틀은 영국이나 미국 재봉틀보다 위험하다고 생각했다. 필라델피아 산과의사협회가 1873년에 출간한 보고서를 보면 클리토리스 절제가 필요할지 모르는 증상들에 대한 토론이 실려 있다.

> **해리스 박사는 최근 프랑스 의사들 사이에서 재봉틀의 악영향이 밝혀졌다고 말했다. 그런데 디딤판이 이중이라 발을 번갈아가며 밟는 프랑스 기계에 국한된 얘기이다. 미국 기계는 디딤판이 하나라서 두 발이 함께 움직인다.**

지나치게 조인 코르셋도 의혹의 대상이었다. E. H. 스미스는 문제를 직접 관찰하려면 요도에 약한 유도 전류를 흘려 환자의 반응을 보라고 권했다. 직접 클리토리스를 자극하던 예전 방식을 개선한 것이다.

당시, 일련의 부인과 증상들을 가진 여성의 운명은 순전히 운에 좌우됐던 것 같다. 어떤 의사는 냉큼 숙련된 산파를 불러와서 오르가슴 배출을 통해 문제를 해소시켜주었다. 반면 어떤 의사는 '급진파'라서, 딱 잘라 말해 모든 원인이 환자에게 있다는 투로 엄하게 진단을 내렸다. 벌을 받아 마땅한 여성은 의사가 제 손으로 직접 해주는 처방을 감사히 받아들일 수밖에 없었다.

T. 코라게산 보일T. Coraghessan Boyle의 소설 『웰빌로 가는 길』에는 이 두 진영 사이의 원한이 우스꽝스러울 만큼 철저히 그려져 있다.[17] 이야기의 무대는 미시간 주의 배틀 크리크 요양소이다. 병원을 휘어

잡은 존 하비 켈로그가 미국 상류층 환자들을 치료하느라 바쁜 나날을 보내던 곳이다. 켈로그는 다방면의 전문가였는데, 소설을 원작으로 한 영화에서는 앤서니 홉킨스가 켈로그 역을 맡아 활약을 펼쳤다. 요양소는 성에 대해 극단적으로 보수적인 관점을 갖고 있다. 한 젊은 부부가 치료 차 입원하는데, 엄격한 스파르타식 식단에 금욕까지 처방되자 좋은 의도도 별 소용이 없다. 게다가 남편은 한 간호사와 또 다른 미혼 결핵 환자 사이에서 성적 긴장 관계까지 형성한다. 한편 요양소 환자 버지니아와 그 친구 라이오넬은 아내 엘레노어를 꾀어 요양소 밖으로 신비로운 독일 의사 스피츠보겔 박사의 치료를 받으러 가자고 조른다.

좋아요, 엘레노어는 중얼거렸다, 그런데 그가 어떤 치료법을 쓰는데요?

(…)

"독일어로 하면 'Die Handhabung Therapeutik'예요."

"손 치료법." 버지니아는 숨을 혹 들이마셨다.

"그러니까," 라이오넬이 말했다. "의사가 자궁을 손으로…."

"그리고 가슴도." 갑자기 끼어든 버지니아는 그 단어의 치찰음을 입속에서 오래 끌었다. 마치 놓치고 싶지 않다는 듯이.

"그래요." 라이오넬은 숨을 내쉬며 주제에 온기를 더했다. "그곳은 여자의 몸에서 히스테리적 열정이 자리한 곳이고, 많은 사람들이 느끼듯이, 신경쇠약 질병의 핵심이니까요."

당연히, 엘레노어는 스피츠보겔의 손을 통해 황홀경을 느낀다(이전에는 한 번도 느껴보지 못했다는 암시가 있다). 하지만 엘레노어와 그녀의 친구가 자연주의를 만끽하고자 야외에서 마사지를 받는데, 엘레노어의 남편이 그 광경을 목격한다. 장면은 보기 흉한 폭력적 행동으로 막을 내린다. 하지만 그 후, 부부는 정력에 가득 찬 상태로 아이를 낳을 꿈을 꾸며 요양소를 떠난다.

히스테리를 설명하는 이론으로 더 괴이한 것들도 많았다. 프로이트가 정신분석학 태동 초기에 가장 존경했던 동료인 이비인후과 전문의 빌헬름 플리스Wilhelm Fliess는 생식기와 코 점막 사이에 신경학적 대응 관계가 있다는 이론을 창안했다. 코의 격막은 자극점들이 잔뜩 모인 곳이라는 이론인데, 오늘날 반사학자들이 발바닥이나 귓바퀴에 대해 생각하는 것과 비슷한 얘기이다. 플리스는 아픈 곳에 상응하는 코 부분에 코카인을 문질러주었다. 히스테리 또한 그런 식으로 치료할 수 있는 병이라 했다. 프로이트는 오랫동안 플리스의 이론이 무해하다고 인정해주었다. 하지만 100년이 지난 지금 와서 보면 그의 접근법은 자궁을 직접 문질러 위안을 주는 구식 방법과 더 얌전을 떨게 된 세기말의 방식 사이에서 타협한 것에 불과했다. 코카인에 취한 채 의사의 '삽입'을 받는 것이긴 하지만 모든 과정이 공명정대하고 또한 허리 한참 위에서 이뤄지는 일이었다. 여담이지만, 당시의 의사들 대부분은 신경증에 성적인 원인이 있다는 프로이트의 이론을 말도 안 되는 소리라고 생각했다. 의사들은 프로이트를 무척 헐뜯었으며, 1910년에 정신과 의사 바이간트Wilhelm Weygandt는 그런 견해를 가진 사람은 의학 모임에 들일 게 아니라 바로 경찰서로 보내야 한다고까지 주장했다.[18] 바이간트는 정신분석학자들이 얼마나 도착적인지 설명하기 위해 프로이트의 치료법을 성기 마사지법에 비유했다. 바이간트의 이야기를 듣던 청중들 가운데 특히 나이 든 의사들은 속으로 이렇게 생각했을 것이다. 그게 뭐 어때서?

오늘날 여성 성기를 건드릴 수 있는 전문직은 의학계 종사자들뿐이다. 지난 몇십 년간 의학 훈련을 받는 사람들은 그런 검사가 어떤 정서적 영향을 미치는지 진지하게 생각해보게 됐다. 의사나 환자나 그 순간의 관계가 매우 미묘하다는 것을 잘 알지만, 검사 중에는 냉정해야 한다는 것도 안다. 대부분의 의사들은 환자의 클리토리스는 건드리지 않으려고 노력하는데, 합리적 태도인 것 같다. 신경학자들만이 예외이다. 신경 검사를 빠짐없이 하려면 방울해면체 반사를 확인해야 하기 때문이다. 의사는 갑자기 클리토리스를 꼬집은 뒤 골반저 근육에 반사적 긴장이 오는지 손가락으로 확인한다. 의사들은 이 검사 얘기를 잘 하지 않는 편이지만, 내가 보기에 이 단계를 누락하는 의사들이 꽤 많은 것 같다.

1970년대에 한 런던 성과학 클리닉은 여성 오르가슴 문제의 원인을 조사했다.[19] 무오르가슴 여성은 성기 반사 반응이 약하다는 가설을 확인하는 연구였다. 방울해면체 반사는 일으키기도, 계량하기도 어렵기 때문에, 대신 클리토리스를 바이브레이터로 자극한 뒤 골반저 반응을 관찰했다. 반응이 양성이면 골반저의 괄약근 근육들(즉 질과 항문 주변)이 수축하는 게 보일 것이고, 여성은 그 수축을 자의로 멈추지 못한다. 바이브레이터 자극에도 이 반응을 일으키지 않는 여성은 통상적인 무오르가슴 치료에서도 적절한 반응을 보이지 못한 경우가 많았다.

이런 연구는 흔치 않은 사례이다. 요즘은 임상검사 중에 어떤 형태든 성적 흥분을 일으키지 않도록 세심한 주의를 기울이는 편인데, 산과만 예외이다. 산과 의사들은 분만 중의 통증 억제 방법으로 성적 흥분과 오르가슴을 이용하라는 조언을 가끔 받는다. 하지만 환자를 성적으로 흥분시키는 것이 최고의 치료법이라고 굳게 믿는 의사는 극히 드물다. 1991년 암스테르담에서 열린 제10차 세계성과학학회 준비 기간 동안, 위원회는 한 이스라엘 의사의 주장에 깜짝 놀랐던 적이 있다. 그는 질경련에 대한 자신의 새로운 처방법을 소개하고자 했다. 그의 기본 전제는 무엇보다도 물리적 검사를 통해 질경련 여성을 안심시켜야 한다는 것이었다. 검진 중에 여성에게 그녀의 질이 그렇게 빡빡하지 않다는 것을 보여줄 수 있다면, 그리고 여성의 두려움을 잘 다스려 한 손가락을 질 속에 집어넣는 데 성공한다면, 여성의 성생활은 쉽게 개선될 수 있다는 것이었다. 의사는 쉽게 두려움을 다스리지 못하는 여성의 경우 클리토리스를 동시에 자극해주면 성공 확률이 높아지더라고 했다. 동료들이 모두 비윤리적이라 여기는 기법을 그가 이토록 솔직히 옹호한 탓에, 신랄하기까지 한 서신교환이 한참 이어졌다. 결국 이스라엘 의사는 동료들이 모두 그 기법에 반대한다면 자신도 사용하지 않겠다고 선언했다. 한 세기 전, 베이커 브라운을 축출했던 토론을 떠올리게 하는 사건이다. 이 경우에도 목적이 수단을 정당화해주지는 못했다. 이스라엘 의사도 수긍해야만 했다. 하지만 속으로는 내키지 않았을지도 모른다. 과거의 모든 난소 제거 시술가나 클리토리스 절제 시술가들처럼 그 역시 자신의

기법에 확신을 갖고 있었을 것이며, 숨이 가쁠 만큼 감사를 늘어놓는
환자들의 사례를 내보일 수 있었을 것이기 때문이다.

바이브레이터

바이브레이터는 정확히 무얼 하는 기계인가? 바이브레이터는 사람의 손이나 혀를 뛰어넘는 주파수의 진동을 만드는 기계이다. 바이브레이터가 처음 시장에 나왔을 때, 생산자들은 그 무엇과도 비교할 수 없는 경험을 제공한다고 선전했다. 어떻게 보면 진실이다. 바이브레이터는 피부가 진동을 느끼는 감각을 활용하는데, 손 마사지로는 불가능한 수준이다. 바이브레이터가 주는 복합적 감각을 구성하는 것은 주로 촉감과 통증이다. 그에 더해 압력감, 가끔은 온도도 중요한 요소가 된다. 피부와 점막만 자극할 때도 있지만 그 아래의 근육, 관절, 내장 기관들까지 자극할 때도 있다. 특히 물리치료사들은 바이브레이터를 사용해 근육을 푼다. 가장 오래된 형태의 바이브레이터에 대해 생산자들이 선전한 내용도 바로 그것이었다.

세상에서 바이브레이터에 대해 가장 많이 아는 사람이라면 아마 레이첼 메인스일 텐데, 그녀도 우연히 그렇게 된 것이었다. 『오르가슴의 기술』에서 밝힌 바에 따르면, 기술사 전공이었던 메인스는 원래 바느질에 대한 자료를 모으고 있었다. 메인스는 바느질에 대한 과

학 문헌이 턱없이 부족한 것을 알고 실망했다. 그녀가 보기에, 주로
여성의 작업인 활동에 대해서는 하나같이 그렇게 자료가 엉성한 것
같았다. 그래서 1880년에서 1930년까지 바느질에 관한 상세 연구를
수행하기로 마음먹었다. 자료를 모으는 과정에서 그녀는 뜨개질, 크
로셰, 자수 전문 잡지들을 무수히 그러모았는데, 자꾸만 잡지들에 실
린 마사지 기계 광고에 눈길이 갔다. 논문을 마칠 즈음에는 바이브레
이터 광고로 가득한 두꺼운 자료집이 하나 생길 정도였다. 그리고 그
것이 메인스의 다음 주제가 되었다. 미니애폴리스에 있는 베켄 도서
관과 일상 전기 박물관을 발견함으로써 연구는 순조롭게 시작되었
다. 이 단체에는 과거의 가전제품들이 완벽하게 갖춰져 있었고, 직원
들의 태도도 무척 개방적이었다. 1980년대에는 흔한 일이 아니었다.
메인스는 바이브레이터에 관한 첫 논문을 《기술과 사회》에 보냈다.
처음에 저널 쪽에서는 별 이의 없이 논문을 받아주었는데, 뒤늦게 편
집진이 논문을 보고는 급히 출간에서 제외했다. 논문 전체가 장난이
아닌가 의심했던 것이다. 메인스는 저널의 연례 모임에 직접 출석해
서 자신이 살아 있는 사람임을 보여주어야 했다. 조심스런 편집진들
이 놀림감이 될까 봐 게재를 미뤘다는 사실은 그 자체로 부메랑 효
과를 일으켰다. 메인스는 이 사정이 사람들에게 알려진 덕에 잡지의
구독자 수가 꽤 늘었을 것이라고 자랑스럽게 말한다.

　우리는 바이브레이터가 개인용 기기라고 생각하지만, 사실 처음
에는 그렇지 않았다. 1880년 무렵에 등장한 최초의 바이브레이터는
의사들이 진찰실에 두는 의료 기구였다. 의사들 사이에서 바이브레
이터의 인기는 빠르게 치솟았다. 그걸 갖고 정확히 뭘 했을까 궁금해

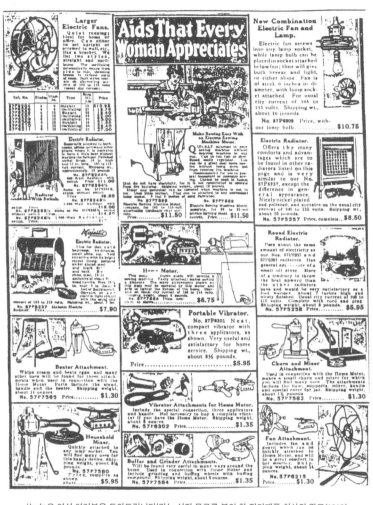

'눈 높은 여성 여러분을 도와드립니다'라는 선전 문구를 붙인 한 전기제품 회사의 광고(1918).
가운데 열 밑에서 두 번째와 세 번째가 '포터블 바이브레이터'.
바이브레이터는 히스테리 치료를 위해 의료 현장에서 사용되어 가정에 보급되었고,
주요한 사용법은 숨겨진 채 공공연히 광고되었다

마이 버자이너

진 메인스는 문헌을 들춰보다가 의학적 성기 마사지 이야기를 알게 됐다. 바이브레이터의 성공은 성적 해방감을 제공함으로써 여성의 몇몇 질환을 치료하고자 했던 오래된 의료 관행에 연결해보아야 하는 것이 분명했다. 환자들 중에는 정기적으로 치료를 받아야 하는 자들이 있었고, 의사들은 종종 직업의 일부인 이 업무가 얼마나 지겹고 시간을 많이 소모하는지 불평하곤 했다. 그래서 산파에게 일을 넘기는 의사도 많았다. 안타깝게도 산파들이 이 치료법을 어떻게 생각했는지는 알 길이 없다. 의사들이 보기에 바이브레이터는 일을 더 신속히 처리해줄 수 있고, 한 번만 구입하면 되고, 산파를 고용할 필요가 없으며, 사람들의 빈정댐을 받는 치욕을 방지해주었다.

바이브레이터가 의료계에 도입될 때 그다지 큰 반대가 없었다는 점은 특기할 만하다. 바로 20년 전만 해도 J. 매리언 심스가 발명한 질 반사경을 두고 엄청나게 격렬한 논쟁이 있었던 것을 떠올리면 더 그렇다. 사람들은 질 반사경이 여성에게 성적 자극을 줄지 모르므로 위험한 기구라고 생각했다.[1] 한편, 19세기의 의사들은 환자 치료에 온갖 종류의 자극을 동원하고 있었다. 물 치유법, 정전기 기법, 오존 생성 기구까지 있었다. 2000년 말 런던의 헤이워드 화랑에서 열렸던 〈놀라운 인체〉 전시회에서, 미국인 예술가 베스 BBeth B는 〈히스테리 2000〉이라는 설치 작품을 선보였다. 작품에는 샤르코Jean Martin Charcot(1825~1893. 프랑스의 유명 신경학자_옮긴이)가 고안했던 난소 압박 거들이 사용되어 눈길을 끌었는데, 일종의 가죽 코르셋인 이 거들에는 두 개의 작은 방석 같은 게 달려 있어 안쪽으로 눌러주었다. 나사를 조여서 배, 즉 난소를 압박하는 거들이었다.

물이 위로 솟는 관수기, 사라토가, 1900년경

　마사지(손으로 하든, 물로 하든, 작은 망치나 롤러 등으로 하든)는 의사들의 치료 도구 상자에서 빠지지 않았던 전통적 기법이다. 여기서 새로운 점은 부끄럼 없이 복부 아랫부분에 집중했다는 것이다. 위로 물을 뿜는 관수기의 설계를 보면 아랫도리에 쓰기 위한 것임이 분명하다. 앞장에서 보았던 1860년경 플뢰리의 치료법 그림도 훌륭한 증거이다. 전기로 움직이는 진동 의자나 기구를 갖춘 병원도 많았다. 요즘의 진동 다이어트 벨트와 비슷한 것을 상상하면 된다.

　현대적 바이브레이터의 전신들은 나선형 용수철로 작동되는 게 보통이었다. 장난감 같은 데 사용되는 평범한 용수철들이다. 아니면 발로 밟는 페달식(구식 치과의사 드릴과 비슷한 방식으로 작동하는 것이다), 수

돗물 물줄기를 활용하는 방식도 있었다. 이런 것들은 특히 가정에 알맞았고, 대규모 목욕 시설에서는 증기 에너지를 활용했다.

바이브레이터에 전기기계적 에너지를 활용하기 시작한 것은 1878년의 일이다. '라 살페트리에르'라 불리는 파리의 유명 정신과 기관이 처음 도입하였다. 그 몇 년 전에 프로이트가 정신과 실습을 마쳤던 병원이었다. 병원은 히스테리를 앓는 여성들에게 이 새로운 물리치료 기법을 적용했다. 사실 발명가였던 조셉 모티머 그랜빌 Joseph Mortimer Granville은 자기 기계를 전혀 좋아하지 않았다. 히스테리가 꾀병은 아닐지라도 하여간 불가해한 현상이라고 믿었기 때문이다. 그랜빌의 기구는 강력한 축전지를 에너지원으로 활용했다. 그러나 머지않아 시내의 집들에 전기가 들어오고, 덕분에 바이브레이터는 가정에서 널리 사용되기 시작한다. 19세기 말에는 바이브레이터의 판매가 상당히 늘었다. 그때부터 의사들을 위한 (더 비싼) 기기를 광고할 때, 생산자들은 이것이 의료적 목적으로 특별히 제작된 것임을 아주 강조했으며, 의사의 수술실에 놓기에 매우 적당한 아름다운 신기구라고 선전했다. 곧 바이브레이터는 광범한 영역에서 사용되기 시작했다. 발칸반도에서 전쟁 중에 영국 야전병원과 프랑스 야전병원에 모두 바이브레이터 기구가 있을 정도였다. 전기 마사지사라는 새로운 직군도 탄생하여 영업을 개시했다.

물론 제조업자들이 가장 관심을 가진 고객군은 일반 대중이다. '바이브라틸'이라는 이름의 최초의 가정용 바이브레이터는 1899년에 나왔다. 당시 광고를 보면 바이브레이터는 재봉틀, 선풍기, 전기주전자, 토스터 등과 어깨를 나란히 하는 발명으로 소개된다. 진공청소기나 전기다리미가 나오기 10년도 전의 일이었다. 최초의 바이브 레이터 광고에는 신경통, 두통, 주름 등등을 치료할 수 있다는 문구가 적혀 있다. 건강과 미용은 늘 함께 선전되었지만, 성적 가능성에 대해서는 겨우 넌지시 암시만 하는 정도였다.

여성들에게, 건강과 아름다움의 메시지를 전합니다.
부드럽고, 차분하고, 활력 있고, 상쾌한 기분을 줍니다. 여성이 원하는 것을 잘 아는 여성이 발명했습니다. 자연은 생명과 함께 떨리고 진동하는 것입니다.
가장 완벽한 여성은 그 피가 자연적 존재의 법칙에 맞춰 떨리는 여성입니다.

제조업자들은 제품의 성적 의미를 밝히기를 망설였다. 당시로서는 이해할 만한 일이다. 여성들의 성적 좌절을 치료해온 과거의 모든 의사들도 수대에 걸쳐 마사지를 하면서도 오르가슴을 일으킨다는 사실 자체는 모른 척했다. 하지만 대중들은 숨은 의미를 제대로 간파했다. 로저 블레이크Roger Blake의 책 『섹스 도구들』을 보면 1920년쯤에 제작된 〈미망인의 기쁨〉이란 영화 얘기가 나온다. 영화 속 숙녀는 문 앞까지 바래다준 남성과 포옹하는 것도 거부하고 재빨리 안쪽 방으로 들어간다. 잽싸게 속옷을 끄르고는 가장 민감한 그곳에 바이브 레이터를 갖다 댄다.[2] 메인스에 따르면 1930년부터 성 혁명기인 1960년대 사이에는 바이브레이터나 다른 마사지 기구에 대한 광고가 게재되지 않았다. 아마 기기들의 진짜 속성이 이미 널리 알려졌기 때문일 것이다. 한편 1960년대부터는 바이브레이터의 주된 목적을 더 이상 숨길 필요가 없었다(요즘도 몇몇 우편 주문 카탈로그에는 살며시 웃음 짓는 여성이 바이브레이터를 뺨에 가져다 대고 있는 사진이 실리지만 말이다).

최초의 바이브레이터는 핸드 믹서 형태였다. 전선이 연결된 손잡이가 있고, 모터가 달린 좀 넓은 주둥이 같은 게 있고, 그 옆에는 다양한 부속품을 연결할 수 있다. 성 혁명 초기부터 바이브레이터계를 휘어잡은 자루식 배터리 바이브레이터는 설계 자체가 삽입에 맞았다. 어떻게 보면 좀 역설적인데, 질 깊숙한 곳에서는 대부분의 여성들이 거의 진동을 느끼지 못하기 때문이다. 바이브레이터가 오르가슴을 돕는 기기라면, 바이브레이터의 끝을 대어야 할 곳은 클리토리스이다. 자루식 바이브레이터의 원리는 다양한 방식으로 가지를 쳤다. 1990년대 말이 되면 여성들은 작은 수평 운동식 바이브레이터(클리토리스 자극용), 이중 바이브레이터(질과 항문에 동시에 삽입하는 것), 질 속에 넣어 느끼는 움직이는 자루식 바이브레이터 중에서 자유롭게 고를 수 있게 된다. 최근의 혁신은 모조 음경의 아랫면에 작은 구슬들을 원형으로 박아 넣은 것인데, 질 입구에 대었을 때 굴러가듯 움직이는 역할을 한다. 형태 자체도 다양하다. G스팟을 자극할 수 있게 구부러진 모양의 바이브레이터도 있다. 진정한 감식가들은 배터리식을 싫어한다. 전선이 연결된 바이브레이터가 훨씬 강력하고, 강도를 통제하기 쉽고, 소음도 적으며, 배터리가 떨어질 염려도 없기 때문이다.

성 치료의 절정기를 맞아 바이브레이터는 본격적으로 사람들의 관심사로 떠올랐다. 1970년대, 오르가슴을 경험하지 못한 여성들은 집단적으로 해법을 찾았는데, 가장 문제는 지식이 부족한 것이라 했다. 미국 심리학자 로니 바르바흐가 오르가슴 문제를 겪는 여성들을 위한 집단치료를 주창한 이래 집단치료법은 전 세계적으로 유행했다.[3] 참여자들은 모두 낙천적이었다. '무오르가슴'이란 말은 '전오르가슴'으로 대체되었다. 첫 오르가슴을 겪는 나이가 남들과 다르다고 해서 절대 비정상이 아님을 선언하는 의미였다. 치료적 분위기라기보다는 교육적인 분위기였다. 숙제가 주어졌고, 프로그램은 정신적 문제와 성적 기교 사이에 동등하게 신경 쓸 것을 요구했다. 토론 중에는 반드시 바이브레이터가 등장했다. 첫 오르가슴을 위해서는 이런 약간의 도움만으로 충분했던 여성들이 꽤 있었다.

이후, 뉴욕의 심리학자 베티 도슨이 오르가슴 강화의 정신적 지도자로 떠오른다. 그녀도 오르가슴 집단치료를 실시했는데, 목적은 성적 체험을 극대화하는 것이었다. 가장 좋은 수단이 바로 공동체 체험을 갖는 것이라 했다. 도슨이 꾸린 집단은 부끄러움을 극복하는 방편으로 집단 자위를 했고, 모든 참가자들이 바이브레이터를 사용했다(보통 전선으로 연결된 바이브레이터였다). 노출증적 면이 있다며 비난하는 사람들도 있었으나 여성들이 뭔가 자유롭고, 뭔가 무정부주의적인 해방감을 맛보았다는 것만은 사실이다.

베티 도슨은 배터리 바이브레이터를 싫어하는 취향을 분명히 밝혔다. 그런데 도슨처럼 바이브레이터에 대한 견해를 똑똑히 밝히는 여성들이 많지는 않다. 바이브레이터 시장은 소비자 조사로 발전한 시장이 아니고, 엄격히 관찰해볼 때 변화를 반기는 업계도 아닌 것 같다. 1989년에 카라카스에서 열린 세계성과학학회에서 미국 성과

학자 하트먼William E. Hartman과 피시안Marilyn Fithian은 바이브레이터 제
조업계와 관련해 겪었던 시행착오와 곤란을 발표한 적 있다. 그들
은 최근 들어서야 바이브레이터 제조업자들과 관계를 맺을 수 있었
다. 1970년 무렵까지만 해도 '성 도구'들을 사는 사람은 전부 남자들
이었고(배우자를 위한 도구를 사는 경우도 많았지만 정작 상대 여성은 명백히 요구
하지 않은 때도 있었다), 남자들은 구입한 기기가 기대에 못 미쳐도 쓰레
기통에 버리고 말지 그 이상의 행동을 시도하지 않았기 때문이다. 마
케팅 용어로 하면 품질 개선 요청이 전무했던 셈이다. 여성들이 직접
제품을 고르게 되고서야 바이브레이터의 기능에 관한 핵심적 질문
들이 등장했다. 여성들은 제품의 성능이 판매자의 호언장담과 다를
경우에는 환불을 요구했다. 그제야 제조업자들은 성과학자들의 자
문을 구하기 시작했다.

극히 최근까지만 해도 사람들의 관심을 끌지 못한 바이브레이터
특정 소비자군이 있는데, 장애로 인해 손을 자유롭게 쓸 수 없는 사
람들이다. 그들은 육체적으로 여전히 성적 쾌락을 즐길 수 있고 오르
가슴도 느낄 수 있지만 남의 도움이 필요하다. 그 경우 개개인의 상
황에 맞는 개별적 변용도 필요하다. 네덜란드의 요프 스테인카머르
는 이 점에 착안하여 바이브레이터 역사의 혁신들 중 하나로 기억될
개발을 했다.

델프트 기술 대학에서 산업디자인을 전공한 스테인카머르는 졸
업 논문으로 이 소비자군을 연구하기로 했다.[4] 그는 간호사의 도움
을 받는 사람들에게 이상적인 자위 시간은 목욕을 하거나 샤워를 할
때임을 깨달았다. 이상적인 경우라면 간호사는 준비만 도와주면 되

고, 자위는 장애인 스스로 할 수 있어야 한다(남자의 경우는 자위의 결과를 치우는 일도 남의 도움 없이 할 수 있어야 한다). 목욕 전에는 남자든 여자든 도움을 받아 옷을 벗을 것이고, 이런 일종의 사회 복귀 프로그램 중에는 위생 문제를 충분히 확인해야 할 것이다. 물줄기 자체의 떨림(일반적인 샤워기를 썼다)을 이용해보았으나 효과가 적었기에 스테인카머르는 물줄기로 진동을 일으킬 수 있는 기기를 새로 개발했다.

사실 그 몇 년 전, 네덜란드 국립장애인위원회는 장애인들의 자위를 돕는 기구를 생산하려고 시도했던 적이 있다. 로베르트 트로스트가 만든 '코이트론'이란 이름의 시제품을 시험해보기까지 했다.[5] 이 기기는 진동을 일으키는 게 아니라 음경(소대 부근)이나 클리토리스 포피에 전극을 대어 직접 전기 자극을 일으키는 식이었다. '전기화'는 장애인의 사회 복귀 치료나 물리치료 분야에서 오래전부터 쓰인 방법이다. 최근에는 힘들이지 않고 근육을 만들어주는 전기 운동 기구들이 시장을 넓혀가고 있다. 하지만 성기에 관해서는, 아프지 않으면서도 성적 자극을 주는 진동 형태를 발견하는 데 꽤 시간이 걸렸다. 트로스트의 실험 대상자들은 실제로 육체적 흥분 상태에 이르렀고, 오르가슴 가까이 다가간 여성들도 많았다. 하지만 트로스트는 후속 연구를 수행하지 못했다. 연구 결과의 출간에 즈음하여 자금 지원을 물색했으나 뜻대로 되지 않았던 것이다.

요즘은 직접 전기 자극을 주는 방식은 사라졌다. 예외가 있다면 횡변병 증후군을 가진 남성의 경우이다. 아이를 갖고 싶지만 사정을 하지 못하는 경우, 우선 강력한 바이브레이터로 반사적 사정 반응을 일으켜본다. 그것도 안 되면 환자를 마취한 뒤 항문 점막을 직접 전기적으로 자극해 사정을 일으킨다. 전기적 사정법은 수의학에서 발달한 것이다. 수의사들은 이런 식으로 정자를 모아 인공수정에 사용한다.

좀 더 미래주의적인 접근법으로는 1970년대에 뉴올리언스의 한 연구진이 수행한 신경 질환 관련 실험이 있다.[6] 많은 의학 연구소들이 뇌수술을 통해 심각한 정신과 질환이나 신경 질환을 해결하고자 애쓰던 때였다. 간질 환자의 뇌에 전극을 삽입한 뒤 몇 년이고 놔두는 경우도 있었다. 전극을 통해 두개골 뇌파도 측정으로는 알 수 없는 자발적 뇌 활동을 관찰하려는 의도였지만, 거꾸로 전기 자극을 주는 도구로 전극을 사용할 수도 있다. 캐뉼러(몸에 꽂아 액을 빼내거나 약을 넣는 데 쓰는 금속관_옮긴이)를 꽂아서 소량의 화학 자극제를 흘려보내는 것도 가능했다. 어떤 병원은 전극에 짧고 강한 전류 자극을 가하여 뇌를 사실상 조금씩 태우기도 했다. 이런 식으로 뇌 기능을 조정하는 것은 과거의 뇌엽 절단술을 다소 세련되게 만든 것에 지나지 않는다. 뇌엽 절단술은 통제 불능인 환자들을 '길들일' 요량으로 적용했던, 너무나 조잡한 수술법이다. 이 시술을 받은 환자 중 가장 잘 알려진 골칫덩이로는 영화 〈뻐꾸기 둥지 위로 날아간 새〉에서 잭 니콜슨이 연기한 주인공을 들 수 있을 것이다.[7]

R. G. 히스는 뇌의 다양한 지점에 전기 신호를 주었을 때 환자들이 어떤 감정 반응을 보이는지 연구했다. 어떤 지점을 자극하면 반드시 기분 좋은 감각이 생겨났다. 특히 중격부는 성적으로 민감했는데, 쥐 실험을 통해 이미 잘 알려진 바였다. 쥐의 뇌에 전극을 심은 뒤 스스로 자극을 줄 수 있는 방법을 마련해두면(가령 발판을 밟는다거나 함으

로써) 그때부터 쥐의 일상은 매우 단조로워진다. 꼭 마약 중독자처럼 쥐는 하루 종일 스스로 전기 자극을 주며 보낸다. 히스의 남성 환자 중에도 비슷한 기기를 삽입한 사람이 있었는데, 그 역시 10초마다 한 번씩 특정 대뇌 부위를 자극하며 시간을 보냈다. 그는 행복하고, 활기차고, 다정한 기분을 느꼈고, 가끔 성적으로 흥분하기도 했다. 이처럼 외부적으로 흥분을 일으키는 방법은 여성 혐오증을 지닌 남성을 치료하는 데 쓰이기도 했다. 이 남성은 입원 전까지 동성애 경험밖에 없었다. 하지만 만족스럽지 못했던 데다가, 그것도 매춘부와의 관계였기 때문에 더욱 성경험이 왜곡되었다. 의사들은 우선 그에게 포르노 비디오를 보여줘서 이성애에 관심을 갖게 만들었다. 다음에는 여성 매춘부를 고용해서 그와 성관계를 갖게 했다. 퇴원한 뒤 남자는 사회적 기능을 더 잘 수행하는 구성원이 되었을 뿐 아니라, 한동안 성적으로 만족스런 이성애 연애 관계를 즐기기도 했다.[8]

의사들은 이 남자와 또 다른 여성 간질 환자의 뇌 중격부에 약물을 가하는 치료를 시도했다. 아세틸콜린과 아드레날린을 가하자 남녀 모두 최고의 흥분 상태에 이르렀다. 다만 여성 환자는 오르가슴까지 자연스럽게 느끼지는 못했다. 연구자들은 간단히 삼키기만 하면 쾌락을 주는 약물을 개발할 수 있을지도 모른다고 시석하며 논문을 맺었다. 물론 과학소설들을 보면 그런 발명품이 수도 없이 묘사되어 있다. 1968년에 제작된 로제 바댕Roger Vadim의 영화 〈바바렐라〉도 한 예시이다. 2300년, 주인공 역의 제인 폰다는 위험한 임무를 띠고서 먼 우주로 파견을 떠난다. 처음 여행하는 길을 가면서 그녀는 끊임없이 남자들과 마주치는데, 매번 그들과 함께 관능적인 성애를 펼친다.

마이 버자이너

알고 보니 그때쯤에는 성관계가 알약을 먹는 것으로 대체되어 있었다. 배우의 표정에서 느낄 수 있듯, 다채롭고 의미 깊은 즐거운 내적 반응들을 일으키는 알약이다.

사이버섹스는 현대 과학소설의 산물이다. 로날드 히파르트Ronald Giphart는 1995년의 『사랑의 향연』 가운데 한 단편 「미완성으로 남겨둔 것들의 세상」에서 이런 상상을 펼쳤다. 한 남자가 막심이라는 소녀를 집에 들인다. 그녀는 아무 남자하고나 자는 여자가 아니지만, 그와 잠시 사랑을 나누고 싶어 한다. 단, 텔레딜도닉스라는, 그녀와 그녀의 남자친구가 개발한 기술을 통해서이다. 우주복처럼 생긴 꽤 복잡한 기기인데, 안에는 여러 조그만 모터들이 있어서 남자의 경우 음경 주위에 질이, 손바닥에는 가슴이, 혀에는 클리토리스가 있는 것처럼 느껴지게 만든다. 그는 광섬유 헬멧의 화면으로 막심을 본다. 아니, 그녀의 모습임은 분명한데 더 자극적이고 유혹적인 몸짓이다. 그와 막심이 만족스런 섹스를 나누고, 둘 다 절정에 오르고 나자, 막심은 자신의 화면에 비친 것은 당연히 그가 아니라 자기 남자친구였다고 말한다. 텔레딜도닉스를 사용하면 남자친구를 배신하지 않으면서도 뜨거운 밤을 보낼 수 있는 것이다. 물론 상대는 저만의 세계에서 즐기는 것이고 말이다.

다시 현실로 돌아와보자. 산업디자인 전공자 이레인 라라커스는 1995년의 졸업 논문으로 소비자 조사에 기초한 새 바이브레이터 디자인을 제출했다.[9] 그녀는 성 물품 통신판매 업체의 회원인 여성 고객들을 대상으로 설문조사를 한 뒤, 그것을 바탕으로 몇 가지 조건들을 추렸다. 다음에는 응답자 중 몇몇을 모아 함께 브레인스토밍 시

외관에 별 특성이 없기 때문에 확연히 성 상품으로 보이는 물건을
사기 어려워하는 여성에게 알맞다. 남의 이목을 끌지 않는
모양이어서 마사지 기계를 파는 큰 가게 같은 데서 쉽게
살 수 있다.

사용법은 간단하다. 진동하는 머리 부분을 몸에 세게
누를수록 진동이 강해진다. 조금만 건드려도 금세 진동을
시작한다.

손잡이는 진동하지 않는다. 머리만 진동하기 때문에 다른
바이브레이터들보다 훨씬 소음이 적다.

틈 없이 완전히 이어져 있고 방수이다. 열고 닫는 부분은 모두
탄력 고무로 막아져 있다. 그래서 안전하고, 청소하기 쉽고,
샤워 중에도 사용할 수 있다.

머리 부분의 진동은 재생 중인 음악에 맞춰 달라진다.
모조 음경과 함께 사용할 수도, 따로 사용할 수도 있다.
앉은 채로 사용할 수 있으며 손을 쓸 필요가 없다.
손잡이는 진동하지 않는다. 머리 부분만 진동한다.

제품에 든 물이 계속 움직이기 때문에
물로 마사지할 때의 느낌이 든다.

무향의 재질이고, 기름에
젖어도 상관없다.

따뜻하고, 부드럽고, 감촉이 좋다.

기계적이거나 전기적 요소가 전혀 없는,
사용자 친화적이고 자연적인 제품이다.

다양한 형태와 색깔로 주문할 수 있다.

마법의 마사지 도구들

간을 가졌다. 현실성 같은 사소한 문제는 괘념치 말고 뭐든 원하는 것을 자유롭게 얘기하도록 했다. 그러자 꿈과 같은 디자인들이 쏟아졌다. 커다란 방 속에 따뜻한 기류가 끊임없이 흘러서 몸을 쓰다듬는 도구라든지, 텔레파시로 성관계를 하는 성 스머프라든지 말이다. 이런 발상들을 구체적 제품으로 만들어내는 게 디자이너의 역할이다. 라라커르스는 옆에 보이는 세 가지 형태의 시제품을 고안했다.

배터리로 움직이는 바이브레이터인데, 진동하는 부위로 클리토리스를 자극한다. 소리가 거의 없도록 설계한다. 손잡이는 음경처럼 쓸 수 있지만 진동하지는 않는다.

워크맨이나 CD 플레이어에 연결해 쓸 수 있는 전기 기기로서 진동의 강도와 주파수는 음악에 따라 변한다. 모양은 휴대폰처럼 생겼다. 손안에 쏙 들어오는 크기로, 그 위에 앉을 수 있으며 팬티 속에 넣어둘 수도 있다. 음경처럼 생긴 보조 기구가 딸렸다.

물이 채워진 부드러운 플라스틱 기구로, 불규칙하게 여기저기 튀어나온 다양한 형태를 취할 수 있다. 진동 없이 사용한다. 근육을 긴장시키거나 엉덩이를 움직여 오르가슴에 오르는 여성들을 위한 보조 기구이다. 베개나 곰 인형과 달리 원하는 온도로 맞출 수 있다. 안에 따뜻한 물을 넣으면 되기 때문이다. 재질은 부드럽고 미끌미끌하다. 삽입용도 따로 있다.

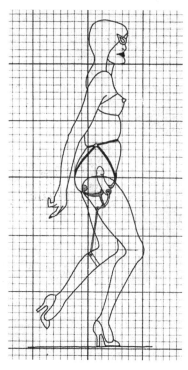

토미 웅거러의 바이브레이터

　라라커르스는 진동 그리고 마찰과 삽입 기구라는 오래된 믿을 만한 방식으로 정리한 것 같다. 이 분야는 아직 상상력이 개입할 여지가 많은 곳이다. 현실적 제약들을 고려하지 않는다면 더욱 그렇다. 사실 브레인스토밍에 참가한 여성들이 떠올린 발상은 과거에 한 번쯤은 다 등장했던 생각들이다. 토미 웅거러Tomi Ungerer는 어린이책에 그린 그림으로 유명하지만, 1971년에 출간한 『포르니콘』이라는 책에서 상상만 해도 놀라운 성 만족 기구들을 선보인 적이 있다.[10] 그의 설계를 보면 성적 만족을 다른 활동들과 다양하게 연결 지은 것을 알 수 있다. 가령 음악, 스포츠, 컴퓨터 게임, 핀볼 기계, 미용, 보디빌딩 운동 등이다. 그의 발상 중 대다수는 기술적으로 실현할 수 있다. 키엔홀츠Edward Kienholz(미국의 설치 예술가_옮긴이)도 웅거러와 유사한 제안들을 한 적 있다. 사실 DIY에 능한 사람이라면 누구든 창조적 발명품을 직접 만들어볼 수도 있을 것이다. 몇 년 전, 네덜란드의 한 가학·피학 관계 부부는 원격 조종되는 바이브레이터를 만들었다. 부부는 주인과 노예 설정의 결혼 생활을 하고 있는데, 여기서 주인 격인 남편의 지위는 언제든 자기가 원할 때 아내를 흥분시킬 수 있는 능력으로 표현된다. 다른 사람들도 함께 있는 즐거운 분위기, 가령 아내가 손님들에게 음료를 대접하는 순간 등에도 바이브레이터를 켜곤 하는 것이다.

이레인 라라커르스는 세 개의 시제품 설계를 베를린 성 상품 박람회에 가져갔지만 결과는 고무적이지 않았다. 소비자들의 바람을 충족시킬 준비가 되었다고 말하는 제조업자들은 꽤 있었지만, 어쨌든 결국 맨손으로 돌아와야 했다.

바이브레이터가 초대받지 않은 시장에 진입한 사례도 있다. 2003년 1월, 미국 부모들은 '님부스2000'이라는 장난감 빗자루를 만든 마텔 사에 불평을 퍼부었다. 해리포터 마케팅 열풍을 타고 만들어진 그 빗자루는 아이들이 다리 사이에 끼고 놀게 만들어진 것으로,[11] 원격 조종이 가능한 데다 불까지 번쩍번쩍했다. 무엇보다도 진동 기능이 있었다. 제조사의 웹사이트에 한 순진하고도 열성적인 삼촌이 올린 글을 보면, 자신이 선물한 그 빗자루를 여자 조카애가 '완전히 탈진할 때까지' 하루 종일 갖고 논다는 것이다.

    아직도 바이브레이터 시장에서는 말도 안 되게 싸구려 물건을 만들어 돈을 벌 수가 있다. 성과학자의 조언에 따라 오르가슴 문제를 극복하고자 바이브레이터를 산 여성이 있었다(전원을 꽂는 형태였다). 그녀의 남자친구는 거대 가전제품 제조업체에서 품질 관리사로 일하는 사람이었다. 남자는 바이브레이터를 보더니 혹평을 가했다. 안전성을 그처럼 무시한 제품이 있다니 충격적이기 이를 데 없고, 그런데도 그런 가격이라니 다른 생산자들은 꿈도 꾸지 못할 이윤을 남기고 있으리라는 것이었다.

여성의 향기

커피숍의 코요테
스크램블 에그에 난 구멍을 들여다보고 있다.
웨이트리스를 쳐다보면서
손가락에 나의 냄새를 묻히는 그
_조니 미첼Joni Mitchell의 〈코요테〉

여성 성기에 대한 책이라면 모름지기 냄새와 맛에 대해서도 써야
겠지만, 절대 쉬운 일이 아니다. 질의 냄새나 질 분비물은 거친 용어
로 조롱당하는 신세이다. 질 냄새에 대한 저속한 농담들은 보통 여성
혐오를 위장한 것이다. 순문학에는 성생활의 이 이면을 다룰 자리가
없기 때문에, 여성들이 지닌 사랑의 향수에 열중하는 것은 전적으로
포르노 작가들의 몫이다.

어떤 나라 사람들은 훨씬 솔직하고 노골적이다. 나폴레옹이 조
세핀에게 편지를 쓰면서 자신이 갈 때까지 몸을 씻지 말고 있으라
고 했다는 얘기는 너무나 유명하다. 프랑스 사람들은 다른 나라, 가

피에르 폴 프뤼동, 황후 조세핀의 초상, 1805

령 네덜란드 사람들보다 성에 대해 더 개방적이고 노출적인 성향이 있는 것 같다. 초현실주의 극작가이자 연출가인 앙토냉 아르토Antonin Artaud는 1950년대에 라디오 진행을 하다가 이런 시를 읊었다.

나는 보지를 사랑해, 보지는 보지 맛이 나니까
나는 똥구멍을 사랑해, 똥구멍은 똥구멍 맛이 나니까.

프랑스인들의 정신은 분명히 육감적인 데가 있다.

성적 향기들을 은밀한 것으로 취급하는 우리 태도는 생물학적 본능과는 대치된다. 간간이 그 사실을 뼈저리게 느끼는 경우가 있다. 성 혐오와 억압으로 정신과 치료를 받았던 한 여성이 어느 날 밤 5살 난 딸을 침대에 눕히고 있었다. 소녀는 엄마에게 '세상에서 제일 맛있는 냄새를 맡아보라'라고 해서 엄마를 깜짝 놀라게 한다. 소녀는 손가락을 내밀었는데, 성기를 만졌던 손가락인 게 분명했다. 여성은 자신의 비위를 거스르는 이 일에 너무나 혼란스러웠으며, 갑자기 딸이 육체적으로 얼마나 솔직한지 깨닫게 됐다. 어쩌면 그 여성은 필립로스Philip Roth(1933~)의 『포트노이의 불평』을 읽어 보았을지도 모르겠다.[1] 주인공의 대단한 마지막 사랑, 그가 경멸하듯이 원숭이라고 부르는 여성은 자신의 냄새가 가진 마술적 힘을 당당하게 활용했다.

우리가 처음 사귈 때 자주 그랬듯이, 원숭이는 라니에리 식당의 여성 화장실을 다녀오더니, 보지 냄새 가득 나는 손가락을 들고 테이블로 돌아왔고, 나는 그 손가락을 코밑에 둔 채 냄새 맡고 키스하면서 요리가 오기를 기다렸다.

모녀 관계에는 여러 가지 형태가 있다. 육체와 육체에 딸린 모든 일을 즐겁게 받아들이도록 딸을 가르치는 어머니도 있겠지만, 우리는 그 반대인 전형적 '빅토리아시대' 어머니상을 알고 있다. 딸이 잠자리에 들 때 손을 이불 위로 올려두고 있는지 밤마다 확인하고, 딸의 손가락 냄새를 맡아보는 것으로 검사를 마치는 어머니 말이다.

마이 버자이너

나중에 딸이 육체적으로 성숙하여 친아버지에게 성 학대를 당한다 해도 이 어머니는 딸을 보호해주지 못한다. 오히려 아버지의 행동을 정당화한다. 성적인 편집증에 사로잡힌 그녀는 사실 딸이 벌받아 마땅하다고 생각해왔기 때문이다. 그녀는 딸이 음란하다고 생각한다.

프랑스의 한 미성년자 관람 불가 영화에서 두 초등학교 소녀는 한 소녀의 언니에게 마음을 빼앗긴다. 그 언니는 옷을 벗은 후에(달빛을 받은 커튼 뒤로 실루엣이 선명하게 비친다) 늘 팬티 냄새를 맡아본다. 어린 소녀들에게는 그것이 성인의 신비로운 상징처럼 느껴졌다. 안네 프랑크의 일기 중 최근에 공개된 부분을 보면 소녀가 질 분비물을 보고 느낀 엄숙한 감정이 드러난 대목이 있다.

중요한 소식을 잊을 뻔했어. 나 곧 생리를 할 것 같아. 팬티에 흰 얼룩이 계속 묻는 걸 보면 알 수 있어. 엄마가 그러는데, 곧 시작한다는 뜻이래. 정말 기다려져. 정말 중대한 사건이거든. 생리대를 쓸 수 없는 게 안타깝지만, 구할 수 없으니까 어쩔 수 없지. 엄마들이 쓰는 탐폰은 아기를 낳은 사람들만 쓸 수 있는 거래.[2]

질 냄새에 대한 정보를 주고받는 것은 보통 의사들의 일이다. 질이 감염되면 많은 불편한 증상들이 나타나는데, 가끔 심한 냄새가 날 때도 있다. 15년 전쯤 부인과 서적에 이름을 올린 세균질증이란 증상은 독특한 생선 냄새를 일으키는 것이 특징이다. 질 분비물 양이 많아지긴 하지만 그 밖에는 비정상적인 데가 없으며, 통증도, 가려움이나 건조함도 없다. 특히 여성들을 당황시키는 것은, 성교 중에 냄새가 더 심해진다는 사실이다. 분명히 질에 정액이 들어간 결과인 것이다. 그런 문제로 의사를 찾기까지 여성들이 얼마나 고민에 고민을 거듭할지, 이해가 되고도 남는다.

이 비린 냄새의 주범은 '아민'이라는 물질이다. 단백질이 분해되어 생기는 물질이다. 이 증상을 일으키는 원인은 최근에 발견되었는데, 가드네렐라 바지날리스라는 세균이다. 이들은 다른 나쁜 영향은 별로 일으키지 않지만 어쨌든 단백질을 분해하여 아민으로 만든다. 세균질증의 치료는 간단하다. 메트로니다졸이라는 항생제를 조금만 취하면 대부분의 경우 깨끗해진다. 아주 가끔 치료 후에 부작용이 일어나는 때가 있는데, 질의 냄새가 아예 완전히 사라지는 경우이다. 그런 결과를 바란 것은 아니기 때문이다.

성적인 체취는 어떻게 생겨나고 어떤 영향을 미칠까? 연구에 따르면, 저급 휘발성 지방산이라는 방향 물질이 관련되어 있다.[3] 동물의 경우 그런 물질을 코퓰린이라 부른다. 그 물질이 존재하느냐 하지 않느냐에 따라 암컷이 성적으로 수컷에게 매력적인가 아닌가가 결정된다. 코퓰린은 질액 속의 단백질에서 생성된다. 질 벽의 세포들은 피부 세포들처럼 끊임없이 재생되기 때문에 질액에는 늘 단백질이 풍부하다. 아주 더운 날 손가락으로 한쪽 손등을 훑어보면 검은색을 띤 죽은 세포들이 도로록 말려나오는 것을 볼 수 있다. 질에서는 죽은 세포들이 스스로 떨어져 내려서 세균의 몫이 된다. 질 벽에는 체내 주요 탄수화물 저장고라 할 수 있는 글리코겐이 풍부하다. 글리코겐을 분해하는 것은 주로 유산균의 몫이며, 최종 산물은 젖산과 아세트산이다. 발견자의 이름을 본떠 '되더라인균Döderlein'이라고도 불리

414
마이 버자이너

는 유산균은 질에 공생하는 기생균들 중 가장 유용한 것이라 할 수 있다. 그들이 만들어내는 물질 덕분에 질이 산성을 유지하고, 그 높은 산성도 덕분에 다른 나쁜 균들을 효과적으로 방어할 수 있기 때문이다. 유산균 자신은 낮은 pH(즉 높은 산성도)에서 잘 지낸다.

질 분비물이 거의 전적으로 젖산과 아세트산만으로 이루어진 경우에는 별 특징 없는 중성적 냄새가 난다. 그런데 전체 여성의 3분의 1 정도는 위에서 말한 저급 휘발성 지방산이 질 분비물에 섞여 있다. 의학 문헌에서는 '생산자' 여성과 '비생산자' 여성이라 나누어 부른다. 지방산은 질 벽 죽은 세포들의 단백질이 분해된 결과물이다. 단백질은 우선 아미노산으로 분해된다. 음식물 속의 단백질을 흡수해야 하는 장 속에서도 벌어지는 과정이다. 그 다음에 세균들이 아미노산을 분해하면 지방산이 생겨난다. 이 과정 역시 체내 다른 부분들에서도 활발히 일어난다. 이를테면 겨드랑이 땀샘 같은 곳이다. 땀은 세균의 분해 활동 때문에 땀 냄새를 낸다. 뜨거운 물로 막 씻고 난 겨드랑이는 그냥 겨드랑이 냄새를 내지 땀 냄새를 내지 않는다. 신선한 생선에서 생선 냄새가 아니라 바다 냄새가 나는 것과 같은 이치이다. 휘발성 지방산의 특징적인 냄새는 요리에서도 중요한 요소이다. 치즈의 향도 이와 비슷한 산 때문에 일어난다고 할 수 있다. 비슷한 세균들이 관여한 결과인 것이다. 여성들에게 질 냄새에 자긍심을 가지라고 설득한 저메인 그리어의 말이 옳다고도 할 수 있겠는데, 정말로 몇몇 값비싼 음식들의 맛과 냄새는 여성의 질 분비물 냄새와 비슷하기 때문이다.

연구자들은 질에 휘발성 지방산이 있는 여성들(즉 생산자들)을 대상으로 냄새에 주기가 있는지 조사해보았다. 피임약을 복용하지 않는 여성이라면 실제 월경주기에 따라 생산량의 차이가 있는 것으로 드러났다. 질 냄새가 가장 강한 때는 월경에서 배란까지이다. 이것은 질 벽의 호르몬 상태 때문이다. 배란 직전 여성의 몸은 에스트로겐에 점령된 상태이고, 이때 질 벽에는 글리코겐이 아주 많이 축적된다. 이 시기에는 유산균들이 섭취할 것이 아주 많은 셈이고, 나아가 저절로 떨어져 내리는 세포들도 많기 때문에 냄새 발생자들이 분해할 것도 많아진다. 피임약을 복용하는 여성들 중에는 생산자의 비율이 적은 편이고, 주기에 따른 변화도 존재하지 않는다(이 정보를 제공한 연구는 20년 전에 이루어진 것이어서 당시 피임약 사용자들은 1990년대의 여성들보다 훨씬 높은 농도의 호르몬을 섭취하고 있었다).

잠시, 옆으로 비껴나서 반대 성을 살펴보기로 하자. 남성들 역시 생산자와 비생산자로 나눌 수 있다. 할례를 받지 않은 남성의 경우 귀두와 포피에서 떨어져 나온 세포들이 축축한 환경(귀두와 포피 사이)에 갇혀서 세균의 공격 대상이 되기 쉽다. 물론 다음 번 샤워 전까지 말이다. 반면 할례를 받은 남성의 죽은 세포들은 속옷에 바로 떨어진다. 나이 들어서 할례를 받은 남성들은 성적인 체취가 감소한 것을 느낀다. 할례받지 않은 남성 중 냄새가 신경 쓰이는 사람은 가능한 한 최대로 귀두를 드러내면 조금 문제를 해결할 수 있다.[4]

앞서 말한 연구는 화학적 분석에 바탕을 둔 것이다. 하지만 코를 이용해서도 어느 정도 구별할 수 있다. 코는 생산자와 비생산자를 가리는 데 탁월하며, 심지어 배란 전과 후를 구별할 수도 있다. 그런 점에서 사람은 후각이 뛰어나다는 다른 동물들을 그리 부러워하지 않아도 될지 모른다. 조금만 훈련하면 위에서 말한 냄새들을 훌륭하게 판별할 수 있다. 실험 결과 소변의 냄새만 가지고도 여성인지 남성인지 알아맞힐 수 있다고 한다. 하지만 사람들이 그 기술을 터득하지 않는 이유는 우선 그런 능력이 별 흥밋거리가 되지 못하기 때문이고, 또한 남의 소변 냄새를 연구하는 게 그리 중요한 일이라고는 할 수 없기 때문이다. 가로등 발치에서 킁킁거리며 꼬리를 흔드는 강아지처럼 되고 싶지는 않으니까 말이다.

동물을 키워본 사람은 냄새에 대한 동물들의 반응에 대해 많은 것을 알게 된다. 여성들(그리고 남성들) 중에는 개가 자기 냄새에 반응을 보이는 바람에 민망했던 경험을 한 사람들이 꽤 있을 것이다. 개가 본능적으로 사람의 다리에 올라타려 한다는 사실은 동물의 생식 행위에서 냄새 신호가 얼마나 강력한지 보여주는 증거이다. 이 분야에 대한 동물 연구는 주로 붉은털원숭이를 대상으로 이루어지는데, 연구의 핵심 물질은 사람에게서와 같은 휘발성 지방산이다. 암컷 붉은털원숭이가 유혹적 체취를 발산하는 데는 에스트로겐 호르몬의 영향이 매우 크다. 수컷들의 반응도 마찬가지이다. 암컷의 냄새를 맡은 수컷은 반복적으로 교미를 시도하는데, 그 말은 임신이 가능한 시기에 성행위가 집중적으로 이루어진다는 것이다. 합성 저급 지방산을 사용해도 같은 효과를 일으킬 수 있다. 사람의 성행위는 그런 원시적 신호의 영향을 비교적 덜 받는 편이다. 하지만 생산자들이 비생산자들보다 성적으로 인기가 더 높은지, 그 정도에도 주기가 존재하는지 알아보는 것도 재미있을 것 같다.

페로몬과 행동

이 책에서 아직까지 한 번도 페로몬 얘기가 나오지 않은 걸 의아해한 독자도 있을 것이다. 신문이나 잡지에는 때때로 이 생물학적 미끼들에 대한 재미난 이야기들이 실린다. 이 분야의 가장 오래된 관찰 내용은 20세기 초로 거슬러 올라간다.[5] 프랑스 곤충학자 장 앙리 파브르의 얘기이다. 어느 날 파브르는 숲에서 고치 하나를 발견하여 집으로 가져왔다. 곧 고치는 아름다운 암컷 산누에나방으로 탈피했다. 파브르는 나방을 우리 속에 넣어두었는데, 다음 날 40마리도 넘는 수컷 나방들이 우리 주변에서 펄럭대는 것을 보고 깜짝 놀랐다. 파브르는 암컷의 흡인력을 시험하기 위해 우리를 유리 종 아래 넣어두었다. 그랬더니 곧 수컷들의 발길이 끊겼다. 나중에 과학자들이 밝혀낸 바에 따르면, 이 나방에 특유한 휘발성 방향 물질이 있는데 수컷은 그 냄새를 3킬로미터 밖에서도 맡을 수 있다.

덕분에 환상적인 새로운 연구 영역이 펼쳐졌다. 이 최초의 페로몬이 동물들에게 일으키는 행동의 의미는 분명했다. 수컷들을 꾀는 데는 생식이라는 목적이 있다. 여왕벌은 벌집을 떠나 짝짓기 비행에 나서는 순간 페로몬을 내뿜음으로써 모든 수벌들이 자신을 따라 날아오르게 한다. 서로 경쟁하게 만든다. 그런데 여왕벌은 같은 샘에서 암벌들의 난소 기능을 억제하는 페로몬도 발산한다. 무리 중 단한 마리 암컷이 모든 생식을 책임지는 사회를 유지하게 해주는 도구인 것이다(이것은 매우 원시적 형태의 공동생활로 곤충 같은 단순한 종에서나 적용되는 것으로 보이지만, 사실 작은 남아메리카 원숭이 종류인 명주원숭이들도 똑같은 사회구조를 갖고 있다).[6] 여왕벌이 뿜는 세 번째 페로몬은 자기 벌떼와 다른 벌떼를 구별하게 해주는 호르몬이다. 벌의 모든 행동, 즉 성적 반응, 공격성, 먹을 것을 찾는 행위, 위험을 경고하는 행위 등은 이런 신호들에 의해 자동적으로 통제된다. 여왕벌은 페로몬을 휘둘러 신하들을 로봇으로 만든다.

축산업은 이미 다양한 방식으로 페로몬을 활용하고 있다. 암퇘지가 발정기인지 아닌지 알고 싶으면 스프레이만 한 번 뿌려보면 된다. 사람들은 송로를 캘 때 돼지를 동원하는데, 송로의 향이 돼지의 페로몬 냄새와 비슷하기 때문이다. 송로가 최음제로 팔리는 것도 이해할 만한 일이다. 캘리포니아에서 볼 수 있는 어떤 거미는 곤충들의 페로몬을 모방하는 게 장기이다. 거미는 16가지 냄새를 만들 줄 아는데, 진짜 페로몬과 구별이 불가능할 정도라고 한다. 이 냄새를 거미줄에 뿌려놓음으로써 그날 먹을 먹이를 결정하는 셈이다. 어머니 자연의 풍부한 창고에서 그날의 메뉴를 고르는 이 능력이 거미의 성격에도 영향을 미치지 않았을까? 어쩌면 밉살스러울 만큼 변덕스런 거미인지도 모르겠다.

식물도 페로몬으로 곤충을 유혹한다. 벌난초는 꽃가루를 옮겨줄 벌을 끌어들이려고 페로몬을 발산하며, 꽃의 모양 자체도 암벌을 닮았다. 수벌은 암벌을 대하듯 너무나 열정적으로 꽃과 교미 행동을 취한다. 소를 인공수정시키는 사람들도 나무 레일 위에 가죽을 덮은 뒤 페로몬을 뿌리기만 하면 쉽게 수소가 올라타게 만들 수 있다.

동물의 행동을 통제하는 페로몬 체계는 뇌의 가장 원시적인 부분에 존재하는 구조이다. 뇌간, 또는 '파충류 뇌'라고도 불리는 부분이다. 사람들이 뱀을 불길한 동물로 치부하는 까닭 중 하나는 끊임없이 갈라진 혀를 날름거리기 때문이다. 최근 연구에 따르면, 뱀이 이런 행동을 하는 이유는 페로몬 수용 기관이 자리한 혀끝을 차갑게 유지해야 하기 때문이다. 페로몬 수용 기관은 후각기관과는 전혀 다른 것으로서, 보습코기관이라 불린다. 몇 년 전에는 사람에게도 보습코기관이 존재한다는 사실이 밝혀졌다.[7] 이비인후과 전문가라면 코 안 2센티미터쯤 들어간 곳, 코 중격 아래쪽에서 작고 붉은 홈을 보게 되는 때가 있다. 길이가 1센티미터 정도인 깔때기 모양의 낭이 시작되는 장소이다. 누구에게나 이 기관이 있지만 코 중격의 연골 모양이 사람마다 다르기 때문에 기관이 숨어서 안 보일 때가 있다. 현미경으로 관찰한 보습코기관의 모양은 후각기관과 비슷한 생김이다(후각기관 자체는 비강의 훨씬 깊고 높은 안쪽에 있다). 세포들은 미세한 털로 덮여 있는데, 휘발성 물질이 그 털에 닿아서 신경 신호로 변환되고, 신경섬유가 신호를 뇌로 전달한다.

보습코기관에 대해서는 아직 알려진 것이 많지 않다. 하지만 머지않아 비뚤어진 코를 바로잡는 수술 중에 보습코기관을 손상시켰다며 이비인후과 의사에게 손해배상을 청구하는 날이 올지 모른다(분명히 미국에서 시작될 것이다). 의사들은 충분히 방어기제를 갖출 필요가 있다. 수술 안내문에 보습코기관에 손상이 올지 모른다는 가능성이 언급되어야 하고, 그럴 경우 어떤 결과가 벌어지는지도 소개되어야 할 것이다.

최근 연구 중에 합성 페로몬을 들이마시게 한 뒤 신경섬유로 전달된 전기 신호(신경 파동)를 기록한 사례가 있다.[8] 보습코기관은 정상적인 후각기관이 감지하지 못하는 몇몇 휘발성 물질들을 탐지하는 것으로 보이며, 반면에 매우 강한 냄새들에는 반응하지 않는 것 같다. 그런 강한 냄새의 예로 치통을 잠재우는 데 널리 쓰이는 정향유가 있다. 그러므로 우리의 행동은 의식적으로 감지하지 못하는 휘발성 물질들에 영향을 받고 있는 셈이다. 사람의 마음을 유혹하는 도구로 냄새가 유일한 것은 아니다. 그런 의미에서 보습코기관은 감각기관이라 할 수는 없다. 감각기관이라 하면 외부 세계의 신호를 감각을 통해 받아들임으로써 우리 의식에 전해주는 것이기 때문이다. 합성 페로몬에 대한 초기 연구에서 밝혀진 또 한 가지 놀라운 사실은, 여성은 ER-670에 강하게 반응하는 반면 남성은 그렇지 않고, 남성은 ER-830에 강하게 반응하는 반면 여성은 그렇지 않다는 것이다.

이것은 정말이지 놀라운 사실이다. 우리 몸에는 이처럼 선택적 반응을 보이는 기관이 달리 존재하지 않는다. 여성과 남성에게 공통으로 있는 기관이라면 호르몬 자극 같은 것에도 동일하게 반응하는 게 보통이다. 가령 남성도 이론적으로는 유선을 발달시킬 수 있다. 하지만 평생 성장 잠재력이 숨어 있을 뿐이다. 남성의 유선을 발달시키려면 사춘기에 접어든 소녀들보다도 많은 양의 여성호르몬을 혈액에 주입해야 한다. 실제로 합성 에스트로겐을 다량 남성에게 주입하면 그들도 일정 수준의 발달을 빠르게 드러낸다. 남성에서 여성으로 성전환하는 사람들이 받는 호르몬 치료가 바로 그런 것이다.

자, 이처럼 페로몬은 특이한 속성을 갖고 있다. 그런데 그 기능을 일반적인 생물학의 틀 안에서 어떻게 이해해야 할까? 만약 개미 군락을 하나의 개체, 하나의 육체로 본다면 그때 페로몬은 한 개미에서 다른 개미로 자극을 전하는 자극 전달 물질이라 할 수 있다. 처음에 페로몬은 '외분비 호르몬'이라고 불렸는데, 그 사실만 봐도 이 물질의 속성에 대한 개념을 잡을 수 있다. 하나의 동물 몸 안에서는 자극 전달 임무를 대부분 신경계가 맡고 있으며, 추가로 (내분비) 호르몬, 즉 신체 일부에서 형성되어 다른 부분들로 옮아가(보통은 혈관을 통해) 영향을 미치는 물질들이 개입한다. 이런 협동 과정을 통해 한 유기체 내의 여러 기관들이 다 같이 살아가는 것이다. 이에 비해 외분비 호르몬은 군락 내의 여러 개체들이 적절히 협동하도록 해준다. 사회적 일체감을 유지하고 종의 번식을 이뤄내기 위해서 말이다.

당연한 일이겠지만 페로몬 연구는 사람보다 동물을 대상으로 더 심도 있게 수행되고 있다. 페로몬이 사람의 일상 행동에 미치는 영향에 대해서는 모호한 부분이 많다. 하지만 페로몬을 통해 반대 성에 대한 성적 매력을 키울 가능성, 그것을 상업적으로 이용할 가능성은 엄청난데, 옛사람들도 잘 알고 있던 사실이다. 셰익스피어 시대에는 '사랑의 사과'라는 것이 있었다. 여성들은 껍질을 벗긴 사과를 겨드랑이에 한참 끼워두었다가 자신이 선택한 남성에게 건네주었다.[9] 요즘도 그리스와 발칸반도 지역 남성들은 축제 전에 겨드랑이에 손수건을 끼워둔다. 나중에 춤을 추면서 그 손수건을 펄럭이면 그들의 페로몬이 사랑하는 여성들의 코를 자극하는 것이다. 민담에는 사랑의 음료 제조법이 종종 등장한다. 보통 사용되는 재료는 땀, 오줌, 질 분비물, 월경혈 등이다.

그런데 이런 연인들의 기술을 뒷받침해주는 방향 신호는 대부분 무수한 남성호르몬들 중 일부이다. 당연히 여성보다는 남성의 몸이 남성호르몬을 훨씬 많이 생산한다. 그렇지만 남성호르몬들은 여성

마이 버자이너

의 몸에도 놀라운 영향을 미치는데, 가장 오래되고 잘 알려진 사례로는 함께 생활하는 여성들끼리 월경주기가 같아진다는 현상이 있다. 호르몬 신호가 서로 전달되어 그렇다는 것이다. 이 현상은 사람들의 일반적인 생각보다는 훨씬 복잡하다. 가령 레즈비언 커플의 경우를 보면 주기가 일치하는 비율이 50퍼센트, 완전히 어긋나는 비율이 30퍼센트쯤 된다. 완전히 어긋나는 경우 역시 우연이라고는 할 수 없는 것이다.[10] 이 현상의 원인을 페로몬에서 찾았던 최초의 여성은 '쥬느비에브'라는 이름으로 알려져 있다. 그녀는 자기와 가깝게 지내는 여성들의 월경 리듬이 결국에 다들 같아지는 것을 깨닫고 충격을 받았다. 그러고는 동료들과 한 가지 실험을 구상했다. 일주일에 세 번, 쥬느비에브가 한동안 겨드랑이에 꼈던 면봉 여덟 개를 가져다 여덟 명의 여성 실험자들 코 밑에 문질렀다. 넉 달이 지나자 여성들의 월경 시작일이 서로 매우 가까워졌다. 페로몬 연구 초창기에 밝혀진 또 한 가지 재미난 사실은, 남자와 접촉이 없는 여성들은 남자의 (페로몬) 영향에 노출된 여성들에 비해 평균적으로 월경주기가 불규칙하고 길다는 것이다. 이 영향 역시 남성의 겨드랑이에 끼워두었던 면봉을 여성에게 적용함으로써 확인할 수 있다. 남성의 경우에는 여성과 접촉이 없으면 수염 성장 속도가 느려진다.[11]

정확히 어떤 물질이 남녀에게 페로몬적 영향을 미치는지는 아직 분명히 밝혀지지 않았다. 좌우간 대개는 남성호르몬이 분해된 부산물인 것으로 보인다. 효과적인 물질들 중 향을 동반하는 것들이 있는데(실험에 가장 자주 사용되는 것으로는 안드로스테놀이 있다), 사향이나 피마자유 향수에 흔히 사용되는 성적인 향기들과도 관련이 있다. 향수에 든 자극적 원료들의 향은 농도가 높을 때는 오히려 거부감이 든다. 적은 양으로 있어야만 성적인 매력을 발휘한다. 천연 사향은 히말라야 산맥이나 아틀라스 산맥 고지대의 사향노루 배에 있는 분비선에서 얻는다. 효과적인 페로몬들 중에는 오줌 냄새를 풍기는 것도 있다. 실험에 가장 많이 쓰이는 것 중에서는 안드로스테논이 그런 예시이다. 사향과 피마자유를 사용해서 실험을 해보면 묘하게 여성적인 결과가 나온다. 안드로스테논(소변 냄새)을 뿌려둔 의자에는 남자들은 앉지 않지만 여자들은 좋아하며 앉는다. 공중전화 부스에 안드로스테놀(사향)을 뿌려두면 남자도 여자도 평소보다 통화를 길게 하는 경향을 보인다.

남성들에게 사진 속 여성의 아름다움을 평가시키는 실험을 하면서 안드로스테논을 조금 맡게 하자, 점수가 평소보다 높게 나왔다. 안드로스테논을 맡은 여성들은 사진 속 남성들에게 점수를 높게 준 반면 남성들은 다른 남성들에게 인색한 점수를 줬다. 이론적으로 우리는 그 물질들의 냄새를 맡을 수 있지만, 그 물질들은 의식적으로 느껴지기에는 부족한 소량으로만 존재한다. 그래도 효과는 분명하다. 하지만 그 신호가 일반적인 후각기관을 통해 전달되는지, 보습코기관을 통해 전달되는지는 아직 모른다. 양에 상관없이 우리가 절대 감각할 수 없는 인간 페로몬이 있고, 그것이 무의식을 통해 우리 행동에 영향을 미친다고 상상해보면 정말 놀랍다.

이런 불가해한 냄새의 영향을 잘 그려낸 소설들이 더러 있다. 허비요르크 바스모Herbjørg Wassmo의 『디나의 책』(1996)은 노르웨이 해안의 한 교회로 독자를 데려간다. 크리스마스날이다. 예배가 끝난 뒤,

여주인공은 오르간 연주실에서 연인을 만나 격정적으로 사랑을 나눈다. 두 사람은 목사관으로 가서 다른 사람들과 함께 커피를 마시는데, 좌중의 분위기가 미묘하게 변한다. '소금기 어린 바닷바람과 흙냄새' 덕분에 모두들 특별한 기분에 취한다.

그러나 그것은 분명 존재했다. 그것은 식욕에 영향을 미쳤다. 사람들의 대화를 갑작스레 끊어놓았으며, 사람들은 일순 말을 멈추고 그윽한 눈빛으로 먼 곳을 응시하곤 했다. 다과 시간의 끝을 향해 부드럽게 풀어지며 녹아가는 자극적인 향기가 분명히 있었다. 아주 먼 뒷날, 기억 속에서나 살며시 떠오를 그런 향이었다. 그 크리스마스날 목사관에서 느꼈던 환상적인 분위기는 무엇 때문이었을까, 사람들이 궁금해할 때 떠오를 그런 향이 있었다.

세상에서 가장 '페로몬적'인 소설이라면 단연 파트리크 쥐스킨트Patrick Süskind의 『향수』(1985)일 것이다. 책 말미에, 천재적 향수 제조가는 자신의 고향이나 다름없는 환경으로 돌아간다. 사회 낙오자들이 오물, 악취, 부패 속에 작은 불을 피워두고 모여 앉아 있는 곳이다. 그가 자기 몸에 궁극의 향수를 뿌리자 다른 사람들의 눈에 그는 천사로 보인다. 모두들 그의 곁으로 가고 싶어 하고, 그를 만지고 소유하고 싶어 한다. 야만적인 자연 속에서 그의 몸은 갈래갈래 찢겨 사람들의 입으로 들어간다. 몇 분이 지나고 그의 몸뚱이는 자취 없이 사라진다. 모인 사람들은 이윽고 진정을 찾고, 마음속으로 커다란 평화를 느낀다. 그들은 자신들이 아마 평생에 처음으로 무언가 좋은 일을 다 함께 했음을 느낀다. 오로지 사랑, 사랑에 취해 한 일이었음을 느낀다.

페로몬으로 성 상대를 매료하고 싶은 사람은 섹스숍이나 통신판매 등을 통해 구입할 수 있다. 하지만 그 제품들이 제대로 품질 관리를 받은 것인지는 확실치 않다. 물론 제약 산업도 이 새로운 종류의 약품을 어떻게 상업적으로 만들어볼까 진지하게 고민하고 있는데, 어느 정도 업계의 비밀이라고도 할 수 있는 분야이다. 앞서 ER-830은 남성들에게 작용하고 ER-670은 여성들에게 작용한다는 얘기를 했는데, 제약 산업은 아직 이런 물질들을 본격적으로 활용하기는 꺼리고 있다. 1999년 4월에 방영된 페로몬에 관한 한 TV 다큐멘터리에 따르면, 오르가논이라는 회사는 페로몬으로 생리전증후군을 완화시키려는 연구를 하고 있다. 페로몬이 월경주기에 미치는 영향을 잘 활용하면 월경주기 불순으로 불임을 겪는 여성들을 도울 수 있을지도 모르기 때문이다. 피임 스프레이에 쓰일 수도 있겠다. 휘발성 물질은 임신 과정에도 영향을 주는 것 같다. 화장품 전문가들을 대상으로 한 최근 연구에 따르면, 휘발성 물질을 많이 다루는 여성들은 유산 확률이 평균보다 높다고 한다.[12]

여성성에 대한 두려움과 혐오

'안녕하세요, 한스. 저 기억하시나요?' 나는 손을 내밀며 인사했다. 그는 나한테서 병이라도 옮을까 걱정하는 투로 깜짝 놀라 한 걸음 물러섰다.

'전 악수는 하지 않습니다.' 그는 말했다. '여성분들하고는요.'

그는 정통파 유대인인 자기가 왜 나와 접촉을 하면 안 되는지 장황하게 설명하기 시작했다. 그의 눈에는 승리의 기쁨이 비쳤다. 나는 그가 일부러 이런 무례한 행동을 한다는 것을 알았다. 내 앞에서 스무 명 넘는 여성들이 그에게 와서 손을 내밀었고, 그때마다 그는 똑같은 희극을 연출했던 것이다. 그는 매번 여성들에게서 뒷걸음질을 치고는 탈무드나 토라에 나오는 얘기들을 늘어놓아 몇 분씩 그들을 괴롭혔다. 하지만 내게는 그런 걸 참아줄 인내가 없었다. 그가 청산유수로 말을 쏟아내는 동안, 나는 단호히 등을 돌려버렸다.[1]

카를 프리드만Carl Friedman의 『성스러운 불』은 한 유대인 남성의 초상이다. 사회에 잘 적응하지 못하고 그리 영리하지도 않았던 유대인 소년이 자라서 광신자가 되고, 결국 종교적 이유로 팔레스타인 청년을 살해한 뒤 이스라엘 감옥에 갇히는 이야기이다. 여성을 만지지 않겠다는 그의 신념은 정통파 유대인들의 전통에 따른 것이다. 그들이 추구하는 중요한 지적 임무 중에는 금기를 건드리지 않는 것도 들어 있다. 사람들은 유대인이라면 먼저 음식에 관한 규칙, 이를테면 돼지고기나 조개를 먹지 않는 것, 고기와 우유를 함께 먹지 않는 것 등을 떠올린다. 유대인 학자들이 지난 2,000년간 여성성을 둘러싼 각종 금기들을 설파하느라 무수한 말을 쏟아냈다는 사실은 잘 모른다. 신을 두려워하는 탈무드 원칙주의자는 어떻게 월경하는 여성을 가려내는가? 그녀가 다시 정결해질 때까지 어떻게 피하면 좋은가?

이 문제에 대해서는 도리어 여성들에게 지워진 책임이 크다. 정결하지 못한 기간에 남편을 건드리거나 남편에게 뭔가 건네주기만 해도 남편들까지 더러워진다고 보기 때문이다.[2] 게다가 식구들이 종교적 의무를 성실히 지키는지 최종적으로 감독해야 하는 사람도 여성이다. 월경이 시작될 기미가 보이면 그 12시간 전부터 아내는 남편과 성관계를 갖지 말아야 한다. 끝난다 싶은 날이 되면 해가 지기 전에 질 속을 검사하여 피가 멎었는지 확인한다. 이 검사를 하루에 두 번씩 7일간, 특별한 천으로 해야 한다. 어떤 피가 어떻게 묻으면 어떻게 해야 하는지, 엄격한 규칙들이 있다. 최악의 경우에는 7일 세기를 처음부터 다시 시작해야 한다. 주기가 짧은 여성이라면 다시 정결해지기도 전에 이미 배란해버린다. 유대인 학자들은 이런 여성을 아카루트 힐샤티트akarut hilchatit라 부른다. 할라샤halacha, 즉 유대교의 종교법에 의거해 불임인 여성이라는 뜻이다.[3] 그러므로 12일간의 금욕

여성성에 대한 남성의 공포심이 여성의 성기에 대한 공포나 혐오로 연결되어
다양한 신화나 터부, 전설 등이 생겨났다

은 최소 한계일 뿐이다. 서로 만지지 않는 것을 넘어 한 침대를 쓰지 않는 부부도 있다. 기간이 끝나면 여성은 목욕재계해야 하는데, 적절한 기도와 함께하는 의식儀式적 목욕이다.

유내교는 여성의 피(월경혈)는 남성의 피(할례의 피)와 다르다고 생각한다.[4] 월경혈은 끔찍한 것이고, 할례의 피는 성스러운 것이다. 사람들은 할례의 피를 향이 나는 물에 받은 뒤, 의식에 참여한 손님들에게 그 물로 손을 씻게 한다. 그럼으로써 신과 아브라함 사이에 이루어졌던 계약을 확인한다. 좀 다른 말이지만, 아비세나의 주저 중 하나인『의학정전』을 보면 이 아랍 학자가 남녀의 오줌 차이를 서술한 흥미로운 대목이 있다.[5] 남성의 오줌 쪽이 기포가 더 많고 황금색이다. 여성의 오줌에는 질액이 섞이는 데다가 여성의 요도가 남성보다 넓기 때문이라는데, 아비세나는 이에 더해 본질적으로 질적인 차이도 있다고 생각했다. 재미나게도 여성의 호기심이 차이의 원인이라고 했다.

과거 폴리네시아 제도에서는 남녀의 접촉이 엄격하게 규제되었다.[6] 월경하는 여성, 분만하는 여성들은 외딴 오두막에 기거해야 했다. 월경 중인 여성과 접촉한 남자는 사형에 처해질 수도 있었다. 사실 폴리네시아 사회는 너무나 복잡해서, 가장 부유한 자들만이 그 무수한 금기들을 일일이 지킬 수 있을 정도였다. 어쨌든 남녀는 각각 다른 식당에서 요리하고 식사했다.

소녀들은 아주 어릴 때부터 자신이 지닌 악한 힘을 다루는 법을 배웠다. 트라우마가 될 정도로 힘든 시련이기도 했다. 아메리카 인디언들 사이에는 격리 의식이라는 것이 있었다.[7] 위니바고 부족의 산늑대 여인Mountain Wolf Woman(1884~1960. 자기 이름에서 따온 자서전을 쓴 아메리카 인디언 여성_옮긴이)은 초경의 피가 비치면 숲 속에 숨어야 한다는 말을 어머니에게 들었다. 어떤 경우에도 다른 사람을 쳐다봐선 안 되는데, 월경하는 여성의 눈길은 사람의 피를 더럽히기 때문이다. 때가 되자 소녀는 어머니가 알려준 대로 한다. 하지만 그런 순간에 눈 속에 홀로 남은 것이 무섭지 않을 리가 없다. 다행스럽게도 언니가 소녀의 자취를 따라왔고, 두 사람은 불을 피우고 임시 오두막을 지을 수 있었다. 소녀는 그곳에서 춥고 배고픈 채로 혼자 나흘을 더 보낸

다. 단식 역시 필수였다. 소녀는 이유도 없이 스스로에게 넌더리가
난다.

구약성서에는 이 모든 일의 이유가 확실히 설명되어 있다.

불결한 기간에 있는 여자와 동침하여 그 여자의 치부를 드러내면, 그
남자는 그 여자의 샘을 열어젖히고 그 여자는 자기 피의 샘을 드러낸
것이므로, 그 둘은 자기들 백성에게서 잘려나가야 한다.[8]

마찬가지로, 해산 후에도 계속 피를 흘리는 여성과 동침해선 안
된다. 앞서 언급했듯 교황 그레고리는 이 엄금 기간을 수유기까지 연
장했다. 사람들은 월경 중인 여성의 눈에서 악한 기포가 뿜어져 나온
다고 믿었다. 『여성의 비밀』에서 알베르투스 마그누스는 눈이 수동
적 기관이라 월경혈이 농축되기 쉬우며, 그래서 오염이 퍼져 나오는
것이라 설명했다.[9] 월경 중인 여성이 거울을 들여다보면 눈에서 통
증을 느낄 수 있고, 심지어 거울에 얼룩이 남을 수도 있다. 여성의 독
을 한 달에 한 번 빼내는 것은 꼭 필요한 일이다. 폐경 후에는 악한
체액이 다른 곳으로 배출될 방법이 없으니 여성의 독성은 가임기 때
보다 훨씬 강해진다. 이런 믿음 때문에 마녀사냥 당시 나이 든 여성
들이 희생자가 되곤 했다. 아담의 타락, 그리고 거기에 이브가 맡았
던 의심스런 역할에 대해서 한데 언급하는 사례도 많았다. 월경 중인
여성의 음모를 똥 무더기 가운데 올려두고 햇볕의 열을 가하면 털이
뱀으로 변한다고 했다.

20세기, 아니 21세기에 들어서도 여전히 월경 중인 여성은 이런

저런 집안일을 하면 안 된다는 금기들이 있었다.[10] 프로방스에서는 와인이 발효되는 동안 월경 중인 여성은 와인 창고에 들어갈 수 없다. 월경 중인 여성이 있으면 우유가 쉬고 마요네즈가 굳는다고 한다. 소금에 절인 고기도 상하고, 병에 넣었든 식초에 절였든 장기 보존 중인 것들이 다 망쳐진다는 것이다. 1960년대 말에 민속지학자 이본 버디어Ybonne Verdier가 조사했을 때 많은 프랑스 여성들은 월경에 관한 금기에 대해 수긍한다고 대답했다. 회색곰의 영역에서 야영하는 일이 흔한 북아메리카 사람들은 월경 중인 여성은 특히 조심해야 한다고 믿는데, 회색곰이 월경혈의 냄새를 잘 맡기 때문이라고 한다.[11] 1999년, 한 이발사는 자기 가게에 남성 스타일리스트만 고용하겠다고 선언해서 화제가 된 적이 있다. 여성들은 '그날' 중에는 작업의 질이 떨어진다는 이유였다. 최근에 내 친구 하나도 카페에서 들은 얘기를 해준 적 있다. 매년 전통적 방식으로 콩을 저장하는 한 청과인이 작년에는 작물을 몽땅 망쳤다며 불평을 했다. 전에는 그런 적이 한 번도 없었기 때문에 그는 오래 고심한 끝에 가능한 한 가지 해답을 찾아냈다. 작업을 도운 사람 중에 여성이 한 명 있었는데, 월경 중이었음이 틀림없다는 것이다.

당신과 함께 잘 수 없어요. 왜 그렇게 고집을 피워요?
당신이 생리 중일 때 함께 자고 싶어요. 그러면 나의 일부가 당신에게 전해지듯 당신의 피가 내 피가 되고, 우리 둘 모두의 혈관에서 피가 나오는 것같이 느껴져요. 당신은 기분이 어떤데요?
우리 둘의 몸이 피로 더럽혀지는 기분이에요. 당신의 딱딱함 때문에 내가 피를 흘리는 것 같고, 마치 당신이 내 피부를 쥐어뜯고, 나를 잡아먹고, 마침내 내 피를 다 마르게 하는 것 같아요.[12]

저지 코진스키Jerzy Kosinski(1933~1991. 폴란드 유대계 출신의 미국 작가_옮긴이)는 궁극의 금기를 얘기한다. 월경 중인 여성과 성관계를 갖는 것 말이다. 위생상의 이유나 실제적 이유에서 월경 중에 성관계를 꺼리는 남녀가 많다. 월경 전이나 월경 중에 자발적 성욕을 가장 많이 느끼는 여성들의 경우 이 금기는 매우 안타까운 것이다. 앨프레드 킨지는 1953년에 지적하기를 여성이 월경 중에 성적으로 가장 활동적임을 증명하는 연구가 당시 이미 14편이나 있다고 했다.[13] 킨지 자신이 직접 인터뷰한 여성들 중에서도 한 달에 딱 한 번, 월경 도중에만 자위한다고 답한 사람들이 있었다.

코진스키 소설의 화자는 웨일스 왕자와 비슷한 욕망을 품은 사람인 듯하다. 왕자가 카밀라 파커 보울스에게 그녀의 탐폰이 되고 싶다고 고백했던 통화 내용은 도청을 통해 많은 사람들에게 알려졌다. 어린이책 작가로 잘 알려진 안느 페흐테르Anne Vegter는 야한 이야기 모음집을 낸 적이 있다. 1995년 출간된『무삭제판』에서 그녀는 여러 금기들을 하나씩 단호하게 박살냈다.「유다스의 속삭임」이라는 단편을 보면 이야기의 화자는 연인 유다스에게 그날 사무실에서 있었던 일을 얘기해주면서 참을 수 없을 만큼 성적인 분위기를 구축해간다. 그날 그녀가 겪은 사건은 충격적일 만큼 도착적인 것이었다. 사무실의 청일점 판 닉스 씨가 동료 여직원들에게 심한 비난을 받았는데, 그가 여성 화장실에서 한 행동이 드러났기 때문이다. 판 닉스는 여성 화장실 쓰레기통에서 생리대와 탐폰을 '얻어'서는 자기 책상 서랍에 간직해두는 습관이 있었다. 유다스와 여성 화자는 이 이야기와 자신들의 성적 긴장이 묘하게 얽히는 것을 느낀다. 그들은 월경을 생각하면서 흥분하기 시작한다.

당신이 두 번째 손가락을 보지에 집어넣어 파낼 듯 그 안을 느끼고, 손가락을 빼서 코 밑에 대어본다. 깊이 냄새를 맡는다. 다시 손가락을 집어넣는 과정을 반복하다가 마침내 만족스럽게 고개를 끄덕인다.
'생리를 하고 있어.'
유다스는 고개를 끄덕인다. 매우 신중하게. 그는 당신 앞에 무릎을 꿇고 앉아 두 손을 당신의 허벅지 안쪽에 댄다. 그가 당신의 다리를 벌리니, 끈적끈적한 즙 같은 피가 보지에서 흘러나와 회음부를 따라 뒤쪽으로 떨어진다.
'세상에.' 유다스가 경건하게 감탄한다.
그는 당신 쪽으로 가까이 기어온다. 그는 당신의 다리 사이를 흐르는 붉은 핏줄기를 눈으로 찬찬히 따라가고, 손으로 쓸어보고, 혀로 핥아본다.

유다스는 비참한 사무실 직원과 자신을 쉽게 동일시한다.

그는 당신을 원한 거야. 물론 그랬겠지. 누군들, 어떤 남잔들 안 그러겠어? 제기랄, 그 피를, 그 힘을, 수치스러운 것이라도 되는 양 내버렸다니 참을 수가 없는걸, 그 생명력을 내던졌다니…. 판 닉스, 나의 아들이여, 내가 너와 함께하노라! 나도 그 피에 빠지고 싶어, 그 풍성한 육체의 배설물과 함께하는 사람이 되고 싶다고. 창조의 힘이 발산하는 그 냄새, 그 색깔을 온몸에 문지르고 싶어, 오, 판 닉스여, 내가 당신과 함께하노라!

월경 중의 성관계는 흥분을 고조시키는 일임에 분명하지만, 구강성교라면 사람들은 대부분 혀를 내두를 것이다. 레즈비언들은(앞서도 말했듯, 이들은 있는 그대로 표현하기를 두려워하지 않는다) 월경 중의 구강성교를 '딸기 섹스'니 '붉은 양배추 먹기' 같은 속어로 부른다.[14] 네덜란드 범죄학자 행크 하헌Henk Hagen이 쓴 책에는 (다른 내용들도 많지만) 오토바이 폭주족들의 가죽점퍼에 그려진 그림들의 의미가 나와 있는데, 검은 '날개'를 단 사람은 증인들 앞에서 흑인 여성과 구강성교를 했다는 뜻이라고 한다. 날개의 색이 붉은색과 검은색이면 당시 여성이 월경 중이었다는 뜻이다.

월경에 대해서 더 긍정적인 얘기들도 많이 소개할 수 있다. 네덜란드의 자전거 경주자 레온틴 판 모르절Leontien van Moorsel은 한 시간이라는 세계 기록에 도전하는 날을 잡을 때 일부러 월경 때까지 기다렸다. 고통에 대한 인내력과 자기 확신이 극에 달하는 시기라는 것이다. 모르절은 정말로 세계 기록을 깼다. 페넬로페 셔틀Penelope Shuttle과 피터 레드그로브Peter Redgrove는 1978년의 『현명한 상처』에서 월경의 긍정적 측면들을 나열했다. 그들의 접근법은 융의 저작에 바탕을 두고 있다. 즉 신화, 전설, 속담의 형태로 전수된 문화적 유산을 살펴본다. 그런 얘기들 속에서 월경은 여성이 자기 속의 신성과 가장 가까워지는 시기로 해석된다. 어머니 여신 역시 월경을 한다. 여성성에 관한 미스터리를 수집한 에스더 하딩Esther Harding에 따르면, 인도에서는 어머니 여신의 조각상은 다른 상들과 확연히 구분된다. 후대에는 여신의 월경을 상징하는 뜻으로 피 묻은 천을 걸쳐두는 풍습도 생겨났다.[15] 그 천은 치료 효과가 탁월하다고 한다. 바빌론에서 달의 여신 이슈타르는 만월에 월경을 했다. 보름달은 이슈타르가 쉬는 날이다. 차지도 않고, 기울지도 않는다. 그녀는 사바투sabbatu를 즐기는 것인데, 어원적으로 풀면 '심장의 휴식'이라는 뜻이다. 한편 안식일은 악하고 위험한 날로도 여겨졌다. 불행이 잠복하고 있으니 일하거나 여행하지 않는 게 좋다 했고, 요리한('불에 닿은') 음식을 먹는 것도 금기시되었다. '왕은 마차에 오르지 않을 것이다. 왕은 재판석에 앉지 않을 것이다. 사제는 신탁을 내리지 않을 것이다. 치료사는 병자에게 손을 대지 않을 것이다.' 원래는 한 달에 한 번 사바투가 있었는데, 뒤로 가면서 한 달에 네 번의 안식일이 생겼다. 유대인들이 이 풍습을 받아들였고, 덕분에 기독교의 일요일은 이슈타르의 월경에 그 근원을 둔 셈이다.

이렇게 긍정적인 면이 많은데, 어째서 여성들은 월경 중에 우울함을 느낄까? 일종의 반작용 같은 기분인 것이 분명하다. 즉 가장 성적으로 활발한 시기의 느낌들을 남성들 때문에 억눌러야 함으로써 느끼는 좌절감, 그에 대한 분노가 거꾸로 표현되는 것이다. 특별하고, 무엇보다도 영적인 여성의 이 역할을 남성들이 얼마나 시샘하는지, 셔틀과 레드그로브는 무수한 사례를 들어 설명했다. 베흐테르의 유다스는 최소한 자신의 혐오를 인식하고는 있었다.

여성성에 대한 두려움과 혐오

융식의 해석을 받아들이지 않는다 해도, 이러한 여성성을 불편하게 느끼는 남자들이 적지 않다는 사실만은 틀림이 없다. 알렉상드르 뒤마Alexandre Dumas의 『춘희』에서 여주인공은 한 달에 25일은 흰 장미를 머리에 꽂고 나머지 5일은 붉은 장미를 꽂는다. '누구도 장미색이 바뀌는 이유를 알지 못했고, 나는 여기서 그저 설명할 수 없다는 사실만 언급해두려 한다.' 한편 알렉스 포트노이Alex Portnoy는 이렇게 말했다.

　　몇 년이 지나자, 그녀는 화장실에서 이렇게 소리치곤 했다, 약국에 뛰어갔다 와! 코텍스 한 박스 사 와! 얼른! (…) 월경에 장애가 있던 그녀는 결국 수술로 문제를 해결했지만, 그렇다고 해서 내게 그런 심부름을 보냈던 사실을 용서할 수는 없다. 차라리 그녀가 차가운 욕실 바닥에 피를 뚝뚝 흘리며 직접 나오는 편이 나았을 것이다, 차라리 그 편이 나았을 것이다, 11살짜리 소년더러 생리대를 사오라고 보내는 것보다는! 세상에, 내 누이는 어디 있었단 말인가? 그녀는 왜 여분을 준비해두지 않았던 걸까?[16]

　　여성의 기능 중 한 가지에 직면한다는 사실이 소년에게는 왜 그렇게 끔찍한 걸까? 왜 소년과 남성들은 여성이 한 달에 한 번 피를 흘린다는 사실을 모른 척하려는 걸까? 이 문제에 대해서는 정신분석학적 해석을 받아들이는 이들이 많다. 남녀의 차이를 알게 된 어린 소년은 소녀들이 잠지를 빼앗겼다는 해석을 내린다. 엄청나게 겁나고, 피도 많이 나는 사건이었을 것이다. 월경은 이 신화적 이야기를 매달 상기시켜 주는 행사이다. 월경을 자주 떠올릴수록 자신의 남자다움을 잃으면 어쩌나 하는 걱정이 커진다. 그래서 모욕을 통해 두려움을 극복하고자 월경에 관한 갖가지 속어들이 생긴 것이며, 온갖 농담들이 생긴 것이다. 셔틀과 레드그로브는 이런 예를 들었다.

한 상점 주인이 뛰어난 새 판매원을 고용하고는 그의 기술을 지켜보았다. 진열대에 있는 낚싯대에 관해 묻는 손님에게 낚시 도구 일습, 방수 바지, 사냥복, 야외 바비큐 도구, 자동차, 소형 비행기, 교외 주택까지 팔아치우는 새 고용인의 능력에 주인은 감탄을 금치 못했다. '어떻게 하는 거요?' 놀란 주인이 물었다. '아, 약한 상대라는 느낌이 딱 오더라고요. 사실 낚싯대를 보러온 것도 아니었어요. 아내가 시켜서 생리대를 사러온 남자였죠.'

질에 대한 남성들의 양가적 감정은 다양한 극단적 방식으로 표출된다. 외설도 그중 하나이다. 톰 호프만Thom Hoffman은 1997년에 프리츠 판 에흐테르스Frits van Egters에게 보낸 23통의 편지에서 〈저녁〉이라는 영화를 찍던 당시와 찍은 후의 감정을 얘기했다. 제라르트 레버Gerard Reve의 소설을 영화화한 것이었다. 호프만은 '사교계 장면'이라는 대목에 캐스팅되었는데, 크리스마스 다음 날 벌어진 음탕한 주연을 묘사하는 장면이었다. 배우들은 감독 뤼돌프 판 덴 베르흐Rudolf van den Berg와 길게 리허설을 했기 때문에 건강이나 대머리 같은 소재의 대화를 나른하게 늘어놓아야 하는 그 장면에 대해 정확히 이해하고 있었다. 하지만 하도 오래 촬영장에 있다 보니 뭔가 생기가 부족

여성성에 대한 두려움과 혐오

했다. 마음속에 잠자는 음란함을 깨우기 위해 뭔가 은밀한 농담이 필요한 시점이었고, 사춘기 아이들 같은 낄낄거림을 불러일으키기 위한 자연스런 선택은 여성 성기였다. 영화를 보면 배우들이 장면 내내 속수무책으로 웃음을 터뜨리는 것을 볼 수 있다.

헤이스 I이 분마성 폐결핵에 관해 열변을 토하는 동안 나는 한 여성의 보지에 관해 생각을 집중했고, 헤이스 II가 백일해에 대해 장광설을 늘어놓는 동안 나는 이런저런 둔감한 질들을 떠올렸다. 동료 배우들도 보지들이 떨리는 모양을 머릿속에 그리고 있는 게 분명했다. 내가 대머리의 미스터리에 대해 말을 꺼낼 순서가 되자 그들이 모두 이런 질문을 담은 표정으로 나를 바라보았기 때문이다. '호프만이 몽상하고 있는 흔들리는 음순은 누구의 것일까?' 다들 입이 찢어질듯 웃음을 머금었고, 곧 터져 나오는 웃음을 막을 수가 없었다.

유머나 음담패설은 여성 혐오에 대한 표현 중에서도 비교적 무해한 것에 속한다. 두려움과 혐오가 이보다 훨씬 심란하게 표출되는 경우도 왕왕 있다. 여성적 기관들이 상징하는 위험은 결코 작지 않다. 아메리카 인디언인 쇼숀 부족 중 화이트 나이프 씨족은 여성의 성기를 흘끗 보기라도 했다가는 눈이 멀고 병에 걸린다고 믿었다.[17] 그래서 여자들의 치마는 기다란 조각들을 이어 붙인 형태였다. 아무 생각 없이 다리를 벌리고 앉더라도(그래서는 안 되는 것이지만) 치마 조각이 가랑이 사이로 떨어지게 하기 위해서였다. 앉는 태도가 단정치 못한 여성을 나무라는 것은 남자 형제의 몫이었다. 이를테면 다리 사이에 불붙은 나무 조각을 던지는 식으로 훈계했다.

어떤 문화에서는 여성들이 이 보편적인 반감을 거꾸로 활용하기도 한다. 공격자를 겁주어 도발하거나 경멸을 과시하는 도구로서 질을 내보이는 것이다. 질은 목격한 이를 모두 돌로 변하게 한다는 메두사의 머리와 비슷한 데가 있다. 메두사의 머리 장식물에 해당하는 뱀들을 보고 여성의 음모를 떠올리는 것은 어렵지 않은 일이다. 앞서 말했듯 월경하는 여성의 음모가 뱀으로 변한다는 속설도 있다.

모니크 위티그의 여성 게릴라 전사들도 메두사처럼 행동한다.

그들은 성기를 드러내어 태양이 거울처럼 그곳에 반사되게 한다고 말한다. 그들은 자신들의 눈부심을 관리하고 있다고 말한다. 그들은 자신들의 음모가 거미줄처럼 햇살을 사로잡는다고 말한다. 그들이 다리를 넓게 벌리고 뛰는 것을 본다. 그것은 그들의 몸 중간에 있다. 치구에서 시작하여 속에 감싸인 클리토리스, 이중으로 접힌 음순들, 모두가 밝게 빛난다. 그들이 뛰기를 멈추고 몸을 굽히면 성기에서 밝은 빛이 반사되어 나오고, 그것을 본 자들은 모두 눈길을 돌린다. 그것을 정면으로 목격할 수는 없기 때문이다.[18]

폴리네시아 사회에서는 좋은 것은 전부 남성의 것이고 나쁜 것은 전부 여성의 것이라 말해도 과언이 아니다.[19] 질은 가장 큰 위험이 도사린 장소이다. 그 부정적 힘을 '마나mana'라 부른다. 보수적인 폴리네시아 여성들은 절대 의자에 앉지 않는다. 어린 소년이 아래로 기어들까 봐서이다. 같은 이유에서 여자들이 사는 집은 말뚝 위에 짓지 않고 땅 위에 바로 올린다. 간혹 부정적인 힘을 긍정적으로 활용하는 경우도 있다. 남자가 복통을 일으키면 여성은 그의 배 위에 쭈그리고 앉아서 악한 힘을 몰아내어 준다.

기독교의 성차별적 전통은 역사가 깊다. 클뤼니의 성 오도는 'inter faeces et urinam nascitur', 즉, '우리는 똥과 오줌 사이에서 태어났다'라는 불멸의 금언을 남겼다. 질은 악마의 낙인이라고 한다. 1920년 언젠가, 아이다호 이곳저곳을 누비던 한 전도사는 설교를 시작하기 전에 여성들에게 다리를 꼬아달라고 부탁했다. 사람들이 부스럭부스럭 다리를 움직이자 그는 말을 이었다. '좋습니다, 형제들이여. 이제 지옥의 문이 닫혔으니 설교를 시작할 수 있겠습니다.' 판도라의 상자에서 세상 모든 질병이 튀어나왔다는 전설만 봐도 질이 악마의 상징으로 여겨진다는 것을 알 수 있다.

질로 들어서고자 하는 사람은 커다란 위험이 자기 앞에 놓였다는 것을 알아야 한다. 쿠빈Alfred Kubin의 그림에는 여성에게 잡아먹힐까 봐, 혹은 거미줄에 사로잡힐까 봐 두려워하는 심정이 잘 묘사되어 있다. 여성 혐오를 바탕에 깐 농담들 중에는 끝을 알 수 없는 질의 깊이에 대해 얘기하는 것들이 많다.

한 농부가 딸을 데리고 가축 시장에 가서 괜찮은 장사를 하고 돌아오는 길이었다. 만족한 두 사람이 집으로 가고 있는데, 오, 이럴 수가! 중무장을 한 노상강도 두 명이 그들 앞에 나타났다. 강도들은 부녀가 가진 것을 모조리 약탈했다. 무시무시한 몇 분이 지난 뒤, 농부와 딸은 망연히 서서 강도들이 말과 마차를 끌고 가는 것을 지켜보았다. 강

알프레트 쿠빈, 지옥으로 가는 길

도들이 저 멀리 사라지고 나자 딸은 얼굴을 붉히며 고백했다. 강도들이 잠시 한눈을 파는 틈을 타서 소를 팔아 번 돈을 모두 질 속에 숨겼다는 것이다. 생각처럼 큰 타격을 입은 건 아닌 셈이었다. 농부는 한숨을 쉬었다. '너희 엄마가 같이 있지 않은 게 안타깝구나. 그랬다면 말하고 마차도 숨길 수 있었을 텐데.'

실제로 질을 비밀 장소로 사용하는 여성들이 있다. 교도관이나 세관 검역관들은 잘 알고 있다. 여성의 질에 숨겨 반입된 헤로인과 코카인의 양이 얼마나 될까? 『그림으로 보는 성에 관한 기록들』에는

여성성에 대한 두려움과 혐오

니키 드 생팔, 혼

유명한 빅토리아시대의 피카레스크 소설『나의 비밀스런 삶』이야기가 인용되어 있다. '월터'라는 작가가 썼다는 그 이야기 속에서 어느 화려한 날 밤, 사창가의 두 여성이 질 속에 동전 많이 숨기기 내기를 한다. 승자는 84실링을 집어넣었고, 일어나서도 하나도 떨어뜨리지 않았다.[20]

세상에서 가장 거대한 질은 한 여성 조각가가 만든 것이다. 니키드 생 팔Niki de Saint Phalle은 자신의 작품을 혼Hon이라 불렀는데(스웨덴어로 '그녀'라는 뜻), 그 혼이라는 질은 최소한 10명의 구경꾼이 들어가고도 남을 정도로 크다.

포로음경 : 마치 개처럼

어떤 남자들은 여자에게 완전히 삼켜질까 봐 두려워한다. 자신이 그토록 넉넉한 기관에 아무런 인상도 못 남길까 봐 두려워하는 것이다. 반면 포로음경penis captivus에 대한 두려움도 있다. 부풀어 오른 남성 음경을 질이 꽉 감싸서 성관계 후에 남녀가 떨어지지 못하는 현상이다. 아마 전 세계 술집에서 자주 이야기되는 공포 스토리일 것이다. 우리가 가장 사랑하는 애완동물, 즉 개들이 가끔 이런 부끄러운 상황을 겪는 걸 본 탓도 있다. 『가장 사랑스러운 애완동물』을 쓴 미다스 데커르Midas Dekker가 1992년에 설명한 바에 따르면, 수컷의 음경 아래에 있는 발기체와 암컷 괄약근 근육의 반사적 수축이 동시에 상호작용한 결과라고 한다. 수컷은 사정 뒤에도 암컷의 몸속에 한동안 머무는데, 전립선액을 추가로 배출하여 수정 가능성을 높이기 위해서이다. 데커르의 책은 사람과 동물 간 성관계에 관한 내용인데, 그는 사람의 질은 음경을 놓지 않을 정도로 수축하지는 않는다고 믿는다. 하지만 개들 사이에서 이런 우스꽝스런 일이 실제 일어나기 때문에, 남녀 사이에도 비슷한 장면이 일어나지 않을까 자꾸 상상하게 되는 것이다. 남녀 사이의 현상은 당연히 의학계의 관심사였다. 하지만 기록은 극히 희박하고 대개 간접 자료들이다. 1884년에 발표된 한 악명 높은 사례는 이런 내용이다.

한 신사가 밤 11시쯤에 나를 불렀다. 그의 집에 도착해 보니 신사는 엄청나게 동요한 상태였고, 그가 내게 들려준 이야기는 간단히 이랬다. 잠자리에 들 때가 되어 문단속이 잘 되었나 보려고 뒷부엌으로 갔

사람의 질은 음경을 놓지 않을 정도로 수축하지 않는다.
하지만 사람들은 개들의 모습을 보고
가끔 남녀가 성관계 후에 떨어지지 못하는 상황을 상상하곤 한다

는데, 마부의 방에서 웬 소리가 들렸다. 방문을 연 그는 마부가 하녀
하나와 침대에 있는 걸 보고 깜짝 놀랐다. 여자는 비명을 질렀고, 남
자는 발버둥을 쳤으며, 두 사람은 침대에서 굴러떨어졌다. 둘은 서로
떨어지려고 미친 듯 애를 썼지만 소용이 없었다. 남자는 180센티미터
가 넘을 정도로 키가 크고 건장한 사내였고, 여자는 40킬로그램이 좀
넘을까 싶은 자그만 몸집이었다. 여자는 신음과 비명을 그치지 못했

마이 버자이너

고, 대단히 고통스러워 보였다. 둘의 몸을 떼어내려 몇 차례 시도해도 되질 않아서 나를 부른 것이다. 내가 갔을 때 남자는 일어서서 여자를 팔에 안고 있었다. 음경이 여성의 질에 꽉 낀 게 분명했다. 분리하려고 시도하면 두 사람 모두 통증을 느꼈다. 정말로 '성교 중의 결합' 상황이었던 것이다. 물, 다음엔 얼음을 써봤지만 소용이 없었고 결국 클로로포름을 썼다. 여성을 잠들게 하여 틈을 좀 느슨하게 하고는 갇혔던 음경을 뺐다. 음경은 납빛으로 부풀어 올라 있었으며 반쯤 발기한 상태였다. 발기는 몇 시간이 지나서야 가라앉았고, 이후에도 며칠 동안 엄청나게 쓰렸다고 한다.

글쓴이는 이 보고서에 이거턴 Y. 데이비스란 이름으로 서명했다. 1880년대에는 이 이름이 윌리엄 오슬러William Osler 경, 현실적인 농담들로 큰 인기를 누렸던 캐나다인의 필명이라는 것을 아는 사람들이 꽤 있었다.[21] 더 잘 아는 사람들은 이름의 Y가 '요릭'을 뜻한다는 것도 알았다. 햄릿에 자주 등장하는 해골의 이름말이다. 그럼에도 후대의 문헌에서는 이 사례가 마치 진지한 사실인 양 인용되기 시작한다. 이후의 다른 사례들을 봐도 극적인 분위기는 매한가지이다. 이를테면 바르샤바에서는 한 학생 커플이 대학 정원에서 몸이 붙었는데, 이 사실이 언론에 알려진 뒤 둘 다 자살했다고 한다. 브레멘에서는 조선소 으슥한 구석에서 한 항만 근로자가 여성과 몸이 붙은 것을 동료 직원들이 빙 둘러서서 구경했으며, 커플은 병원으로 실려 갔다고 한다.[22] 문제를 해소하는 기적의 치료제는 늘 클로로포름이다. 좀 더 사실적인 인상을 주는 여타의 사례들은 이만큼 극적이지는 않다. 대개 집에서 일어난 일이며, 비교적 짧은 시간 뒤에 의사의 개입 없이 해결된 사례들이다. 1980년 무렵에는 의학계에서도 이 주제를 열띠게 토론한 적이 있다. 하지만 1982년 이후에는 한 번도 진지하게 논의된 적이 없다. 가장 최근의 사례로 거론되는 것은 1947년의 사건으로, 와이트 섬에서 한 신혼부부가 겪은 일이라고 한다.[23]

하지만 극히 드물게 일어나는 일이라 해도 이런 사건에 대한 두려움 자체는 아주 오래전부터 존재했다. 13세기 후반에는 특히 위험을 경고하는 이들이 많았다. 성적으로 자제하지 않으면 대중 앞에서 수치를 겪을 수 있다는 걸 강조하기 위해서였다. 남자들과 여자들에게, 또한 성적 도덕을 엄격히 지키지 않는 사회 분위기에 경종을 울리기 위해서였다. 슈발리에 드 라 투르 랑드리(14세기의 한 프랑스 귀족_옮긴이)가 딸들을 위해 쓴 책을 보면[24] 이 우스꽝스런 장면이 두 번이나 소개된다. 물론 슈발리에가 이 문제를 엄청나게 중요하게 생각했기 때문이다. 그가 든 일화에서는 연인을 교회로 꾀어낸 몰염치한 하사관이 신의 노여움을 산다. 1484년에 캑스턴이 중세 영어로 번역한 내용을 바탕으로 소개하면 이렇다.[25]

그들은 떨어지지 못하고, 수캐와 암캐처럼 함께 붙어 있었다. 그날 밤과 다음 날 아침이 다 지나도록 그랬기 때문에, 결국 다른 사람들이 나서서 하느님께 기도를 드려야 했다. 이 끔찍한 광경을 끝내주시길 간청해야 했다. 그리고 마침내 (…) 그 일을 했던 이들은 그 일요일에 회중들 앞에 알몸으로 나서서 자기 몸을 때리며 참회하고, 자신들의 죄를 사람들 앞에서 고백해야 했다.

슈발리에의 어린 딸들은 메모를 해가며 열심히 읽었고 신앙심이 매우 돈독해졌다.

몸이 붙는 현상을 매우 바람직한 것, 치유 효과가 있는 것으로 묘사한 문헌도 있다. 『사.지.가ŚÀZI.GA』라는 로버트 빅스Robert Biggs의 책에 나오는데, 기원전 14세기 이후로 메소포타미아 지방에서 떠돌던 주문들을 집대성한 이 책의 14번째 주문이 그런 내용이다. 고대 사람들은 이 주문에 마법의 처방전을 결합해 사용하곤 했는데, 내용을 보면 분명히 남성의 발기를 돕고자 하는 여성이 외는 것이다.

〈주문〉

바람아 불어라! 산들아 흔들려라! (…)

내 침대 머리에는 수사슴이 매어 있다!

내 침대 발치에는 숫양이 매어 있다!

내 침대 머리에 있는 자여, 일어나서, 나에게 사랑을 전해다오!

내 침대 발치에 있는 자여, 일어나서, 나에게 사랑을 전해다오!

내 질은 암캐의 질이다! 그의 음경은 수캐의 음경이다!

암캐의 질이 수캐의 음경을 잡고 놓지 않듯이(내 질도 그의 음경을 잡고 놓지 않기를)!

이 주문을 암송한 뒤에 적용할 처방약은 자철 광석을 간 가루와 푸루라는 기름이었다.

이빨 달린 질

중세의 권력자들은 늘 독살당할 것을 경계하며 살았다. 당시에는 어떤 종류의 독이라도 매일 조금씩 섭취하며 양을 늘려가면 결국엔 면역된다고 믿었다.[26] 여성의 경우에는 매달 월경을 하면서 그 독에 대한 내성을 구축해간다고 했으며, 따라서 폐경이 지난 여성은 면역력뿐 아니라 독성 자체가 최고조에 달한다고 했다. 이런 배경에서 독살하는 처녀 전설이 등장한다. 알렉산드로스 대왕이 어린 나이에 영토와 지배력을 넓혀가자 특히 위협을 느꼈던 한 왕이 방어 전략을 사용하기로 했다. 왕은 어린 소녀에게 독을 먹여 최고로 농축시킨 뒤 알렉산드로스 대왕에게 선물로 보냈다. 소녀는 우아했고, 아름답게 하프를 연주했다. 알렉산드로스는 몹시 소녀를 안고 싶었다.

하지만 궁정에 신하로 있던 아리스토텔레스, 그리고 그의 스승인 소크라테스가 소녀에게 독이 든 것을 발견하고 알렉산드로스에게 건드리지 말도록 했다. 그들이 알렉산드로스에게 사정을 설명하자 그는 믿지 않았다. 하지만 스승인 소크라테스를 무서워했기에 감히 반박할 엄두는 내지 못했다. 그러자 소크라테스는 두 노예를 데려와 그중 한 명에게 소녀를 안아보라고 시켰다. 노예는 그 자리에서 쓰러져 죽었다. 두 번째 노예에게도 똑같이 시키자 그 또한 똑같이 죽었다. 알렉산드로스는 스승의 말이 진실임을 그제야 깨우쳤다. 하지만 소크라테스는 여기서 멈추지 않았다. 그는 소녀에게 개와 말 등 동물들을 만져보게 했는데, 그들 역시 쓰러져 죽었다.

이 이야기가 수록된『플라시두스와 티마에우스의 대화』라는 책은 당대 위대한 성직자와 철학자들의 생각을 대중에게 전달하기 위해 쓰인 것이다. 작가는 아리스토텔레스가 알렉산드로스의 스승이었다는 것은 알았던 모양이나 아리스토텔레스가 태어날 무렵에는 소크라테스가 이미 죽고 없었다는 사실까지는 몰랐던 모양이다(소크라테스는 플라톤의 스승이고 플라톤이 아리스토텔레스의 스승이다).

'이빨 달린 질vagina dentata' 신화에서는 여성성에 대한 두려움이 직접 여성 성기에 결부되어 드러난다. 여러 문화에 걸쳐 이 신화가 존재하기 때문에, 인류 공통의 문화적 뿌리, 즉 집단 무의식을 강조하고자 하는 인류학자들은 이 사례를 자주 언급한다.[27] 한 예로 H. R. 헤이스가 알아낸 위치타 인디언의 전설을 보자. 그들의 영웅인 '개의 아들'이 어떻게 위험을 뛰어넘었는가 하는 얘기이다.[28] 영웅은 여행 중에 작은 거미 여인과 대머리수리 여인이라는 두 마녀를 만난다. 작은 거미 여인은 그를 집으로 초대해 자신의 두 딸을 아내로 맞으라 청한다. 그런데 착한 마녀인 대머리수리 여인이 그를 몰래 부르더니 두 딸을 조심하라고 경고한다. 딸들의 질에는 이빨이 있어서 그들의 처녀성을 탐하면 남자다움을 잃게 된다는 것이다. '딸들과 누웠을 때 그들이 유혹하더라도 관계를 가져서는 안 된다. 질 속의 이빨이 바드득 가는 소리를 들을 수 있을 것이다.' 잠들면 안 된다는 경고를 들은 개의 아들은 대머리수리 여인의 조언을 따르기로 한다. 매력적인 두 딸들 사이에 누운 그는 잠이 든 척만 하고 깨어 있었다. 작은 거미 여인이 그의 머리통을 부숴버리려고 했지만, 그는 용케 벗어난다. 다음 날 개의 아들은 다시 몰래 대머리수리 여인을 만나는데,

그녀는 그에게 기다란 숫돌을 두 개 준다. 둘 중 마음에 드는 소녀를 골라서 그녀의 질 이빨에 숫돌을 던지면 그녀가 무해하게 되리라는 것이다. 다음에는 다른 쪽 소녀의 질에도 음경 대신 숫돌을 집어넣어야 한다. 대머리수리 여인은 악한 마녀를 잠재울 수 있는 매력까지 그에게 선물한다.

그는 들은 그대로 수행했다. 한 소녀는 돌의 삽입을 이기지 못하고 죽었고, 다른 소녀는 숫돌로 치유되어 성관계를 가져도 안전한 존재가 되었다. 남녀는 함께 도망치지만 작은 거미 여인이 맹렬하게 쫓아온다. 대머리수리 여인은 작은 거미 여인을 하늘 높이 들어 올렸다가 떨어뜨려 죽임으로써 선행을 마무리한다. 이렇게 개의 아들은 자신의 음경을 사수했고, 남성의 특권을 연마하는 데 사용할 수 있었다.

일본의 이야기는 성서 외전에 나오는 토비아스와 사라의 이야기와 조금 비슷하다. 여러 차례 결혼을 했지만 첫날밤을 제대로 치르지 못한 공주가 있었다. 매번 악귀가 침실에 숨어들어서 신랑의 성기를 잘라 갔던 것이다. 공주의 아버지가 간절히 호소한 끝에, 한 대장장이가 나서서 그녀를 구한다. 대장장이는 철로 된 음경을 만들어 끼워서 악귀의 이빨을 부러뜨린다.

생명이 위태로운 전시 상황의 병사들은 적국의 여인들에게서 거세 공포를 느끼곤 했다. 물론 위장된 형태로 표현되는 두려움이다. 독일에 주둔한 미군 병사들 사이에서는 독일 창녀들의 질 안에 면도칼이 들었다는 소문이 돌았다. 자신들을 해치기 위해서라는 것이다. 베트남 전쟁에서도 똑같은 소문이 있었다. 이스라엘의 정신과 의사

벤야민 베이트할라미는 여성의 목을 베고 칼로 질을 절단한 뒤 시체와 성교한 한 범죄자에게서 비슷한 이야기를 들었다.[29] 군 복무 중에 주둔지의 여성과 관계를 가지는 일이 두 차례 있었는데, 매번 목숨이 위태로울 정도의 위험을 느꼈다는 것이다. 그는 여성 성기가 자신의 성기에 위협이 된다는 식으로 사태를 해석했고, 그래서 그런 잔악한 행위를 하게 된 것이라 했다.

1977년, 케이트 밀레트Kate Millett(미국의 페미니스트 작가이자 활동가_옮긴이)는 '시타'라는 여성에 대한 사랑을 담은 자서전을 썼다. 두 사람이 처음으로 사랑을 나누려는 때, 시타는 케이트에게 조심해달라고 말한다. 시타는 옛날에 사막 한가운데서 차가 고장 나 오도 가도 못하게 된 때에 여섯 사내들에게 윤간을 당했다. 질을 칼로 베이기까지 했다. 클리토리스에는 훼손의 흔적이 남아 있다.

질은 음경보다 더 파괴적인 두려움을 일으키는 듯하다. 하지만 현실에서는 질 때문에 다치는 남자보다 음경 때문에 다치는 여자가 훨씬 많다. 실제로 음경이 잘리는 사고는 흔치 않고, 흔치 않기 때문에 매번 국제적 뉴스가 된다. 로레나 보비트가 남편의 성기를 잘랐을 때도 전 세계 신문이 1면에 기사를 실었다. 남편은 술에 취해 인사불성인 채로 그녀를 강간하곤 했다.[30] 남편은 사건을 잘 이겨냈다. 음경 봉합 수술은 성공적이었고 1년도 지나지 않아 〈잘리지 않은 존 웨인 보비트〉라는 포르노 영화에 출연했다. 로레나도 구금은 면했는데, 페미니스트 지지 단체들이 힘을 쓴 덕도 있을 것이다. 여성들은 로레나를 감옥에 보낼 경우 수백 명의 미국 남성들이 거세될 것이라고 협박했다.

두 남자에게 강간을 당한 체코의 한 여성 수의사는 자신도 기분
이 좋은 것처럼 남자들을 속여 술에 취하게 하고서는 두 사람의 성기
를 절단해버렸다. 이 이야기 역시 전 세계에 알려졌다. '여성을 강간
하지 마시오, 수의사일지도 모름'이라고 적힌 포스터까지 나돌았다.

　　마디 삭스Mady Sacks는 1987년에 영화 〈이리스〉의 시나리오를 쓸
때 이 이야기에 영감을 얻었던 것이 분명하다. 모니크 판 데 펜이 연
기한 영화 제목과 같은 이름의 주인공은 유능하고 헌신적인 수의사
로서, 수의사는 남성의 분야라고 생각하는 적대적인 마을 사람들 사
이에서 힘겹게 일하는 여성이다. 이리스는 보는 이의 마음까지 먹먹
하게 하는 여러 시련을 겪는데, 마지막에는 야만적인 강간까지 당한
다. 누구의 짓인지 알게 된 그녀는(알고 보니 그녀의 약혼자였다. 매우 불쾌
한 인물인 그는 그녀를 대도시로 돌아오게 만들려고 계략을 세웠다) 클로로포름
으로 그를 마취시킬 준비를 한다. 이전에 새끼 수돼지에게 그녀가 했
던 일, 즉 거세를 하려는 계획이다. 이리스는 서슴없이 칼을 집어 들
지만 그 순간, 이성이 그녀를 일깨운다. 영화는 이리스가 송아지의
탄생을 돕는 장면으로 끝난다. 삶을 긍정하는 결론이다.

　　여성이 음경을 훼손한 사례는 이 밖에도 많을 것이지만, 남자들
이 질에 공격을 가한 사례에 비하면 압도적으로 적은 수일 것이다.
더 강하게 말하자면, 대부분의 남성 성기 절단 사건은 남성들이 일으
키는 것이다. 전쟁을 생각해보라. 게다가 정신과 문헌에 보면 정신병
적 발작 상태에서 자신의 성기를 절단하는 남자들의 사례가 간간이
등장한다. 물론 여성의 경우에도 자기 증오에 의한 성기 훼손 사례
가 있다. 부인과 병원에는 제 손으로 질을 벤 여성, 날카로운 물체나

유리 조각 같은 것을 질에 넣은 여성들이 간혹 찾아온다. 반복 양태를 보이는 경우도 적지 않다. 하지만 자기 훼손을 하는 여성들이 대개 정신병적인 것은 아니다. 성기 훼손은 자기 학대의 한 형태, 가령 면도칼로 손목을 긋는다거나 얼굴에 상처를 입히는 행동과 비슷한 것이다. 잉마르 베르히만Ingmar Bergman의 영화 〈외침과 속삭임〉(1972)에서 막 사망한 한 여성의 세 딸들 중 한 명은 남편과 조용히, 그러나 무거운 분위기에서 저녁 식사를 하던 중 포도주잔을 깨뜨린다. 나중에 그녀는 그 파편으로 자기 질을 베고, 피를 얼굴과 입에 문지르며 마구 웃는다. 남편의 성적 우선권에 반발하는, 일종의 앙갚음 같은 행동이다.

오스트리아 소설가 엘프리데 옐리네크Elfriede Jelinek는 1989년에 『욕망』을 발표해 전 세계를 놀라게 했다. 그렇게 끔찍한 성관계 묘사를 잘 참아내는 독자는 많지 않았다. 그녀가 이전에 쓴 『피아노 치는 여자』도 마찬가지였다. 어머니와 함께 사는 외로운 피아노 교사의 삶을 그린 소설이다. 에리카는 피학적 욕망을 채우지 못해 목말라 한다. 그녀가 젊은 학생과 맺는 관계는 충격적인 결말로 끝난다. 미카엘 하네케Michael Haneke가 감독한 영화 〈피아니스트〉에서는 아니 지라르도와 이자벨 위페르가 각기 어머니와 딸 역을 맡았다. 에리카가 자해하는 아래 장면은 이야기의 맥락에 매끄럽게 들어맞으며 아주 깊은 인상을 준다.

집에 혼자 있을 때 그녀는 자기 몸을 벤다. 다른 사람들을 괴롭히는 마음으로 일부러 그런다. 그녀는 늘 남에게 들키지 않고 몸에 칼을 댈 수 있는 순간을 노린다. 문이 닫히는 소리가 희미해지자마자 자신의 작은 부적, 아버지가 쓰던 다목적 면도칼을 꺼내온다. (⋯) 이 면도날 은 그녀의 살을 벨 것이다. 푸르스름한 금속으로 된, 나긋나긋하고, 탄력 있고, 얇고 우아한 이 면도날. 그녀는 면도거울을 돋보기 쪽으로 돌려놓고 그 앞에 다리를 벌리고 앉는다. 그러고는 살을 저미기 시작한다. 그녀의 몸으로 들어가는 구멍을 더 크게 열어낸다. 면도칼로 베는 게 그다지 아프지 않다는 사실을 그녀는 체험을 통해 안다. 팔과 다리, 손을 실험 대상으로 종종 사용해보았기 때문이다. 자기 몸을 베는 것은 그녀의 취미이다.

(⋯) 늘 그렇듯, 통증은 느껴지지 않는다. 그녀는 갈라져서는 안 될 곳을 잘라낸다. 신과 어머니 자연이 보기 드문 합의를 이루어 붙여놓았던 것을 갈라놓는다. (⋯) 잠시 동안 두 쪽으로 잘린 신체 부위는 가만히 서로를 노려보고 있다. 별안간 전에 없던 간극이 만들어진 것을 놀라서 쳐다보고 있다. (⋯) 갑자기 피가 용솟음쳐 나온다. 피가 방울방울 스며 나오더니 흘러내리고, 다른 핏방울들과 합쳐져 물줄기를 이루며 내려간다. 여러 개의 핏줄기들이 한데 합쳐지자 평화롭게 꾸준히 흐르는 빨간 냇물이 된다. (⋯) 아랫도리와 불안감은 그녀의 몸에 속한 한 쌍의 동맹들이다. 둘은 대개 함께 출현한다. 두 친구들 중 하나가 예고도 없이 불쑥 그녀의 머릿속에 등장하면, 그녀는 확신할 수 있다. 다른 하나도 멀리 있지 않다는 것을. 어머니는 그녀가 이불 위로 얌전하게 손을 내놓고 자는지 감시할 수 있겠지만, 그녀의 불안감까지 통제하려면, 딸의 머리를 갈라 손수 이 불안을 파내는 수밖에 없을 것이다.

피를 멈추기 위해, 그녀는 탐폰 주머니를 끄집어낸다. 여자라면 누구나 그 편리함을 알고 칭송하는 것, 특히 운동할 때나 몸을 많이 움직일 때 좋은 그것을 꺼낸다. 공주 복장을 하고 아이들끼리의 가장 무도회에 참가한 소녀 머리 위의 황금 마분지 왕관은 눈 깜박할 사이에 이 탐폰 주머니로 바뀌는 것이다. 하지만 그녀는 한 번도 무도회에 가본 적 없었고, 왕관을 써본 적은 더더욱 없었다. 그러나 돌연히 공주들의 왕관은 팬티 속으로 미끄러져 들어가고, 여자들은 삶에서 자신의 위치를 알게 된다. 한때 어린아이다운 긍지로 머리 위에 빛나던 것은 이제 나무처럼 도끼를 기다리는 장소에 안착하였다.

옐리네크를 읽는 것은 고통스런 즐거움이다. 실제 자신의 육체에 해를 가할 때 드는 기분과 크게 다르지 않을 것이다.

개인 위생

팬티라이너 광고를 막고 제품 사용 중지 운동을 한다면, 육체적 염증뿐 아니라 정신적 염증도 한결 개선될 것이다.[31]

생리대 및 팬티라이너 제조사들은 여성 성기에 대한 반감을 교묘히 이용하고 있다. 백 년까지도 아니고 수십 년 전만 해도 여성들은 속옷에 바로 월경혈을 흘렸는데, 지금 우리로서는 거의 상상도 못할 일이지만 당시는 그래야만 월경의 청결 작용이 방해받지 않는다고

믿었다.[32]

여성 성기를 다루는 방식은 시대에 따라 크게 달랐다. 19세기에
는 중산층 성인 여성이 가랑이가 막힌 속바지를 입는 것은 상상할
수 없었다. 그런 옷은 어린 소녀들이나 입는 것이었다.[33] 요즘 소녀들
이 처음으로 브래지어를 할 때 자신의 성적 성숙을 감정적으로 느끼
게 되듯, 빅토리아시대 소녀들은 처음 '뚫린' 속바지를 입을 때 그런
기분을 느꼈다. 당시 '막힌' 속바지를 입는 성인 여성은 쯧쯧 하는
남들의 반응을 감수해야 했다. 21세기에 가랑이가 뚫린 팬티를 입은
여성처럼 패션의 기본을 무시한 것이나 마찬가지였기 때문이다. 그
런 여성은 어쩌면 긴 바지도 입을지 모른다, 남성성의 대표 상징을!

남자들에게 일상적 불만을 아무거나 들라고 물어보면 분명 생리
대 광고가 순위에 들 것이다. 물론 생리대와 탐폰은 필수불가결한 물
건이다. 가임기 여성들은 월경혈이 새는 당황스런 사고가 생기지 않
도록 제조업자들이 최선을 다한다는 사실을 기쁘게 생각한다. 하얀
반바지를 입은 활동적인 엄마가 아이와 유쾌하게 구르는 모습을 담
은 광고를 보면 누구나 긍정적인 반응을 보인다. 하지만 팬티라이너
는 좀 다르다. 이것은 월경 중도 아닌 질의 위험을 막기 위한 제품으
로, 비교적 최신 발명품이다.

1971년 7월, 저메인 그리어는 《선데이 타임스》에 기고한 글에서
또 다른 질 위생 상품, 질 데오도란트를 호되게 비난했다.[34] 요새야
무조건 자본주의를 비난하는 게 유행이 아니라지만, 당시 저메인 그
리어는 제조업자들을 심지어 마약 판매상에 비유했다. 사춘기 아이
들의 불안정함을 이용해 일시적으로 기분 좋게 하는 약의 노예를 양

산하는 마약 판매상이나 다름없다고 말이다. 성실한 관찰자였던 그리어는 신종 트렌드가 시작된 것이 1966년 중반 무렵이었다고 지적했다. 그 몇 년 후부터 여러 여성 잡지들에는 질 위생품에 대한 광고가 15쪽에서 20쪽 가까이 꾸준히 실렸다. 사실 그런 스프레이식 화학물질이 질 점막을 상하게 할 수 있다는 사실은 오래지 않아 밝혀졌다. 비슷한 시기에 여성들은 비누 역시 자극이 될 수 있다는 것을 알게 됐다.

1980년쯤 되자 여성들은 데오도란트를 쓰기에는 질이 매우 민감하다는 사실을 굳게 믿게 되었다. 하지만 안타깝게도 제조업자들이 심어둔 두려움, 즉 질 냄새가 여성의 자기 확신에 일상적 위협이 될 수 있다는 두려움은 그간 여성들의 집단 무의식에 오히려 깊게 자리 잡았다. 팬티라이너는 이 환경에서 융성한 제품이다. 1999년에는 끈 팬티용 특별 제품을 시판하겠다는 계획이 발표되었고, 2000년 2월에는 마침내 신제품이 판매되기 시작했다. 검은색이 유행하던 시절에는 검은색 팬티라이너가 나오기도 했다. 여성들도 대부분의 의사들이 팬티라이너를 추천하지 않는다는 사실을 잘 안다. 하지만 성기를 잘 통제해야 한다는 사회적 압박이 너무 크다. 건강한 여성들 중에도 불편할 정도로 많은 양의 질 분비물을 배출하는 사람들이 있다. 하지만 분비물의 양이 많은 게 꼭 분비물이 불결하다는 뜻은 아니다.

팬티라이너가 정말 점막에 손상을 입힐까? 정말 그렇다면 제조업자들은 맥주에 아트로핀을 타서 사람들 목을 더욱 마르게 함으로써 판매를 촉진하고 수익을 늘렸던 19세기 양조업자들이나 마찬가지인 셈이다. 그런 관행은 이미 법으로 금지되어 있다.

저메인 그리어가 인용한 데오도란트 제조업자들의 선전물을 보면, 늘 땀과 질 분비물에 젖어 있는 가랑이는 언제나 옷과 속옷에 덮여 있기까지 하다 보니 질 냄새가 난다고 한다. '과열'은 질 건강에 좋지 않다는 것이다. 여성들도 대부분 알고 있는 바였다. 당대의 정신에 충실했던 저메인 그리어는 바로 그렇기 때문에 꼭 필요할 때가 아니고는 팬티를 입지 않는 편이 바람직하다고 주장했다. 그녀의 말을 따르는 여성들이 없진 않았지만, 그리 많지도 않았다.

팬티라이너가 질 염증을 일으킨다는 말이 사실이라고 하자. 어째서 그럴까? 질의 내용물은 산성이라(질 내에 '나쁜' 바이러스가 침투하는 것을 막는 방어 기제이다) 음순의 점막에 자극이 된다. 처녀막 주변의 점막은 이 정도의 산성을 견딜 수 있지만, 더 바깥의 피부는 염증을 일으킨다. 음순은 보통 서로 붙어 있고, 팬티라이너를 했든 하지 않았든 팬티가 또 추가의 압박을 가하므로, 일상에서 음순 사이 부위는 정상 상태보다 훨씬 조여져 있다. 여성은 다리를 모으고 앉아야 한다는 세간의 통념도 한몫을 한다. 그런데 팬티라이너는 질 분비물이 꽤 아래까지 흘러나온 뒤에야 흡수를 한다. 질 분비물이 점막에 미치는 해로운 영향을 차단하고자 하는 것이라면 그럴 게 아니라 처녀막 주변에서 이미 흡수해주어야 하는데 말이다. 그래서 어떤 여성들은 더 단순한 다른 방법을 쓴다. 소변을 보고난 뒤 휴지를 한 장 뜯어 음순 사이에 끼워두는 것이다. 그렇게 말아서 끼워두면 다음번에 화장실에 갈 때까지 거의 움직이지 않는다. 음순 안쪽이 꽤 건조하게 유지되며, 점막의 각질화도 다소 촉진할 수 있다. 화학 물질이나 세균의 영향, 나아가 성관계 중의 물리적 손상에 대한 음순의 저항력을 높이는 데

스핑크스가 설계한 여성용 변기 레이디P

는 이 방법이 더 낫다.

종합적으로 볼 때, 여성은 남성보다 더 성기 건강에서 취약함을 느낀다. 여성들은 남성들이 칠칠치 못하게 화장실을 쓴다며 화를 내고, 남녀 화장실을 아예 분리할 것을 강하게 주장한다. 미국 법정 드라마 〈앨리 맥빌〉 같은 데 등장하는 공용 화장실은 다른 나라들에서는 거의 상상도 할 수 없는 것이다. 다른 사람이 방금 앉았던 좌변기에 살이 닿는 것을 불안해하는 여성도 많다. 좌변기를 덮는 용도로 사용되는 휴지의 양이 어마어마하기 때문에, 사용자의 위생 욕구를 만족시켜주기 위한 발명품도 여럿 등장했다. 단추를 누르면 라텍스 덮개 같은 것을 의자 위로 덮어주는 변기도 그런 것이다. 최근에는 자동으로 덮개가 돌아가서 뒤편 중앙 부분이 늘 깨끗하게 유지되는 변기도 나왔다. 그보다 더 최근의 발명은 아예 변기 위에 쪼그리기만 하고 볼일을 보라는 충고였다. 네덜란드 회사 스핑크스는 최근에 새로운 여성용 소변기를 소개했는데, '스키 자세'로 재빨리, 그리고 효율적으로 소변을 볼 수 있는 설계이다. 그림을 보면 이해할 수 있을 것이다. 어쩌면 이 혁신은 화장실 이용 양태에 일대 혁명을 일으킬지도 모르겠다. 최소한 자부심에 가득한 그 회사만은 그러길 바라고 있다.

이상화와 숭배

그들은 여성의 신체 부위에 관한 책이 어린 소녀들을 매료시킨다고 말한다. 이를테면 그들은 세 종류의 소음순이 있다고 한다. 가장 작은 것은 삼각형 모양이다. 두 개의 좁게 맞물린 주름이 있다. 바깥쪽 음순에 가려서 잘 보이지 않는다. 중간 크기의 유형은 백합 잎사귀처럼 생겼다. 반달 모양이거나 삼각형 모양이다. 전체 모양이 부드럽게 형성된 것이 눈에 보인다. 가장 큰 유형은 안쪽 음순이 펼쳐져서 나비 날개처럼 보이는 형태이다. 삼각형이거나 사각형이고, 눈에 확실히 잘 보인다.[1]

모니크 위티그의 묘사를 읽다 보면 조지아 오키프Georgia O'Keeffe(1887~1986. 미국의 화가_옮긴이)의 작품들이 연상된다. 오키프의 난초 그림들을 보고 여성 성기를 떠올리지 않을 수는 없다. 오키프의 풍경화에도 성기를 암시하는 주름들이 가득하다. 시각 예술이 여성 성기에 관심을 쏟아온 지는 벌써 수백 년이 되었다. 몇몇은 고도로 양식화된 것으로서 의식적 의미를 지닌 것들이었다. 인류 최초의 암석화

샤티크 요니. 이 삼각형은 요니(여자의 생식기)의 상징이며,
우주의 기원을 표현한다. (인도 라자스탄, 17세기)

들을 보면 남근 옆에 질의 상징도 늘 함께 그려져 있는데, 분명히 다산 기원 의식과 관련이 있다. 정말 여자 가장 사회가 존재했다면, 분명 그들은 여성적 우상을 숭배했을 것이다.

사진이 발명되기 전 시대의 그림들은 예술적 변형이 덜한 편이었다. 과거에 그림은 실용적 용도를 지녔다. 우리가 17세기나 18세기의 예술 작품이라고 보는 것들이 사실 당시에는 그저 야한 이야기에 지나지 않기도 했다. 그런 작품들은 무엇보다도 묘사적이다. 사실 피에트로 아레티노Pietro Aretino(1492~1556. 현대 포르노그라피에 큰 영향을 준 이탈리아 작가_옮긴이)의 소네트들에는 이상할 정도로 감정이 없다. 책을 만드는 사람은 독자가 책장을 넘기며 (흥을 돋우는 상대가 있든 없든) 스스로 성적 자극을 발견할 수 있을 거라고 생각한다. 예술이 예술가 개인의 느낌을 청중에게 전하는 도구로 여겨지게 된 것은 19세기와 20세

고야, 나체의 마야

기 들어서였다. 그것은 완전히 다른 형태의 새로운 에로티시즘이었
다. 가장 유명한 사례가 이 책의 머리에 실린 그림, 귀스타브 쿠르베
의 〈세상의 기원〉이다. 현재는 파리의 오르세 미술관에 전시되어 있
다. 이 그림은 다채로운 감정들을 관객에게 전달하는데, 모두 긍정적
인 것들이다. 쿠르베는 일종의 우상을 제안하고 있는 것이다.

　　이 그림의 역사는 흥미롭다. 프랑스의 정신분석가 자크 라캉이
오랫동안 소장했던 그림이지만, 원래는 파리의 이집트 대사를 위해
그려진 것이다. 대사는 응접실에 작은 커튼을 달아 그 뒤에 그림을
걸어두었다. 신중하게 다뤄야 하는 그림이었던 것이다. 고야의 〈마
야〉에도 비슷한 이야기가 있다. 그 그림의 원 소유자는 옷을 입은 마
야 그림 뒤에 나체의 마야 그림을 걸어두고 아주 친한 친구들에게만
둘 다 보여주었다고 한다. 심지어 예술에서조차 명백히 성적인 주제
를 다룰 때 분별 있게 행동해야 한다는 강박은 기독교 전통에서 생

겨난 것이 분명하다. 아름다움과 성적인 흥분이 같은 것으로 여겨지는 문화도 있기 때문이다. 후에 유럽에서까지 인기를 끌게 된 일본과 중국의 성애 예술들은 지침서의 기능을 겸할 때가 많았으며, 신부에게 주는 결혼 선물이었다. 기원전 100년경에 쓰인 중국의 한 베개책(머리맡에 놓고 자주 보는 책_옮긴이)을 보면 첫머리에 신부가 남편에게 보내는 시가 실려 있다.

> 저는 옷가지를 떨구고 화장과 분을 지웁니다
> 그리고 머리맡의 두루마리를 펼쳐 그림이 보이게 합니다
> 저는 소녀를 스승으로 삼으리니,
> 우리는 갖가지 자세들을 실험할 수 있을 것입니다
> 평범한 남편들은 거의 보지도 못한 것들,
> 천로天老가 황제黃帝에게 가르쳐줬던 것들을.
> 그 어떤 즐거움도 첫날밤의 기쁨을 능가하지는 못하리니,
> 결코 잊히지도 않을 것입니다, 우리가 아무리 늙어지더라도.[2]

일본 춘화의 특징은 성기가 특히 상세히 묘사되어 있으며 실물보다 살짝 크게 그려져 있다는 점이다. 성기를 클로즈업한 그림은 초현실적이거나 아니면 극도로 양식화된 모습이다. 하지만 성기에 대한 커다란 존중을 담고 있다는 점에는 차이가 없다. 요즘도 일본의 스트립쇼는 굉장히 가깝고 상세하게 질을 보여주곤 하며, 무대 아래에는 확대경까지 설치되어 있다.[3] 일본의 그림은 표현이 자유로운 반면, 중국의 그림은 더 정교하고, 표현적인 기법이 덜 사용되는 편이

이상화와 숭배

다. 중국인들이 상세하게 묘사하는 부위는 전족이다. 꽁꽁 묶여서 극단적으로 소형화된 중국 여성들의 발은 대단한 성적 상징으로 여겨졌고, 그림도 그 점을 반영하고 있다.

앞에서도 언급했던 아서 골든의 『게이샤의 추억』에는 사유리의 훈련 과정 얘기가 많이 나온다. 그녀가 배우는 것들 중에 게이샤만의 독특한 머리 모양, 이른바 '바늘겨레 방석' 모양의 머리 손질이 있다. 머리칼에 기름을 바르고 왁스로 정리한 다음 머리 꼭대기에 말아 올려 쪽을 지는 것이다. 뒤에는 일부러 조그맣게 틈을 벌려둔다. 그래서 그 머리 모양을 '갈라진 복숭아'라고도 부른다. 쪽을 질 때는 천 조각으로 머리칼을 둘러싸는데, 견습 게이샤들의 천 색깔은 붉은색이다. 사유리는 성적인 문제에 대해서는 아직 무지한 편이다. 한참 지나서야 한 고객이 그녀에게 검고 매끄러운 머리칼 사이로 드러나는 붉은 틈이 남자들에게 무엇을 의미하는지 알려준다.

동물행동학자 데즈먼드 모리스Desmon Morris는 인간이 종의 생존을 보장하기 위해 활용하는 육체 신호들에 관심을 갖고 있다.[4] 여성의 가슴 발달에 대한 그의 해석은 특히 널리 알려져 있다. 모리스에 따르면, 인간이 직립을 하게 되고부터는 여성들이 가임기라는 것을 알릴 방도가 없어졌기에(침팬지 암컷과 달리), 다른 신호가 발달되어야 했다. 가슴은 엉덩이를 띠올리게 한다. 그리고 엉덩이는 영상류 암컷들이 가임기에 드러내는 거대한 붉은 방석 같은 기관을 대체하는 것이다. 문명은 자꾸자꾸 새로운 규칙들을 만들어 너무 노골적인 행위들을 억누르려 하지만, 자연은 자꾸 새로운 장소에 성적 신호를 부여하며 규제를 깨뜨린다. 모리스는 20세기 후반 중에 배꼽이 점차 질을

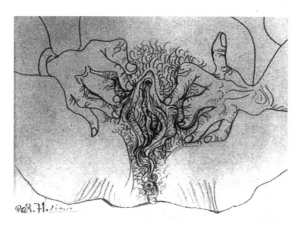

파블로 피카소, 무제, 1971

닳아갔다고 주장한다(하지만 너무 짧은 기간의 관찰에 따른 주장이라 할 수 있다). 옛날의 그림이나 사진을 보면 배꼽이 보통 둥근 모양인데, 배꼽을 점점 드러내는 시대가 되면서 세로로 길쭉한 틈 같은 모양이 되었다는 것이다.

20세기 서양 미술에서, 성적으로 접근 가능해 보이는 여성을 그린 초상은 분명히 성적 감정을 일으킬 목적으로 그려진 것이다. 하지만 거기에도 다양한 유형이 있다. 피카소는 여러 가지 포르노적 클리셰를 유쾌하게 사용하곤 했는데, 이를테면 흔쾌한 태도로 음순을 벌려 보여주는 여성의 그림을 그렸다. 그것은 태평하게까지 보이는 에로티시즘이다. 한편으로 자신이 색광이라고 서슴없이 인정하는 남성 작가들이 도리어 모델의 시선이나 자세, 대위법적인 미적 접근 방식을 통해 매우 인상적인 작품을 만들어내기도 한다. 물을 뚝뚝 흘리는 탐욕스런 질을 묘사한 벨머Hans Bellmer의 그림은 확실히 사람을 흥

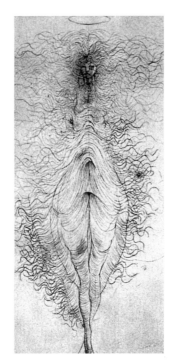

한스 벨머, 마담 에드와르다, 1965

분시키는 효과가 있지만, 한편으로 그 흥분에는 두려움과 반감이 섞여 있다. 색광들이 다들 여성을 사랑하는 건 아니다. 그들은 늘 양가적 감정을 느끼며, 성의 노예가 되는 것은 한편으로 두려움을 떨치는 방법이기도 하다. 필립 로스를 인용해보자.

그렇다, 부끄럽고, 부끄럽다, 알렉스 P여. (…) 모두들 착한 유대인 소녀들과 결혼하여 아이를 낳는데, (…) 그가 한 일이라곤 보지들을 쫓아다닌 것뿐이다. 게다가 유대인도 아닌 여성들의 보지를! 쫓아가고, 냄새 맡고, 두드리고, 집어넣고, 하지만 무엇보다도, 그것에 대해 '생각하고'…. 그가 보는 모든 소녀들은 (놀라지 마시라) 다리 사이에 진짜 보지를 지니고 있는 여성들이다. 대단하다! 놀랍다! 소녀를 볼 때면, 틀림없이 보지를 갖고 있는 존재를 보는 것이라는 환상적인 생각을 아직도 떨쳐버리지 못한다. 보지라니! 그들은 모두 보지를 갖고 있다! 드레스 바로 아래에![5]

이것은 육체의 성적 구조에 대한 전형적 반응이다. 이상화와 미화라는 제목 아래 소개되는 얘기들도 사실은 앞 장에서 논했던 두려움과 반감의 요소를 함께 갖고 있다. 함께 사는 커플들 사이에서도 마찬가지이다. 예술적으로 묘사된 커플이든, 성적으로 묘사된 커플이든 다를 바 없다. 사랑하는 사람의 질을 통해 아무리 큰 욕망과 흥분을 나눈다 하더라도 항상 반발이 느껴지는 측면이 존재하는 것이다. 예술가들은 이 긴장 상태를 영원한 영감의 원천으로 여겼다. 플랑드르 시인 헤르만 데 코닌크Herman de Coninck는 「기억 속의 창녀」라는 시에서 이 모호한 감정을 노래했다.

냉혹할 정도로 천천히, 하품하며, 비치는 옷을 입은 그녀는,
값비싼 팬티를 바닥에 떨어뜨린다
(섹스sex는 럭셔리luxury처럼 신비로운 x를 갖고 있다)
그리고 넘칠 것 같은 두 개의
가슴을 그의 손에 내민다, 그는 내려다본다 그녀의 창백한

다리를, 그리고 그 일 미터쯤 위에 있는 그의 최종의 목적을:

입술이지만 말할 줄 모르는 입술,

그리고 그가 아무리 애원해도 웃음을 보이지 않는 그녀를.

여성은 막강한 성을 가졌기에, 고귀한 상처를,

금성의 언덕, 동굴, 주름을,

그 속에서 잃어버린 밤들은 결코 다시 찾을 수 없다

그리고 그 아래의 그들과 노는 것은

모나리자가 관광객과 놀고, 달이 바다와 노는 것과 같아,

숨 막히지만, 약간의 경멸감도 느껴지는 것이다.

그 소유자인 여성들도 마찬가지이다. 자기 확신이 대단한 여성들 중에서도 진정으로 자신의 질을 자랑스러워하는 사람은 많지 않다. 사진가 야엘 다비드스Yael Davids는 '가랑이'라는 작품에서 자신의 음부를 얼굴로 바꾸어 보여주었다. 그녀는 예외에 속하는 여성이라고 할 수 있을 것이다.

다양한 문화들이 추구하는 미적 이상

네덜란드의 한 청소년 라디오 프로그램 방송 초기 몇 달 간, 음순에 관한 편지들이 쇄도한 적이 있다. 수많은 소녀들이 자기 소음순의 모양, 크기, 색깔, 기타 등등에 충격을 받았다고 토로했으며, 어떻게 이 못생긴 보지를 볼 만하게 만들 수 있는지 알려주길 간절히 원했다. 1998년에도 상황은 크게 변하지 않은 것 같다. 소녀들에게(평균

야엘 다비드스, 가랑이

연령은 16세였다) 매달 1,500통의 편지를 받는 한 잡지 편집자들이 기자에게 말한 바를 보면 큰 음순에 관한 고민은 여전히 자주 등장하는 상담 내용이다. 음순을 안으로 밀어 넣어 작아 보이게 하는 소녀들도 있다. 부인과 의사와 성형외과 의사들은 가끔 음순에 미용 수술을 할 때가 있다. 한 미국 저널리스트가 비뇨기과 의사이자 성형 전문의인 게리 알터(이름이 참 어울린다(Alter에 '고치다'라는 뜻이 있는 것을 가리키는 것이다_옮긴이))를 인터뷰한 기사가 있다. 알터는 스스로 '여성 성기 미용 의사'라 칭하며, 성기의 비대칭을 모조리 바로잡을 수 있다고 자랑한다. 저널리스트는 수많은 사진들을 보았는데, 엄청나게 다채로운 개개인의 다양성이 천편일률적으로 다듬어져 일종의 표준 음부로 탈바꿈한 데 무척 놀랐다.[6] 우리가 보는 포르노 사진들 역시 손질을 통해 다듬은 것이다. 젊은 여성들이 그토록 닮고 싶어 하는 모델은 점점 비현실적인 무언가가 되고 있다.

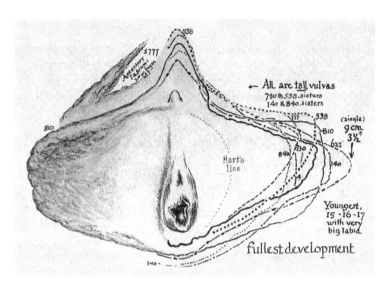

여러 크기의 음순

　어느 정도면 너무 크고 어느 정도면 괜찮은가? 그림은 디킨슨의 책에서 가져온 것으로, 소음순의 개인별 차이를 잘 보여준다.[7] 외부 성기 수술을 전문으로 하는 한 프랑스 병원이 지난 9년간 163명의 프랑스 여성을 수술한 기록을 보면 정상과 비대의 경계는 대략 4센티미터이다.[8] 어떤 여성들은 외관상의 이유 말고 성교 중의 불편(상대를 받아들이기 어려움)이나 운동 중의 불편을 이유로 수술을 한다. 64퍼센트는 옷 입을 때의 불편도 호소했다. 음순이 큰 여성은 특히 팬티스타킹을 입을 때 매우 불편하다.

　여성 성기에서 큰 것은 못생긴 것이다. 하지만 이것은 어느 문화에서나 자명한 사실은 아니다. 주니 아메리카 인디언들에게는 신생아의 성별을 확인하는 특별한 의식이 있다. 여자 아기일 때는 질 위

마이 버자이너

로 조롱박을 들어 올려 성기가 더욱 커지기를 소망한다. 남자 아기일 때는 음경에 물을 뿌려 작게 유지되기를 희망한다. 그것이 주니 족의 이상형이다.[9] 훨씬 잘 알려진 예로 호텐토트(남아프리카의 한 종족으로 정확한 명칭은 코이코이족이다_옮긴이) 여성들이 있다. 그들은 모두 매우 큰 음순을 지니고 있다고 하며, 과도하게 뚱뚱한 엉덩이(둔부 지방 축적)를 발달시킬 가능성이 있다고 한다. 큰 엉덩이는 유전적 문제겠지만 음순이 큰 것은 손으로 잡아당기거나 기타의 조치를 취하기 때문이다. 나탈리 앤지어(『여자, 그 내밀한 몸의 정체』의 저자_옮긴이) 덕분에 우리는 '호텐토트 비너스' 이야기를 잘 알고 있다. 19세기에 유럽으로 끌려와서 사라 바트먼이란 이름으로 알려진 여성이다.[10] 그녀는 박람회의 구경거리로 이용되었고, 죽은 후에는 부검을 당했다. 그녀의 인상적인 육체를 뜬 석고 모형은 1981년까지만 해도 파리 남성 박물관에 전시되었으나, 식민주의의 자취인 모형은 페미니스트 단체들의 항의로 자취를 감췄다. 넬슨 만델라는 프랑스 대통령 미테랑과 시라크에게 호텐토트 비너스의 유해를 돌려줄 것을 요청했다. 그녀의 고향에 점잖게 묻어주기 위해서였다. 프랑스는 2002년 1월에 마침내 이 요구를 수용한다. 그해 8월, 그녀의 유해는 고향인 이스턴케이프에 묻혔다.[11] 앤지어는 호텐토트 여성들의 육체적 특징이 몇몇 유인원들과 흡사하다고 지적한다. 유인원들은 커다란 음순을 바닥에 끌고 다니면서 너른 영역에 자신의 페로몬을 확실히 뿌린다. 앤지어는 호텐토트 여성의 성기에 흥미를 가졌던 과학자들은 흑인이 다른 인종보다 유인원에 더 가깝다는 사실을 극명하게 드러내주는 특징이기에 그 점을 무의식적으로 반겼던 것 아닌가 의심한다.

트룩과 포나페 군도의 미크로네시아 부족들에 대해서는 인류학적 정보가 더 많다.[12] 이들도 어린 소녀들의 음순과 클리토리스를 집중적으로 변형시키는 풍습을 갖고 있는데(초기의 인류학자들이 기록한 바에 따르면 불능인 노인들이 해준다고 한다), 원칙은 '많을수록 낫다'는 것이다. 여성 자신의 쾌락을 위해서나 배우자의 쾌락을 위해서나 많은 것이 낫기 때문에 '갖가지 것들이 들어찬 질(큰 클리토리스와 큰 음순)'을 자랑스럽게 여긴다. 음순에 구멍을 뚫어 소리 나는 장식물들을 대롱대롱 매단다. 다리를 조금 벌리고 걷는 데 익숙해진 여성이라면 사람들의 귀를 즐겁게 해줄 수 있다. 여자들끼리 싸움이 나면 결국에는 '갖가지 것들이 들어찬 질'을 비교하는 것으로 끝이 난다. 더 아름다운 성기를 가진 쪽이 이기는 것이다. 음모 역시 찬사를 받는 존재여서, 허벅지 안쪽에 문신을 새겨 더 많아 보이게 한다.

정신분석학 이론의 영향을 강하게 받은 조르주 드브뢰George Devereux는 이런 손질의 목적이 여성의 가랑이를 남성의 것처럼 보이게 만들려는 것이라고 주장한다. 트룩 군도 사람들은 모르겠지만 포나페 군도 사람들은 확실히 그런 것 같다. 포나페의 남자들은 한쪽 고환을 제거하는 의식을 치르는데, 그 결과 성기가 중앙에 가지런히 정렬된다. 이것은 일반적인 거세 공포를 극복하기 위한 의식이라고 한다. 트룩 사람들의 이성 간 접촉은 거의 언제나 남근숭배적인 활동이다. 남자의 가장 중요한 일은 자신의 여성을 '정복'하는 것, 즉 오르가슴을 안겨주는 것이다. 미크로네시아 사람들과 호텐토트 사람들은 유럽 사람들보다 훨씬 전부터 클리토리스에 대한 사랑을 키워왔다. 제2차 세계대전 중에 유럽을 빠져나와 아프리카에 머물렀던 마리 보나파르트는 같은 대륙 안에 클리토리스에 대한 광신적인 적들과 최고의 찬미자들이 공존하는 것을 알고 매우 놀랐다.[13]

우리 시대는 육체에 집착하는 시대라고 할 수 있다. 질 또한 집착의 한 대상이다. 우선 추하거나 비정상이라고 여기는 질을 맘대로 바꾸는 방법들이 있다. 음순의 크기를 줄이고 균형을 맞추는 등등의 일이 가능하다. 폐경이 되면 호르몬 변화 때문에 대음순의 피하지방이 감소하는데, 여기에 실리콘을 주입하는 성형수술을 받는 여성도 있다. 입술을 도톰하게 만드는 것이 유행했던 것과 비슷하다. 흡착기처럼 생긴 기기를 질에 적용해서 성기를 부풀어 오르게 만드는 방법도 등장했다. 아기의 음부와 발정기 암컷 침팬지의 음부 중간쯤 되어 보이는 결과를 낳는데, 이 기기를 발명한 빌헬름 칸넨기에저Wilhelm Kannengieser는 폐경 후의 점막 및 피하지방 조직 위축을 효과적으로 막아준다고 선전했다.[14]

음모

사람들은 음모에 대해서 어떻게 생각하고 있을까? 이 부차적 성적 특징을 대하는 태도는 사회마다, 사람마다 다르다. 고전 조각 작품을 공부한 사람이라면 남성 조각상의 경우 고도로 양식화된 음모가 풍성하게 표현된 반면, 여성 조각상에는 아무 자취도 없다는 점을 잘 알 것이다.[15] 고전적인 세계관을 반영하는 회화에서도 마찬가지 금기가 19세기까지 팽배했다. 겨드랑이 털이나 가슴 털을 묘사하는 경우도 드물었다. 고야의 〈나체의 마야〉는 이 점에서 획기적인 작품

미술 작품에서 남성상은
음모가 양식화되어 그려졌지만,
여성은 거의 그려지지 않았다.
이 금기는 19세기까지 계속되었다.

1 장 레온 제롬, 피그말리온과 갈라테아
2 구스타프 클림트,
  옷을 벗고 의자에 앉은 여자, 1916~1917
3 앵그르, 샘, 1856

이라 할 만하다. 하지만 이 선구적인 그림에서조차 음모는 정확히 그려지기보다 어둡게 윤곽만 그려져 있다. 여성의 육체가 학계를 지배한 고정관념에 종속되지 않고 자유롭게 다뤄지는 일은 1899년이 되어서야 가능했다. 클림트는 불타는 듯한 붉은 음모가 생생한 우의적 누드를 그린 최초의 예술가로서, 〈벌거벗은 진리〉라는 그림 제목은 더없이 의미심장하다. 겨드랑이 털도 비슷한 금기의 대상이어서, 그것을 자세히 묘사하는 사람은 적잖은 눈총을 받을 각오를 해야 했다. 〈나체의 마야〉에도 겨드랑이 털은 없다. 대부분의 여성 누드들이 마찬가지이다. 델보Paul Delvauz만은 예외라 할 수 있다. 그는 성적인 특징이 강하게 강조된 젊은 여성들의 누드를 그렸는데, 음모와 겨드랑이 털을 빼놓지 않았다. 일본에서는 겨드랑이 털을 밀지 않겠다고 완강히 버틴 덕에 유명해진 포르노 스타가 있다. 구로키라는 그 여성은 어마어마한 언론

구스타프 클림트, 벌거벗은 진리

의 관심을 받았다. 말하자면 이탈리아의 치치올리나 또는 미국의 루스 박사와 비슷한 현상이 되었다.[16]

대부분의 회화에 음모와 겨드랑이 털이 없다는 것은, 혹시 고대인들이 열심히 제모를 했다는 뜻일까? 오비디우스는『사랑의 기교』에서 여성들에게 다리와 겨드랑이 털을 제거하라고 충고했는데, 음모는 구체적으로 지적하지 않았다. 11세기 살레르노 지방의 여성 의학 총서인『트로툴라』중 '여성의 장식에 관하여' 부분을 보면 여러 가지 제모법이 등장한다. 그 기법들을 적용하기 전에 꼭 따뜻한 물로 목욕을 하도록 권장한다.

오이와 아몬드의 잎사귀를 짜서 즙을 낸다. 이것을 그릇에 담아 생석회와 오피먼트와 함께 부드럽게 섞는다. 그 다음, 하루 밤낮을 와인에 절여둔 빻은 갈바늄을 더하여 함께 굽는다. 잘 구워지면 갈바늄은 제거하고, 기름이나 와인 조금, 수은 조금을 넣는다. 혼합이 잘 되었으면 이것을 불에서 내리고, 다음의 허브 가루들을 더한다. 유향수지, 유향, 계피, 육두구, 정향을 각기 같은 양만큼 넣는다. 이 연고는 달콤한 향이 나고 부드럽게 발릴 것이다. 살레르노의 여인들은 이 제모제를 오래전부터 사용해왔다.

다시 목욕탕에 몸을 담그고, 제모제를 활용해 음모를 뽑아낸다.『트로툴라』는 그 과정에서 문제가 생길 때 어떤 대안들을 적용하면 좋을지도 알려준다. 즉 피부가 따끔따끔할 때의 처방인데, 헤너와 달걀흰자가 제일 좋은 치료법이다.

마이 버자이너

헤나와 따뜻한 욕조는 이슬람 여성들의 의식적 목욕탕인 '하맘 hamam'의 준비물이기도 하다.[17] 그들에게는 제모가 종교적 의무이다. 하맘을 방문하는 까닭은 남편과 성관계를 앞두고 있기 때문인데(가령 잠시 떨어져 있다가 만나기 전), 이슬람 여성들은 성관계 후에도 몸을 정결하게 해야 하기 때문에 그런 목적으로 하맘을 찾기도 한다. 이슬람 사회는 부부의 쾌락에 대해 긍정적인 편이다. 그래도 목욕탕을 너무 자주 찾는 걸 부끄러워하는 여성들이 적지 않다. 이슬람 여성들은 평생 음모를 깎아낸다. 부인과 의사들이 단언하는 바, 음모가 두꺼운 여성의 경우에는 제모를 할 때 반드시 피부나 점막이 손상되게 마련이다.

인도에는 규칙이 한 가지 더 있다. 남편이 살아 있는 여성들은 늘 제모를 하지만 과부들은 음모를 제모해선 안 된다. 서양 여성들 사이에서도 음모를 전부, 또는 대부분 밀어버리는 것이 유행이 되고 있다. 일종의 새로운 생활 습관으로 보이는데, 간혹 성적 의미를 담을 때도 있다. 자연적인 '세상의 기원'보다는 매끄럽게 드러난 치구가 훨씬 매력적이고 자극적이라고 여기는 남녀들이 있는 것이다. 개인 광고나 웹사이트를 보면 이 취향을 공공연히 밝히는 것이 유행처럼 되는 것 같다. 2003년부터 포르노 업계는 '북슬북슬한 음모'를 좋아하는 포르노 중독자들을 아예 별개의 고객군으로 분류하였다. 과거에는 이런 취향이 절대 일반적인 게 아니었다. 예외적인 경우로 존 러스킨John Ruskin의 이야기가 유명하다. 그는 자신이 열심히 연구해온 고전 회화 누드들의 모습과 새 신부의 모습이 너무나 다른 데 충격을 받아, 사랑을 나누지 못했다. 결혼은 깨어졌고 숱한 소문이 나

돌았다. 재혼을 하게 되었을 때 러스킨은 온갖 완곡하고 점잖은 표현들을 동원해서 신부의 가족을 안심시켜야 했다. 쉬운 일은 아니었다. 자신이 확실히 발기할 수 있다는 근거는 자위를 통해서 얻은 것뿐인데, 그런 얘기는 은근하고 모호하게밖에는 할 수 없기 때문이다.[18]

요즘처럼 해방된 시대에는 남편이 면도한 치구를 좋아한다는 사실이 부부싸움의 원인이 될 수도 있다. 부인에게 야한 속옷이나 가죽옷을 입히고 싶어 하는 취향처럼 말이다. 파리에서는 크리스마스가 지난 뒤에는 대형 백화점 고객 센터마다 엄청난 혼잡이 빚어진다. 남편들이 선물한 하늘하늘한 고가의 속옷 세트를 실용적인 취사도구 같은 걸로 교환하려는 여성들이 몰리기 때문이다. 음모를 면도하는 것은 남성들의 리비도를 위해 약간의 희생을 감수해주는 일로 보인다. 하지만 면도를 하고 나서 사우나에 가기 꺼려진다거나, 아이들 앞에 몸을 보이기 부끄러울 정도라면, 남성의 취향은 당신에게 바람직하지 못한 영향을 미치고 있는 것이다.

가까운 사이에서는 음모가 상징적 의미를 띨 수도 있다. 부모들이 아기의 머리타래를 간직하듯, 연인들은 서로에게만 충실하겠다는 의미로 음모 다발을 교환한다. 존 어빙John Irving의 소설 『사이더 하우스 룰스』(1985)의 주인공 호머 웰스는 카리스마 있는 나이 든 원장 윌버 라치가 운영하는 고아원 겸 낙태 전문 병원에서 일하는 사내이다. 어느 날 젊은 커플이 낙태를 하러 찾아오면서 호머의 삶이 바뀐다. 첫눈에 소녀에게 반한 것이다. 소녀가 수술을 받은 뒤 수술실을 치우다가 그는 음모 한 다발을 발견하고, 그때부터 소중한 보물로 간직한다. 호머와 소녀는 친한 친구가 되지만 그는 자신의 사랑을

여성의 음모를 깎는 모습을 묘사한 그림들

1 6세기 동판화, 침실, 작자 미상
2 창녀가 털을 깎는 것을 한 사내가
밑에서 지켜보며 돕고 있다
3 산파가 손을 넣은 것을 훔쳐보는 수사,
작자 미상, 1700년경

숨긴다. 몇 년 뒤, 영화관 매표소 앞에 두 사람이 서 있을 때, 그의 지갑에 들어 있던 음모 다발이 바람에 날아가버린다. 소녀는 돈이 날아가는 것을 함께 막아주다가 불현듯 깨닫는다. 그는 정신병적 수집가가 아니라 그것이 그녀의 음모이기 때문에 간직하고 있는 것이란 사실을. 귀중한 기념물은 바람에 날아갔지만 마침내 사랑이 꽃필 기회가 왔다.

참 아름다운 사례를 보긴 했지만, 사실 남성우월적 이유에서 성적 전리품을 수집하는 남자들이 있는 것도 분명하다. 나오미 울프에 따르면, 어떤 미국 하숙집들에는 이런 기념물을 전시하는 공간이 따로 있다는데, 가령 화장실의 타일 벽 같은 곳이다.[19] 남학생들은 여학생들의 반응을 보고 재미있어한다. 물론 이런 하숙들의 화장실은 남녀 공용일 때가 많다. 화장실을 나서다가 그것을 보고 무심코 놀라는 여학생들은 '악의 없는 남자애들의 농담'에 희생양이 되는 것이다.

음담패설은 학생 생활의 일부나 마찬가지이다. 여러 성 잡지에서 편집인으로 일했던 빌럼 W. 바테르만Willem W. Waterman의 얘기가 좋은 사례일 것이다.[20] 어느 날 잡지에 두 페이지가 비자, 그는 농담을 좀 해보면 어떨까 생각했다. 그래서 음모를 팔아 돈을 벌라는 광고를 가짜로 제작해 실었다.

아랍의 석유 부자들 중 호색한들이 유럽 비너스 산의 산기슭에서 얻은 음모로 짠 식탁 매트를 거금을 주고 사들인다는 사실은 그리 널리 알려져 있지 않습니다.

미국에서도 이것은 최신 유행이 되었습니다. 모든 것을 가진 남자를

484
마이 버자이너

위한 특별한 선물! 최근에 백만장자 폴 게티는 아침 식사용 식탁 매트에 3만 5,000달러를 썼는데, 한 유럽 왕실 공주의 천연 금발 음모 가닥이 섞인 매트였습니다.

이 아랍 부자들이 미쳤다고 생각하시나요?

폴 게티는 속물 출세주의자 미국인이라고 생각하시나요?

왜 이 남자들이 여기에 열광하는지 이해하지 못하시겠나요?

무슨 상관인가요??? 돈을 벌 수 있는데.

음모를 팔고 싶은 여성들은 로테르담에 있는 공공 털 식탁 매트 회사로 견본을 보내라고 했다. 물론 '공공Public'이란 단어는 오타여서, 손으로 '음모Pubic'라고 바로잡은 것으로 그려져 있다. 색깔, 털의 형태(직모인지 곱슬인지), 성장 정도도 밝혀야 한다. 이 물질을 수집하는 건 극비라서, '회사의 대리인들이 근원에서' 직접 채취해야 할지도 모른다는 경고까지 미래의 판매자들에게 주었다. 그도 그럴 것이, 가령 '유럽 공주들의 음모 같은 경우, 근원을 보장하는 보증서 같은 걸 기대할 수는 없다. 그래서 궁정의 믿을 만한 사람에게 돈을 주고 수집시켜야 하는 것이다.'

정말 음모를 보내온 여성들이 있었지만 그 수는 적었다. 나는 이 현실적인 농담의 결과를 후대 사람들에게 보여주기 위해 마련된 음모 벽장식을 직접 보았다. 풍성한 묶음도 있고, 자그만 다발도 있었다. 온갖 색깔과 두께가 있었다.

오 시세여, 오 풍속이여! 2000년 5월 1일, 한 신문 기사에 따르면 로테르담에서 음모를 찬미하는 저녁 파티가 열렸다. 여성 댄서들이 아래에 있는 군중들에게로 음모를 마구 뿌려대는 파티였다. 물론 합성 섬유로 만든 것이었다. 음모를 두툼하게 채운 팬티도 팔았다.

뉴욕 현대미술관에 한동안 걸려 있던 조형물 중에 중앙에서부터 동심원을 그리며 완벽한 모양의 나선이 아름답게 퍼져나가는, 길쭉한 형태의 아이보리색 작품이 있었다. 압도적이진 않지만 보기 좋았다. 설명글을 보면 작가의 이름은 톰 프리드먼Tom Friedman인데, 그가 이 무제 작품에 활용한 소재는 '비누와 음모'라 했다. 그런 걸 창조한다는 건 대단한 일이었을 것이다. 나는 작가가 작품을 완성하는 데 15년 정도 걸리지 않았을까 혼자 상상해보곤 한다. 비속한 것이 매우 인상적인 미적 형태로 승화하는 순간이었다. 성에 관한 문제에서는 언제나 이중적 의미가 있는 법이다.

현대의 치장

음모를 다듬거나 면도하는 것은 어떤 특별한 생활 방식을 따른다는 것을 의미한다. 문신이나 피어싱의 경우에는 더욱 그렇다. 과거에 원시 문화나 거친 선원들에게서나 찾아볼 수 있었던 이것들은 이제 성적 상상력의 일부가 되었다. 세대 간의 갈등을 빚는 문제이기도 하다. 엄마들은 딸이 귀금속점에서 귀를 뚫는 동안 옆에서 손을 잡아주는 건 좋아하지만, 배꼽 피어싱을 하겠다고 하면 무척 혼란스러워한다. 나이 든 세대들이 보기에 피어싱이나 문신은 늘 매춘, 범죄, 부패, 가학·피학 성향을 함축했다. 내 친구 하나는 딸에게 16살 생일이 되어서도 피어싱을 원하면 그때는 마음대로 해도 좋다고 약속했다.

그리고 나중에 막상 딸이 새로운 장신구에 만족하는 모습을 보자 기쁘더라고 했다. 스스로 정체성을 형성해가는 성장기 소녀·소년들에게 문신이나 피어싱은 대단한 가치를 가질 수 있다.

대음순이나 소음순, 클리토리스에 피어싱을 하는 것은 사람에 따라 다른 의미가 있다. '내가 보기에 아름다우니까' 하는 단순한 이유 외에도 사랑을 나눌 때 흥분을 배가시켜준다고 믿는 남녀들이 있다. 그때의 피어싱은 돌기가 붙거나 골이 진 콘돔과 같은 역할을 하는 셈이다. 정서적으로 가장 강렬한 동기는 물론 피학적 욕망이다. 폴린 레아주Pauline Réage의 소설『O양의 이야기』(1954)에서 O는 음순에 낙인을 찍고 금속 링을 끼움으로써 종속됨을 완성한다. 링을 끼운 것은 분명히 어떤 상태를 상징하는 것이다. 결혼반지가 하나의 기호로 기능하듯이 말이다. 내적으로든 외적으로든 성적인 속박을 눈에 띄게 드러내는 관계도 있는 법이다. 요즘 가학·피학 성애자들의 세계에서는 노출증적인 각종 가학·피학 도구들 외에 정조대도 미적 도구의 하나로 받아들여지고 있다. 에릭 크롤의 사진을 보라(243쪽 그림).

탄력성

질을 이상화하고 숭배하는 사람들이 제일로 꼽는 속성이라면 무엇이 있을까? 달리 말해, 저항하기 어려운 매력적인 질을 유지하고 싶은 여성은 어떤 노력을 해야 하는가? 메이어 살레브Meir Shalev의 『거대한 여성』(1998)의 주인공 소년은 엄마, 누나, 할머니, 두 이모와 함께 산다. 여성들이 소년에게 미치는 영향은 압도적이라서, 소년은 여성의 비밀들에 대해 정통하게 된다. 숙녀들은 자신들의 '파무슈카', 즉 성기를 관리하는 데 무척 공을 들인다. 소년은 숙녀들이 입을 모아 이런 말을 하는 걸 엿듣고 사태를 짐작한다. '하나, 둘, 셋, 넷. 다섯, 다섯, 다섯, 참아…. 힘 풀지 마….' 네 번 짧게 움츠렸다가 한 번 길게 움츠리는 것, 파무슈카를 단련하는 운동이다. 화장실 문 너머로 누나가 연습하는 소리도 듣는다. '옳지, 그렇게, 또 하나 더… 웃을 일이 아니야, 벌려봐…. 잘 아는 사람들은 여자들 얼굴만 보고도 파무슈카가 달콤한지 신지 알 수 있다고.'

단단한 질의 거부할 수 없는 매력이라는 주제는 유리디스 캄비셀리Eurydice Kamvisseli의 『F/32』(1993)에도 등장한다. 주인공 엘라는 자신의 성기에 대해 애증의 감정을 느끼는데, 그것은 그녀의 성기를 접하는 무수한 남성들도 마찬가지이다. 소설의 시작이다.

엘라는 세상에서 가장 조이는 보지를 가졌다. 축복은 저주이기도 하지, 엘라는 생각한다. (…)
엘라를 만난 남자들은 사족을 못 쓴다. '난 당신 보지를 사랑해! 진정한 보지! 맛도 대단해! 면도된 모양도 사랑스러워. 너무나 가벼워. 너무나 넓게 벌어져! 향기로운 꿈만 같아.' (…) '빛이 나! 냄새는 또 얼마나 좋고! 단단하게 죄면서도 과일처럼 부드럽고, 너무나 역동적이야! 맥박이 느껴져!' '오징어 촉수에 끌려드는 것 같아, 당신이 나체로 수영하고 있는데, 갑자기 온 바다가 작고 강력한 주먹으로 변하는 거지, 리듬이 있고, 겹겹이 경련을 일으켜!' '너무나 신선한 냄새야, 촉촉한 대지, 젖은 페인트, 오이, 천둥의 냄새.' '최고의 맛이야!'

'똑똑한 질이야!' '절대 풀어지지 않아! 어둠 속에서도 빛이 난다고!' '너무나 아름다워! 당신 보지는 자랑스러워할 만해!'

어째서 이런 비유들이 줄줄 흘러나오는 걸까? 엘라는 궁금하다. 내가 통제할 수 없는 것에 대해서 어떻게 자긍심을 느끼라는 거지? 엘라는 끝없이 쏟아지는 남자들의 입에 발린 찬사에 태연하게 대답한다. '글쎄, 난 잘 모르겠는데.' 또는 '내 통제 밖의 일인걸.' 또는 '나랑은 상관없는 일이라고.' 그러면 남자들은 농담이라 생각하고 웃음을 터뜨린다. 그리고 그녀의 말솜씨도 만만찮다고 인정해준다.

좀 끔찍한 결과이긴 하지만, 마침내 해법이 등장한다. 엘라는 5번가를 걷다가 한 맹인 노인과 부딪치는데, 그는 칼을 꺼내 그녀를 난자한다. 수많은 행인들이 목격하는 가운데, 엘라는 이 황홀한 습격을 오히려 관대하게 보조한다. 그녀의 보지는 결국 완전히 잘려나간다. 보지는 그녀의 손을 벗어나 온 뉴욕을 헤집으며 사람들을 겁준다. 엘라는 보지의 뒤를 쫓는다. 엘라의 해방된 보지는 동물원에서 (원숭이들과 함께) 소동을 피우고 남자 감옥과 여자 감옥을 방문하면서 점차 유명인사가 된다. 보지는 V라는 예명으로 데이비드 레터맨 쇼에 출연하고, 기민한 마케팅 기법에 힘입어 코카콜라 수준의 브랜드 인지도를 얻게 된다. 보지는 제 근원인 엘라와 다시 만나기 전에 무수한 유명인들을 만나고 다닌다. 독립한 신체 부위를 쫓는 모험이라는 주제는 고골리(러시아의 소설가·극작가_옮긴이)의 『코』를 패러디한 것이 분명하다. 어쩌면 고골리가 '코'라는 부위를 택한 것도 음경을 강하게 연상시키는 부분이기 때문이었을 수 있다.

세게 조이는 것이 좋다. 말할 나위도 없다. 메이어 살레브 소설의 이모들이 했던 운동은 골반저 운동 또는 케겔 운동이라 불리는 것으로, 책을 통해 배울 수 있다. 질 근육의 긴장도를 높여준다는 바게뜨라는 이름의 전기 자극 기기까지 시장에 출시된 적 있다. 섹스숍에서 파는 작은 벤 와Ben Wa 공들은 이 운동을 더 효과적으로 해준다는 보조 기기이다. 성 혁명기를 거치며 많은 여성들이 케겔 운동을 연습하기 시작했다. 1999년 4월, 한 라디오 프로그램에 출연한 수리남 여성은 청취자들에게 '케테위위리'라는 방법을 알려주었다. 허브 목욕법인데 질을 팽팽한 원시 상태 그대로 보존해준다는 기법이다. 방송이 나간 뒤 방송국에는 프로그램을 듣지 못한 여성들의 문의 전화가 너무 많이 걸려 와서, 관계자들은 9일 뒤에 재방송을 편성해야 했다. 방법은 다음과 같다. 허브를 우린 차를 끓여서 요강에 담은 뒤 요강을 양변기에 넣는다. 여성은 변기에 15분 정도 앉아 다리 사이로 증기를 쐰다. 방송 내용을 보면 효과가 그렇게 믿을 만한 것은 아닌 듯했다. 한 가지 주의 사항은, 증기가 효과가 없을 때는 허브를 판 사람이 월경 중이었을 가능성이 있으므로, 허브는 나이 든 여성들에게 사는 것이 좋다는 것이다.

케테위위리는 마룬 여성들(탈주 노예의 후손들)이 파라마리보에 전파한 기법이다. 다양한 허브를 사용하는데, 각각이 특별한 효능이 있다고 한다. 단지 기분 좋은 향만 주는 것도 있고, 바이스처럼 꽉 무는 질을 만들어주는 것도 있다. 직접 재료를 사기 부끄러운 여성들을 위해 공급업자들이 배달을 해주기도 하는데, 택시 운전사들에 딸려 보내는 방법이 가장 흔하다. 수리남의 허브 전문가들은 온갖 질병과 성기 질환에 대해 훈증법이나 관수법을 적용하며, 그 방면으로 명성을 떨치고 있다. 헤이네스 란드벨도 그런 전통 치료사들 중 하나로서 카리브해 연안 국가들과 미국으로 자주 순회 여행을 다닌다. 휘트니 휴스턴도 그의 고객이라고 한다.

모로코 여성들은 또 다른 방법으로 스스로 질 쾌감을 증대시킨다(남자도 마찬가지이다).[21] 후추, 그리고 라벤더수가 그 처방이다. 하지만 모로코 사회학자 소우마야 나아마네게수스는 이 처방이 긍정적인 효과를 가져온 사례는 읽어본 적 없다고 한다. 질을 좁히는(여성의 불감증을 예방하는) 비법으로 가장 오래된 것은 동현이라는 도사가 쓴 사랑의 기교 지침서, 『동현자洞玄子』에 나온다.[22] 수나라까지 거슬러 올라가는 여러 문헌들을 모은 책인데, 판 훌릭은 사실 한나라 때부터 전해진 문헌들도 다수 포함되어 있다고 본다. 즉 서력이 시작되는 무렵이라는 말이다.

〈제조법〉
황 2그램
금불초 향 2그램
오수유 열매
사상자

갈아서 체로 친다. 성관계를 갖기 전에 질에 소량 적용한다. 양을 조심스럽게 측정해야 한다. 너무 많이 바르면 질이 완전히 닫혀버린다.

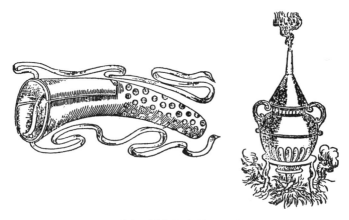

르네상스 시기에 사용된 질 훈증 도구들

    중세의 여성들은 『트로툴라』에 나오는 갖가지 비법을 활용했다. 질에 여러 물질을 적용하는 관행은 의학의 역사 자체만큼이나 오래된 일이다.[23] 특히 향이 나는 증기를 쐬는 방법이 널리 쓰였다. 향로 위에 쭈그리고 앉거나, 증기를 더 잘 쐬기 위해 속이 빈 모조 음경을 사용하는 방식이었다. 시베리아의 사모예드 부족은 월경 후에 정화 의식을 가질 때 훈증 요법을 사용한다. 순록의 가죽을 태워 연기를 쐰다.[24] 수리남의 허브 전문가들은 증기 외에 관수기를 쓰기도 한다. 수리남 여성들은 딸에게 적극적으로 질 위생 관리법을 알려주는데, 마치 메이르 샬레브의 이스라엘 소년을 둘러싼 여성들과 비슷하다. 어린 소녀들은 손가락을 수건으로 감싸서 질 깊숙이 닦아내라고 교육받는다.

마이 버자이너

육체적, 정신적 질 건강

서양의 교육은 확실히 그보다는 보수적이다. 아직도 딸에게 탐폰을 금지하는 어머니들이 있다.

> 그녀는 탐폰 사용 허가를 받아내느라 엄마와 싸워야 했다. (…) 탐폰을 써도 되냐고 물었더니, 안 돼, 하는 대답이 돌아왔다. 자기가 직접 써보았는데 무척 아프고 위험하다는 것이다.[25]

딸은 몰래 탐폰을 시도해보지만, 질 중간까지밖에 밀어 넣지 못한다. 그리고 정말 아팠다. 그녀는 어머니에게 도움을 요청하는데, 알고 보니 어머니는 전혀 아는 바가 없었다. 말려들기 싫어서 거짓말을 했던 것이다. 이 일을 계기로 딸은 더욱 단호해진다. 탐폰은 독립으로 나아가는 중요한 단계인 셈이다.

칸디다균(아구창)에 감염되어 질 분비물이 늘어날 때는 곰팡이 치료제를 쓰면 된다. 과거에는 대개 질에 직접 바르는 연고였지만 제약산업의 노력 덕분에 요즘은 구강 치료제도 효능이 나쁘지 않다(하지만 훨씬 비싸다). 질을 직접 만지지 않아도 된다. 질 분비물은 사람들이 생각하는 것만큼 그렇게 병적인 증상이 아니다. 여성들은 질 분비물을 정상적인 위생 상태의 일부로 받아들이는 편이 좋을 것이다. 보습제로 정기적 피부 관리를 받으면 자기 확신을 높일 수 있으며, 팬티라이너에 흰 분비물이 묻어난다고 여성이 마음의 평정을 잃어서는 안 된다고 주장하는 광고도 있다. 가장 최근에 발표된 객관적 연구결과로는 질 세척이 확실히 유용하다는 것이 있다. 특히 성관계가 잦은 여성에게 좋다고 한다.[26] 비데가 일반화된다면 여성들이 훨씬 편하게 이 개인 위생 기법을 사용할 수 있을 것이다.

건강한 질 분비물은 매우 바람직한 현상이다. 하지만 포르노를 제외하고는 이 주제에 관심을 갖는 사람들이 거의 없다. 고대 중국 궁정의 사람들은 여성의 성기에서 나오는 체액을 무척 귀하게 여겼다.[27] 중국인들에게 성은 종교적으로도 의미 있는 영역이며, 도교와 유교는 성행위를 영생불사 추구의 기법들 중 하나로 간주한다. 고대 중국 문헌을 보면 수백 년을 살았다는 사람들 애기가 자주 나오는데, 성 의무를 꼼꼼하게 관리하고 수행하는 것이 장수 비법 중 하나로 꼭 거론된다.

남성의 씨앗은 남성의 생명력이다. 정자는 양陽이다. 정자를 때때로 자극하여 일깨우되 탈출을 막는다면 영생을 꾀할 수 있다. 소중한 양기는 척수를 거쳐 머리로 전달되도록 주의 깊게 보전해야 한다. 중국 성 지침서들에는 씨앗의 손실을 막는 다양한 방법이 소개되어 있다. 가령 남성은 콧구멍을 넓게 벌리고 숨을 참아야 한다. 아니면 격렬하게 숨을 쉬는 방법도 있다. 이를 갈고, 눈알을 굴리고, 팔을 휘젓고, 항문과 고환 사이를 꼬집을 수도 있다.[28] 성관계 중에는 여성의 분비물도 깨어난다. 이것은 음陰의 기운이다. 상반된 두 생명력이 결합하여 머리로 전달되기 때문에 영생을 돕는다. 1598년(명 왕조)에 인쇄된 것으로 보이는 문헌 『수진연의修眞演義(진실 보전의 중요성)』에서는 여성의 체액을 세 가지로 구분한다. 여성성의 세 가지 절정에서 각기 흘러나오는 체액이라고 한다. 여성의 침은 옥의 분수로서 홍련 끄트머리에서 흘러나온다. 여성의 젖은 불멸의 복숭아로서 두 개의 연꽃 꼭대기에서 흘러나온다. 여성의 질액은 백연 또는 밤메꽃으로서 자주버섯의 끄트머리, 혹은 흰 호랑이 굴에서 흘러나온다. 앞서 말했듯, 노골적인 문장은 영어가 아니라 라틴어로 옮기는 습관이 있었던 판 훌릭은 마지막 체액에 대해 이렇게 썼다.

> Emanat ex intima vagina. Ostium eus clausum esse solet; muliere autem in coitu ad voluptatem excita ita ut genae rubescant et haeret vox eus, ostium illut aperitur et humor inde excretus profluit, cum ad summum voluptatis culmen mulier pervenerit. Qui humor ubi in vaginam collectus erit, vir membrum per unius pollicis spatium reducat, deinde promoveat atque retrahat, quo mulieris essentiam hauriat, 〔질을 안에서 볼 수도 있다. 질 입구는 보통 닫혀 있지만, 여성이 성교 중에 흥분하여 볼에 홍조가 띠고 목이 멜 때면 이 입구가 열린다. 그리고 여성이 관능의 절정에 달하면 그곳에서 액체가 흘러나온다. 액체가 질에 모이면 남성은 자신의 물건을 몇 센티미터가량 뺐다가, 다시 밀어 넣고, 다시 빼기를 반복한다. 그래서 여성의 기운을 흡수하면,〕 그럼으로써 그의 '원래 양기'를 충전하고 기운을 북돋울 수 있다.

사람들은 이런 글을 널리 읽고 인용했으며, 성애 묘사만이 아닌 과학적 자료라고도 간주했다. 여성의 쾌락은 남성의 쾌락만큼 중요하다. 그리고 남성은 사정 시점을 주의 깊게 통제해야 한다. 그러므로 이 종교적 의무를 성실히 수행하는 자는 한 여성으로 만족할 수 없다고 한다. 노자 사상에서는 이렇게 표현했다.

> 여성을 바꿔가며 성관계를 맺는 것이 남성에게는 가장 좋은 일이다. 하룻밤에 열 명 이상과 관계할 수 있다면 그야말로 최고이다. 한 여성하고만 계속 관계를 맺는다면 여성의 생기가 점차 약해져서 결국 아무런 좋은 기운도 남성에게 전해주지 못하게 된다. 게다가 여성 자신도 소진되어 몸이 약해진다.

하루에 열 명의 여성과 관계하되 한 번도 사정해선 안 된다니! 만약 상대가 창녀들이라면, 그들은 잦은 성 접촉으로 많은 음기를 낼 수 있으므로 남성의 씨앗이 손실되어도 보상이 된다. 1500년쯤 되면 중국 문헌들은 좀 더 자제된 표현을 쓴다. 판 훌릭은 이때 매독이라는 새로운 위험이 등장했기 때문일 것이라 생각한다. 자위는 시대를 막론하고 건강에 나쁜 일로 여겨졌으며, 몽정 역시 걱정스런 현상으로 취급되었다. 특히 꿈에서 매혹적인 여성을 만나는 남자는 여성의 몽마夢魔, 또는 여우에게 홀릴지 모른다고 했다. 꿈에서 성관계를 가졌던 여성을 실제로 만난다면 경계하는 편이 좋다. 남자의 양기를 훔쳐가기 위해 나타난 몽마일 것이기 때문이다.

그렇다면 영적인 성생활에서 중요한 역할을 맡고 있는 여성들도 그 과정에서 대단한 즐거움을 누렸을까? 그것은 정확히 알기 힘들다. 영화 〈홍등〉을 통해 옛날 중국 사람들의 가정생활을 다소 엿볼 수 있다.[29] 남자가 부인이나 첩들에게 성적으로 매우 주의를 기울였다는 것은 사실이다. 하지만 그것은 의무에 불과했다. 모든 여성은 최소한 닷새에 한 번은 남자와 동침할 권리가 있었다. 하지만 육체적 의무를 이행한 뒤에는 남자는 여성을 마음속에서 완전히 지워버렸다. 사랑을 나누는 동안을 제외하고는 여성들도 남자와 눈을 맞추지 않았다. 앞서 인용했던 첫날밤에 대한 흥분된 감상을 담은 시는 물론 남자 작가가 쓴 것이다. 21세기의 여성들은 남자들에게 그들이 여성의 성적 욕구를 늘 잘 파악하는 건 아니라는 사실을 이해시키느라 적잖이 애를 먹고 있다. 25세기 전 중국에서도 그랬을까?

성과 영성을 연결하여 생각한다는 건 늘 흥미로운 주제이다. 하지만 때로는 기만적일 수도 있다. 레나터 뤼빈스테인의 「싱가포르에서 온 남자」라는 단편은[30] 홍콩 공항에서 한 남자(제이콥 씨)를 만난 얘기이다. 그는 그녀에게 요가를 가르쳐주겠다며 접근한다. '섹스하자는 게 아니에요.' 그는 그녀를 안심시킨다. 레나터 뤼빈스테인은 요가가 자기한테 어울리는 일이 아니라는 걸 잘 알지만 어쨌든 남자의 유혹을 받아들여 그의 아파트를 방문한다. 그곳에서 우스꽝스럽고 과장된 설명이 한참 이어진 뒤, 마침내 암스테르담에서의 원나이트 스탠드라고 해도 다르지 않을 상황이 펼쳐진다. 레나터는 그 관계에 상당히 만족하였으나, 왜 남자가 '섹스하자는 게 아니다'라고 했는지 궁금해서 물어본다. 남자는 정말로 충격을 받은 표정을 짓는다. 방금 경험한 그 일을 어떻게 섹스처럼 하찮은 일과 비교할 수 있단 말인가? 동양은 동양이고, 서양은 서양이다. 둘은 만나지 못한다.

아시아에서는 정자 낭비에 대한 걱정이 아직도 만연해 있다. 인도의 의사들은 '다트Dhat 증후군'을 겪는 남자들을 자주 만난다. 정자 배출을 온갖 종류의 질병이나 걱정과 연관 짓는 증후군이다. 서양인이 보기에는 이 환자들이 자위행위를 받아들이지 못하는 일반적인 히포콘드리아 환자(비정상적일 정도로 건강을 염려하는 증후군_옮긴이)인지 아니면 정말 정액 '누설'에 따른 모종의 생리학적 문제가 존재하는지 판단하기 힘들다. 거꾸로, 1950년대까지만 해도 중국의 몇몇 도교 단체들은 '도교 연구 집단'이라는 공개강좌를 열었다. 최음적 분위기의 이 강좌는 학생들에게 불멸과 온갖 질병에 대한 면역을 길러준다고 약속했다.[31]

사실 서부 유럽에서도 그리 오래지 않은 옛날에는 남성 씨앗 손실이 정신력의 손실로 이어진다는 생각이 있었다. 공쿠르 형제(19세기 프랑스의 형제 소설가로 사후에 '공쿠르상'이 설립되었으며, 작품『공쿠르의 일기』는 일기문학의 걸작으로 일컬어짐_옮긴이)들의 일기 덕분에 알게 된 사실인데, 정기적으로 사창가를 찾았던 플로베르는 늘 사정 보류를 시도했다고 한다. '어제, 나는 책을 잃어버렸네.' 사정을 참지 못하고 해버린 경우에 플로베르는 풀이 죽은 채로 이런 암호적 표현을 공쿠르 형제에게 남겼다.

서양 문화에는 질 분비물을 찬양하는 노래가 없다. 하지만 모차르트의 〈돈 조반니〉 중 체를리나의 아리아를 유심히 들어본 사람은 행간에 이중적 의미가 숨겨져 있음을 알 것이다. 체를리나는 자신의 결혼식 피로연이 치러지는 동안에도 돈 조반니의 구애 때문에 계속 마음이 흔들리고, 그녀의 약혼자 마세토는 복수를 계획한다. 하지만 돈 조반니는 어린아이 같은 계략으로 마세토를 속여 큰 상처를 입힌다. 다친 마세토가 신음하는 걸 본 체를리나는 그를 위로하기 위해 자신이 그의 통증을 달래줄 수 있노라고 노래한다.

착하게 군다면, 내 사랑, 당신은 알게 될 거예요.

내가 당신을 위해 준비한 치료의 비책을!

당신이 좋아할 거라는 걸 잘 알지요

그건 자연의 치료법이거든요. 어떤 약제사도 처방하지 못하는.

내가 몸속에 지니고 있는 향유 비슷한 것이지요.

내가 당신에게 드릴 수 있는 것, 당신이 시도해볼 마음이 있다면.

내가 어디에 그걸 보관하는지 알고 싶나요?

그럼 그게 두근대는 걸 느껴보세요, 손을 이곳에 대어보아요.[32]

로렌조 다 폰테Lorenzo da Ponte(〈돈 조반니〉를 비롯, 모차르트의 세 작품의 대본을 썼다_옮긴이)의 무대 지시를 보면 이 시점에서 체를리나는 마세토의 손을 그녀의 심장에 가져가야 한다. 오페라의 소프라노들에게 다정하고 풍성한 성적 표현을 기대하기는 어렵다. 하지만 내가 무수한 여배우들의 체를리나를 들어본 결과, 매우 요염한 신부를 연기한 배우들이 없지 않았다. 마세토는 다소 얼간이 같은 인물로 그려진다. 그는 이 아리아를 듣고도 제대로 이해하지 못한 기색을 보이다가, 서서히 그녀가 자신을 위해 준비한 치료책이란 게 무언지 깨닫는다. 아리아 〈좋은 것을 드리지요Vedrai caroni〉는 천상의 아름다움을 지닌 노래이다. 하지만 생물학자 미다스 데커르의 글을 읽은 독자라면 여가수의 지저귐을 고요한 마음으로 감상하기 힘들지도 모르겠다. 데커르는 이 예술가들이 사실은 노골적인 음담패설을 하는 것이라고 지적했기 때문이다.

찬양과 의식의 노래들

이 세상의 모든 경배할 만한 소리를 들어보고자 한다면, 질이 내는 소리도 반드시 찬양하고 넘어가야 할 것이다. 아래 글은 19세기의 아랍 시인 이븐 아르로에미Ibn ar-Róemi의 시에서 인용한 것이다.

마디가 진 꼬치를

엉덩이 넓은 소녀의 틈새로 끼워 넣는 소리, 그건

제빵사가 빵 반죽을 치대는 손에서 나는 소리,

혹은 벽돌공이 시멘트를 밟은 발에서 나는 소리처럼 들린다.

싱싱한 보지에 딱딱한 것을 찔러 넣는 것,

너무나 많은 것을 베푸는 소녀에게,

땅에 몸을 굽힌 소녀, 하지만 신앙심이나 믿음 때문은 아니고,

그녀의 사랑을 확신하는 남자 아래에 있기 위해서,

오리가 매 앞에서 몸을 굽히듯 굽힌 소녀에게.[33]

질에서 나는 소리를 반기는 사람은 거의 없다. 여성들은 성관계 중에 질에 들어갔던 공기가 나오면서 소리가 나면 얼굴을 붉힌다. 일부러 소리를 내는 법도 쉽게 배울 수 있지만, 극동의 몇몇 섹스 클럽들 말고는 이런 기예를 인정해주는 곳이 없을 것이다. 방콕의 거리를 걷던 중 클럽의 호객꾼이 다가와서 '핑퐁'이라는 말을 건넨다면, 그게 바로 여러 여성들이 질로 탁구공을 쏘아 보내는 쇼를 공연하고 있다는 뜻이다. 영화 〈프리실라〉(1994)에도 노골적이진 않지만 그런 장면이 등장한다. 태국의 섹스쇼 공연자들이 즐겨하는 묘기 중에는

아이치 현의 이누야마 시에 있는 오가타 신사의 질 모양 상징(왼쪽)은
5년에 한 번씩 근처 다가타 신사에 있는 남근 장식물(오른쪽)과 만나는 행사를 치른다

질로 담배를 피우는 것이 있다. 질에서 나는 소리를 예술로 승화시킨 질 페토마네Petomane(노래하듯 방귀 뀌는 것을 공연했던 조제프 푸홀의 무대명_옮긴이)는 극히 소수의 사람들이나 할 수 있는 일이다. 오스트레일리아의 엘리자베스 브루통은 음악에 맞춰 질로 소리를 내는 스트립쇼를 하고 있다. 그녀의 '보지 연주'는 정말 독특한 기술인 것이 분명하다.[34]

　일본에서는 매년 질을 숭앙하는 축제가 열린다. 3월 15일, 이누야마의 시가에서 행진이 벌어진다. 많은 남근과 질 모양 상징물들이 줄을 선 가운데 가장 눈에 띄는 것은 양식화된 홍합 모양을 한 조형물

베이데벌트의 건축물 도안

이다. 홍합 가운데에는 어린 소녀 하나가 편하게 앉아서 관중들에게 떡을 던져준다. 또 오가타 신사의 질 모양 상징물은 5년에 한 번씩 근처 다가타 신사에 있는 남근 장식물과 만나는 행사를 치른다.

　서양 예술에는 질을 우상화하는 경향이 존재하지 않는다. 하지만 또렷하게 알아챌 수 있는 암시들이 숨어 있기는 하다. 베이데벌트 Hendrik T. Wijdeveld가 제안한 암스테르담 극장 설계도(채택되지는 않았다)가 매우 인상적인 한 사례이다. 물론 성적인 우상들도 있다. 수많은 사람들이 마를렌 디트리히, 마릴린 먼로, 마돈나에 대해 환상을 품는다. 플라워 파워의 전성기에는 록 스타들보다 록 스타를 추종하는 열광적인 팬들이 더 주목받고 매력적으로 여겨진 적도 있다.[35] 스스로 '석고 주조자'들이라 칭했던 두 명의 록 팬이 매우 유명한데, 그들은 유명인들의 발기한 음경을 석조 모형으로 떠서 투명 합성수지 틀 안에 진열하는 행위로 이름을 날렸다. 석고 주조자들의 작품 대상이 된 다는 건 록 스타로서도 영광스런 일이었다. 두샹 마카베예프의 영화 〈WR: 유기체의 미스터리〉(1971)를 보면 비슷한 식으로 낸시 갓프리 가 짐 버클리를 불멸의 존재로 만드는 과정을 볼 수 있다. 21세기에 는 일이 한층 간단해졌다. 벤노 레윈켈과 폴 피엑이라는 예술가들이 스스로 이 일을 할 수 있는 DIY 도구 상자를 만들어 판매하고 있기 때문이다.

음경에 비하면 질 석고 모형은 훨씬 만들기 어렵다. 베를린의 한 은세공업자는 여성이 자신의 클리토리스를 떠서 펜던트로 활용할 수 있는 목걸이를 만들었다.[36] 섹스 도구 제조업자들은 실물 크기 풍 선 인형들 외에 부드러운 플라스틱으로 만든 질 모형도 파는데, 몇 몇 유명한 포르노 스타들이 그 모델이 되었다. 그러니 현대의 남성들 은 자위를 할 때 여러 우상들 중 한 명을 골라 쉽게 접근할 수 있는 셈이다. 자신이 고른 여성의 모조 질을 사용해서 자위를 할 수 있고, 비디오를 틀어놓고 그녀의 가장 은밀한 부위를 눈으로 보며 할 수도 있다. 심지어 인터넷으로 접속할 수도 있다. 그러니 모델이 된 여성 은 하루 중 어느 때라도 족히 수백 명의 남자들이 자신의 대리물과 성관계를 맺고 있다는 걸 안다. 이 여성들은 어떤 의미로는 불멸의 존재가 되는 것이다.

막스 드 로셰Max de Roche의 『사랑의 요리』에는 매우 단순해서 매 력적인 오래된 유럽 조리법이 등장한다. 소년의 마음을 끌고 싶은 소 녀가 쓸 조리법인데, 빵 반죽을 음부에 문지른 다음에 굽는 것이다. 조리법의 이름은 '틈새 빵'이고, 반드시 연애를 성공시킨다고 한다.

그러나 가장 강렬한 형태의 숭배는 스스로 자신의 사랑스런 육체를 받드는 것이다. 말로 표현해보면 좀 시시하게 들리기도 하지만 말이다. 케이트 밀레트의 소설 『시타』는 그것을 시시하지 않게 잘 표현한 드문 예들 중 하나이다. 이 사랑 이야기의 주인공 케이트는 성적 종속과 끊임없는 자기 불신을 겪으며 정신 병원에도 들어갔던 여성이다. 시타는 케이트보다 10살 많은 여성으로 남녀를 불문하고 많은 상대들을 겪은 경험이 있다. 앞서 얘기했듯 시타는 끔찍한 강간을 겪었는데, 그 와중에 칼로 질을 난자당했다. 케이트가 시타의 음부에 대해 느끼는 감정은 포근하기 그지없다.

　그녀의 살은 너무나 따뜻하고 섬세하고, 너무나 연약하고 향기롭고 부드러우며, 금색과 갈색으로 빛나고, 내게는 너무나 사랑스럽다. 그것을 생각하면, 나는 눈을 감고도 눈을 뜬 것처럼 생생하게 그 모습을 볼 수 있고, 내 손으로 직접 만지는 것처럼 마음속에서 확실하게 느낄 수 있다. 내 손가락 끝에다 열정을 담뿍 담아 그녀의 몸으로 들어갈 때, 나는 그녀가 나를 원하여 공간을 만들어주고, 그 길을 부드럽고 촉촉하게 만들어준다는 걸 느낀다. 내 혀는 목이 마른 듯 그녀를 마시고 싶어 갈증내고, 그녀를 영원히 삼켜버리고 싶다. 한때 저주받았던, 뭉개졌던 그 아름다운 꽃, 그 강간범들, 그 사막, ('그들은 내 클리토리스를 다시 꿰매줘야 했지,' 그녀는 처음에 숨길 것 없이 그렇게 말했다, '조금 닳은 것처럼 보일 거야,' 당당하게 내게 경고했다) 하지만 그 끔찍한 상처에도 불구하고 그것은 내게 얼마나 소중하고 사랑스러운가, 나는 특별한 주의와 열정으로, 최고로 경건하고 다정하게 그것을 움직이니, 최고로 단호한 형태의 정열 그 자체여, 나는 부드러움으로 그것을 감싸버리려 한다. 그 상처, 그 아픔, 당신 삶의 모든 아픔들을 채워주고, 보상하고, 낫게 하고, 지워버리려니, 여인이여, 부당하게 취급당한 모든 여성들 중에서 가장 아름답고 사랑스러운 여성이여, 이제는 내 것인 여인이여, 이 순간, 완벽하게 나의 것인 여인이여, 당신에 대한 흠모의 정으로 말미암아 아름답게 절정에 오르는 여인이여.

아니면 마지막 말은 카를로스 드루몬드 데 안드라데(20세기 최고의 브라질 시인_옮긴이)에게 맡기도록 하자. 그의 시「당신의 새침한 정원에 피어난, 밤나무처럼 갈색을 띤 아네모네여」에서 따온 말로 이렇게 마무리하도록 하자.[37]

당신의 새침한 정원에 피어난, 밤나무처럼 갈색을 띤 아네모네여,
열정으로 흥분한 손길을 가로막는구나. 조심하라고.
꽃잎 하나하나 꽃받침 하나하나 어루만질 때 느긋하길,
천국처럼 상냥하길, 그리고 시선을 머물게 할 때에는
마음으로 입맞춤하듯이 하길, 의식처럼 진짜 입맞춤을 하기 전부터,
새순처럼 솟는 그 꽃밭에, 그 사랑에. 모든 것을 신성하게 만들길.

감사의 말

이 책을 쓰는 데 큰 도움을 주신 분들, 내가 가장 깊이 감사하는 분들은 누구보다도 루트거스 재단 성과학 자문 팀의 동료들, 마흐다 데이커르스, 앙크 람머르스, 알버르트 네일레만이다. 흐로닝언 지부의 동료들도 이 책에 많은 관심을 보여주었으며, 무척 감사하다. 성과학자들의 세계는 긴밀하게 얽힌 가족이나 마찬가지여서, 나와 여러 주제를 토론했던 동료 연구자들은 자신들의 생각이 이 책 속에 반복되는 것을 보실지도 모르겠다. 특히 《그림으로 보는 성과학》의 편집장 코스 슬로브에게 감사하고 싶다. 이 책에 실린 얘기들 중 많은 부분이 이 잡지에 앞서 발표되었던 것이고, 코스는 어떻게 발상을 다듬어가고 비판에 대응할 것인지에 관해 많은 가르침을 주었다. 네덜란드 사회성과학연구NISSO 도서관의 직원들은 전문 자료들을 끊임없이 제공해주셨고, 즈볼러의 이살라 클리닉의 소피아 지부 도서관 직원들도 마찬가지였다. 멜스 판 드릴은 출판사를 소개해주었고, 늘 많은 영감을 주는 친구가 되어주었다. 빌리브로르드 베이마르 슐츠는 기차 여행의 길동무로서 부인과 분야의 각종 주제들에 대해 많은 대화를 나눠주었고, 디킨슨의 책을 소개해준 것도 그다. 장 피에르 라위는 잘 알려지지 않은 시들을 몇 소개해주었고, 언제나 기꺼이 역사적 사실들을 확인해주거나 라틴어 인용문을 번역해주었다. 내가 이전 책에서 그의 삽화를 재수록한 것을 명기하지 않았는데, 그 사실을 이제라도 밝히고 감사드릴 수 있어서 무척 다행이다. 로시타 스테인베이크는 토니노 게라의 시를 내게 알려줄 수 있는 유일한 네덜란드 사람일 것이다. 게다가 친절하게 번역까지 해주었다. 마리온 빌렘선은 매우 날카로운 독자가 되어주었다. 디컨스 학회의 회원들은 베스테르베이트버르트에서 열린 연례회의 중에 다양한 전문 지식을 제공해주었는데, 덕분에 여러 가지를 고민하고 생각해볼 수 있었다. 그들 모두에게 감사드리며, 혹시라도 이름을 빠뜨린 친구들이 있을지 모르겠지만 하여간 모두에게 감사를 전하고 싶다. 모두들 늘 시간을 내어 내 이야기를 경청해주었다. 네덜란드에서 3판을, 그리고 이 첫 번째 영어판을 준비하는 동안, 새로운 조언자들도 만나게 되었다. 헤이르트 하이어르는 고대 중동 문헌에 대한 방대한 자료를 활용하여 내게 필요한 바로 그 내용들을 찾아주었다. 마테이스 판 복셀은 판 데 포르스트에 대한 내용 부분에 조언을 주었고, 판 호프 교수는 원숭이들의 클리토리스에 대해 확실히 몰랐던 부분을 알려주었다. 얀 프레이뷔르흐는 정자의 위기에 관한 문헌들을 찾는 데 도움을 주었고, 헤르만 루스트는 수의학 분야에서 비슷한 문헌을 알려주었다.

마지막으로, 물론 리아에게 감사한다. 그녀는 이 이야기의 대부분을 말로 들어주었으며, 이 일을 핑계로 함께 시간을 나누지도 못하고 관심을 기울이지도 못하는 것을 참아주었다.

미주 및 참고문헌

여성성에 대하여

1. Wack, 1968. *Et ex hoc est quod aliqui mulieres quanto magis coheunt tanto magis appetunt cohire quia habent in collo matricis aliquos vapors colericos vel salsos et ideo quanto magis coheunt tanto magis habent pruritum.*

알맞은 용어를 찾아서

1. Anne Frank, 1997.
2. Berriot-Salvadore, 1992.
3. 다음에서 재인용. Berg, 1995.
4. Blum, 1978.
5. Heer de L, *heelmeester* ('Master de L, surgeon'), 1785.
6. Thomasset, 1990.
7. Jacquard and Thomasset, 1988.
8. R. M. Hodes, 1997.
9. Thompson, 1999.
10. Sextant, Autumn 1998.
11. Bornoff, 1991.
12. Jong, 1980.
13. *Livre des blazons du corps féminin*, 1967.
14. *... non pas ..., mais petit sardinet,*
    ..., mon plaisir, mon gentil jardinet,
    Où ne fut oncq planté arbre ne souche
    ..., joly ... à la vermeille bouche,
    ... mon petit mignon, ma petite fossette,
    ... rebondy en forme de bosette;
    ... revestu d'une riche toyson
    De fin poil d'or en sa vraye saison;
    ...

    Tout ce qu'on faict, qu'on dict, ou qu'on procure,
    Tout ce qu'on vault, qu'on promet, qu'on assure
    C'est pour le ... tant digne decorer,
    Chascun te vient à genoux adorer.
    Et suis contens de demerurer icy
    Pres de toy, ... à te faire service,
    Comme celuy qui m'est plus propice.
15. Wittig, 1970.
16. Kunst and Schutte, 1991.
17. Greer, 1971b.
18. Chalker, 2000.
19. Slauerhoff, *Al dwalend.*

사실 : 여성 성기의 구조

1. B. Hillen, 'Anatomie' in Heineman et al., 1999.
2. Van Voorhis et al., 2000.
3. J. Lowndes Seveley, 1987.
4. Sparks, 1977.
5. Frank and Glickman, 1994.
6. 다음에서. Sarah Blafer Hrdy, 1999.
7. Steinetz et al., 1997.
8. Frank et al., 1991.
9. 창세기 3장 16절. "그리고 여자에게는 이렇게 말씀하셨다. 나는 네가 임신하여 커다란 고통을 겪게 하리라. 너는 괴로움 속에서 자식들을 낳으리라. 너는 네 남편을 갈망하고 그는 너의 주인이 되리라."
10. Witz, 2000.

11. De Jong et al., 1999.
12. Van der Putte, 1991.
13. Krantz, 1970.

생리학 : 성기의 (성적) 기능

1. Masters and Johnson, 1968.
2. Friday, 1973.
3. Kaplan, 1974.
4. Slob et al., 1999.
5. Bancroft et al., 1984.
6. Verhaeghe, 1991.
7. Freud and Andreas-Salomé, 1972.
8. Kinsey et al., 1953.
9. Goozen et al., 1997.
10. Bancroft, 2002.
11. Shafik, 1995.
12. Levin, 2003.
13. Giorgio and Siccardi, 1996.
14. 버나드 만데빌은 18세기 의사이자 작가였다. 다음에서 재인용. Barker-Benfield, 1982.
15. 'Geen mop' in Hemmerechts, 1994.
16. Gianotten, 1988.
17. 다음에서 재인용. Maines, 1977.
18. Ogden, 1944.
19. Chalker, 2000.
20. Ladas, Whipple and Perry, 1974.
21. Hines, 2001.
22. Huffman, 1948.
23. Chalker, 2000.
24. 다음에서 재인용. Lowndes Seveley, 1987.

처녀성

1. C.F.T. Voigt, *De gevaren der jeugd* (The dangers of youth), 1823.

     다음에서 재인용. Van tilburg, 1998.
2. 다음에서. Vogels and Van Vliet, 1990.
3. De Volkskrant, 2 September 2000.
4. Goosen, 1992.
5. Pinkerton, 2001.
6. Sanders and Reinisch, 1999.
7. Pitts and Rhaman, 2001.
8. Schwartz, 1993.
9. *Nederlands tijdschrift voor Geneeskunde*, 2001.
10. Naamane-Guessous, 1990.
11. Ranke-Heinemann, 1988.
12. Middleton and Rowley, 1653. '체인지링'이라는 단어에는 두 가지 뜻이 있다. 1) 요정이 부모의 진짜 아이와 바꿔치기해두었다고 하는 아이. 2) 변덕스럽거나 성정이 변하기 쉬운 사람.
13. Reyners, 1993.
14. Thiery and Houtzager, 1997.
15. 다음에서 재인용. Reyners, 1993.
16. Naamane-Guessous, 1990.
17. Tannahill, 1980.
18. *De Telegraaf*, 2 August 2000.
19. Bornoff, 1991.
20. Van Gulik, 1974.
21. Van Gilse, 1942; Goosen, 1992.
22. Jacquard and Thomasset, 1988.
23. Green, 2001.
24. Tannahill, 1980.
25. Huisman, 1998.
26. Naamane-Guessous, 1990.
27. *De Volkskrant*, 22 August 2000; Vrij Nederland, 2 December 2000.
28. Cindoglu, 2002.
29. Huisman, 1998.

프로이트 이론의 힘

1. Van Wissen, 1978.
2. Jacquard and Thomasset, 1988.
3. Fischer, Van Hoorn and Jansz, 1983.
4. Alles am Weibe ist ein Ratsel, und alles am Weibe hat *eine* Lösung: Sie heist Schwangerschaft.
5. 다음에 재수록되어 있음. Bonaparte, 1965.
6. Fischer, Van Hoorn and Jansz, 1983.
7. Groenendijk, 1997.
8. *L'Onanisme, Dissertation sur les maladies produites par la masturbation.*
9. Everard, 1994.
10. Ladas, Whipple and Perry, 1974.
11. 다음에서. Burnes Moore, 1961.
12. Maines, 1999.
13. Chesser, 1941.
14. Roberts et al., 1995.
15. Bezemer, 1990.
16. Bourgeron, 1997.
17. Bourgeron, 1997.
18. Person, 1999.
19. Kapsalis, 1997.

생식에 관하여

1. 'Damescomplot' (Ladies' plot), 다음에서. Ree, 1985.
2. Jacquard and Thomasset, 1988.
3. Niethammer, 1977.
4. Jacquard and Thomasset, 1988.
5. 다음에서 재인용. Thiery and Houtzager, 1997.
6. Dickinson, 1949.
7. 다음에서 재인용. Clark and Zarrow, 1971.
8. Settlage et al., 1973, 다음에서 재인용.

Levin, 1998.
9. 다음에서 재인용. Laqueur, 1990.
10. Fox et al., 1970.
11. Baker, 1996.
12. Singh et al., 1998.
13. 임신 초기의 생리학에 대한 내용은 다음을 참고했다. Heineman et al., 1999.
14. *De Volkskrant*, 17 June 2000.
15. Seoud et al., 1987.
16. tilstra, 1997.
17. Wilbers, 2001.
18. Hanson, 1975.
19. Hamerlynck and Mochtar, 1992.
20. Saleh et al., 2000.
21. López, 1967b.
22. Ranke-Heinemann, 1988.
23. Ranke-Heinemann, 1988.
24. Janssens et al., 2000.
25. Fukuda et al., 1996, 1999 and 2000.
26. Fukuda et al., 2001.
27. Fageeh et al., 2002.
28. Renckens, 2000.
29. Saadawi, 1980.
30. *Nederlands tijdschrift voor Geneeskunde*, 2000.
31. Tiemessen et al., 1996.
32. Van Roijen et al., 1996.
33. Naamane-Guessous, 1990.
34. *The times of India*, 22 April 2001.
35. Askling et al., 1999.
36. Thompson, 1999.
37. Berriot-Salvadore, 1992.
38. *Nederlands tijdschrift voor Geneeskunde*, 144 (2000), 1327.
39. Hansen et al., 1999.
40. Mocarelli et al., 2000.
41. Wilcox et al., 1995.
42. Dutroux and Van Gestel, 2003.

43. 다음에서 재인용. Drenth, 1988.

44. Drenth et al., 1995.

45. Verkuyl, 1988.

46. 다음에 재수록되어 있음. *Nederlands tijdschrift voor Geneeskunde* 143 (1999), 1464.

47. Kaplan and Grotowski, 1996.

48. Beier, 2000.

49. *Nederlands tijdschrift voor Geneeskunde* 144 (2000), 1132.

50. Lee and Boot, 다음에서 재인용. Kohl and Francoeur, 1995.

51. Knight Aldrich, 1972.

52. Ranke-Heinemann, 1988.

53. Abram, 1969.

54. Israëls, 1993.

55. Mol and Teer, 1987.

56. Naamane-Guessous, 1990.

57. 이젠 정말로 사람이 죽은 후에 자식을 낳을 수도 있을 전망이다. 남성의 정자는 정자 은행에 꽤 장기간 보존이 가능하고, 체외 수정으로 현재보다 훨씬 많은 양의 수정란을 만들 수 있다면, 미래에 사용하도록 냉동 보존할 수 있다. 난자를 제공했던 여성이 죽을 경우, 다른 여성이 그 남편을 도와 죽은 아내의 아이를 갖도록 할 수 있지 않을까? 뇌사한 남자의 정소에서 정자를 '짜낸' 사례가 또 다른 윤리적 딜레마를 일으키기도 했다. 그 남자는 다른 장기들도 모두 기증했는데, 사망이 임박하기 전에(뇌출혈이었다) 본인이 모두 동의한 상태였다.

58. Knight, 1960.

59. Van den Akker and Treffers, 1987.

60. De Josselin de Jong, 1922.

61. Cohen, 1949.

62. Van den Akker and Treffers, 1987.

63. Talalaj and Talalaj, 1994.

64. (노인) *Gelt und gutz genung wil ich dir geben*
Wilstu nach meinem willen leben
Greift mitter hannde in meiner tasschen
Des slosz will ich dir auch erlassen.
(여인) *Es hilft kein slosz für frauen list*
Kein trew mag sein dar lieb nit ist
Darumb ain slüssel der mir gefelt
Den wil ich kauffen umb dein gelt.
(젊은 남자) *Ich drag ain slüssel zu solliche slossen*
Wie wol es manchen hat verdrossen
Der hat der narren kappen fill
Der rechte liebe kaufen will.
다음에서 재인용. Schultz, 1984

65. Masters and Johnson, 1968.

66. Hrdy, 1999.

67. Baker, 1996.

68. Penton-Voak et al., 1999.

69. Singh et al., 1998.

70. Van Boxsel, 2001.

71. Heinemann et al., 1999.

72. Black, 1988.

73. Jacquard and Thomasset, 1988.

74. Robinson and Short, 1977.

75. Varendi, Porter and Winberg, 1994.

76. Moors, 2000.

77. Fackelman, 1993.

78. Judson, 2002.

79. *Nederlands tijdschrift voor Geneeskunde* 142 (1998), 1110.

80. *Nederlands tijdschrift voor Geneeskunde* 143 (1999), 1273.

81. Kitzinger, 1983.

82. Ogden, 1994.

83. Walker, 1992.

84. *Nederlands tijdschrift voor Geneeskunde*

141 (1997), 357.

85. *Nederlands tijdschrift voor Geneeskunde* 143 (1999), 2369.

86. *Nederlands tijdschrift voor Geneeskunde* (1901), 618.

87. Ranke-Heinemann, 1988.

88. Naamane-Guessous, 1990.

여성의 성 문제

1. Wolfe, 1992.
2. Benard and Schlaffer, 1990.
3. Barbach, 1975.
4. *Post coitum omne animal triste.*
5. Jacquard and Thomasset, 1988.
6. Graber, 1982.
7. Kitchenham-Pec and Bopp, 1999.
8. Van der Velde, 1999.
9. Drenth, 1990.
10. Van Emde Boas, 1941.
11. Dickinson, 1949.
12. Weijmar Schultz and Van Driel, 1996.
13. Lee, 1996.
14. 다음에서 재인용. Drenth, 1988a.
15. Scanzoni, 1867.
16. 다음에서 재인용. Schoon, 1995.
17. Frenken and Van Tol, 1987.
18. Masters and Johnson, 1970.
19. Drenth, 1998a.
20. Thoben and Moors, 1978.
21. Drenth et al., 1995.
22. Drenth, 1998b.

클리토리스 절제

1. Lightfoot-Klein, 1989.
2. Reyners, 1993.
3. Lightfoot-Klein, 1989.

4. *Nederlands tijdschrift voor Geneeskunde* (2002), 801.
5. Lightfoot-Klein, 1989.
6. Kousbroek, 2002.
7. Walker, 1992.
8. Leonard, 2000.
9. Walker, 1992.
10. Barker-Benfield, 1976.
11. 다음에서 재인용. Barker-Benfield, 1976.
12. Scull and Favreau, 1986.
13. Barker-Benfield, 1976.
14. Bonaparte, 1965.
15. Money and Ehrhardt, 1972.
16. De Jong, 1999.
17. 북아메리카간성협회가 발간한 날짜가 명기되지 않은 간행물 중에서.
18. Longo, 1979.
19. Barker-Benfield, 1976.
20. 누관은 개발도상국에서는 아직도 심각한 건강상의 위협이 되고 있다. 부인과 의사 키즈 월디크는 거의 20년간을 나이지리아 누관 전문 클리닉에서 일했다. 1990년대가 되어서야 수술이 일상적으로 쉽게 행해지게 됐다. 아무리 조건이 열악한 곳에서도 경막외 마취를 하고 10분 만에 수술할 수 있다. 월디크는 누관 현상을 보이는 모든 여성들이 치료 받을 수 있도록 병원을 더 세우고 의사들을 훈련시키려하고 있다. *Nederlands tijdschrift voor Geneeskunde*, 143 (1999), 1384~5.
21. Rachel Maines, 1999.
22. 다음에서 재인용. Scull and Favreau, 1986.
23. Schoon, 1995.
24. 다음에서 재인용. Scull and Favreau, 1986.

25. *Nederlands tijdschrift voor Geneeskunde,* 141 (1997), 498?9.
26. Gollaher, 2000.
27. 보다 상세한 설명은 다음을 참고하라. Gollaher, 2000.

의사와 자궁

1. Maines, 1999.
2. Lubsen-Brandsma, 1997.
3. Hanson, 1975.
4. Green, 2001.
5. Bernfeld, 1929.
6. 다음에서 재인용. Maines, 1999.
7. Jacquard and Thomasset, 1988.
8. Thompson, 1999.
9. Pontanéry-Rougier, 1948.
10. Jacquard and Thomasset, 1988.
11. Laqueur, 2003.
12. Slavenburg, 1996.
13. 다음에서 재인용. Maines, 1999.
14. 다음에서 가져온 것이다. Maines, 1999.
15. Jacobi, 1875.
16. 다음에서 재인용. Maines, 1999.
17. Boyle, 1994. 역시 1994년에 제작된 영화는 앨런 파커가 감독을 맡았다.
18. 다음에서 재인용. Steadman, 1979.
19. Brindley and Gillan, 1982.

바이브레이터

1. Barker-Benfield, 1976.
2. 다음에서 재인용. Maines, 1999.
3. Barbach, 1975.
4. Steenkamer, 1992.
5. Trost, 1972.

6. Heath, 1972.
7. 밀로스 포먼 감독이 켄 케시의 소설을 바탕으로 1975년에 제작했다.
8. Moan and Heath, 1972.
9. Laarakkers, 1995.
10. Ungerer, 1971.
11. *De Volkskrant,* 18 January 2003.

여성의 향기

1. Roth, 1999.
2. Anne Frank, 1997.
3. Bonsall and Michael, 1978.
4. Drenth, 1998a.
5. Kohl and Francoeur, 1995.
6. Miersch, 1999.
7. Garcia-Velasco and Mondragon, 1991.
8. Monti-Bloch and Grosser, 1991.
9. Kohl and Francoeur, 1995.
10. McClintock, 1998.
11. Kohl and Francoeur, 1995.
12. Kohl and Francoeur, 1995.

여성성에 대한 두려움과 혐오

1. 다음에서. 'Heilig vuur' (Holy fire) in Friedman, 1996.
2. Longman, 2002.
3. Anat Zuria, 2002.
4. Gollaher, 2000.
5. Saadawi, 1980.
6. Hays, 1964.
7. Niethammer, 1977.
8. 레위기 20장 18절.
9. Jacquard and Thomasset, 1988.
10. Shorter, 1982.
11. Angier, 1999.

12. Kosinski, 1997.

13. Kinsey et al., 1953.

14. Kunst and Schutte, 1991.

15. 다음에서 재인용. Lopez, 1967a.

16. Roth, 1999.

17. Niethammer, 1977.

18. Wittig, 1970.

19. Hays, 1964.

20. Simons, 1974.

21. Altaffer, 1983.

22. Kräupl-Taylor, 1979.

23. Musgrave, 1980.

24. *Livre du Chevalier de la Tour Landry pour l'enseignement de ses filles.*

25. Jacquard and Thomasset, 1988.

26. Jacquard and Thomasset, 1988.

27. Beit-Hallahmi, 1985.

28. Hays, 1964.

29. Beit-Hallahmi, 1985.

30. Van Driel, 1997.

31. Van de Velde, 1999.

32. Shorter, 1982.

33. Fields, 2000.

34. Greer, 1971a.

이상화와 숭배

1. Wittig, 1970.

2. 다음에서 재인용. Van Gulik, 1974.

3. Bornoff, 1991.

4. Morris, 1971.

5. Roth, 1999.

6. Gollaher, 2000.

7. Dickinson, 1949.

8. Rouzier et al., 2000.

9. Niethammer, 1977.

10. Angier, 1999.

11. *Volkskrant Magazine,* 2000.

12. Devereux, 1958.

13. Angier, 1999.

14. Schönmayer and Kessel, 1999.

15. Lehmann, 1997.

16. Bornoff, 1991.

17. Naamane-Guessous, 1990.

18. Laqueur, 2000.

19. Wolf, 1997.

20. 흐로닝언 학생들의 신문 *De Nieuwe Clercke*에서.

21. Naamane-Guessous, 1990.

22. Van Gulik, 1974.

23. Maines, 1999. 24. Hays, 1964.

24. Laurier, 1993.

25. Boon and Van Schie, 1999.

26. Van Gulik, 1974.

27. Bornoff, 1991.

28. 장이모의 1991년 감독작.

29. Rubenstein, 1980.

30. Van Gulik, 1974.

31. *Vedrai carino, se sei buonino*
   che bel remedio ti voglio dar.
   E naturale; non dà disgusto
   e lo speziale non lo sà far.
   E un certo balsamo che porto adesso,
   dare te l sposso, se l voi provar.
   Saper vorresti dove me stà?
   Senti lo battere, tocca mi quà.

32. Van Gelder (ed.), 2000.

33. Kapsalis, 1997.

34. Wurtzel, 1998.

35. Schonmayer and Kessel, 1999.

36. Carlos Drummond de Andrade, 1992.

마이 버자이너 (「버자이너 문화사」 개정판)

초 판 1쇄 펴낸날 2007년 5월 30일
개정판 1쇄 찍은날 2017년 2월 1일
개정판 1쇄 펴낸날 2017년 2월 8일
지은이 엘토 드렌스
옮긴이 김명남
펴낸이 한성봉
편집 박연준 · 안상준 · 이지경 · 조유나
디자인 유지연
마케팅 박신용
기획홍보 박연준
경영지원 국지연
펴낸곳 도서출판 동아시아
등록 1998년 3월 5일 제301-2008-043호
주소 서울시 중구 퇴계로 20길 31 〔남산동 2가 18-9번지〕
페이스북 www.facebook.com/dongasiabooks
전자우편 dongasiabook@naver.com
블로그 blog.naver.com/dongasia1998
트위터 www.twitter.com/dongasiabooks
전화 02) 757-9724, 5
팩스 02) 757-9726

ISBN 978-89-6262-171-6 03900
이 도서의 국립중앙도서관 출판예정도서목록(CIP)은
서지정보유통지원시스템 홈페이지(http://seoji.nl.go.kr)와
국가자료공동목록시스템(http://www.nl.go.kr/kolisnet)에서
이용하실 수 있습니다. (CIP제어번호: CIP2017001703)